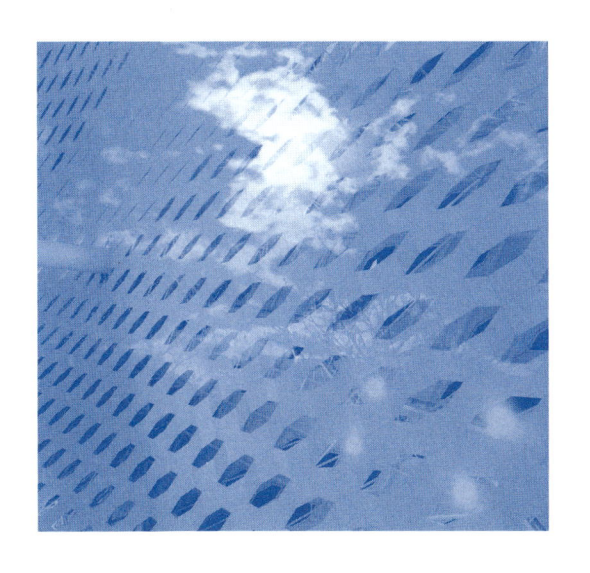

草根组织

〔美〕大卫·霍顿·史密斯 著
中山大学中国公益慈善研究院翻译组 译

商务印书馆
2019年·北京

David Horton Smith
GRASSROOTS ASSOCIATIONS
Copyright © 2000 by Sage Publications, Inc.
根据塞奇出版社 2000 年版译出
本书简体中文版由塞奇出版社（美国、英国和新德里）授权出版。

献给海伦和凯伦

目 录

本书中的关键缩写 …………………………………………… I
前言 …………………………………………………………… III
自序 …………………………………………………………… VII

第一部分　向志愿非营利部门"地圆"图的目标迈进

引言 …………………………………………………………… 3
　　非营利组织类型划分 ………………………………………… 4
第一章　概念与隐喻 ………………………………………… 7
　　草根组织的内涵定义 ………………………………………… 7
　　组织研究更广泛的背景 ……………………………………… 10
　　天文学中的"暗物质"隐喻 ………………………………… 13
　　"绘制地图"隐喻和志愿非营利部门"地平"范式 ………… 14
　　迈向志愿性利他主义理论：关键定义 ……………………… 18
　　总结 …………………………………………………………… 34
第二章　修改"地平"图：志愿非营利部门被忽略的"剩余组织" … 41
　　草根组织与志愿非营利部门的数据 ………………………… 44
　　人员与职责 …………………………………………………… 59
　　时间与行为 …………………………………………………… 72
　　金钱和财产 …………………………………………………… 76
　　总结 …………………………………………………………… 82

第二部分　草根组织的特性

引言 ·· 91
第三章　草根组织的组成特征 ································· 95
　　草根组织创始人的基本决策 ··························· 95
　　总结 ·· 119
第四章　内部引导体系 ··· 121
　　适度的理念引导 ·· 121
　　充分的激励和满意度 ····································· 127
　　草根组织激励及其角色的次级重要性 ············ 137
　　总结 ·· 138
第五章　内部架构 ·· 141
　　内部架构 ·· 141
　　总结 ·· 164
第六章　内部流程 ·· 167
　　内部流程 ·· 167
　　总结 ·· 194
第七章　领导与环境 ·· 197
　　领导层 ··· 197
　　草根组织环境及环境与组织的关系 ················ 217
　　总结 ·· 219
第八章　草根组织生命周期中的演变 ··················· 222
　　定义 ··· 222
　　工作机构(包括全国性组织)的复杂度随存续时间增加 ······ 224
　　草根组织的复杂性与生命周期 ······················ 227
　　草根组织复杂化的原因 ································· 229

草根组织除复杂化外的其他选择·················· 236
　　与草根组织年龄相关的其他因素··················· 240
　　总结······································· 257
第九章　影响力与效力···························· 261
　　草根组织的影响力·························· 262
　　草根组织的效力···························· 276
　　草根组织总体效力研究······················ 281
　　总结······································· 283

第三部分　理论范式与总结

引言··· 289
第十章　"地平"范式与"地圆"范式概述··············· 292
　　用以理解志愿非营利部门的比喻与范式········· 292
　　志愿非营利部门"地平"范式概览··············· 294
　　志愿非营利部门"地圆"范式概要··············· 323
　　对本书是否遵循了"地圆"范式的评估··········· 326
　　总结······································· 327
第十一章　总结与预测：志愿人类时代的到来········· 328
　　志愿非营利部门的漫长历史··················· 328
　　非营利部门：存在一个还是两个？············· 329
　　采用平衡的志愿非营利部门"地圆"范式········· 330
　　一个相反结论：志愿非营利部门整体并未陷入金融危机··· 333
　　志愿者组织的社会角色······················ 335
　　50到100年后的志愿行动研究——社会科学新学科··· 338
　　政策建议·································· 339
　　志愿组织过去与未来的发展趋势··············· 340

全球志愿组织发展的决定因素 …………………………… 341
未来志愿角色选择的扩大:尤其在后工业社会中 ………… 343
志愿的世纪与志愿的千年:人类志愿时代的到来 ………… 349

附录一 非营利组织与志愿行动学会(泛北美地区)介绍……… 353
附录二 创建包含草根组织在内的地方非营利组织抽样框架:
　　　　以美国为例……………………………………………… 357
　　一种包括多种方法的综合策略——建立全面的非营利组织
　　　抽样框架 ………………………………………………… 359
　　数据清理 …………………………………………………… 366
　　其他国家 …………………………………………………… 367
　　总结 ………………………………………………………… 368
附录三 史密斯研究某一郊区的方法论 ……………………… 372

参考文献 ………………………………………………………… 376
关于作者 ………………………………………………………… 414

本书中的关键缩写

GAs＝草根组织（grassroots associations）：草根组织是在相对较小的局部范围（基于地方）运营的正式非营利团体，这种团体自治度高、采用组织的形式或架构、由志愿者运营、主要分析成员为志愿者，是非营利组织的一种重要形式。

VGs＝志愿组织（voluntary groups）：志愿组织是以任意形式成立的非营利组织，可能是草根组织，也可能是基于带薪雇员的组织；志愿组织可能是地方性组织，也可能是全国性或国际性组织。根据本书第一章的定义：一个组织内基于志愿性利他主义行动的分析成员（常规的服务提供者）如果占很大的比例，这个组织才能算作志愿组织。

VNPS＝志愿非营利部门（voluntary nonprofit sector）：志愿性的、独立的所谓社会"第三部门"。志愿非营利部门体现了志愿性利他主义，可以被划分为成员受益亚部门与非成员受益亚部门。社会的其他三大部门为家庭部门、商业部门和政府部门。

前　　言

大卫·霍顿·史密斯(David Horton Smith)在志愿组织方面研究与写作已有30余年。他在志愿组织研究这一领域，创建了主要的学术团体"非营利组织与志愿行动学会"(Nonprofit Organizations and Voluntary Action)并创办了《非营利组织与志愿部门季刊》(*Nonprofit and Voluntary Sector Quarterly*)。本书也许是他最为重要的著作，是对他自己与其他两千余名草根组织学者研究的提炼总结。为帮助读者理解草根组织，史密斯在本书提出了崭新的重要理论框架。

本书的出版应该会使草根组织这一学术领域得到重建。史密斯认为(我赞同他的观点)：过去20年间的非营利部门研究由于在很多方面都没有采用较为宽泛、准确的研究观点，一直误入歧途，使得人们无法准确认识这一独立于家庭、政府与商业的社会部门。他指出近年来志愿非营利部门研究的重点是大型、引人注目的授薪制非营利组织——高校、医院、文化机构与诸如基督教青年会(YMCA)[①]、救世军(Salvation Army)[②]与天主教慈善机构(Catholic Charities)这

[①] 基督教青年会是全球性基督教青年社会服务团体，已具有160多年的历史。中国基督教青年会创建于1895年，并存在至今，其努力目标是"发扬基督精神，团结青年同志，养成完美人格，建设完美社会"。——译者，以下未加注明，皆为译者注。

[②] 救世军是一个于1865年成立，以军队形式作为其架构和行政方针，并以基督教作为信仰基本的国际性宗教及慈善公益组织，以街头布道和慈善活动、社会服务著称。

样的社会服务机构，却忽略了非营利部门中可能占90%之多的其他组织——史密斯将这些组织比喻为非营利部门中的"暗物质"，因为天体物理学中的暗物质也占整个宇宙物质总量的90%。

本书的内容完美体现了"从哪里来即回归到哪里"的原则，带读者回溯非营利组织研究深厚的社会学、人类学与历史学渊源。非营利组织研究领域的一些观点亟需纠正，本书出版有如雪中送炭。虽然非营利医院和高校的数据比草根组织数据更易收集，虽然一本关于大都会博物馆福特基金会的著作很可能比探讨自助组织、书友会、圣经学习小组、合唱团和园艺社团的本书更引人入胜，然而，本书所探讨的组织才是非营利领域的主要组成部分。过去20年间，主流的非营利组织研究很大程度上忽视了小型公共利益组织、互惠组织及非法人团体这一辽阔领域。非营利组织宇宙中的暗物质亟需关注，史密斯所著此书意义非凡。

史密斯认为："公共利益"（public benefit）一词委实值得商榷。他认为"非成员利益"（non-member benefit）一词更为贴切。虽然词语替换不会带来政治变革，但史密斯建议的词汇替换值得思索。多数"公共利益"或"慈善"非营利组织除了惠及某些特殊团体，也会惠及组织内部员工、理事会与志愿者。相反，许多"互惠"或"非慈善"组织也致力于实现某些慈善宗旨。

史密斯的一大贡献是对异端组织的关注——如3K党、女巫聚会、准民兵组织、帮派与邪教组织等。他认为正如营利部门有黑手党与其他黑暗面，非营利部门也有自己的黑暗面，但人们往往将其忽视。

本书批判了现有的非营利组织研究。史密斯特别对独立部门（Independent Sector）的研究工作表示不满，对该部门所出版的《非营利年鉴》（*Nonprofit Almanac*）以及志愿行动研究、国家免税实体划分及其他产物进行了详细探讨与质疑。他批判了非营利部门学术中心过分关注授薪制非营利组织、对草根组织的研究不足。他对自己创建的学术团体与创办的刊物也不尽满意,认为非营利部门领域的其他两本学术刊物《志愿组织》(*Voluntas*)与《非营利组织管理与领导》(*Nonprofit Management and Leadership*)同样不令人满意。他认为这两本刊物时常提倡非营利部门"地平"观,仅关注正式的公共利益授薪制非营利法人组织,而忽视了所有的其他组织。

本书介绍了多个学科中关于志愿组织的大量理论与研究。不仅经验丰富的学者可从本书获益,初涉此领域的学生也会从本书大量参考文献中获益良多。史密斯提到,为写作本书,他翻阅了两千余份相关著作,其中的一千两百份著作被本书援引。他清醒地意识到本书是建立在这一领域学者群体的研究上的。

读者将会从本书各章结尾处简洁明晰的总结中获益匪浅。

本书源于热爱——史密斯30年来对他所谓"草根组织"的热爱终于开花结果。史密斯是对这些规模较小、较为非正式、通常未注册的非营利组织进行严肃探讨的少数学者之一。他批判了某些学者由于过度重视"大型显而易见的组织"而忽视了小型团体。他在本书中始终强调:重要的不仅仅是某个特定非营利组织的规模、资产或权力,而是数以百万计的小型非营利组织的总影响力。

这本雄心勃勃的著作也并非毫无指摘之处。有些读者也许会反感本书无处不在的援引和理论探讨。我自己也对本书中的一些分类持保留意见。在我看来,史密斯似乎倾向于"过度区分"授薪制非营利组织与草根组织,而在现实中两者的区别常常并不明晰。例如,我了解到有一个合唱团,这个合唱团除了有30到40名无薪团员、一个由10人组成的无薪理事会以及数位项目志愿者,还有一个带薪指挥、一个带薪半日制助理。根据史密斯的理论,这个合唱团属于授薪制非营利组织,甚至有可能被归入授薪制非营利组织中10%的"明亮物质",但这个组织无法在真正意义上与诸如斯坦福大学或马萨诸塞州医院这些负有盛名的非营利组织相提并论。

本书既适合普通读者群,也适合学者深究。本书涵盖内容十分广泛,只有大卫·霍顿·史密斯这样的学者才有可能著出。我们作为本书受益者,将会深感他勇攀高峰的精神。

迈克·奥尼尔(Michael O'Neill)
旧金山大学非营利组织管理学会
教授兼主任

自　　序

　　组织类型广泛,例如:地区性的酗酒者匿名组织、狮子会地区分会、为阻止所在城镇设立有毒废弃物焚化炉而成立的市民组织、女巫集会、女童子军、共济会、基督教会圣经阅读小组。但上述组织有哪些共同之处呢?它们的共同之处就是都属于社会学家数十年间所津津乐道的"志愿组织"。我将这些组织命名为"草根组织"(GAs),因为我想强调本书关注的是地区性的志愿组织,而并非那些州级、区域级、国家性或国际性的志愿组织。

　　草根组织主要由志愿者构成,志愿者为草根组织目标而工作/活动的年时间总量要大于带薪员工的服务时间总量。粗略地说,草根组织与超区域志愿者组织的带薪工作总量小于一个FTE(组织年带薪工作时数小于1 700小时)。我在本书第一章简要探讨了草根组织的定义及特征,也在与同事合著的文本中对这些问题作出了更为详尽的说明(Smith and Dover, forthcoming)。本书主要探讨的是草根组织的理论特征与实践特征。

　　我思考了许多重要的草根组织相关问题,并基于现有的草根组织理论研究和实证研究尝试对这些问题作出了解答。在这一过程中,我希望我提出了一些崭新的研究问题。我在本书提出了自己的新理论,在我觉得有必要的情况下,也对我早期的理论作了阐述。本书的各章标题是对我认为最重要的草根组织(有些正式组织属于机构)相关问题的概括。

我在本书中将 25 年来散佚各处的研究与理论作了汇总。本书正如由研究与理论的经纬线织就的挂毯——本书的很大一部分都是基于 C. 史密斯(C. Smith,并非本人)与弗里德曼(Freedman,1972;概述参见 D. Smith,1975 and Knoke,1986)的早期研究成果。我在本书中呈现并扩展了草根组织的一些微理论,然后将它们归纳为我本人关于草根组织的普遍理论。最重要的是,我在本书给出了对当今志愿非营利部门整体研究的理论与实践批判。我将这些批判简要汇总于本书第一章,并在其他各章详细探讨了我的志愿非营利部门"地圆"(round-earth)范式。本书第十章对这一比喻和我的批判作出了更为详细的阐释。

本质上,我在本书提出志愿非营利部门的"地平"(flat-earth)范式有多个,这些范式从相关的不同方面扭曲了志愿非营利部门的真实情况。我将"地平"志愿非营利部门范式定义为任何忽略志愿非营利部门中主要"领域"的总体观点。因此,只有通过对志愿非营利部门现象作平衡与全面的研究才能避免种种"地平"范式。

在当今志愿非营利部门的主流研究中,最广为流传的"地平"范式是授薪制非营利组织"地平"范式。这一研究范式过分强调那些规模较大、资金较充足、资历较老、较为显而易见的授薪制非营利组织,这些组织大部分工作都是由带薪员工而不是由志愿者完成的(Hodgkinson and Weitzman,1992;Hodgkinson et al.,1992)。这一范式或强调(1)志愿服务项目的志愿者(属于工作机构里非自治的志愿部门);或强调(2)非正式志愿者——志愿活动不是在组织的框架内进行的。1990 年左右,美国有约一亿的草根组织志愿者,但却被持授薪制非营利组织"地平"范式的研究者所忽略(Hodgkinson and Weitzman,1992;也可参见本书第二章)。

自　序

* * *

本书的大部分内容都围绕着过去 25 年间的草根组织发展而展开,主要探讨了这一时期美国的草根组织及其志愿者。这表明我在本书中也不幸落入了"国家主义者"VNPS"地平"范式与"反历史主义"VNPS"地平"范式的窠臼(参见 Smith,1997c)。

我藉本书敦促全球的社会科学研究者通过对理论与实践研究的综合,探讨整个人类发展史与史前时期所在国乃至全球的草根组织与草根志愿行动,为之做出贡献。

自志愿行动学会(非营利组织与志愿行动学会的前身)与《志愿行动研究杂志》(*the Journal of Voluntary Action Research*,为《非营利组织与志愿部门季刊》的前身)开创了非营利组织与志愿行动研究领域(即"非营利组织研究")(参见附录一)以来,在过去的 25 年间,这一领域的研究有了长足的进展。虽然仍属于羽翼初丰的领域或学科,非营利组织研究的前途很可能一片光明。过去 25 年内对此领域所做的研究因忽略了草根组织,只涉及了志愿非营利部门的冰山一角。我相信不加偏颇的研究将会于 21 世纪或新的千年迎头赶上(Smith,forthcoming)。学术界对这一领域的研究兴趣方兴未艾。

在未来,只要不出现世界浩劫或大规模的独裁统治,志愿非营利部门、志愿组织、个人志愿者与其他志愿非营利组织就不会泯然于人类社会。因此,未来对志愿现象的研究很可能会持续蓬勃发展。在未来的新千年里,经济学将会作为一门学科继续存在,因为无论人们身在何处、寿命几何,货币交易与人类社会中其他与经济相关的现象将在很大程度上依然延续。

在新千年,主要的社会科学学科与政治科学将会长期存在,因为只要人类存在,某种政府形式、法律与权力就会存在。在未来漫长的千年,甚至在远为短暂的下个世纪,非营利组织与志愿行动研究将会成为社会研究中的一支劲旅,因为志愿非营利部门很可能将成为人类社会中发展最为迅猛的部门。

在本书的最后一章,我预测 21 世纪将成为一个充满志愿行动的世纪。我认为 19 世纪是"工业人"的世纪,20 世纪是"服务/信息人"的世纪,而 21 世纪将成为"志愿人"的世纪。

* * *

比起关于草根组织及其志愿者的其他已出版著作,我相信本书更为详尽。我希望各类读者都能从本书中得到趣味与知识。然而,对于草根组织这一领域,我们需要了解的还有很多很多,社会学与其他学科的大量著作有待我们继续挖掘和综合。

- 通过此书,也许某些学者会重新审视自己关于草根组织的总体研究范式、重新思索自己研究中理论与实践的研究问题。
- 通过此书,也许某些实践者会获取一些有用的草根组织相关信息。本书不仅能够为草根组织领导者提供信息,授薪制志愿组织领导者也可从本书获益,因为草根组织研究对授薪制志愿组织有借鉴价值,对授薪制非营利组织、商业组织与政府组织这些工作组织中的志愿者项目更具参考意义。
- 通过此书,某些研究资助机构(如国家科学基金、国家精神健康协会、Aspen 非营利部门研究基金、Charles Steward Mott 基金会、W. K. Kellogg 基金会、Ford 基金会、Lilly 基金会以及为志愿非营利组织资助的其他类似基金会)也许将更明确地意识到草根组织这一非营利部门中的"暗物质"的整体重要性。如果这些机构能够意识到此点,它们就可能提供更多的经费,以支持草根组织亟需的研究,尤其可以支持授薪制非营利组织与志愿者非营利组织比较研究这一空白领域,上文与本书随后都提到此点。

* * *

除了本书参考文献中所列出的学者,我也从其他社会科学学者的研究中获益良多,虽然这些研究者对非营利组织研究领域贡献甚微或并无直接贡献。在此我特别要致谢艾利克斯·尹凯尔斯(Alex Inkeles)——我的研究生导师。

虽然我在本书的文献回顾与写作的过程中未曾得到任何资助,但詹姆斯·R.伍德(James R. Wood)带领的非营利组织管理项目曾为我提供了一笔小额资助。詹姆斯·R.伍德任职于布鲁明顿的印第安纳大学和印第安纳波利斯的慈善研究中心。这笔资助有力支持了我对一郊区草根组织的研究(附录三),我在本书中时不时会援引此研究的数据。

我还要感激波士顿大学社会学院的三名研究生,他们是我的兼职研究助理:朱莉·波尔彻(Julie Boettcher)、艾米·马洛(Aimee Marlow)和马琳娜·布莱恩特(Marlene Bryant)。马琳娜·布莱恩特能力尤为突出,她曾帮助我收集文件、准备研究最后阶段的参考文献。波士顿大学社会学院的教秘茂琳·艾尔德雷奇(Maureen Eldredge)与尤尼斯·多尔蒂(Eunice Doherty)作为我与波士顿大学的远距离联系纽带,为远在弗罗里达州的我定期邮寄波士顿大学办公室的邮件。我对她们的帮助深表感激。

我还要感激那些直接帮助过本书研究与写作的许多人。这些人有些是我的同事,有些是我的亲戚朋友,有些是我的同事兼亲戚。由于个人健康原因,我在志愿组织著作领域曾沉寂了25年之久,并不确定自己是否应该写作本书，也不确定自己是否能够担此重任，是我的密友迈克·奥尼尔（Michael O'Neill）鼓励我开始本书的写作计划，是他鼓励我完成本书是可能的。现在，我知道他的建议是正确的，我对他的远见卓识深表感激。我的其他密友泰瑞·亚当斯（Terry Adams）、波特·R.鲍德温（Burt R. Baldwin）、艾尔·霍格尔（Al Hogle）、大卫·夏普（David Sharp）、瑟·珊（Ce Shan）、约翰·永（John Yong）都曾给予我很大的支持。在过去的一年内，加里·普林斯（Gary Prince）和凯伦·弗如珊（Karen Fruzan）曾给予我写作的灵感。我需要他们的帮助，正因为拥有他们每个人，我才能够坚持写作、完成重任。我对上述同样需要我的每一个人深表感激。

在本书写作的关键阶段，我的妹妹海伦·玛丽·史密斯（Helen Marie Smith）所给予的关怀、精神支持与陪伴对我来说意义非凡。她为本书的参考文献的整理做了大量的志愿工作。如果没有她的帮助，我将无法完成本书的写作。我对她给予我的人生支持心怀深深的感激。我的宝贝女儿劳拉总是打电话鼓励我继续写作，虽然我很想经常见到她，但却并不能够。在1995年我离婚之前，我的前妻芭芭拉在我酝酿本书时，也曾给予我精神支持与陪伴。

《非营利组织与志愿部门季刊》的前任主编乔·凡·提尔（Jon Van Til）和卡尔·米洛夫斯基（Karl Milofsky）对我帮助甚多。该刊的前任副主编约翰·麦瑟（John Messer）和其他不愿意公开姓名的评论者也帮助我"化腐朽为神奇"。他们常常发现我自己未加注意到的以前所著相关文章的价值。他们促使我重新审视我之前的文章，以面对他们无情却具有建设性意义的品评。

我同样要感谢其他主要非营利研究/管理杂志的评论者们对本书相关文章和本书一些章节富有建设性的批评。《非营利组织管理与领导》的编辑丹尼斯·R.杨（Dennis R. Young）与执行编辑琳达·萨拉（Linda Serra）对我帮助很大，他们协助我出版我的一些相对较好的文章，这些文章有些被本书援引，有些成为本书一些思想的根基。

麦克·A.多佛（Michael A. Dover）曾大力协助我整理本书参考文献的格式，使之能够被电脑处理。其他同事对本书的某些章节也作了有价值的评论，在此我感谢他们为我慷慨付出的时间和心血。这些朋友包括：沃尔夫冈·比勒弗尔德（Wolfgang Bielefeld）、托马斯那·博克曼（Thomasina Borkman）、玛丽·安娜·考德威尔（Mary Anna Caldwell）、贾斯汀·戴维斯·史密斯（Justin Davis Smith）、朱莉·费舍（Julie Fisher）、威廉姆·盖姆森（William Gamson）、琼·皮尔斯（Jone Pearce）、理查德·桑丁（Richard Sundeen）和乔恩·凡·泰尔（Jon Van Til）。抱歉的是，我现在已经记不清某些曾评论过本书初稿的同事。如果我在这里遗漏了他们，也是由于我的记性差，而不是我有意为之。

最后我要感谢本书的出版社塞奇出版社的各位编辑：本书编辑詹姆斯·纳吉奥特（James Nageotte）以及本书的实质编辑阿曼德·劳弗（Armand Lauffer）——密歇根大学社会工作学教授。在本书提纲被某些出版商拒绝后，是纳吉奥特敏锐地发现了本书提纲的潜在价值，我在此对我的两位编辑致以特别的感谢——正是由于他们的耐心，我才有充分的时间得以完成我认为应该完成的收尾工作，并最终完成这本长篇著作。

第一部分

向志愿非营利部门
"地圆"图的目标迈进

引　言

简而言之,草根组织(GAs)即地区性的志愿者组织。我在自序的首段列举了一些草根组织的例子,相信大部分读者应该会对这些美国常见的草根组织类型中的某一部分并不陌生。为了引起大家的兴趣,我在这里再给出一些特殊草根组织的例子,这些例子有些引自欠发达地区的草根组织相关文献,有些是现代西方国家的草根组织,还有一个是前东欧集团国家的草根组织。

- "二战"后,在巴西的日本移民成立了各种活跃的草根组织,这些组织可以被分为两派:一派是承认日本"二战"战败的草根组织,另一派是坚持日本实为战胜国的草根组织——此派草根组织作为异端秘密团体运行,坚持相信日本"二战"胜利这一虚构的现实(Maeyama,1979)。
- 包括墨西哥在内的拉美国家的城市贫民邻里组织(位于城市贫民区的草根组织)曾非常成功地推进城市贫民参与组织,并成功实现了组织主要目标,例如为组织成员所在的社区争取了新的保障与其他实质福利(Fisher,1984)。
- 在印度,种姓组织的目标是维持并提高某一特定种姓与种姓成员的利益与威望。随着城市中传统与现代观念的融合,种姓组织正逐渐演变为草根组织或超区域志愿者组织

(Gandhi,1978)。

- 费舍(Fisher,1993,p.43)声称轮转基金草根组织存在于至少40个发展中国家中,这些草根组织的贫民成员定期向组织出资后,可以在某时向组织借款(参见 Cope and Kurts,1980;Little,1965;Soen and de Comarmond,1971)。此类草根组织是经济与社会混合类组织。
- 在一个法国发展援助授薪制非营利组织的帮助下,玻利维亚的一个村庄改善草根组织修建了一条14公里(8.5英里)长的环山公路,拓展了村庄自产水果蔬菜的市场。
- 坦帕湾交响乐团(Tampa Bay Symphony)是一个由90名志愿者组成的交响乐团(属于草根组织),在美国弗罗里达州的坦帕湾地区演出(我的案例研究)。
- 东京的町内会(Chonaikai)(为正式邻里组织,属于草根组织)年费来源于所在社区的大部分成员,在当地举行一些活动,并为某些特殊的议题协助社区与市政府斡旋(Bestor,1985)。
- 在美国,类地下准民兵组织"活命主义者"(survivalist)已有数十年的历史,这些草根组织基本位于乡村。组织成员随时准备为争夺"他们的"地域,与"共产主义者"及国家政府或其他级别的政府作最后决战(Karl,1995;Zellner,1995)。
- 近年来,匈牙利涌现出一批自助型草根组织,这些组织有些是为自闭症儿童的父母而成立,有些是为酗酒者而成立,还有些是为癌症患者成立(Hegyesi,1992)。

非营利组织类型划分

有许多机构曾尝试以组织总体目标来对非营利组织进行分类。

这些分类包括：全国免税实体分类(NTEE)(Hodgkinson and Toppe, 1991)、非营利组织国际分类(ICNPO)(Salamon and Anheier,1992b)与标准产业分类(SIC)中的非营利组织分类(Executive Office of the President and Office of Management and Budget, 1987; B. Smith, 1992)。美国国家民意调查中心(NORC)长期以来根据组织目的，也对草根组织与超区域组织进行了分类(Davis and Smith, 1989; Verba and Nie, 1972)。我觉得对非营利组织分类做得最好的是非营利组织国际分类，我曾就这一分类如何全面包含草根组织给出了批评与建议(Smith, 1996)(另可参见 Gronbjerg, 1994; Turner, Nygren, and Bowen, 1993)。

我认为：上述基于组织目标的种种分类都受到了"目标分类地平范式"的影响。分类者与分类的使用者通常暗自设想如果要了解非营利组织及其运营，他们所采用的分类能起到关键作用。这种设想是没有根据的，因为目前还没有人证实上述分类对研究确有帮助。现在，研究者需要对主要的目标型分类进行一些"地圆"研究，将这些分类与分析型分类做效用对比，测试这些分类的总效用。

要完成这项研究，研究者需要采用非营利组织的大规模样本，从中根据分析型分类标志选出包括草根组织在内的非营利组织，然后将这些选出的组织与根据目标型分类标准选出的非营利组织做比较研究，探讨两类标准的相似之处(Amis and Stern, 1974; Cutler, 1980; Hougland, 1979; Polister and Pattison, 1980; Smith, 1995d, 1996; Smith, Baldwin, and White, 1988; Smith, Seguin, and Collins, 1973)。分析型分类的标准可以采用组织年龄(历史悠久的组织/新设组织)，也可以采用组织的年收入总额或成员规模(若存在)、组织雇员规模(若存在)、内部民主程度、权力大小、威望大小与其他标准。

大部分人——包括学者，都认为所有的非营利组织都是传统、主流、遵纪守法的组织。这种观点属于将志愿非营利部门看作"天使"的意识形态,也是"地平"范式的一种,并没有正确反映非营利组织的真实情况。非营利组织可以基本上、甚至完全属于背离了公认社会规则的异端组织(Smith,1995c,forthcoming)。这些异端组织中的成员会作出并持续作出某种类型的异端行为(Smith,1995c)。上述提到的"活命主义者"草根组织就为异端组织的一个例子,坚持日本为"二战"战胜国的巴西日本移民草根组织也为一例(Maeyama,1979)。

第一章　概念与隐喻

本章首先讨论草根组织的内涵定义，然后简要讨论组织研究领域广泛的理论背景。紧接着，我将就本书使用的"暗物质"这一来自天体物理学的比喻以及"绘制地图"这一比喻展开讨论。本章节主要介绍我开创的志愿性利他主义理论的相关概念。本章结尾部分将详细论述这一理论实用的原因。

草根组织的内涵定义

草根组织是地方性、高度自治、由志愿者运营的正式非营利组织（也即：志愿组织）。这种组织表现出高度的志愿性利他主义，以结社的形式运营，志愿者有着正式的成员身份，负责完成该非营利组织大部分，常常甚至是全部的志愿活动。草根组织与授薪制志愿组织（VGs）之间并没有清晰的分界线。从两类非营利组织的分析成员（analytical members）[①]所获得的市场报酬来看，两类组织之间存在受报酬程度的差别，但并没有绝对的分界点。如果非要给出一个分界点，那么可以认为50%以上的工作由志愿者完成的组织属于草根组织。

草根组织与其他非营利组织的区别在于草根组织志愿者的住所、工作场所、组织活动范围（范围上可能大于组织志愿者的住所与

[①] 分析成员，指为一个组织的执行目标服务的人员。

工作场所)与组织目标都局限在一个较小的地域范围内(基于地方)(Smith,1967,1972c,1981,1994b,1997d;Smith and Dover,forthcoming)。草根组织的服务区域有可能是一栋建筑物(Lawson,1983;McKenzie,1994)、一个街区(Unger and Wandersman,1983)、一个住宅区(McKenzie,1994),有可能是一条街道(Davies,1966;Milofsky and Romo,1988)、一个社区(Milofsky,1988a),也有可能是一个更大的地方区域,譬如一个市区或一两个相邻的县(Lincoln,1977)。

正是因为这些志愿非营利组织具有地方性和组织化的特点,我才用"草根[1]组织(grassroots associations)"这样一个术语来描述它们。超区域性志愿组织不属于草根组织,但它们和草根组织很相似,也有自己的重要之处。超区域性志愿组织的活动范围有可能是一个州的某个地区、一个州、一个国家的某个地区,或是一系列相关联的国家(如:相邻国家)。

就草根组织的定义而言,"草根组织"并不是仅指那些通过地方性的市民参与和行动来谋求社会政治变革的非营利组织(Walker,1975)。草根组织并不一定是社会运动的地方单元(Lofland and Jamison,1984)。当珀尔曼(Perlman)在论文中提到志愿组织通过地方性活动来谋求社会政治变革时,会用到"将组织体系草根化"的描述方法,在这里"草根"从原本的形容词或名词变成了动词。根据两个具有代表性的全美成年人样本,每种类型的地方性社团都有一些属于草根组织,这些草根组织有时会涉足政治活动或压力集团[2]活动(Verba and Nie,1972,pp.178—179;Verba,Schlozman,and Brady,1995,p.63)。

---

[1] 英文里,草根(grassroots)这一词有如下释义:①群众的,基层的;②乡村地区的;③基础的;根本的。

[2] 压力集团(pressure group)是指那些致力于对政府施加压力、影响政策方向的社会组织或非组织的利益群体。

表1.1能帮助读者迅速掌握草根组织定义的整体特征。草根组织总共有六个界定特征。表左边的竖栏首先列出我的概念体系中非营利组织的三个总特征，随后列出仅属于草根组织（作为非营利组织的一个分支）的三个界定特征。我在此将非营利组织的三个总特征囊括进来，是因为如果要定义树或草，我们也会列出植物的总特征。

表1.1右边的竖栏列举了我定义的草根组织并不具备的特征。表下方的一栏所列举的草根组织特征并不是草根组织的界定特征，用这些特征并不能概括形形色色的草根组织。之所以将这些特征列举出来，是因为我想表明草根组织在这四个重要维度上具有差异性。

表1.1 草根组织的界定特征

草根组织的特征	草根组织不具备的特征
1. 以团体为组织形式	个人的、无组织、无固定形式的行为
2. 基于志愿性利他主义	基于商业、政府或家庭目标
3. 高度自治（即使草根组织附属于其他组织）	完全受其他团体或机构管理
4. 以社团为管理形式（有共同利益，由成员选举领导，成员付会费）	由非成员主导的团体
5. 地方性（局限于较小的地方范围）	超区域区域/范围（小到几个县，大到国际范围）
6. 以志愿者为员工（大部分工作由志愿者完成）	主要依靠带薪员工（大部分工作由带薪员工完成）

以下的草根组织特征只是一个特征范围，并不是草根组织的界定特征。草根组织可能包含如下特征：

a. 以成员受益/混合受益/非成员（公众）受益为组织目标（Smith,1991）

b. 非正式的/半正式的/正式的架构与运营（Smith,1992b）

c. 志愿的、不受胁迫的/在一定压力下加入、参与和（或）退出组织/在很大压力下或受胁迫加入、参与和（或）退出组织（只要志愿程度还算高）

d. 以社会政治变革为导向的程度低/高（本书中，"草根"指代地方性、非营利的、由志愿者运营的所有政治性或非政治性的组织活动）

非营利组织可以采用各式各样的组织模式,可采用协会模式,也可采用基金会、融资中介、地下团体、联盟、国家特许经营、松散网络、组织严密的科层制、不附属于其他组织的独立团体(单形态草根组织)这些种种组织模式,还可以采用无组织、非正式、无固定形式的模式,或者唐提式保险协会①(tontines)、丧葬费保险协会(burial societies)、魅力领导独裁制、轮转基金组织②(rotating credit associations)等组织模式。一个非营利组织可能会同时具有两种以上的结构特征,并随着时间的变化改变。但在本书中我只专注论述一种形式的非营利组织,而不是所有的形式。

组织研究更广泛的背景

早在160年前德·托克维尔(DeTocqueville[1845] 1945)访问美国时,就注意到了志愿非营利部门中的暗物质——草根组织。他认为这种草根组织是美国特有的一种团体或活动。而现在看来,这一观点是错误的。布朗(Brown,1973)认为如果德·托克维尔早50年来美国,就不会对草根组织如此惊讶了。布朗认为草根组织的出现与席卷美国绝大部分区域(尤其是东北部)的现代化和工业化进程紧密相关(参看Smith,1973c,1997c)。

---

① 即联合养老金制,是一种集资办法,所有的参加者共同使用一笔基金,每当一个参股者死后,剩下人得到一份增加的份额,最后一个活着的人或过了一定时间依然活着的人获得剩下的所有金额。它是一种寿险和赌博的混合物。

② 是一种基于血缘、地缘关系的带有互动、合作性质的自发性群众融资组织。其本质属于入会成员之间的有息借贷。这是民间盛行的一种互助性融资形式,集储蓄和信贷于一体。一般由若干人组成,相互约定每隔一段时间开会一次,每次聚集一定的资金,轮流交给会员中的一人使用,基本上不以盈利为目的。在我国将其称为合会,属于民间金融的模式之一。

韦伯(Weber,1972)于 1910 年左右针对重要组织现象提出了"组织社会学"①。哈里森(Harrison,1960)重新分析了韦伯的观点，他认为这些志愿组织的出现标志着人们找到了一种折中方案，来解决对科层模式的需要与对中央权威的不信任。迈斯特(Meister,1972b)发表了组织社会学相关著作，建议将组织社会学作为社会学的一个新的分支来研究。但据我所知，并没有研究者采用这一建议。

作为志愿非营利部门最初的组织形式，草根组织很可能早在 25 000 年前就出现了(Anderson,1973)，而授薪制非营利组织出现的时间则离现在近很多，大约在 5 000 年前(Smith,1997c)。比利斯(Billis,1993a)认为："志愿部门的核心是草根组织，机构(科层制的授薪制机构)往往是由草根组织成长起来的。"(p. 241)舒普特(Schuppert,1991)认为："社会学研究忽视了对草根组织的研究，这种忽视并不合理。"(p. 129)其他的一些研究者(Milofsky,1988a, p.19)包括我自己在本书以及以前发表的著作中也表达了相同的观点。

早在 25 年以前，鲍尔丁(Boulding,1973)在著作中就概括了非营利部门的本质，他提出在市场交换经济中存在两种不同的经济形式——市场经济与"爱心经济"(慈善或慈善经济)。在市场经济中，人们通常会交换相同价值的物品(例如，30 000 美元能换一辆车)。在通常的情况下，被交换物品的净值几乎不会受到交换的影响。但在不平等的交换中，情况就大不一样。鲍尔丁认为纳税与抢劫都是一种胁迫交换，属于"恐惧经济"，在胁迫交换中，物品的净值相对于胁迫交换之前的净值下降了。

---

① 组织社会学以社会组织为研究对象。社会组织是由相互作用的个人或小群体构成的一种有特定目标的协作系统。社会组织的雏形产生于古代社会，它的普遍出现是与工业化和社会现代化相伴随的。自 18 世纪英国发生工业革命以来，具有特定目标和功能的社会组织逐渐介入人类社会生活的各个领域，成为社会生活的基本单位。

在"爱心经济"(慈善或慈善经济)中,交换也是不平等的,因为捐赠者/给予者失去了物质财富,而获赠者/受捐者获得了净值。如果将志愿者付出的时间也视为一种物质财富的话,鲍尔丁(Boulding,1973)"爱心经济"这一概念就能广泛适用于包括草根组织与其志愿者在内的志愿非营利部门。瓦格纳(Wagner,1991)将市场交换关系与共享关系作了区分。与共享关系对应的是鲍尔丁的爱心经济概念和志愿非营利部门。瑟顿(Sugden,1984)提出的"互惠"概念、艾齐厄尼(Etzioni,1961)提出的"规范—志愿顺应式结构"(normative-voluntary compliance structure)也是慈善经济和共享关系概念的另外一种说法。草根组织及其志愿者活动体现了上述研究者所提到的"互惠"、"爱心经济"等概念,工作机构、受薪志愿者(部分有报酬的志愿者)或准志愿者运营的服务项目也体现了上述概念。

福勒(Fuller,1969)提出了人类结社的两大基本原因。他指出,从根本上来说,人类结社只有两个重要原因:无偿给予的共同奉献与法律准则/胁迫。和其他经济学家一样,鲍尔丁(Boulding,1973)也赞同将市场交换作为人类结社的第三个明显的原因。市场交换是一种基于法律准则的交换方式,但这种交换方式并不是法律强制的,除非这种市场交换由于参与方以某种方式签订了协议而受合同的约束。我倾向将胁迫交换与市场交换这两种交换方式区分开来。

商业部门与政府部门中的工作人员大部分有固定薪酬,这些带薪工作者基于法律准则(直接或间接的工作合同)结成团体,并为各自的目标进行经济交换。与这两大部门不同,家庭部门主要由家庭工作者(主妇)以及基本上不工作的家庭成员(老人、孩子、受伤或患病的家属)组成,家庭工作者并不属于志愿者,他们在家庭的工作是无偿的。家庭部门是建立在共同奉献与家庭无私精神上的(后者指的是一种利他主义,特指对家庭和家庭成员的善意或帮助)。而志愿非营利部门的特征是基于志愿性利他主义的为共同目标的奉献。除了志愿性利他主义，商业部门里存在"商业利他主义"，政府部门里存在"政府利他主义"，家庭部门中也存在着"家庭利他主义"。在现代社会中，一个人在某一天或某星期的日常生活中，可能会在某一刻或多个时刻心怀上述所有类型的利他主义动机。

亚历山大（Alexander，1987）对社会部门所做的划分与上述划分有部分是一样的，但也有所不同。他对比了非营利活动与营利活动（商业活动）。前者是利他、非商业性的，而后者大部分是自利的。人们常常会认为非营利活动更具美德、会为现代社会所需要。

斯坦宾（Stebbin，1996）用"严肃的休闲"[①]来描述志愿工作。"严肃的休闲"这一概念意味着草根组织志愿活动属于人们的休闲活动。但这一概念同时也意味着这种休闲活动并不仅仅是在娱乐自己，而是在做有价值、有成果的事。当然志愿工作中也会包含娱乐，但娱乐并不是志愿活动的本质所在。

天文学中的"暗物质"隐喻

在致力于本书写作的大约一年期间，我发现了一个我非常喜欢的隐喻，这个隐喻可以让读者理解非营利部门中草根组织的地位。这个隐喻就是当今不少天体物理学家所提出的宇宙中暗物质[②]与亮物质的比例。在这本书中，我会不时地使用这个隐喻，因为在天体物理宇宙中，暗物质与亮物质的比例刚好是 10 比 1。这一比例恰好与

[①] 除志愿活动外，上夜校也属于"严肃的休闲"的一种。——译者

[②] 暗物质（dark matter）指由天文观测宇宙中的不发光物质，暗物质自身不发射电磁辐射，也不与电磁波相互作用。人们目前只能通过引力产生的效应得知宇宙中有大量暗物质的存在。

我所估计的1990年,美国在美国国家税务局(IRS)注册的志愿组织和未在IRS注册的志愿组织的比例大致相符(我估计的比例为5比1到10比1之间。很明显,以往研究者漏掉了很大一部分志愿组织相关数据)。

根据爱因斯坦和随后其他天体物理学家的相关研究,我们在"已知"的宇宙中通过各种技术手段所观测到的亮物质并不足以让我们明白某些巨型亮物质(例如某些星系和星群)是如何因某些引力而运行的,因此这些科学家怀疑宇宙中存在着大量"暗物质"。但天体物理学家和天文学家不确定暗物质到底是什么,有些科学家甚至怀疑暗物质的存在。最近,有些学者指出那些被称为中微子的极小微粒可能是暗物质的主要成分。然而,在志愿非营利领域,我们却能确定"暗物质"确实存在——这些"暗物质"就是草根组织及其志愿者。

在对志愿非营利部门的研究中,很多学者主要关心的是"亮物质",即那些显而易见的组织,例如授薪制非营利组织,特别是像高校或医院那样的大型组织。奥尼尔(O'Neill,1989)的著作描述并探讨了授薪制非营利组织的主要分类及其在美国的起源。这本著作也有一章研究互利型非营利组织(大部分属于志愿社团)和地方性草根组织。在我看来,草根组织被很多持"地平"观的非营利部门研究者所忽略。这些忽略草根组织的学者也包括主要学术社团的成员,例如非营利机构和志愿行动学会(ARNOVA)和第三部门国际研究会(ISTSR)的成员。

"绘制地图"隐喻和志愿非营利部门"地平"范式

在本书中,我认为非营利组织学者往往会广泛使用某些认知地图(cognitive maps)①，这些认知地图实际上会阻碍我们对志愿非营利部门某些重要现象的了解，尤其会阻碍我们对草根组织的了解。地图绘图者本应该通过绘制，让我们了解区域的特点，而不应该明知某个重要区域存在，却有意地模糊或者忽略地图本来应该涵盖的这一区域。由于某些政治原因，绘图者有意识地制作错误的地图，让其提供错误或不完整的信息，这样的地图不仅毫无益处甚至有害。再用一个比喻来说明，这种地图可能会将我们引向蹒跚、撞船、沉船或死亡——因为我们找不到该去的地方，或是到了不该去的地方。这些事故都是因为那些暗领域没有被放到地图中所引起的。同时，没有准确的地图也意味着潜在的巨大损失，因为我们不会了解有效的捷径、死胡同以及那些凭借准确地图才能得到的有价值的资源。

在哥伦布和其他欧洲早期探险者(如麦哲伦)向世人证明地球是球状的这一铁的事实之前，很多他们之前的地图绘制者都自以为是地(非常无知地)将欧洲描述为整个存在世界或"重要世界"的中心。对于这些绘图者来说，地球的大部分表面都是未知的，地球是球状的这个观念也没有被当时的民众广泛接受。遍布世界的各个古文明在其繁荣时期，都曾出现相似的扁平型地球图。在包括史前社会在内的人类早期社会里，人类对自己生活领域的认识普遍都受到了自我中心主义与沙文主义的扭曲。

对于早期的绘图者来说，地球"对于每个人来说"都是扁平的，只有像哥伦布、麦哲伦那样怪异愚蠢的人(或者其他文明中像他们一样的人)才会相信地球是球状的。在欧洲的航海史中，关于地球形状及其表面属性的问题(尤其是关于地球水陆比、水深度和陆地高度的问

---

① 心理学名词，人的头脑中对某种事物的固定认识，这种认识往往建立在以往经验的基础上，通过不断强化对某种事物的认识而形成。

题)千百年来都存在争议。

了解这些史实,有助于我们掌握本书中涉及志愿非营利部门和草根组织的"地平"/"地圆"隐喻。我写这本书的过程中对这一隐喻作了阐释,特别是在第二章。我对志愿非营利部门研究中的问题有一定了解,但在此之前我并没有找到一个简单而有力的隐喻去综合描述我的批判,去帮助我说服这个领域中其他学者、专家、实践者与领导人,这些人中的很多人(虽然不是全部)都未能正确地认识志愿非营利部门。

我将在本书第十章说明我对"地平"范式的看法。以往的每个研究者都忽略了志愿非营利部门的某些重要现象。而对于多数研究者,我认为他们的问题在于过度强调了某一类型的现象,却忽视了与其对应的现象以及志愿非营利部门的某些重要领域:例如授薪制组织与志愿者组织;社会团体志愿组织与社会运动志愿组织;传统服务组织与自助性/倡导性志愿组织;"天使般的"/常规志愿组织与"邪恶的"/异端志愿组织等。

再者,在我看来,"地平"范式代表着几种观点:这种范式视志愿非营利部门为不重要的部门;认为一个社会只存在三个部门(商业、家庭、政府);认为资金是理解志愿非营利组织的重点;认为一个人只能从独特的国家主义的角度去认识志愿非营利组织;认为以志愿目的为标准的分类是对志愿组织的唯一重要或最重要的分类;认为志愿非营利部门的历史可以被忽略,世界上不发达的地区也可以被忽略,非正式或半正式的志愿组织可以被忽略,宗教志愿组织可以被忽略;认为参与志愿行动的社会人口指标是唯一重要的;并且认为志愿组织可以被孤立研究。

因此,若使用上述"绘制地图"这一隐喻,我们可以看到,无论在概念层面还是在实践层面,常规的"地平"地图缺失了大片的"暗大陆"或者"暗版图"。解决这个问题的方法不是去继续改良和补充扁平地图范式,而是将其彻底摒弃,因为"地平"范式只是反映了整体情况主要方面的不完整的认知地图。当然,"地平"范式虽对志愿非营利部门整体情况反映不足,却对某些领域反映准确,这些准确的具体细节可予以保留。总的来说,我们必须用更好的"地圆"范式来取代现有的有局限的范式,因为"地圆"范式更恰当地描述了历史长河中全世界的志愿非营利部门的发展情况。

我所提议的"地圆"范式不仅仅会给予草根组织和社团志愿者更多的关注(我将在本书第十章对此作更详细的论述)。我在乔治梅森大学的朋友兼同事托马西娜·博克曼(Thomasina Borkman)在本书初稿完成时给了我关于某些章节的建议,这些建议帮助我把对"地平"的批判推而广之,而不仅仅局限在志愿非营利部门这一领域上。我对她的远见充满感激,因为是她提醒我对自助组织的忽略同样也是"地平"的范式之一。

基于我对志愿非营利部门"地平"范式更宽泛的批判,我认为我们——作为非营利部门和志愿行动的研究者和行动者——需要统一起来以整体、综合的崭新方式去看待一系列现象。以往,因为某些局限、短浅、陈旧的志愿非营利部门范式,我们从未这样看待过。

志愿非营利部门这个概念由高乃依(Corneulle,1965)提出。这一概念的提出本身就意味一个进步:相关大量理论、研究和实践自此以松散却程序化的方式整合在一起了(参见 Hall,1992)。我相信我的志愿非营利部门"地圆"范式意味着另一个进步,请读者明辨。

志愿非营利部门"地平"范式代表着过去几十年间人们对于这个领域的发展种种过时的看法(参看第十章)。库恩(Kuhn,1962)在他关于科技革命的重要著作中提出并证明了志愿非营利部门陈旧的"地平"范式是经不住考验的。无论我们给旧的范式贴上怎样的标签，这些范式都是错误的，因为它们具有误导性而且不完整。旧的范式已经不能够概括志愿非营利部门各个方面的发展情况，尤其不适用于概括草根组织的发展情况。

因此我们需要崭新的"地圆"范式。范式的改变会对某些留恋旧范式的人带来困扰，对我来说也一样，我不得不放弃我曾经青睐的"地平"范式之一——志愿者和会籍制志愿组织范式。但是，使我感到慰藉的是，新的范式打开了新的窗口，让我们可以处理一些以前被忽略的变量和关系。例如：在本书中，志愿组织对志愿者依赖程度的百分比成为借以认识志愿组织的一个关键变量。

我的"地平"范式标签或许带有过多的贬义色彩。在本书，我只是想通过这一标签来警醒很多学者和实践者换个角度去看待志愿非营利部门的整体情况。一直以来，我都在写作探讨草根组织这一话题，但是效果并不尽如人意。所以，现在我尝试在此书给出比此前论证（例如 Smith, 1981, 1991, 1992b, 1993b, 1994b）更为有力的论证。

迈向志愿性利他主义理论：关键定义

我对草根组织的定义主要基于一个术语——志愿性利他主义。本章的技术部分尝试对此术语下定义。在任何有效理论中，我们都必须从一开始就谨慎地对重要术语及其相关概念下定义，并使用恰当的方式把这些术语，特别是一些重要的术语与已知世界联系起来，用以评价相关现象。我在本章尝试定义我的志愿性利他主义理论，一个我用来描述我的志愿非营利部门总体理论的术语。志愿非营利部门主要包括三个层面：社会/地域层面；组织层面；个人层面。本书只涉及志愿非营利部门的部分理论，更详细的整套相关定义可以在我和多佛的著作中找到（Smith and Dover, forthcoming）。

在美国,"志愿部门"、"非营利部门"、"第三部门"、"独立部门"和"慈善部门"(即志愿非营利部门)这些概念已经存在了 30 余年(Cornuelle,1965;Etzioni,1972;Shultz,1972;Smith,Reddy,and Baldwin,1972a)。早在 70 年代中后期,大西洋两岸的主要政策研究委员会就提出了这些概念,并推动社会学家对这些概念进行研究。最早推广志愿非营利部门这一概念的机构是美国的私人慈善和公共福利委员会(The Commission on Private Philanthropy and Public Needs)与英国的沃尔芬登委员会(The Wolfenden Committee)(也可参阅 Perri 6 and Leat,1997)。但这两个委员会的推广目的都是想借助志愿非营利部门谋求政策利益。

继而,有许多学者以不同但相关的方式对志愿非营利部门及其组成部分下了定义。因为篇幅的限制,我不能将这些定义逐一列出(请参考:Kendall and Knapp,1995;Kramer,1087;Lohmann,1992;Salamon,1992;Salamon and Anheier,1992a,1997;Perri 6 and Leat,1997;Smith,1981,1991,1992b,1993b,1997d;Van Til and Carr,1994;Wilderom and Miner,1991)。肯德尔(Kendall)与耐普(Knapp)(1995)把志愿非营利部门称为"膨胀松散的怪物"(p.66),这是一个很贴切的特征描述①。但我希望在本书可以对志愿非营利部门的这一定义作进一步的阐释,使其更为准确、更便于研究者使用。

利他主义:本书的定义

我的定义方式是首先定义志愿性利他主义,然后根据此定义来定义志愿行动。随后,我会同时定义志愿者以及志愿团体,将志愿者

---

① "膨胀松散的怪物"(a loose and baggy monster)比喻志愿非营利部门所包含的组织类型极其多,且组织之间界限模糊。

的活动视为个人在某个时间段内基于志愿性利他主义做出的志愿行动、将志愿团体活动视为团体在某个时间段内基于志愿性利他主义做出的志愿行动。在我看来，我的定义方式与其他研究者的定义方式完全不同。我采取这种定义方式，因为我认识到了志愿非营利部门、草根组织、志愿者和志愿行动的重要共同点。与我之前对志愿行动和志愿组织所做的定义相比，本书的定义方式是重要的进步（请特别参考 D. Smith,1975,1981）。

作为基础性的概念，"志愿性利他主义"支撑着本书其他所有的重要概念。一旦"志愿性利他主义"被详细地重新定义，其他相关重要概念的概括范围将会随之改变。

首先，我对"利他主义"宽泛定义为：

a. 一种 b 内在的品质（目标、价值与动机）

b. 作为"实体"的一个组织或者个人

c. 致力于对自身、家庭、直系亲属之外的个体提供实质服务（参见 Smith,Shue,and Villarreal,1992。这些研究者都认为"慈善"应该指对个人、直系亲属和家庭以外个体的服务）

d. "服务"被定义为提供帮助的主体希望增加、保持或者加强净满意度（或者经济学中的"效用"）的行为，这种行为通过尝试帮助他人来完成

e. "惠及对象"(Gamson,1990)或者说"受帮助者"被定义为提供帮助的主体希望以某种方式帮助的个体或群体。

总的来说，利他主义粗略来讲是一个内部概念，指的是一个实体所拥有的通过满足他人来帮助他人的一种倾向或品质（Batson,1991）。这样看来，利他主义在社会的四个主要部门（政府部门、商业部门、家庭部门、志愿部门）中都存在。肯德尔（Kendall）与耐普（Knapp）(1995)最近也提出了相似的观点："志愿主义当然不仅仅属

于志愿部门。"与其他对"利他主义"的许多定义所不同的是，我所定义的"利他主义"在本质上既不等同于志愿主义，也不等同于善或者美德。

传统利他主义精英观亟需的改变

我的利他主义与慈善的理论（Smith，p.17）与很多学者的观点有巨大的区别。这些学者采取了较为传统、狭隘、理想化的方式，倾向于把利他主义等同于"慈善服务"或者狭义慈善的总体动机。即使我关于志愿性利他主义的观点也比这些传统的利他主义观点要宽泛，我将在下文进一步解释。

在很长时间里，传统的具有非货币性、非物质性的"慈善互动"或者"行善互动"的观点都将服务提供主体和受助者的关系看作：(a)一个利他的捐赠者/服务提供者(b)通过人与人之间的互动来帮助(c)受助者/顾客/"案例"/捐助对象，这些受帮助者是(d)在服务提供者主体之外的成员，(e)提供帮助的主体并不能从交易中获得任何贵重的回报，而(f)受助者在这种互动行为中能够在一个或者多个重要方面受惠。这些特征很明显是某种程度的夸张，是强调了某些关键层面的理想化描述。

在本书中，我将利他主义定义为"服务"的原因，将"服务"定义为利他主义的结果。从这样的视角来看待"利他主义"，就可以避免为其添上诸如"行善"、"高贵的责任"、"贵妇人"或者"个人社会服务"这样的带有居高临下涵义的情感标签。在人类历史中，这些标签曾长期附加在"利他主义"上。盖林（Gaylin，1978）等学者在《行善》（*Doing Good*）这本书中对"善行的局限"作了很好的概述。

在我关于志愿性利他主义的理论中，"利他主义"至少包括任何一个社会部门中的服务提供者所表现出的服务自我与服务他人的混合倾向。无论从实践而言,还是从理论而言,利他主义并不是人类实体产生的"纯粹"的利他动机或者目的(Smith,1981),也不是人类种种自私或利己的目的。我的"利他主义"定义里包含的混合动机与"利他主义"拉丁文的词源涵义"关于他人"①并不矛盾。对于推进全体人类的福祉,利他与利己兼有的混合动机比霍布斯理论中"一切人反对一切人的战争"的动机要有利得多。我觉得传统的利他主义观站不住脚的地方,在于持这一观点者对自己"建构"出的利他主义历史与"历史剪影"深信不疑,反而让别人觉得利他主义太过高尚,认为对他人服务的背后必定有其他动因。而事实上,利他服务是人类生命中很正常而且是不可或缺的一部分,因为人类是社会的动物。

如今我们知道,志愿服务的受惠者并不仅仅从服务(特别是由特定个人提供的面对面服务)中获得了纯粹的满足感。非成员受益型(以"公共"服务为导向的)志愿组织的很多受惠者都需要付出潜在的沉重代价。这些代价包括受惠者感到自己微不足道、产生依赖性(参见 Gaylin et al.,1978)、自尊心受到伤害,以致影响了整体自我效能感②,并影响了性格和生活中的其他方方面面——特别是那些与个人抱负和成就相关的方面(参见 Gross,Walllston and Piliavin,1980中的文献回顾)。

除了考虑服务提供者为受惠者捐钱、捐物、提供服务之外,我们还必须考虑到服务提供主体也获得了潜在利益。这些潜在利益包括带薪志愿者获得的劳动薪金、任何服务提供者都会获得的某种精神上的收益,以及(对于某些服务群体来说)通过销售、会费和利息所获得的收入以及通过拨款、合同以及捐赠所得到的收入。我们也必须

---

① Altruism(利他主义)一次源于拉丁词汇 alteri huic,其涵义是"与他人相关的"。
② 自我效能感(sense of efficacy)由班杜拉(Albert Bandura,1925—)提出,指"人们对自身能否利用所拥有的技能去完成某项工作行为的自信程度"。

考虑到受惠者付出的潜在代价——例如"情绪表演"(例如受惠者因为对服务提供者隐性或显性的依赖而受到提供者的羞辱,却不能不强装感激)(Hochschild,1983)。我们需要研究志愿服务各方(即利益相关方)互惠、分享或交换的性质以及程度,而不是在定义时去凭空设想。同时,在研究服务提供者和受惠者之间的关怀、社会支持、积极情感依附关系的性质和程度时,也要兼顾志愿服务各方(Duck,1988)。

定义志愿性利他主义

上文给出了利他主义的新定义(为别人提供服务或者帮助别人的直接目标或动机)。现在,我将志愿性利他主义定义为:为一个实体(个人或者组织)所具有的、包含以下特征的利他主义。其中1—6为志愿性利他主义的核心特征:

1(a). 志愿性利他主义建立在对其他实体(包括同组织成员在内)给予人道关怀、社会支持、分享自身资源的基础上。这三点也是志愿性利他主义提供者认为对受助者最有帮助的三点。志愿性利他主义的目的不仅仅是传统狭隘视角中所认为的为了"公益"、"慈善"、"公共利益"、"公共目的"或"公共福利"。

1(b). 作为对1(a)的特别说明,志愿性利他主义的供给主体受"人道主义核心价值观所驱动","人道主义核心价值观"包括下文七个社会积极价值观中的一个或多个(我在本章下一节作了深入探讨)。这七个社会价值观包括:公民参与价值观、社会政治改革价值观、社会宗教价值观、社交价值观、社会审美价值观、经济系统支持价值观以及个人社会服务价值观(对这七个价值观的整体优化程度决定了某个社会或某个政治经济体的公共福利或长期社会福利)。

2. 志愿性利他主义提供者至少能够相对自由地在众多的选项

中做出选择,而不会受到商业、政府或者家庭/家庭成员的强烈影响。

3. 志愿性利他主义提供者既不受生物心理或者生物社会因素的影响(行动并不像呼吸和排泄那样受基因驱动),也不受无形的社会压力影响——例如社会压力迫使人类穿恰当的衣服、保持基本的整洁(这一特征能把志愿性利他主义与家庭利他主义分割开来,因为家庭里的共同生活或"互惠利他"的行为是有其基因基础的)。

4. 志愿性利他主义更加关注受助个人/群体作为受惠方的特殊属性,包括他们从过去到未来可能的需求、愿望等,而不是仅仅关注供给者的利益或者方便程度(例如:与非成员受益型非营利机构(如医院)相比,自助型志愿保健组织更加关注受惠者的情感需求;而任何志愿组织都比政府机构和大多数商业机构更加关注受惠者的情感需求,但志愿组织对受惠者的关注程度可能不及家庭成员之间的关注程度)。

5. 志愿性利他主义的提供者所提供的服务与物资是无偿的或是低于市场价格的(例如:对于所提供的服务、贷款、租赁的设备物品都只能收取低于市场价的报酬或者零报酬)。具体来说,低报酬指的是为受惠者提供服务或物资后,提供者不会获得符合当时市场价格水平的直接经济回报/利益/报酬,但仍会得到一定的报酬。而无偿服务指的是不存在任何经济回报的服务(可参见 Smith et al.,1972,p.162)。

6. 志愿性利他主义提供者在为受惠者提供了有价值的资源之后,会获得一定的心理收益/满足感/自我效能感。提供者获得的满足感可分为初级满足感与次级满足感。初级满足感(直接满足感)指的是从某些经验中直接获得的满足感,不包括因为增加了他人的满足感而感到的满足感;次级满足感(间接满足感)指的是因帮助他人获得满足感而感到的满足感,因为这种满足感必须以他人的满足感为中介,而不是由个人直接从经验中获得。

上述六个特征是我定义的志愿性利他主义的核心特征。接下来我要谈到一些附加特征。牢记这些附加特征，我们才能够正确理解并恰当利用志愿性利他主义这一概念：

7. 志愿性利他主义的受惠者可以是组织外的民众，也可以是组织官方成员①和分析成员（指一个组织中致力于组织运营目标的常规服务成员。某些组织也以其他名称指代这些服务成员）。这样看待志愿性利他主义的受惠者，就可以使"志愿组织"这一概念不仅能够包括常见的对非成员（组织外成员）提供帮助的志愿组织，还可囊括成员受益型组织，如互惠性组织、支持型社会组织②和自助组织。

8. 志愿性利他主义提供者的正式程度差异很大，包括非常正式、复杂度非常高的组织，也包括非常不正式的组织。

9. 当组织为异端组织时，利他主义仅表现为对组织成员的利他主义（co-member Altruism），这种利他主义被称为"负面利他主义"或"异端利他主义"，原因在于这里的利他主义虽符合上述第2—8条标准，但只是接近而不符合志愿性利他主义的第1条标准③（参见Smith,1998b,关于异端志愿组织和负面社会资产的论述）。

志愿性利他主义与其他部门中的利他主义

除了志愿非营利部门，其他三个社会部门也表现出某种类型的利他主义，表现形式会受到特定部门的影响。但这些利他主义是"非志愿的"（即非志愿性利他主义）。在社会中的四大部门里面，都存在

---

① 官方成员指在册成员，有些在册成员实际并不真正参与组织活动。
② 支持型社会组织是专门为其他社会组织提供服务和支持的一类社会组织，它们的目标和宗旨是服务于其他民间组织。各类支持型社会组织形成了NGO的网络平台，组织之间的交流、合作、联盟、支持，恰恰体现出了公民社会中自助与互助的精髓。
③ 异端组织中表现的利他主义不是由"人道主义核心价值"所驱动的，不符合志愿性利他主义的首要特征，因此不属于志愿性利他主义。——译者

着利他主义及其所对应的利他行动、互动和交易。商业利他主义、政府利他主义以及家庭利他主义是基于各部门不同的目标和运行方式而产生的。

但与志愿性利他主义不同，非志愿性利他主义中的利他主义流于表面化。非志愿性利他主义把利他主义看成是一种工具性的辅助手段，而不是将其作为目的放在首要位置。真正的志愿性利他主义是建立在人道主义关怀、社会支持以及分享上的，但商业和政府领域中的利他主义以及家庭里体现的"无私"都是建立在其他价值观之上。

表面化的商业利他主义的背后往往是公司老板、经理或理事会对获得更大经济回报的期望，他们看似对顾客和工人做出利他行为（为其提供服务），看似关心顾客或者广大社会的福祉，实则谋求的是更大的经济回报。商业利他主义也有可能属于志愿性利他主义，但通常不属于。提供服务，或者说我定义中的"利他"，已经成为英美等国后工业时代服务业和信息产业的标志。

表面化的政府利他主义（例如建造国家公园或铺设高速公路等"公共福利"行为）背后是政府公务员与领导人对长期回报的期望——他们期望能够能在一个特定社会政治区域落实政府合理的法律法规，这样他们才能获得自己带薪工作的全额报酬。立法者制定或废除某些法律的行为背后兼有服务自我和服务他人的动机。可是，提供公共服务这种基本的政府利他主义之所以能够得以进行，是因为政府拥有权力，能够通过社会控制机制强制公务员遵守法律（如税法）。

家庭的无私奉献是"利他主义"的一种特殊形式。在我的理论中，"家庭利他主义"永远都有一个双引号存在。与志愿性、商业性或者政府性的利他主义不同的是，家庭"利他主义"相对无私的行为的受益对象是一个人的家属或亲属,而不是像其他三个部门一样有超越亲属的受益者。有的社会生物学家把这种家庭内部的无私奉献主要归因于人类基因的影响(Dawkins,1976)。如此说来,这种"利他主义"不一定就是真正意义上的利他主义,就像我们并不能认为蚂蚁和蜜蜂之所以协作,是因为它们具有利他主义精神一样。

志愿性利他主义与七种人道主义核心社会价值观

"受人道主义核心价值的驱动"(humane-core-value driven)这个短语,在某种意义上说,是对其他学者"公共目的"(public purpose)或"公共利益"(the public interest)概念的一个细化,也许与罗曼(Lohmann,1992)所定义的"公众价值"(commons)更为接近。在我看来,"受到人道主义核心价值的驱动"指实体(个人或组织)受到以下七种具体社会价值的一种或多种的驱动。这七种价值是志愿性利他主义首要特征所提到的人道主义关怀/社会支持/分享的细化。

1. 公民参与价值观可被定义为实体(个人或者组织)通过社会文化可以接受的手段,以某种形式对民主政治运营或对某一区域的管理表明某种态度和关注的趋势。包括对公民义务、市民荣誉、市民责任的态度,也包括对社区的关注、对公民社会的关注、对公共利益推进的关注(Barber,1984;Conway,1991;Putnam, Leonardi, and Nanetti,1993;Verba et al.,1995)。

2. 社会政治改革价值观可被定义为实体希望关注社会改革倾向。包括:发现社会问题或尚未满足的公共需求;对还没有实现的公共需求表达负责任的对社会政治的异议以及负面反馈;动员个人和团体来推动社会改革从而促进公共利益、总体福祉与社会公正;使用新的方式来进行政治行动、谋求社会改革,目的是使自身及亲属以外的社会成员得到帮助。利益团体一般会采取传统的参政方式以谋求社会改革(Berry,1997;Hrebenar,1997);社会运动团体会采取非传统的参政方式(如抗议的方式)来谋求社会改革(Carter,1974;McAdam and Snow,1997,References)。

3. 社会宗教价值观可被定义为实体在各种活动中所表现的以宗教或者信仰为基础的某些倾向。这些倾向包括"邻里互爱"、对贫穷者表现出的同情心以及与他们分享自己所拥有的资源;支持教堂、清真寺、寺庙及其宗教活动;所属的宗教团体给家庭以外的人捐款或者为其提供宗教教育;帮助他人"寻找上帝""寻找耶稣"或者寻找相关的抽象准则等等(Stark and Glock,1968;Johnstone,1992)。

4. 社交价值观可被定义为实体愿意与其他实体建立积极友好互动的趋势。这样的互动具有以下特征:互动的对象是家庭以外的实体,互动的目的就是互动本身;互动能够创造人群的社区归属感以及社会融入感;能通过非正式的人际关系促进积极社会资本的积累;能保证实体的工具性任务不会阻碍人际情感与友好互动(Duck,1998;Mason,1996)。

5. 社会审美价值观可被定义为实体通过创造、表演、展示或传承文娱活动、为家庭和自身之外的他人提供享受的倾向。文娱活动包括音乐、文学、大众媒体、体育、运动、杂技或其他活动(Kelly,1996)。基于社会审美价值观的定义,社会审美活动包含涉及共同参与的业余小组、多人运动娱乐(Kelly,1996)以及艺术团体活动(Blair,1994),并不包含只有一人参与的艺术与文娱活动(Quarrick,1989)。

6. 经济系统支持价值观可被定义为实体通过为自身或者家庭成员之外的人提供帮助,为经济或者商业部门提供辅助支持的倾向(Estey,1981;Krause,1996;Morrison,1970)。这种社会价值类型不包含对经济自身(商业部门)提供直接支持,也不包括对我们所说的

"社会经济"(Bruyn,1977)提供直接支持,因为社会经济是商业部门的重要组成部分。

7. 针对个人的社会服务价值观可被定义为个人(由个人心理决定)或者组织(由架构与组织目的决定)希望通过直接面对面的活动,满足自身或家庭之外的民众的需要和愿望的倾向。与上述的6个价值观不同,个人社会服务价值观特指满足他人关于身体健康、心理健康、教育、资讯、房屋、食物、交通、衣着、儿童白天托管等需求的倾向(David-Smith,1993;Hodgkinson and Weitzman,1992)。

以上这七个积极的人道主义核心社会价值观可用来划分志愿性利他主义的分支类型或类型组合,也可用于划分与志愿性利他主义相对应的正式或非正式的志愿活动。在定义志愿性利他主义时,我对这七个基础性的人道主义核心社会价值观作了详细解释,这使我对志愿非营利部门的定义与当今许多研究者有所不同。

志愿非营利部门定义中的其他重要组成部分

在对志愿性利他主义下了严谨的定义之后,现在我们有可能给志愿非营利部门的其他主要组成部分下定义,具体如下:

1. 志愿性利他主义有两种分支类型:(**1**)**志愿者利他主义**(**volunteer altruism**):供给方参与的主要动机/目标是从事无报酬志愿活动;(**2**)**类志愿者利他主义**(**quasi-volunteer altruism**):供给方参与的主要动机/目标是从事低报酬志愿活动。以上分类是理想条件下的分类。在现实中,供给方期望的报酬随所提供的服务市场价格的变化而浮动。

2. 志愿利他性行动(voluntary altruistic action)或其简称**志愿行动**,可被定义为一个实体为自身及家庭以外的成员提供帮助的行动,而这种行动主要是基于志愿性利他主义做出的。如果这个实体是组织,那么组织参与者提供帮助的对象一般会包括自身及其家庭成员以外的人。行动是由一个实体做出的、外在可以观察到的改变。志愿行动有两个分支类型:(a)志愿者行动主要指个体或组织无报酬的行动,源自于志愿性利他主义;(b)类志愿者行动主要指个体或组织低报酬的行动,基于类志愿性利他主义而做出。在此我为方便解释而简化了分类,但在现实中,志愿行动只会倾向于接近这两类行动的一种,而并不存在明确的非此即彼,两类行动最重要的区别因素是得到报酬的多少。类志愿者组织中的带薪员工的行动属于类志愿者行动。

3. 志愿者可被定义为在特定的时间段内(如上周、去年)做出大量志愿行动的人。志愿者有两种分类型:

(a) 纯志愿者(pure volunteer):纯志愿者在某个时间段内为某个志愿组织所做的行动是没有报酬的。我们也可以把纯志愿者视为在某个时间段内为某个志愿组织做出重要志愿者行动的人。这两个定义是相同的。在志愿组织里,纯志愿者的角色是暂时的(Zurcher,1978)或次要的(Warner,1972)。我定义中的纯志愿者等同于传统定义中的志愿者(Cnaan et al.,1996)。人们成为志愿者的背后有很多原因(Smith,1994a),除去其他的收益,志愿者基本上都能够获得精神满足。

(b) 类志愿者(quasi-volunteer):类志愿者在某个时间段内为某个志愿组织所做的某些志愿行动基本上是低报酬的。或者,我们可以把类志愿者定义为在某个时间段内为某个志愿组织做出类志愿者行动的人——这两种定义本质上也是相同的。一个人可能在同一个时间段内在某些志愿行动中属于纯志愿者,而在另外一些志愿行动中属于类志愿者(这些类志愿行动是为另外的志愿组织所做出的)。类志愿者除了金钱报酬之外,也可以得到精神收益。昂克斯(Onyx)与麦克林(Maclean)(1996)发现:志愿组织的带薪员工认为他们的工作带给他们个人挑战,并赋予他们社会价值(也可参考 Mirvis,1992;Steinberg,1990)。

4. 正式志愿者和非正式志愿者指的是志愿者的身份差异。**非正式志愿者**(informal volunteers)指的是不属于正式志愿组织、为自身或者家庭以外的对象提供志愿活动的人;而**正式志愿者**(formal volunteers)是在组织中进行志愿活动的志愿者——例如在某些志愿者项目中担任顾问。

5. **志愿组织**可被定义为在一个特定的时段做出大量志愿行动的组织。以往的文献已对"组织"作出了严谨的定义(Smith,1967)。"大量"的标准是志愿组织的分析成员(包括纯志愿者和类志愿者)在某个特定的时间段的工作时间累计占组织活动总时间的一半以上。分析成员在前文中已经定义过,指的是一个组织中提供常规服务的附属成员。

志愿组织有三种主要的类型,定义如下:

(a) **纯志愿者组织**(all-volunteer groups)指在某个时段中,分析成员为该组织所作的志愿者行动时间总和占志愿组织总活动时间的95%以上。我所研究的草根组织多属于此类型。

(b) **志愿者组织**(volunteer groups)指在某个时段中,分析成员为该组织所做的志愿者行动时间总和占志愿组织总活动时间的一半以上。所以,志愿者组织涵盖面宽泛,涵盖了像纯志愿者组织这种极端的或者近乎纯粹的类型。

(c) **类志愿者组织**(quasi-volunteer groups)指在某个时段中,分析成员为该组织所做的类志愿者行动时间(低报酬志愿行动)总和占志愿组织总活动时间的一半以上。这些组织也被称为"授薪制非营利组织"、"志愿机构",或仅仅被称为"非营利组织"而不加以细分(Powell,1987;Smith,1981;Wilderom and Miner,1991)。其他学者也做了一些类似辨析(Klausen,1995;Milofsky,1088b)。

上文(a-c)定义了志愿者组织的三种理论类型,在现实中,志愿组织会趋近于某种理论类型,因此我对这三种类型的划分可以作为理论上的划分界限。三者的区别是在某个特定时段内分析成员为所在的志愿组织做志愿工作时间的累计值的不同。我关于志愿性利他主义的理论指出:理解这一点对理解志愿性非营利部门的松散结构及其主要组成部分非常重要,而这些主要组成部分与志愿者组织其他个体特征、组织结构与流程等变量相关。类志愿者组织所做的行动并非都属于类志愿者行动,有的行动可能是高报酬的。对于一个组织所提供的每一个小时的服务,研究者都要弄清楚它是属于无薪服务、低薪服务还是领取了全额薪水的服务。

就志愿非营利部门的术语及术语构成要素的外延来说,**狭义的志愿组织**等同于志愿者组织(定义参见上文);**广义的志愿组织**可被定义为志愿者组织与类志愿者组织(定义参见上文)的集合。下文在简要定义志愿非营利部门时,将会应用到这些概念。

理论上说,伪志愿组织(pseudo-VGs)与上述志愿组织大相径庭。伪志愿性组织标榜自己是志愿组织(非营利组织),但事实上,它们与志愿性利他主义没有太大的关系。"伪志愿组织"这个确切术语是我在本书提出的,很多在美国国家税务局免税名单上的组织都被税收体制的批评者视为伪志愿组织(参见 Bennett and DiLorenzo,1989,1994;Gaul and Borowski,1993)。

我们可以假设,在任何一个社会政治体的任何一个时段中,都可能有某些人声称自己是志愿者、某些机构声称自己是志愿组织。但事实上,这些人和组织很少(如果有的话)会根据志愿性利他主义来行动。露丝-阿克曼（Rose-Ackerman）认为一个组织是否属于志愿组织的标准在于其能否"实现自身的慈善宗旨"。在我看来，这是一个实证问题，美国国家税务总局的机构分类或税法中的相似分类并不一定是正确的分类。在分类上，应该由学者，而不是政府官员，基于研究的目的，一家一家排查某一组织是否属于志愿组织。因为志愿性利他主义在我的定义体系中非常重要，学者也应该明确谁是志愿者，他们在志愿组织或者潜在志愿组织中是属于哪一个类型的志愿者。排查每一个潜在志愿组织的确很耗费时间。可是，这项任务可以用随机抽样的方式变得简单。如果学者的兴趣仅在研究，而不是注册或税收，就可以对自己兴趣领域的非营利组织进行随机抽样。关于决定是否给予一个组织免税资格，我们必须要找到解决的捷径。

6. 在我关于志愿性利他主义的理论里面，有两个和志愿非营利部门相关的概念：

（a）狭义来说，志愿非营利部门是志愿者利他主义、志愿者行动、志愿者和志愿组织的总和。由于志愿性利他主义的基础地位，用"志愿部门"（voluntary sector）这个术语来概括"志愿非营利部门"也是可以的，广义的志愿非营利部门也可采用"志愿部门"这个简称，我会在下文予以阐释。下文我会继续使用"志愿非营利部门"这个较长的术语以及 VNPS 这个缩写，直到本书的定义被广泛接受，或直到这些定义按照我的建议被改写。

"志愿"这个词在这里被用来定性术语"非营利部门"，因为在我关于志愿性利他主义的理论里，我认为否定式的定义（如，"非营利"或其他）与纯数字指代（如，第三部门）应该被前文所说的、肯定式的并已经被严谨定义过的"志愿部门"所替代。在"志愿部门"能取而代之之前，把"志愿"放在"非营利部门"前面可便于传达关于这个部门我想赋予的一些新意义。韦斯布罗德

(Weisbrod,1977)是使用"志愿非营利部门"一词最早的学者之一。我现在把此词用作过渡时期的一个标签,因为这个标签能够反映出这一部门的特殊优势——部门理念中具有的奉献精神。

(b) 广义来说,志愿非营利部门包括志愿非营利部门狭义定义四部分的总和,再加上类志愿者利他主义、类志愿行动、类志愿者以及类志愿组织的总和。换句话说,广义的志愿非营利部门可以更简单地被定义为志愿性利他主义、两类志愿行动、广义的志愿者和广义的志愿组织的总和。

无论哪种情况下,我的志愿性利他主义的理论都将志愿者利他主义和类志愿者利他主义(以及两种主义的相关概念)区别开来。志愿非营利部门的狭义概念可以被概括为"**狭义志愿部门**"(**NVS**)。相应地,广义概念可以被概括为"**广义志愿部门**"(**BVS**)。

简要地说,广义志愿部门包括志愿性利他主义及其相关部分;而狭义志愿部门只包括志愿者利他主义及其相关部分。虽然这可能在现实中两者的区分是一个程度上的问题,但是在理论上,我们现在可以精确地分辨三种之前被定义过的主义:笼统的志愿性利他主义(志愿非营利部门的广义定义);特殊的志愿者利他主义(志愿非营利部门的狭义定义);类志愿者利他主义(授薪志愿组织,为其项目服务的志愿者以及其他志愿者)。

总　　结

本章表明,我们可以用一种更精确的方式定义志愿非营利部门,而不是沿用研究此领域的大部分学者(如果不是全部人的话)所采取的方式。这样做,我得以集中关注志愿性利他主义的概念特征——一个实体(个人或组织)的志愿动力或目标。虽然定义志愿性利他主义很复杂,但是一旦对其下了定义,那么定义志愿非营利部门及其主要组成部分将会变得非常简单。这是理论上的一个非常大的突破。我的定义与志愿非营利组织与志愿者的主流定义有相似之处(Kendall and Knapp, 1995; Salamon and Anheier, 1992a, 1994, 1997),也与之前我同其他学者(1972a)以及 D. 史密斯(D. Smith, 1975, 1981)对志愿行动的定义有相似的因素。在志愿性利他主义定义的基础上,我准确地给出了草根组织的内涵定义。

在我关于志愿性利他主义的理论中,利他主义是为他人提供服务——提供方尝试去增加受助者净满足感(效能感)的行为。志愿性利他主义因此是同时包含以下六个要素的利他主义:(a)提供者把真诚的关心/社会支持/分享作为首要目的,提供者更多地受到人道主义核心价值的驱使;(b)提供者至少有中度的独立于其他部门与组织的自主性;(c)提供者不受生物心理社会因素的驱使;(d)提供者能更多地关注受助者的需要、欲望和愿望;(e)提供者获取低报酬或者零报酬;(f)提供者能从作为提供者和帮助他人中得到满足感。

本书的定义与之前的定义有所不同。不同之处在于,本书对"个人"与"团体"所作的定义将个人与团体都称为实体。这个方法能够显示出这两个抽象概念的相似性。相似地,本书对志愿非营利部门的定义与其他定义的不同之处在于:本书综合了志愿目标(志愿性利他主义)、主体活动(志愿活动)、两种分类型的志愿者以及两种分类型的志愿组织,用于定义志愿非营利部门。然而,现实中的组织充斥着例外情况,有的组织处于灰色地带。本书对志愿组织类型区分类似于韦伯式的理想类型,便于我解释相关概念,也便于读者记忆概念。

本书所阐述的志愿性利他主义理论表明：弄清在某个特定时段，不受报酬、受低报酬还有受全报酬的分析成员在一个组织中分别所占的比例是很重要的（分析成员指附属于某个志愿组织并为其提供常规服务的人，志愿组织也可能以其他名称指代这些人）。更精确地说，志愿组织划分的关键在于弄清纯志愿者或常规志愿者的累计服务时间占组织服务总时间的比例。我认为弄清这两个重要比例对于志愿组织的其他相关方面的定量和定性研究是很重要的。我在这本书中的文献回顾中已经说明了这一点。

研究志愿组织还有一种方法：比较志愿者组织、类志愿者组织以及非志愿者（带薪员工）组织，分析组织类型与组织其他重要特征（架构与流程）之间的关系。有的人期待约翰·霍普金斯大学的非营利部门比较项目可以完成这一研究。如果某个研究者很好地完成这一研究，将不同类型志愿组织作对比（组织还可按其组织目的分为健康相关组织、教育相关组织和倡导相关组织等），那么我认为研究结果会表明，总体而言，与基于志愿组织目的的分类法相比，我采用的志愿组织的三分法更能有效地反映出更多的组织相关重要变量。

我在我关于志愿性利他主义的理论中提到，个体领受报酬的程度是对纯志愿者、类志愿者和带薪员工的分类标准。这一标准非常重要，有助于研究者理解这些人在某些特定组织机构中的重要行动，尤其有助于研究者更好地理解以非正式形式或者以志愿组织形式开展的志愿行动。我的理论认为，这个坐标（受报酬的程度）两端的群体（纯志愿者和带薪员工）对自己职业/角色/任务的态度有很大的差别。

皮尔斯（Pearce，1982）曾经将纯志愿者组织与授薪制组织作为对照组，进行了实证研究。在四个不同类型的对照组中，她发现志愿者更可能在愿意工作的时候工作、更可能以自己喜欢的方式去工作、对组织的影响力更大。她还发现,志愿者组织的领导对志愿者的依赖比授薪组织的领导对志愿者的依赖程度高。据我所知,此研究是极少的能用通过一次调查从不同的角度去收集志愿者个人数据的研究。

在对志愿非营利部门的不同定义中,广义的定义是把志愿者利他主义、类志愿者利他主义以及基于它们的志愿行动都包含在内。较狭义的定义则仅包括志愿者利他主义与志愿者行动。狭义的志愿非营利部门是我毕生研究兴趣的核心所在,本书的关注点是基于地方的狭义非营利部门(草根组织)。人们可以使用关于志愿者非营利组织的任何一个定义,可以根据研究需要或政策需要(或两者兼有)去选择广义定义或狭义定义。虽然这两种定义拥有不同的理论外延与实践外延,但都有其真实依据。在我看来,我的志愿性利他主义的理论中独树一帜的地方,就是只有我对志愿非营利部门、志愿组织和志愿者的定义作了广义与狭义的划分。

志愿非营利部门的定义存在一个问题:即对志愿者和志愿组织数目(也就关系到志愿非营利部门的总量大小)的现有测算方法需要全面改善。尤其要注意的是,志愿组织应该包括成员互利性志愿组织及其志愿者(Smith,1997d),但对志愿非营利部门的现有描述都忽视了成员互利性志愿组织(Hodgkinson and Weitzman,1992;Hodgkinson et al.,1992;Salamon,1992)。

当尝试去比较不同国家的志愿非营利部门的时候,例如当进行约翰·霍普金斯大学的项目时,研究者需要对本书给出的定义多加留意。我看到研究者正在逐步扩展视野、逐渐关注到某些特殊的志愿组织(如草根组织)的原始定义(Salamon and Anheier,1992a),也关注到它们的最新定义与最近数据(Salamon and Anheier,1994,1997;Salamon et al.,1998)。鉴于志愿非营利部门的研究有大量的资金支持、大量研究者参与和研究项目也非常重要,我期待这一领域的研究范围将会得到进一步拓展。

本章部分表明,我的志愿性利他主义理论拥有几项优势。我的定义以志愿性利他主义为基础,总体属于操作性定义。但是,我的定义里也有某些结构性元素,因此,我的定义与他人的定义在某些方面是重叠的,但在其他一些方面则不同。我在本书给出的种种定义较为客观、有用、严谨,因此我希望我的定义能够引起社会精英的注意(Perri 6 and Leat,1997)。我的定义方法是更明确、更恰当地定义志愿者,然后用志愿者来进一步定义志愿性非营利部门与非营利组织。

我的理论表明志愿性利他主义、志愿行动、志愿者和志愿组织的正式化程度是一个重要维度。我建议当前的实证工作在研究非正式志愿行动时,应该只对个体志愿者的志愿行动进行研究;在研究志愿组织时,研究者应该只关注半正式志愿行动与正式志愿行动。这样就可以避免组织研究中最令人头疼的混淆问题,虽然研究者已对组织(group)与正式组织下了精确的定义,在实证研究中也可以用这些定义来区分非正式组织与正式组织(Smith,1967,1972c)。

总体来说,本书的定义方式采用了肯定式定义,并没有采用否定式定义。我的定义不同于常见的"非政府、非商业、非分配性约束"等否定式定义,因为我将肯定式的志愿性利他主义作为基础定义来定义其他概念,志愿性利他主义的核心是人道主义关怀/社会支持/分享,而这些因素又具体体现为人道主义核心价值,这些相关定义都是肯定式的。我的定义体系可以让研究者对志愿者志愿组织与类志愿者志愿组织(我在其他著作中也将其称为"授薪制非营利组织"〔Smith,1981,1997d〕)做出清晰的划分。鉴于近年研究表明这两种志愿组织类型存在很大差异,我对两者的清晰划分是一个重要的理论优势(Smith,1997a,1997c,1997d)。

本书的定义方法具有跨国视野,而且与约翰·霍普金斯大学项目产生的数据及最新定义保持一致(Salamon and Anheier,1994,1997)。除此之外,本书的定义方法能够使志愿非营利部门这一定义囊括遍布全球的互助组织以及自助组织(Fisher,1993;Lavoie, Borkman and Gidron,1994;Powell,1994;Salamon and Anheier, 1994;Wuthnow,1994)。我在其他研究(Smith,1996)中明确指出:约翰·霍普金斯大学项目对志愿非营利部门的早期定义以及分类体系并没有涵盖这些组织,有待修正。

本书的定义方法能够通过志愿性利他主义来解释汉斯曼(Hansmann,1980)的"非分配性标准"(nondistribution criterion)[①]。与"非分配性标准"相比,研究者普遍认为志愿性利他主义更具理论基础地位(Weisbrod,1992)。一些国家给予某些组织免税资格,因为这些组织能让立法者与政府官员看到更明显的志愿性利他主义。新组织的创始人往往会选择成立志愿非营利部门/志愿组织,因为他们相信志愿性利他主义更能够体现新组织的价值,这些新志愿组织所在的国家政府也会这样认为。

志愿性利他主义解释了为什么在全球的不同社会中,志愿非营利部门、志愿组织和志愿者通常都会受到尊敬,而且这种尊敬持续了上百年甚至上千年的时间(Smith,1997c;Weisbrod,1992)。现有的大量定义都是用否定式的方法定义这个部门及其组成部分,这些定义并不能解释志愿组织在各个国家都受到青睐、获得政府尊重和免税资格的现象(Weisbrod,1992)。非分配性标准也并不能解释为什么志愿组织往往在不同时间、不同区域受到欢迎,也不能解释为什么志愿组织能够获得免税资格(Hansmann,1980,1987)。

---

① 汉斯曼用"非分配性标准"来解释授薪制非营利组织与草根组织的区别。

如果没有我所给出基于志愿性利他主义的、肯定式的、以人道主义核心价值为导向的定义，我们就不可能有效探讨非营利组织商业化程度及其偏离志愿性利他主义价值观的程度。相似地，有了这样肯定式的、独立于政府对志愿组织划分类型的定义，我们才能够质疑政府给予某些志愿组织或某一类志愿组织免税资格的决定。有了这种肯定式的定义，我们才可以讨论现代的志愿组织是如何因为政府规模缩减和私有化（政府部门将其在地方上运营的收费服务承包给志愿组织）而变成半官方/半法定组织（Smith and Lipsky,1993）。

最后却依然重要的是：本书的定义方法让我们可以更好地理解批评者对美国类志愿者志愿组织的攻击、对其免税资格的质疑。这些批评者是为公共利益服务的。若一个组织在某个国家的某个历史时段拥有免税资格，但却并没有体现出明显的志愿性利他主义特征，对它们的攻击也不是没有道理。露丝-阿克曼（Rose-Ackerman,1990）指出有的志愿组织已经失去了它们的"慈善宗旨"。例如，在美国有些拥有免税资格的医院并不比一些营利的医院更具有志愿性利他主义的特征，但这种现象却鲜有人质疑（Starkweather,1993；Weisbrod,1988,pp.24,75-76）。

目前关于志愿性利他主义以及其相关组成部分的定义受到了很多理论、实证及政策上的限制。因为篇幅有限，我无法逐一讨论。

第二章　修改"地平"图：志愿非营利部门被忽略的"剩余组织"

本章的主要论点是：很多非营利组织的研究者都忽视了草根组织及其志愿活动，将草根组织看作非营利部门的"剩余部分"，由此描绘出了志愿非营利部门的"地平"图。对于这个领域的很多研究者来说，要接受本书观点，就需要改变志愿非营利组织错误研究范式。有关非营利和志愿活动的大量研究都是不完整的失真研究、具有误导性。这些研究都忽视了草根组织：有的研究者认为它们并不存在；有的认为它们根本就不属于非营利组织，自然也就不属于志愿非营利部门；还有的研究认为，就算草根组织存在且属于非营利组织，它们也是微不足道的。以上的三种观点都是错误的。在本章我会提到前两种观点，在第九章我会说明为什么第三种观点也是错误的。

我认为非营利组织的相关文献中涉及的研究、理论与批判从本质上忽视了草根组织。我将这种忽视草根组织的做法称之为"授薪制志愿组织地平范式"。这种范式塑造了一个扁平而狭窄的授薪制志愿组织世界，仿佛这些团体就是"已知的非营利世界"的全部，而忽视了剩余的非营利组织世界。这种情况类似于在哥伦布发现新大陆以前，欧洲的绘图师们会将欧洲作为"地平"的中心并认为欧洲是世界最大的大陆。事实上作为志愿非营利部门的组成部分，草根组织的数量远远超过授薪制志愿组织。那些忽视草根组织的人既不知道也不重视这个事实。与哥伦布发现新大陆之前的情况不同,那时的绘图师还能以无知与迷信作为合理的借口,而现在志愿非营利组织的"地平"绘图者只要愿意,便可以获得他们需要的草根组织的缺失数据。

我并不是说志愿工作同样也受到忽视。志愿服务项目已经获得了很多关注。授薪制志愿组织的"绘图师"们以及关注非正式非市场经济的经济学家都已经集中研究过志愿工作(Herzog and Morgan,1992;Hodgkinson et al.,1995;Hodgkinson and Weitzman,1992)。然而,他们的研究问题并没有充分挖掘我所关注的草根组织志愿工作,因此对志愿时间的所有估算值都实际上要低于志愿活动的真实值。研究者除了要弄清楚志愿活动及其服务对象,还应该弄清楚各种类型草根组织的成员作为一般成员或领导者(包括委员会工作时间)所实际贡献的时间。

许多草根组织都是半正式组织,大部分草根组织都不是正式成立的独立实体(Smith,1992b)。草根组织的志愿活动,就像经济学家们眼中的从事非法经营的路边小贩和工人的活动一样,属于非正式非市场经济活动的一部分。附属于授薪制非营利组织、政府机构及企业组织(如私立医院)的志愿项目因缺乏高度自治,不属于草根组织的范畴。

研究者对草根组织及其志愿活动的忽视使其成为志愿非营利部门中主要的暗物质。很多这个领域的研究者好像都无法"看到"草根组织——注意不到它们的存在、数量以及影响。这里"暗物质"的比喻来源于天体物理宇宙中观测不到的暗物质。

朗盖尔(Longair,1996)曾说:"宇宙中的大部分物质都是以暗物质的形式存在,这些暗物质的数量比可见物质多至少10倍。"我在本章用到的数据也表明美国志愿非营利组织中"暗物质"的数量也几乎比已知或已估算出的非营利组织多10倍。这个领域的大部分学者只关注授薪制非营利组织,至多关注下在美国国家税务局注册的非营利组织以及这些组织所进行的志愿服务项目,却忽视了数以百万计的草根组织、数以千万计的草根组织志愿者及其付出的时间。

霍奇金森与韦茨曼(Hodgkinson and Weitzman,1996b)以及霍奇金森等人(Hodgkinson et al.,1992)出版了一本非营利组织年鉴。此年鉴意图权威可靠、涵盖全面(从其题目与意图可见),但却也没有包含任何与草根组织相关的重要数据。这本年鉴如果被命名为"部分非营利组织年鉴"、"15%的非营利组织年鉴"甚至"地平非营利组织年鉴",都会显得更准确一些。这本年鉴虽提供了一些重要数据,却因为遗漏了其他数据而最终无法描绘出志愿非营利部门的全貌——此年鉴记录了志愿非营利组织"亮物质",却忽略了作为"暗物质"的草根组织(虽然此年鉴的姊妹篇年鉴关注志愿项目,并将非正式志愿活动作为第二类"暗物质",包含了这些活动的数据[Hodgkinson et al.,1995;Hodgkinson and Weitzman,1992])。独立部门①从20世纪80年代中期开始,除了出版青少年志愿活动年鉴之外,大约每两年都会出版类似的志愿数据年鉴(Hodgkinson and Weitzman,1984;Weitzman,1983)。

霍奇金森等人(Hodgkinson et al.,1992)从某种程度上意识到了这个问题。这些研究者曾提到:"慈善部门是由大量小型组织主导的。除了名字和地址之外,70%的慈善非营利组织不为人们所知晓"(p.185)。我很感谢这些能做出客观论断的学者。这70%的小型志愿组织可能是草根组织,但我不知道确切的数据,我是从本章的其他数据推出它们大部分都是草根组织。

---

① 即志愿非营利部门,也被称为第三部门。

我认为如果能够证明草根组织与成员受益部门①数量巨大，就能促使学者与助资人将草根组织作为志愿非营利部门的一个重要的组成部分来进行系统研究。如果仔细研究，我们就会发现在美国还有其他国家中，草根组织的数量是相当庞大的。史密斯（Smith）及其同事认为如果仔细研究，就会发现在当代100多个国家都有草根组织存在（附录二）。很多学者都犯了我所说的"分类谬误"，没有正确认识和理解草根组织是什么、意味着什么、取得多大的成就。这种逻辑上的错误导致他们犯了对相关概念的经验主义错误，譬如忽略草根组织与其志愿者。

一般来说，单个的草根组织都规模较小、毫不起眼。大部分的草根组织的成员都不到30人（McPherson，1983b）。家庭组织、大部分零售业以及地方性政府也拥有类似的规模，但几乎没有学者或社会领导者会觉得这些部门不重要、不值得进行仔细研究和统计。这一点是需要批判的：很明显大部分人会青睐规模巨大显著的事物，而因为单个草根组织本身规模很小、对成员以及社会的影响甚微而将其忽视。白蚁也是很小、很不起眼的生物，但千里之堤却可溃于蚁穴。

以下让我们更仔细地分析草根组织。本章接下来的一节会首先探讨草根组织的数量，然后会探讨草根组织的成员数和角色、志愿者所花的时间及其行为。在本章的最后我会探讨作为草根组织规模指标的金钱与财产。

草根组织与志愿非营利部门的数据

在美国，年收入少于5 000美元的非营利组织（以前的收入门槛

---

① 很多草根组织都是成员受益制的。

要更低一些)、宗教社团以及附属于有免税权的大实体单位的社团是不允许在美国国家税务局注册的。这些没有注册的非营利组织就构成了非营利组织的"剩余部分"——其中大部分都是草根组织,它们不可能在美国国家税务局注册(虽然某些此类的草根组织通过某种手段似乎注册了)。还有很多草根组织虽然年收入超过 5 000 美元,却根本不知道需要注册。这些小型的不为人知的草根组织的总数很可能远远超过霍奇金森(Hodgkinson)等研究者(1992,p. 185)所提到的数目①。他们的研究没有提到所有已在 IRS 注册的非慈善性的非营利组织,也没有提到上百万没有注册的草根组织——而它们构成了"暗物质"的核心。

克拉克(Clark,1937,p. 12)很早之前就注意到,一些对美国宗教概况有兴趣的组织收集了小型的草根教会与新宗教团体的数据,但这些数据很可能属于不准确的、低于真实值的数据。最近,鲍恩(Bowen)等研究者(1994,Chap. 1)提到美国很多小型志愿组织都没有出现在美国国家税务局的名单上,还有的虽然可以在名单上找到但实际却已经解散了。上述学者都忽视了大量潜在的正在形成的新草根组织,这些新增草根组织的数量很有可能已经弥补了因草根组织解体带来的总量减少。草根组织的寿命很短,但新的草根组织很快就能成立——这能够解释为什么草根组织这个志愿组织类型在绝大多数的社会中都能得以发展延续。

有一项发现对建构非营利组织的"地圆"图非常重要。最近有很多学者都表明,美国国家税务局发布的非营利组织的名单甚至对授薪制非营利组织的记录也很不全面。格润博戈(Gronbjerg,1994)发表了论文谈论《全国免税实体问题》。这篇论文指出了美国国家税务

---

① 霍奇金森等研究者提到 1992 年,全美非营利组织总数大约为 140 万个。

局非营利组织的名单对芝加哥都市地区的志愿非营利组织的记录很不全面。格润博戈聚焦于授薪制非营利组织,对比了 IRS 的名单和通过整合市名单与州名单得出的名单。戴尔(Dale)在对纽约市非营利组织的研究中也发现,通过整合地方、市、州的非营利组织名单所得的名单与 IRS 名单之间有着很大出入。

很多非营利组织都没有出现在 IRS 名单中,造成这种情况的原因是多样的,我认为格润博戈的观点最能说明问题,她认为:"那些没有在美国国家税务局注册的组织有很多都是由教会运营的,因此没有被要求单独注册;还有的由于规模太小,无法达到注册的最低年收入标准;或者因刚刚成立尚未签署必要的文件。"(p.312)总的来说,她与其他一些学者的论文都指出:美国国家税务局授薪制志愿组织的名单存在严重问题——名单几乎忽略了所有的草根组织。甚至关于授薪制志愿团体的 IRS 数据都存在问题。如果美国国税局的名单中连这些规模大、显而易见的组织都不能作完整记录,我们又怎能指望它能准确地记录核心暗物质,也就是那些没有注册的草根组织呢?

这并不是我捕风捉影,而只是学者无法认识到美国国家税务局这样做的用意——为了更关注那些有着更高收入的大型组织,有效地记录这些组织,从而使其纳税。有关非营利组织的记录很少,在全部记录中只是很边缘化的部分。家庭与企业更能够引起 IRS 的兴趣,因为这些组织的年收入/利润是要纳税的。而几乎所有的志愿团体在某种程度上都是免税的,因此美国国家税务局对志愿团体的兴趣最多是"学术上"的。因此在 IRS 改变对志愿团体的数据收集方法之前,它的数据并不值得学者和社会领袖信任。虽然前面已经提到 IRS 授薪制非营利组织的数据覆盖面可能是 50%,但研究者还是应该从社区及其居民中直接抽样,或用附录二和戴尔(Dale,1993)、

第二章 修改"地平"图:志愿非营利部门被忽略的"剩余组织"

格润博戈(Gronbjerg,1989,1994)所建议的方法来收集非营利组织的数据。

更进一步来说,独立部门发行的《非营利组织年鉴》(*Nonprofit Almanac*)里的授薪制志愿组织索引图(如,Hodgkinson and Weitzman,1996b;Hodgkinson et al.,1992)也是极具误导性的,这一索引图忽略了大量都市里的、曾被仔细研究过的授薪制非营利组织。这些组织存在于美国的大部分地区(约四分之三位于城市)。这些志愿非营利部门的"地平"图不仅仅缺失草根组织的记录,还忽略了将近一半的授薪制志愿组织。现有的授薪制非营利组织地图中这些大型的、显而易见的志愿者团体都存在样本偏差,就更不用说反映志愿非营利部门的总地图了。有的学者(如,Bowen et al.,1994,p.16)对慈善非营利组织的定义如此狭窄,以至于他们只研究了美国国家税务局名单中非营利组织的10%,这也就相当于美国非营利组织总数的1%(考虑到美国国家税务局名单的不完整)。这就好比在500年前的"地平"图里,英格兰一个小小的郡就被描绘为整个的"已知世界"。

我们要怎样来解决绘图的困难,创造出一幅志愿非营利组织的球形地图来呢?和戴尔和格润博戈(1989,1994)的研究结果相一致,我的社区研究结果也表明美国国家税务局名单中包含的草根组织比例最多占实际数量的10%到20%。我对美国1990年草根组织的总数做了四个初步估算。每种估算的方法都是相互独立的,基于不同的计算方法和数据。四种估算的结果都表明草根组织的数量达几百万之多。

以马萨诸塞州的8个城镇为研究样本,我从包括实地调查和当地报纸等各种渠道得出每个城镇的草根组织的数量(附录二详细描述了这种研究方法)。社区取样的维度有草根组织的普及程度、社会经济地位(SES)、人口规模。在人口规模这一项中每个城镇的人口数都不超过10万。最后的结果显示草根组织的实际数量是在州政府已注册的草根数量的6倍。州政府的名单忽略了未注册的草根组织,因此8个城镇的草根组织中只有大约17%是正式成立组织并记录在案的。美国税务局的名单不可能比州政府的名单更全面,因此在IRS注册的草根组织最多只能占到草根组织实际总数的17%。

霍奇金森等研究者提到的收录在美国国家税务局的志愿组织有70%属于小型志愿组织。现在我们就来研究这70%的小型志愿组织。1990年在IRS注册的志愿组织总数是1 024 648个,那么在IRS注册的小型志愿组织的数量是0.7×1 024 648=717 254个。如果这个数据代表了美国小型志愿组织总数的17%[1],稍微用除法算一下便得出1990年全美至少有420万小型志愿组织,这里面大部分有可能是草根组织,这就是**估计值一**。为了使数据更精确,我们还需要通过实地调查和报纸研究,弄清楚全美更多大小城镇的草根组织占志愿组织的比例。另外,还需要研究美国国家税务局收集的志愿团体的名单,更准确地确定草根组织所占的比例而非"小型志愿组织"的比例。

虽然我们已经知道美国国家税务局的名单只显示了一半的授薪制志愿组织(Dale,1993;Gronbjerg,1989,1994),但名单只提到17%的草根组织。因而与草根组织相比,授薪制志愿组织在州政府已注册组织名单以及美国国家税务局数据中所占的比例要高得多。总而言之,对这些组织的忽略类似于我们在晚上远离城市的霓虹灯,仰望星空,看着那些明亮的星星一样。那些能用视力正常的肉眼看到的

---

[1] 作者在上文中认为霍奇金森研究中的"小型组织"绝大部分属于草根组织。

第二章 修改"地平"图:志愿非营利部门被忽略的"剩余组织"

星星即为"可见星"。我曾读到宇宙中总共有4 000个这样的"可见星"。但借助各种望远镜,我们能推断我们所居住的银河系中有上千亿的星星(而银河系仅仅是宇宙中数百万星系之一)(Roman,1991,p.52)。合适的方法会给天文学中对星星的辨认和计算带来巨大的影响。我这一比喻并不是说,美国国家税务局和州政府记录中非营利组织和草根组织的数据缺失这么严重。但我的确认为这些数据仅占到真实数据的10%到20%——这已经很糟糕了。

在另一项尚未发表的研究中,我于1990年统计了位于马萨诸塞州城郊区的一个小社区的非营利组织数据(附录三),样本中75%的各类非营利组织主要是没有社团章程的草根组织。样本中88%的非营利组织由于年收入过低、附属于超区域性组织或是宗教团体而没有在美国国家税务局注册。

如果根据霍奇金森等研究者所认为的那样,美国国家税务局记录的志愿组织中有70%是小型组织,那就意味着1990年全美在IRS注册的小型志愿组织有717 254个。如果这个数值至多占草根组织总量的12%,那么1990年全美有大约600万的草根组织。这就是**估计值二**。很明显我对未在IRS注册草根组织比例的研究取的样本太小。我们需要选择大的社区样本,用于推算在美国国家税务局注册的草根组织的比例。这些样本可以从美国国家税务局的记录和在当地做实地研究获得。但现在通过粗略的估算,我们就已经可以确定草根组织的实际数量远远超过美国国家税务局和各州非营利组织的在册数目。从这点,我们可以看出萨拉蒙(Salamon,1992)和其他一些学者将志愿团体定义为"依法成立的团体"错得多么离谱。

基于与原来估算方法完全不同的全国样本研究,伍斯诺(Wuthnow,1994,p.76)估计全美有将近300万的小型支持型草根组织。因为无疑有几百万比小型支持型草根组织更为正式的草根组织和授薪制志愿团体,所以伍斯诺(Wuthnow,1994)算出来的**估计值(三)**是非营利组织的最小值,但却也是霍奇金森等研究者(1992)和萨拉蒙(Salamon,1992)(基于 IRS 所收集的数据)对非营利组织总数量估计值的两倍。这些支持型草根组织一般都是小型非正式的。美国国家税务局和州政府很少有这些草根组织的相关记录。因为它们因规模小且非正式不易为人们发现,通常会被忽略。IRS 早期粗糙的计算方法就像伽利略时代的望远镜一样,没有将它们收录其中。如果全美支持型草根组织数量就将近三百万,那么其他更正式的草根组织又有多少呢?

如果我们能对草根组织的平均会员值做出估计,再结合全美草根组织成员总数的估计值,我们可以通过另一种完全不同的估算方法得到草根组织的总数。我估计每个草根组织里有 50 个会员(大组织才会有这么多会员),根据 1990 年前后的数据,全美有 2 亿 6 400 万草根组织成员资格[①],我们可以推出约有 530 万草根组织。这就是**估计值四**,得出的值是霍奇金森等研究者对非营利组织总数估计值的 4 倍。

如果每个草根组织有 30 个会员(这个假设比麦克弗森估算的要高),那么草根组织的总数就会上升到 880 万。伍斯诺估算每个草根组织中平均有 23.4 个会员。这个数值只代表了小型的草根组织,因此我不会将 23.4 作为所有草根组织的平均会员值(即使用这一数据做平均值估算出的草根组织总数还要更高)。

---

① 因为有的人同时属于两个或两个以上的草根组织中,可能拥有多个成员资格,所以研究者用成员资格数而不是参与草根组织的总人数来估算草根组织总数,这样更为精确。本章下一节提到了对成员资格数的估算方法:用美国 18 周岁以上的人口数乘以人均 1.43 个草根组织成员资格,可以大致推算出美国成年人共有 2 亿 6 400 万个草根组织成员资格。

第二章　修改"地平"图：志愿非营利部门被忽略的"剩余组织"

最佳估算方法

我认为现有的最佳估算方法是从麦克弗森(Mcpherson)对人口迥异的五社区做精细"超网络采样"的方法衍生出来的。麦克弗森表明草根组织在其中一个人口为35万的城市中分布广泛，这个城市每1 000人拥有大约30个草根组织(几乎所有的州或全国的社团都有地方性分支)。他还发现当社区人口小于1 000人时，社区的草根组织的比例会增大。我们根据麦克弗森的上述数据，假设美国大城市(人口在35万到900万的城市，并不是超大城市)每1 000人平均拥有30个草根组织。因为美国基本是由城市构成的，城市的草根组织所占比率约等于全美的草根组织比率，因而我们可以通过这一数值(30/1 000人)估算出全美草根组织的总数。但用这种方法估算出的结果会比实际值低，因为根据麦克弗森(MacPherson,1982,1988)的数据和其他研究结果，小城市中会有更多的草根组织(然而在一些未被研究过的大城市里，草根组织的比例可能会小一些，从而可能会抵消对草根组织数量的低估)。

在对另外一些城市研究中，研究者得出的每1 000人拥有的草根组织的总数要少于30个。这些研究中的城市人口大部分都在5万人以上。由于这些研究的实地调查做得不够彻底，因此研究者很可能低估了草根组织的广泛程度(Drake,1972,哥伦比亚；Kellerhals,1974,讲瑞士语的法国地区；Kolderwyn,1984,阿根廷；Koldewyn,1986,墨西哥；Lanfant,1976,法国的三个不同地区；Meister,1972a,法国和瑞士；Newton,1975,美国)。

然而，若我们更为细致彻底地收集数据(通常是在一些更小的城市)，包括用实地研究与访谈研究来对官方记录和报纸上的数据做补充，我们得到的关于每1 000人拥有的草根组织的总数将会更高。

研究者通过对9个社区的研究,发现每1 000人拥有的草根组织数量从29个到100个不等(Babchuk and Edwards,1965;Lastin and Phillett,1965;Warner,1949;Warner and Lunt 1941)。我之前已得出马萨诸塞州8个城镇的草根组织数据,若再把被忽略的与城镇教会相关的草根组织算进去,马萨诸塞州中的8个城镇中每1 000人拥有大约30个草根组织。另一个研究中哈林司徒威(Hallenstvdt,1974,p.215)估计挪威整个国家中每1 000人拥有大约50个草根组织。

一些研究者对美国某些城市的研究(Bushee,1945;Devereaux,1960;Goodchild and harding,1960;Lynd and Lynd,1929;Warriner and Prather,1965)以及对一个加拿大小镇的研究(Keerri,1972)比较彻底,我从他们的数据得出在这些地区每1 000人拥有约20个草根组织。根据对9个人口数从1 000到9 000的挪威城市的研究,考尔金(Kaulkin,1976)得出这些城市中每1 000人拥有约23个草根组织。我通过对人口数从14 000到86 000的8个马萨诸塞州城镇的研究,得出每1 000人拥有约30个草根组织(主要是通过城镇中现有的每个教堂,直接推算出与教堂相联系的草根组织的平均数量)。这些数据和本章开头提到的其他数据表明我在这里估计每1 000人拥有30个草根组织并不为过,如果研究者数据收集方法正确的话。这些数据中有些数据收集于1960年之前,那时候草根组织也许并没有那么普遍,活跃度也没有那么高。

1990年美国居民总数是248 709 873(美国人口统计局数据)。那么1990年,作为志愿团体的一种,全美草根组织大约有746万。这就是**估算值五**,是目前对1990年草根组织总数的最精确估算值。在20年前,史密斯(Smith)和鲍德温(Baldwin)(1974b,p.282)也得出了1 000人拥有的草根组织数约为30个,这个数据与我的数据完

第二章 修改"地平"图:志愿非营利部门被忽略的"剩余组织"

全相同,但却是独立估算出的,基于两位研究者之前对草根组织普遍程度的高质量研究,但很明显并没有包含其后麦克弗森(McPherson,1982)的研究结果。因此,从这个意义上来说,我现在得出的每1 000人拥有30个草根组织与之前的研究结果是相互独立的。

霍奇金森等研究者(1992;可也参见 Hodgkinson and Weitzman,1996b)用 IRS 在册的志愿团体数据结合当地教堂数据得出的结果,和估算值五约750万草根组织之间有本质不同,而且基本上没有重叠之处。他们的估算方法与我的只有两个关联:一处是:我也认为在美国大约35万的教会(Hodgkinson et al.,1992,p.25)中有大约2%—20%属于草根组织(Hodgkinson,Weitzman,and Kirsch,1989,pp.6,8,32。缺失全职受薪的神职人员和其他带薪雇员的教堂志愿工作单位时间的确切数据)。另一相似之处是:为了避免过量估算,我的草根志愿者估计值五已经减去了之前得出的1990年在 IRS 注册的小型志愿组织总数(717 000)的一半,也就是减去了358 500①,因此,这里存在一个问题:在美国国家税务局注册的小型非营利组织属于草根组织的占到多大比例?属于授薪制非营利组织的又占到多少比例?这个研究问题可以通过抽样调查 IRS 中的这些组织得到解决。

我们可以结合草根组织和授薪制志愿团体的数据,以此来推算1990年左右美国志愿非营利部门的总量。算法如下,从我草根组织总量的第五种估算方法中得出:草根组织估计值是7 461 000,再加上霍奇金森等研究者(Hodgkinson et al.,1992)所得出的授薪制志愿组织估计值1 016 500,结果等于8 477 500 或大约850万,即1990

53

---

① 作者为了避免在估算结果中算入了小型授薪制志愿组织(不属于草根组织),假设小型授薪制志愿组织占到 IRS 在册的小型志愿组织的一半。但作者实际认为小型志愿组织属于授薪制组织的比属于草根组织的少。

年美国大约有 850 万志愿非营利组织。这就是估算 1990 年美国非营利组织总数的**估算值六**。那些小型不起眼的附属于教会的草根组织应该不会对这种计算方法造成很大的影响。除了 358 000 可能在 IRS 注册的草根组织，如果 IRS 名单的组织还有属于草根组织的，也应从志愿团体的总数中减去，因为会重复计算、增加了授薪制非营利组织的总数。

但做到这些是远远不够的。我们还应该把未在美国国家税务局注册的授薪制志愿团体也加进来，戴尔（Dale, 1993）和格润博戈（Gronbjerg, 1989, 1994）认为这些志愿团体的数目也是很庞大的。基于他们的研究结果，这些没有被 IRS 记录的授薪制志愿团体数目占了大约一半，这就意味着有一百万左右的授薪制志愿团体应该已被记录在美国国家税务局的名单上，这与上文得出的 IRS 在册授薪制志愿组织估计值 1 016 500 相一致。加入这些缺失的授薪制志愿团体的数据后，最后得出 1990 年全美总共有 950 万志愿组织。这是**估算值七**。

霍奇金森等研究者得出 1990 年全美志愿组织总数为 140 万，这个数目包括在美国国家税务局注册的"积极的"免税志愿团体和地方性的教会。这是**估算值八**。萨拉蒙（Salamon, 1992, p. 13）给出的估算值要低一些，只有 110 万个志愿团体。

估算值七与估算值八分别代表了志愿非营利组织数量的"地圆"图和"地平"图。如果研究者以不同的数据假设来进行与这两种算法相同的计算，会得出不一样的结果。但是，是否把草根组织计算在内是构成这两种地图的最本质的差别。志愿非营利组织数量的"地平"图太过迷信 IRS 数据。然而，IRS 提供的授薪制非营利组织的名单是非常不完整的（缺失约 50% 的数据，甚至缺失某些大型授薪制非营利组织），这一名单更是大大忽略了草根组织（缺失 90% 到 95% 的

第二章 修改"地平"图:志愿非营利部门被忽略的"剩余组织"

数据)。志愿非营利组织并非如一些学者之前提到和很多人以为的那样少。志愿团体的"地平"图忽略了将近一半自己本来关注的领地(授薪制志愿组织),更是忽略了几乎所有的作为暗物质的草根组织,而这些草根组织占了其他志愿非营利组织的大多数。

现在,我们来估算下那些笃信美国国家税务局的数据、并以此写出了年鉴、得出了"地平"图的人忽略了多少比例的志愿组织。算法:用草根组织的总数加上IRS名单中缺失的授薪制志愿组织的数目,最后除以志愿团体总数。草根组织的总数就是估算值五约750万,而没有被IRS收录的授薪制志愿团体的总数大概是100万。因此这两项相加便得出有850万的志愿团体不在美国国家税务局的名单中(这是未在IRS注册的志愿团体的总数,不是估算值六的重复)。现在我们用这850万除以志愿组织总数即950万得出IRS名单的漏记比例约为0.89或89%。

这个估算方法假定美国国家税务局名单忽略了全部草根组织。那么,现在用我估计的被IRS遗漏的志愿组织总数850减去IRS可能在册草根组织总数约36万,再除以志愿组织总数即950万等于约0.86即86%——漏记比例仍然很大。这种估算方法仍假定全部的宗教团体都在IRS上注册了,而事实上它们只受到独立部门的关注。

我们可以从上述估算看出:1990年左右,美国有将近90%的志愿非营利组织没有出现在美国国家税务局的名单中,当然也就不可能出现在霍奇金森等研究者和萨拉蒙编制的美国非营利部门的年鉴中,所以这本年鉴记录的数据是不准确的。这种"地平"图已经使绝大多数的研究者相信非营利组织的数量微乎其微,以至于没有人会对研究它们感兴趣。与此类似,在哥伦布发现新大陆以前,欧洲地图绘制师将欧洲作为世界中心,描绘出谬误百出的"地平"图。但这些地图存在于500年前,受到早年不发达的探险技术和商贸的限制。而在志愿非营利组织的研究中,志愿非营利组织的"地平"图得到了大多数人的认可,此图中根本没有草根组织存在的位置,因此在主流学术中草根组织的研究得不到资助,也难以引起学者的兴趣。

就像色盲一样,对草根组织的无视不仅仅影响了对全国志愿非营利组织总数的估算,还影响了对州和都市区域志愿非营利组织总数的估算。譬如,本纳(Ben-Ner)与凡·胡美森(Van Hoomissen)在1981到1987年间非营利组织与企业政府的比较研究中使用了纽约州劳工部的数据,他们的数据不仅完全忽视草根组织,还很可能将授薪制非营利组织和营利组织的数据相混淆。其他一些州的数据库也有类似的错误(Bannia,Katnona,and Keiser-Ruemmele,1995)。

旧金山大学的非营利组织管理机构(1995)最近发表了一项对加利福尼亚州非营利组织活动的综合统计报告。研究发现了加州共有约12万个非营利组织,其中有约75%(即9万个)属于志愿非营利组织,这些志愿非营利组织很有可能大部分是草根组织和一小部分州或次州志愿团体。因此,这项研究还统计出加州的授薪制志愿组织数目是3万个。我认为这项研究的数据比美国国家税务局的数据要更准确。

为了估算这一州政府的志愿组织数据,我将会用1990年美国人口普查的数据。1990年,加利福尼亚人口总数约为三千万(Famighetti,1997)。如果我们保守估计每1 000人中有10个各种类型的志愿团体,那么根据本章之前的研究,可得出1990年加州的志愿团体总数将近有30万个。1990年加利福尼亚州数据显示有9万个草根组织,占草根组织总数约30%。这样算来,加州的州政府数据比IRS的数据更为准确,但还是不够完美。

如果我们用更合理的数据,每1 000人中有30个草根组织(这

第二章　修改"地平"图：志愿非营利部门被忽略的"剩余组织"

个数据在本章之前就已经讨论过)，可得出 1990 年加州有 90 万个草根组织。把这 90 万个草根组织与 3 万授薪制志愿组织相加就得出加州志愿团体的总数即 93 万。如果一半的授薪制志愿组织也被这项研究忽略，就像美国国家税务局的名单一样，那 1990 年加利福尼亚中总共有 96 万的非营利组织。研究却发现了加州共有 12 万非营利组织(非营利组织管理机构，1995，p.3)。这个数值只占我对志愿团体总数估计值的 12.5%。这样看来，加利福尼亚政府研究和美国国家税务局的名单一样，忽略的情况都很严重。

由于采用的定义以及研究方法，萨拉蒙对大都市中的志愿非营利部门的研究项目得到的也是"地平"图，忽略了很多草根组织(e.g. Gronbjerg, Kimmick, and Salamon, 1985，芝加哥区域，Salamon, Altschuler, and Myllyluoma, 1990，马里兰州，巴尔的摩)。

其他国家试图描述非营利部门的整体图也很少有更加准确的(Badelt, 1989; Lynn and Davis-Smith, 1991; MaCarthy et al., 1992; Robbin, 1990; Starr, 1991)。例如，可以将我(Smith, 1974)得出的各国的草根组织的数据与萨拉蒙和安海尔(Salamon and Anheier, 1994)对 12 国的志愿非营利部门的研究报告相对比。这两位研究者基本上都只对世界志愿非营利组织描绘了一幅"地平"图，而且也没有包含世界上所有的国家。约翰·霍普金斯大学非营利部门比较项目(Salamon, Anheier, and Associates, 1998)对非营利部门的对比研究做得要好一些，但还是不够准确。

以一个更为确切的例子英国为例，英国的志愿非营利组织研究也有"地平"图的问题。虽然授薪制志愿团体和志愿项目得到了很多关注，但从整体上来说都没有给予草根组织及其活动相同的重视(Lynn and Davis-Smith, 1991)。克劳森(Klausen)和萨尔(Selle)(1996)对斯堪的纳维亚的非营利组织的研究则做得更好一些。要获得全世界的志愿非营利组织的"地圆"图,就应该同时系统地收集所有国家的授薪制志愿组织和草根组织的数据。但据我所知,这远远没有完成,"地平"的概念限制了相关研究,研究者不会去"未知水域"探索"暗物质"岛屿与大洲。

志愿非营利组织中的大部分组织并不是授薪制志愿组织,而是草根组织。这种情况在美国还有其他国家都是真实存在的(Fisher,1993;Smith and Associates,forthcoming),而这与授薪制志愿组织的"地平"图对志愿非营利组织的描绘完全相反。当我们拥有了更精确的关键数据,我本书的估算也可能从某种程度上被证明是不正确的。但是我提出的大致趋势与比较大部分是建立在其他学者的研究上,很可能不会错。

我采用志愿非营利组织"地圆"图的提议应该不会引起震惊。我对非营利组织与草根组织几次完全独立的估算之间有着很多的相似之处,这证明我的基本结论很可能是正确的。美国国家税务局的名单中忽视了绝大部分的草根组织(90%甚至更多)以及将近一半的授薪制志愿组织,但粗心的学者以为名单囊括了1990年左右美国全部的志愿非营利部门。

总而言之,上述几次相对独立的估算表明,美国有着上百万的草根组织,这些草根组织的数量远远超过志愿非营利部门中的授薪制志愿组织。志愿非营利组织的总数的整体图中应包含这些数据,替代现在模糊的"地平"图。而且很明显IRS在册数据严重低估了志愿非营利组织的总数,可能遗漏了90%的志愿非营利组织甚至更多。IRS的名单扭曲了草根组织的真实情况,误读了草根组织的影响力,以至降低了草根组织在志愿非营利组织和美国社会的重要性。而现在,我们能够确定志愿非营利组织的"暗物质"在总数上远远超过那些"亮物质"志愿团体。

巧合的是,志愿非营利组织的亮物质与暗物质之间的相对值与天体物理领域情况相似(Longair,1996,p.145)。只是一半亮物质可以在美国国家税务局的数据库中。由于 IRS 数据容易获得,研究者很容易被其误导,错误地认为这些名单中包含了几乎所有的志愿非营利组织,并信任"地平"范式绘图者的准确性,将 IRS 的数据作为他们研究的主要数据源。这对我们的研究领域来说是不幸的,尤其是将美国国家税务局的数据作为取样的主要数据的时候。

人员与职责

美国的志愿非营利部门创造了几百万的就业机会,这个数据经常引起人们的关注。我并不想质疑这一数据的准确性,我关注的是解释这一数据时经常出现的错误。霍奇金森(Hodgkinson)和韦茨曼(Weitzman)(1996b,p.44)指出:包括全职和兼职人员(非志愿者)在内,1992 年志愿非营利部门雇用了约 980 万带薪员工,而在 1994 年则雇用了约 1 030 万带薪员工。尽管两位研究者并没有给出不同规模的非营利组织对应的雇佣数据,我们能够推测出,大部分的带薪雇员通常受雇于中等或大型的由带薪雇员组成的非营利组织。在部门人员流向上,志愿非营利部门与商业部门相类似(Hodgkinson and Toppe,1991,p.407)。

萨拉蒙(Salamon,1992)认为"非营利部门大部分的组织活动根本不是由志愿者开展的,而是由带薪雇员开展的"。(p.5)依我看来,这是一种相当错误的观点。造成这一认识的部分原因可能是萨拉蒙或他的一个助手的计算错误。萨拉蒙指出:"全美(非营利部门)中所拥有的志愿劳动力(volunteer labour)几乎等同于 300 万全职雇员"。与之不同的是,若参照下一版的《美国的捐赠与志愿行动》

(*Giving and Volunteering in the United States*)(Hodgkinson and Weitzman,1992,p. 25),我们就会看到霍奇金森和韦茨曼统计得出在 1991 年,全美正式志愿项目中的志愿劳动力等同于 900 万全职雇员。我根据现有的数据计算,得出非正式的志愿者劳动力等同于 300 万全职雇员。请注意,这些非正式志愿者不属于任何组织机构,也就是说他们是自由的志愿者。我的"非正式志愿活动"与经济学中的"非正式经济活动"不同,后者同时包含了我所说的非正式与正式(有组织的)的志愿活动。尽管缺乏组织化的支持,非正式志愿者的志愿活动同样创造社会价值。萨拉蒙的研究忽略了草根组织的社团化志愿活动(associational volunteering)——研究的"志愿活动"仅仅包含对志愿项目活动,而并不包含草根组织志愿活动。

霍奇金森(Hodgkinson)和韦茨曼(Weitzman)(1996b,p. 44)随后又指出:在 1992 年,全美志愿工作量等同于 600 万全职带薪雇员的工作量①,同萨拉蒙一样,这里的志愿工作仅指正式志愿项目中的志愿工作。然而,仅仅在几年前,他们认为 1911 年的全美志愿工作量相当于 900 万全职带薪雇员的工作量。我不知道,他们对 1992 年全美志愿工作量相当于多少 FTEs 的统计值为什么会比 1991 年的少了三分之一之多(Hodgkinson and Weitzman,1992,pp. 25,41)。我想,这也许又是计算或印刷上的错误引起的(我很肯定,此类错误本书亦不可避免)。那么,独立部门或萨拉蒙提供的有关志愿非营利部门概述中的数据,又有多少是值得我们信赖的呢?全国志愿工作量相当于多少 FTEs 是非常关键的数据,这些数据必须反复仔细查验,以确保其准确性。如果以往研究关于关键数据都一再出现纰

---

① 全职带薪雇员工作量,Full-time equivalents,简称 FTEs,是作者用于衡量志愿工作量的单位标准,全年 FTEs 等于 1 700 小时。

第二章 修改"地平"图:志愿非营利部门被忽略的"剩余组织"

漏,那么我们引用的那些非关键的数据,又有多少是经得起推敲的呢?

1992年在志愿非营利部门中共有980万带薪雇员(Hodgkinson and Weitzman,1992年,p.41)。根据上文所述,正式志愿项目工作量(这里我用了最狭义的定义,即正式项目志愿者的工作量)相当于900万FTEs,这一数据与1992年志愿非营利部门带薪志愿者约1 000万的FTEs相差不多。请注意,除了授薪制非营利组织存在此类"项目志愿者",政府设立的机构,甚至某些商业机构(如私立医院,以及其他一些营利医疗组织)都存在有项目志愿者。

因为我们没有对(美国)国家成年人样本志愿行为的近期时间日志研究数据,所以现在只能对(美国)国家中草根组织志愿工作量作非常粗略的计算。从下一章叙述我们可知:1991年草根组织志愿服务时间总量为276亿小时,远远高于每年正式志愿项目中志愿服务的时间总和。如果将这个数字除以1 700小时(全年FTEs),那么就得到了1991年草根组织的志愿时间为1 620万FTEs,这一数字远高于在志愿非营利部门中工作的带薪全职及兼职雇员的工总作量(如前所述,大约为1 000万FTEs)。

若使用更为宽泛的志愿者定义(包括非正式志愿行为,青年志愿行为,最低限度也要包含草根组织及其志愿行为),然后恰当地测算参与志愿的时间总量,很明显,我们就会看到在志愿非营利部门中,带薪雇员完成的工作量占的比例不大,而草根组织志愿工作的工作量占了主导地位。若加上非正式志愿者以及正式志愿项目中的志愿者,1991年全美成年志愿者完成的各类志愿工作总和相当于超过2 800万FTEs的工作量。这里的估算依然忽略了青年志愿者,因为我们缺乏相应的青年志愿者工作的估算数据。前面的2 800万FTEs是用霍奇金森(Hodgkinson)和韦茨曼(Weitzman)(1992, p.41)算出的每年205亿志愿服务时间总和,除以1 700小时,得到FTEs的数字,再加上草根组织志愿者的1 620万FTEs。

以上结果与之前引用的萨拉蒙(Salamon,1992)的观点形成了强烈对比。因此,单纯就做志愿工作的时间而言,在志愿非营利部门中并不是带薪雇员做得最多,而是志愿者做得最多(请在下一章参考更多摘要资料及讨论)。这给了我们一个很好的理由称志愿非营利部门为志愿部门。当然,还有其他原因(见第一章)。学者们只要犯了计算或印刷错误,或者忽略了草根组织志愿行为,就将得出与我相反的结论。

一般而言,志愿非营利部门的雇员与商业及政府部门的雇员不同。斯坦伯格(Steinberg,1990)提到:"尽管(非营利部门)雇员同样受过良好教育,也更可能担任专业职位,但一个典型的(非营利部门)雇员比一个典型的(营利部门)雇员赚取的薪水少33%。"(p.159)那么这些在志愿非营利部门工作的带薪雇员还得到了什么?我认为他们还得到了"精神收益"或"精神收入"(Smith,Reddy,Baldwin,1972a)。斯坦伯格(Steinberg,1990)指出:非营利部门雇员反映他们工作满意度高、工作更加多元化、更具自主性与灵活性。马约内(Majone,1984)与米尔维斯(Mirvis,1992)都发现了志愿组织对带薪雇员的非物质回报。赫芝(Hatch)与莫克罗夫特(Mocroft)(1979)回顾了一些研究,发现志愿团体中的带薪雇员比之政府部门的带薪雇员更有责任感。

曾几何时,志愿者的精神收入被认为是基于"志愿精神"——这一术语目前已不再流行(参见O'Connell,1983)。志愿精神被视为并定义为一种志愿性利他主义的品质(参见Piliavin and Charn,1990)。志愿精神是一种特殊类型的态度混合体,它使得在非营利部门工作的许多带薪雇员从事着与商业部门工作量相当的工作,却能够接受比商业部门低的薪水。如果实际获得的薪水与其工作所创造的市场价值之间差距过于明显的话,非营利部门中的带薪雇员就会被转变为拿定期津贴的志愿者。同样的志愿性利他主义态度混合体也导致"纯志愿行为",我将这种行为定义为零报酬的志愿行为(unstipended volunteering)(见第一章)。

我并不否认很多由带薪雇员组成的志愿团体(如很多医院和大学)很少呈现志愿性利他主义。但是如果斯坦伯格(Steinberg,1990)的报告及上文提到的数据大体可靠的话,那么某种精神收益的类似物一定广泛影响着志愿非营利部门中的雇员,这样才可以解释上述的研究结果。如果志愿非营利部门的一些带薪雇员没有显著的志愿性利他主义动机,目前工作在此仅仅为了其他一些原因,那么不管其他学者或者志愿非营利部门的领导人如何想视他们为志愿非营利部门的雇员,以期让志愿非营利部门显得更重要,他们也不是志愿非营利部门真正的一分子。很多研究者都认为,如果将志愿非营利部门所有或大部分的雇员都算作这一部门的真正组成部分,这有些言过其实了。很多由带薪雇员组成的志愿团体像商业公司一样运营,实质上则利用了免税资格,用批评者的话语讲就是为了避税,尽管它们只倾向于承认"类公司"是为了谋求"高效率"(Bennett and DeLorenzo,1989,1994;Brody,1996;Gaul and Browski,1993)。

下面我给出两个不太充分的其他解释。一个解释是,志愿团体中的带薪雇员的素质要比商业部门同等位置的带薪雇员低(缺少人力资本)。但是,斯坦伯格(Steinberg,1990)却指出:在志愿非营利部门工作的带薪雇员受教育程度更高、职业素养更好,因此,第一个解释正确的可能性不大。另一个解释是,志愿团体中的带薪雇员受到了某种蛊惑,头脑不清醒,或者有轻微疯狂,因此,他们选择工作时不以个人经济利益最大化为目的。但是,据我所知,没有证据显示,比之其他部门中,志愿团体中的雇员有系统化的更高比例的精神健康问题。

于是,只有精神收益这一解释说得通。平均而言,这一精神上的收入弥补了志愿非营利部门雇员比之商业部门同等位置的雇员在金钱收入上的差距。韦斯布罗德(Weisbrod,1988)为阐释他的主张,更进一步使用"集体主义指数"(collectiveness index)或志愿组织定位来标识不同的志愿团体,特别是由带薪雇员组成的志愿团体。高集体主义指数表明志愿团体总收入中包含高百分率的成员捐资。我认为志愿团体雇员与商业部门同等位置的雇员之间的收入差距额是一个经济学指数(与可能的心理学指数或社会学指数相对应)。研究者可以用这一经济学指数考察不同志愿团体的定位、衡量某些特殊工作中所需要的志愿性利他主义是否存在。

霍奇金森和韦茨曼(Hodgkinson and Weitzman,1992,p.25)指出,1991年全美共有9 420万(志愿项目)志愿者,51.1%的18周岁及以上的美国人口参与了志愿工作。截至1993年末,霍奇金森和韦茨曼(Hodgkinson and Weitzman,1996a,pp.1-30)再次报告说,全美约有8 920万志愿者,47.7%的成年人口曾参与志愿服务。没有数据表明这些志愿者那些属于在授薪制非营利部门中工作的项目志愿者,哪些属于在草根组织中工作的社团化志愿者。霍奇金森和韦茨曼(Hodgkinson and Weitzman,1996a,pp.1-43)著作中的图1.23并没有说明这一问题。该图显示了由独立部门统计出的项目服务志愿者,同样也显示出了草根组织成员。但它并没有说明,这些由独立部门核计的志愿者哪些是社团化志愿者,哪些是志愿项目服务志愿者。草根组织依赖社团化志愿者,而不是服务于工作机构的项目服务志愿者。我们可以看出,在美国国家税务局的990s表格中遗漏的草根组织活动,可能也没有被由独立部门赞助的志愿者调查活动所注意。

第二章　修改"地平"图:志愿非营利部门被忽略的"剩余组织"

从霍奇金森和韦茨曼所采用的研究问卷中(Hodgkinson and Weitzman,1992,p.302),我们可以非常清楚地看到他们所设计的有关志愿行为的问题(问题6)措辞并不恰当,不仅混淆了项目志愿行为与社团化志愿行为,也混淆了对组织成员的服务与非组织成员的服务。研究对象在回答随后的关于志愿服务组织的类型的问题时(问题14,p.304)时,也不清楚问题里所说的"组织"指的究竟是工作机构还是草根组织。然而,这样的区分在理论上十分重要,如果未来的研究者想要获取有效的数据,就必须在自己调查问题时注意对这些概念进行区分。而现在的情况是,独立部门所做的调查无法让受访者回答,他们所贡献的志愿时间究竟是给了草根组织,还是给了由带薪雇员组成的非营利组织;也无法让受访者回答,他们的志愿服务究竟是让组织成员获益,还是让非组织成员获益。研究问题将这些概念混淆在一起,妨碍了受访者的理解。

根据我的估计,上述调查所用的措辞,导致受访者主要考虑到了自己的项目志愿服务时间,而几乎忽略了自己社团化的志愿行为时间。在霍奇金森(Hodgkinson)和韦茨曼(Weitzman)(1992年,p.327,问题89)的调查问卷中,受访者在回答有关是否是某种草根组织成员的时候,可以从问卷给出的草根组织类型中做选择,这与沃巴和涅(Verba and Nie,1972,pp.178-179),或沃巴,施洛斯曼,布拉迪(Verba,Schlozman,and Brady,1995,pp.60-61)的调查问题设计不同。在霍奇金森和韦茨曼研究采用的问卷中,并没有让受访者回答为列出的草根组织类型贡献了多少时间。如果研究者要使用上述问卷,应该运用特别的研究方法来确定提到社团化志愿服务时间的受访者所占的比例。进行研究时,应该注意日常的草根组织活动除了包括参加组织聚会也应该包括其他一些组织活动。

出现在《非营利组织年鉴》(*Nonprofit Almanac*)(Hodgkinson

and Weitzman,1996b；Hodgkinson et al.,1992)上的其他疏漏包括：没有对草根组织成员、草根组织活跃成员(社团化志愿者)以及草根组织成员资格做清晰的区分，以致影响了核算和报告的准确性。这些疏漏同样出现在较早由独立部门所做的志愿非营利部门的类似的映像卷(mapping volumes)中。这种疏漏可能源于作为机构的独立部门的渊源及其政治特性(Hall,1992；Salamon,1993)。虽然，独立部门的领导人们宣称，他们的兴趣点是公民社会、参与式民主以及各国的草根组织对公民社会做出的卓越贡献。

社团成员[①](association members,包括草根组织成员)相互之间(甚至也向非社团成员)提供服务，这种服务是实实在在、十分重要的。霍奇金森(Hodgkinson)和韦茨曼(Weitzman)(1992)在著作中表明：作为回报，社团志愿者得到互益回赠，项目志愿者也同样如此。奥尼尔(O'Neill,1989,1994)和史密斯(Smith,1991,1993b)提出并证明了成员互益型组织——大部分是草根组织——是志愿非营利部门的重要组成部分。在这里，我想特别强调的是，研究与统计需要关注成员互益型组织中的成员资格及成员，独立部门已经开展了多年项目志愿者调查也必须如此。我们已经知道，草根组织志愿者是志愿非营利部门暗物质中的最主要的一部分。下面让我们来看看这一主要部分究竟有多大。

在最近的一次针对全美18周岁以上的国民抽样调查中(Davis and Smith,1989,p.370)，使用了辅助回忆法进行调查，结果显示67.3%的成年美国人从属于一个或一个以上的志愿社团。辅助回忆法将这些已被分类的各种不同的社团类型(其中大部分是 NORC[②]

---

① 志愿社团成员包括最低地域级别的草根组织成员，还包括高地域级别的国家性志愿组织与国际性志愿组织的成员。

② NORC,美国全国民意研究中心。

分类体系中存在的草根组织类型)进行排列展示,研究者逐个问受访者是否属于这些社团类型。1990年,沃巴等研究者进行了NORC国民调查。调查显示71%的美国成年人属于志愿社团(广义来讲)成员。这些NORC的调查数据遗漏了基督及犹太教会的成员,但包括了与基督教会相关的草根组织的成员,例如基督及犹太教会的妇女组织,夫妻团契①等。正如大卫·史密斯(1975, p. 250, Wright and Hyman,1958)所指出的那样,没有使用辅助回忆法的早期研究得出的志愿社团成员数据往往很低。鲍姆加特纳(Baumgartner)与沃尔克(Walker)(1988)改进了目前的辅助回忆调查法,尽管T.史密斯(T. Smith)(1990)在他们的分析方法中找出了错误,但他们得出的志愿社团百分比数据更高。

霍奇金森和韦茨曼(Hodgkinson and Weitzman,1992, p. 327)在他们的研究中的确询问了志愿社团成员资格相关问题。然而,他们获取资料的方法却错漏百出。在使用辅助回忆法时,他们只询问了受访者8种社团类型。而NORC的调查(Verba and Nie,1972, pp. 178-179;Verba et al.,1995,pp. 60-61)在使用辅助回忆法时,则列出了16种社团类型。霍奇金森和韦茨曼(Hodgkinson and Weitzman,1992)的美国成年人国民样本中只有33.1%的人属于除宗教团体以外的志愿社团(pp. 165,264)。这样低的志愿社团成员百分率,只能归因于错误的研究方法——问题中的辅助回忆社团类型太少了。在最近的一次调查中,霍奇金森和韦茨曼(1996a)改进了他们的辅助法(pp. E-206,问题58),结果显示41.4%的美国成年人参加了非宗教的草根组织(pp. 4-92)。

---

① 夫妻团契是基督教已婚成员特定聚会的名称,其旨在宣传基督教家庭观念,增进基督徒和慕道友共同追求基督教信仰的信心。

在过去的几十年里,没有一个对美国志愿社团成员的国民抽样调查——这样的调查过去大概做了 20 个——发现过如此低的成员资格百分率。NORC 所做的一般性社会调查(Davis and Smith,1989;T. Smith,1990)持续了多年,这些独立的、内容相似的美国成年人国民抽样调查都显示:志愿社团成员百分率在 60% 以上这一范围内徘徊(Auslande rand Litwin,1988;Baumgartner and Walker,1988;Grabb and Baer,1992;Palisi and Korn,1989;Verba and Nie,1972,p. 176;Verba et al.,1995,p. 80)。

不可能上述专家所做的有关志愿社团的国民抽样研究都出现错误,而唯独霍奇金森和韦茨曼(1992)所做的研究(他们采用的测算方法明显具有局限性)正确。研究者需要大幅增加辅助回忆法中的社团类型量,特别要将自助型草根组织包含在内(Wuthnow,1994)。科学是基于可靠的复制,但霍奇金森和韦茨曼(Hodgkinson and Weitzman,1992,1996a)有关草根组织的资料却与过去几十年来在美国的其他类似研究的结果大相径庭,而后者使用的研究方法更加可靠。

霍奇金森与韦茨曼涉及辅助回忆法的研究所用的问题是印在一张卡片上(Hodgkinson and Weitzman,1992,p. 327,问题 89),然后出示给受访者的。不幸的是,这张卡片遗漏了 9 种社团类型,而 NORC 关于志愿社团标准问题中通常会包含这 9 种类型(Davis and Smith,1989)。与 NORC 标准问题相比,霍奇金森与韦茨曼列出的 8 种辅助回忆的社团类型中的 3 种都是不完整的。独立部门数据收集方法缺陷如此之多,实在令人沮丧。更有甚者:1992 年独立部门所做的研究调查问了大量的问题(Hodgkinson and Weitzman,1992,p. 327),但明确涉及草根组织的问题只有一个。在最近霍奇金森与韦茨曼(1996a,pp. E-206,问题 58)所做的调查中,辅助回忆的社团类型也只有 11 种,这 11 种后面还加上了一个名为"其他社

第二章 修改"地平"图:志愿非营利部门被忽略的"剩余组织"

团"的类别。然而,三十年前就已开始草根组织研究的某些学者却没有在数据收集方法上犯错误(Verba and Nie,1972,p.345,资料收集于1967年)。

很多研究表明,其他现代国家——特别是斯堪的纳维亚国家、瑞士和加拿大——的草根组织成员百分率和美国一样甚至更高(伯里[Boli],1992,瑞典研究;柯蒂斯[Curtis],1971,加拿大研究;柯蒂斯[Curtis]等人,1989,加拿大研究;柯蒂斯[Curtis]等人,1992,15个发达国家研究;弗里塞尔[Frizzell]和楚雷克[Zureik],1974,加拿大研究;哈兰斯蒂维特[Hallenstvedt],1974,3个斯堪的纳维亚国家研究;佩斯托夫[Pestoff],1977,7个国家研究,没有完全复制之前的研究;沃巴[Verba]等人,1995,p.80,12个国家研究;史密斯[Smith],1973b,6个拉美国家的大学生研究)。事实上,斯堪的纳维亚国家的成年人加入志愿组织(草根组织及超本土的志愿组织)的百分率要高于美国。我还发现,通过对12个工业及后工业国家的研究,研究者得出的数据显示这12个国家成年人加入志愿组织的百分率差异很大,变化范围从意大利的26%到美国的76%(Verba et al.,1995,p.80;Almond and Verba,1963)。这一结果显示,现代化或者工业化的水平远不是影响国民参与志愿组织比率的唯一因素(Smith,1973c)。

据估计,1991年全美成年人口有1亿8440万(Hodgkinson et al.,1992,p.1),这其中67.3%的成年人口从属于一个或多个社团组织(Davis and Smith,1989,p.370)。这个百分比显示在1990年全美共有从属于一个或多个社团组织的成员1亿2400万人,其中绝大多数为草根组织成员,其人数远远超过相对应的项目志愿者的人数。当然,这其中有很多只是组织在册成员——很多成员会通过邮寄的方式为组织交年费或者捐赠,但仅此而已。"成员"这一术语在这里指的是草根组织认可的正式成员(成员自己也认可这样的身份)。根据通常的情况,成员需要向草根组织缴纳年费,才能拥有为期一年的组织正式成员身份。大部分草根组织有正式的成员登记表,但也有不少非正式的草根组织没有正式的成员登记表(Smith,1992b)。

研究者经常忽略受访者在一个或多个社团中是否"活跃"这一额外问题。当问到这一问题时,沃巴(Verba)和涅(Nie)(1972,p.176)发现他们所调查的美国成年人样本约40%的人都声称自己是活跃成员(社团化志愿者)。格拉布(Grabb)和柯蒂斯(Curtis)(1992)根据1981至1983年收集的数据,做了第二次分析,发现美国成年人样本有约53%的人是为某些志愿社团服务的积极的无薪志愿者(当被问及他们是否"活跃"成员时,他们的回答是肯定的)。如果社团会议出席率也被作为"活跃"的特征的话,那么"活跃成员"的百分比会更高。

现在我们可以使用格拉布与柯蒂斯的较新数据(当然并不是最新数据),即美国成年人活跃志愿成员百分比53%,乘以截至1991年底美国的成年人口,得出1990年左右美国社团组织(大部分为草根组织)大概有9 800万活跃成员。这一数字很大,而且意义非凡。单纯的成员资格,即不包括其他活动,一般而言仅表示该个人在经济及态度上支持草根组织。活跃成员指对草根组织的支持更多、时间投入更多的成员,不管是作为社团志愿者,还是作为"单纯"参与者。如果草根组织的青年成员也被加入计算,那么上述的数字将会更大,可能增加10%至20%甚至更多。

成员资格(memberships,对应的概念为个人会员 individual members)则更为复杂。一些人拥有多重志愿组织成员资格,而目前为止,我只考虑了每个人只有一个成员资格的情况。沃巴(Verba)和涅(Nie)(1972,p.176)通过对美国成年人的抽样分析,发现样本

第二章 修改"地平"图:志愿非营利部门被忽略的"剩余组织"

中约有39%的人从属于两个以上的社团。帕利西(Palisi)与科恩(Korn)(1989,p.182)使用了20世纪70年代至80年代初的7个美国国民样本进行分析,发现美国人均拥有约1.43个社团(主要为草根组织)成员资格。成员资格是指受访者声称他们是某一类型草根组织正式在册的官方成员。上述研究低估了个人可以拥有的成员资格的数量:一些人可能同时从属于两个或更多同一类别的草根组织。奥斯兰德(Auslander)和利特温(Litwin)(1988)通过分析一个美国成年人样本,得出了人均拥有约1.35个社团成员资格的结论。格拉布(Grabb)和柯蒂斯(Curtis)(1992)通过他们的国民成年人样本分析,得出了人均拥有约1.45个社团成员资格的结论。

用美国的成年人口(Hodgkinson and Weitzman,1992,p.1)乘以人均1.43个社团成员资格,可以大致推算出美国成年人共有2亿6 400万个社团成员资格。这一数字比每人只拥有一个成员资格的数字略多(如果将青年人志愿成员资格也纳入计算的话,数字会高得更多)。史密斯(Smith)和鲍德温(Baldwin)(1974b,p.279)在分析各种其他数据后,估计1971年全美有2亿2 200万个志愿社团成员资格。这些会员资格大约一半从属于某些全国性社团的草根组织分支,另一半则隶属于纯地区性、独立的(单形态的)志愿社团。虽然有二十年间人口增长的因素,但由于数据基于同样的估算值(即每1 000人拥有一个社团),较早估算的数据与最近的数据很接近。

按照我的定义,基督教会也是草根组织——考虑到教会中大量的志愿服务,因此教会成员通常也属于草根组织会员。伍斯诺(Wuthnow,1990,p.4)报告说,根据各种不同的调查(参看Blau,Land,and Redding,1992),全美大概65%至71%的成年人属于基督教会或者是犹太教会。这些人中的一小部分属于教会草根组织,但这样一来,在数量上代表了一大批草根组织成员。

这就是志愿非营利部门的全部暗物质，它们不被经常报道，同时被大部分志愿非营利部门的领导者和学者所忽略。草根组织活动不能被简单忽略，因为这些活动的总量使许多授薪制志愿团体的统计数字相形见绌。虽然那些可以用于全民统计的数据已经存在了几年甚至几十年，但大多数现有研究都没有考虑构建有关志愿非营利部门的"地圆"图。很多学者和志愿非营利部门的领导人认为，了解这些成千上万的草根组织会员及其志愿活动对描述与理解志愿非营利部门帮助不大，对美国人民也无关紧要。如果研究者足够重视这些草根组织数据，它们应当早已被纳入主流的志愿非营利部门的地图当中了。然而，它们并没有被囊括其中，只有项目"志愿者"和志愿非营利部门中的带薪雇员才被"地平"图及其绘图师们所重视。

时间与行为

在研究人们行为的时候，最难以评估的是人们做事花费的时间。人们可以告诉研究者他们怎么想，但是在回忆他们做什么事花费了多少时间上就会发生很大的偏差（Robinson，1985）。尽管不能尽善尽美，由志愿受访者记数日或数周的时间日志仍不失为是最佳的研究方法（Juster，1985；Robinson，1985）。不幸的是，可能出于降低实操难度和成本的考虑，霍奇金森（Hodgkinson）和韦茨曼（Weitzman）（1992，p.302）在他们的研究当中使用了不太可靠的简单回忆法——即让受访者回忆过去一周花在志愿行动上的时间。如果他们能在其研究中增加一项子研究就会好得多，即选出有代表性的子研究样本，让子样本研究对象简单回忆一周花在志愿行动上的时间。研究者不容许研究对象在做简单回忆时参考他们写的时间日志，然后将研究对象的简单回忆与他们在同样过去一周所写的时间日志做对比研究。这

第二章 修改"地平"图:志愿非营利部门被忽略的"剩余组织"

样一来,研究就不会存在那么多的问题。我希望未来有研究者能进行这一重要的方法论研究。

就草根组织而言,霍奇金森(Hodgkinson)和韦茨曼(Weitzman)(1992,1996a)在研究当中甚至没有问及在每一种草根组织中所花费的时间。只是在1996年,他们大致调查了参与志愿服务的情况(pp. E-206,问题59:每周/几乎每周/从未)。他们以为他们有关志愿服务时间的问题(1996a,pp. E-194,问题11)涵盖了在草根组织中社团化的志愿服务总时间,但在我看来却并非如此。

很明显,霍奇金森(Hodgkinson)和韦茨曼(Weitzman)(1992,p. 25;1996b,p. 69)没有意识到他们研究方法上的问题,给出结论说包括非正式的志愿行动在内,1991年及1992年,志愿者平均每周提供4.2个小时的志愿服务。那么这样计算下来,1991年全美成年人口平均每周每人贡献了2.1个小时的志愿服务(包括志愿者和非志愿者)。1991年,全美成年人口总计提供了205亿个小时的志愿服务,其中主要是项目志愿行动。在1993年,这一数字是195亿个小时(Hodgkinson and Weitzman,1992,p. 25;1996b,p. 69)。

沃巴(Verba)等研究者(1995)使用了全美成年人口中有代表性的随机抽样样本,但是调查问题换成了有关每周参与慈善活动时间的问题,收集了类似的时间数据。他们发现在他们的国民样本中(p. 78),所有受访者平均每周参与具体慈善活动的时间是1.7个小时。另外0.9个小时用在了参与教会活动(p. 78)上,两者相加总计为每周2.6个小时(因其偶发性质,参与政治活动的时间被排除,但平均每周也有0.6个小时)。这一数据,比霍奇金森和韦茨曼(Hodgkinson and Weitzman,1992,p. 25)得出的平均每周每人贡献2.1个小时志愿服务(包括项目及非正式志愿活动)高出24%。

尽管方法上的瑕疵颇多,但过去一周志愿活动花费时间的访谈数据仍然具有相当的信度,即使效度上有折扣。如果调查者以狭窄的"地平"观看待志愿团体和志愿活动,必将忽略掉相当多的志愿时间,而若用恰当的方法评估的话,这些与草根组织相关的志愿时间是真实存在的。前面所引用的两则数据(Hodgkinson and Weitzman,1992;Verba et al.,1995)本身并不完整,它们相互重叠的程度目前尚不得知,但两者都忽略了服务于草根组织的大量时间。在霍奇金森和韦茨曼(1996a,pp.1-44)研究(研究方法虽不完善)中的图1.23显示:并不是所有草根组织成员都是志愿者,反之亦然。

1975至1976年,全民时间日志研究(Hill,1985,pp.155,172)的数据显示全美成年人口平均每周花2.88个小时参加"组织化活动"(即参与社团,大部分为草根组织)。使用稍微不同的估算方法,有研究者用同样的数据得出了平均每周花2.96个小时(Dow and Juster,1985,p.404)及3.04个小时(Hill,1985,p.148)两个结果。在一个更早的城市国民样本调查中,罗宾逊(Robinson)(1977,pp.13-14)收集了1965至1966年间的时间日志,发现全美成年人口平均每周花费在社团化活动上的时间为2.35个小时,其中大部分用于所谓的"非公益性"活动,即只惠及草根组织成员及其家属的活动。两个研究的相似性让我们有理由相信有关社团化志愿服务时间的估算是可靠的。

请注意,这些采用时间日志法得出的社团化志愿服务时间要比访谈法得出的平均每周2.6小时的估算稍高些。时间日志法得出的数据并无夸大之处。沃巴(Verba)等研究者的数据偏差的原因可能在于访谈设计的问题外延过于狭窄,只涉及慈善与教会。

我前面计算过的项目志愿活动时间可能包含从事社团化志愿服务的一些时间。罗宾逊(Robinson)(1985,p.57)指出:绝大部分组织化(社团化)的志愿服务时间并不直接用于帮助他人(只有平均每

第二章 修改"地平"图:志愿非营利部门被忽略的"剩余组织"

周 0.1 个小时涉及后者),就像霍奇金森(Hodgkinson)等研究者(1992)关注的那样。这样一来,通常意义的项目志愿活动时间(Hodgkinson and Weitzman,1992)与用时间日志法得出的社团化志愿服务时间就被完全区别开了,没有重叠之处。于是,两种类型的志愿服务时间,可以被加起来得出大致的正式志愿时间的总量。正式志愿服务时间可被定义为:个体通过参与志愿活动,加入或任职于一个有组织的或有项目背景的团体所花费的时间。与此相对的是没有任何的团体背景的志愿服务时间(非正式志愿时间)。正式志愿服务时间可以通过将任何合理的时间段相加得出,若通过调查者记短期(例如一周)的时间日志,结果会更加准确。

若把 1976 年社团化志愿活动的年度总时间的计算方法应用于 1991 年的全美成年人口估计值,我得出的结论是 1991 年社团化志愿服务时间总量大约为 276 亿个小时,也就相当于正式项目志愿服务时间的 181%。若用每年 1 700 个小时作为一个 FTE(Hodgkinson et al.,1992,p.41),1990 年的社团化志愿工作总量达到了 1620 万个 FTE。若忽略不计宗教慈善活动(参与基督教及犹太教志愿活动,本应属于社团化志愿活动的范畴),全美国民社团化志愿活动达到了平均每人每周 1.76 个小时(Hill,1985,p.172)。由这一数字我们可得出全美国民每年的非教会社团化志愿时间达到 169 亿个小时,比霍奇金森(Hodgkinson,1992)等研究者得出的 153 亿个小时正式项目志愿活动时间高出 10%。美国 1990 年的非教会社团化志愿时间为 169 亿个小时,相当于 990 万非教会社团化志愿 FTE,比正式项目志愿 FTE 高出 10%。

就目前而言,我们有足够的理由相信:社团化志愿时间累计总量(即使忽略教会活动参与时间)与 1991 年的正式项目志愿总时间大体相当。对志愿非营利部门来说,社团化志愿时间是一块庞大的暗物质，研究者需要更好地用时间日志法定期测评，必须仔细将其与非正式志愿活动及其项目志愿活动区分开来。

在此我需要澄清教会活动是否属于志愿活动(Blau et al.,1992)。我认为教会活动是志愿工作或志愿服务时间。因为人们参与教会服务的形式是多样的。单单就做礼拜而言，人们就得付出机会成本与交通成本。霍奇金森(Hodgkinson)与韦茨曼(Weitzman)(1996a,pp.1-43)发现他们的调查样本中70.9%的人属于宗教团体成员，包括基督教徒，这些宗教团体成员有77%参加礼拜(pp.4-93)。在志愿非营利部门世俗主义的"地平"范式中，教会活动往往被忽略。

金钱和财产

正如每个读者所知道的那样，就经济学指数而言，授薪制非营利组织在雇员、不动产、收入、资产、工资等各方面的指数都光芒四射。但我们并不能仅仅以经济学指数衡量志愿非营利部门。志愿性利他主义解释了志愿团体的共同特征，赋予了志愿团体独特的属性，同时使其获得了各种类型的税收减免资格(见第一章)。当然，在解释特定国家志愿团体的志愿性利他主义时，我们必须考虑到该国的当前税法，因其非常具体地影响到志愿团体的免税资格(Weisbrod,1992)。志愿工作、志愿能量、志愿团体和其他组织的志愿服务项目中的创造性都彰显了志愿性利他主义。

经济测量手段得出的数据(Herzog and Morgan,1992)没有很好地反映出志愿性利他主义态度——情感的维度(Brown,1999)。我在第一章中曾提到：在志愿团体中存在着志愿性利他主义，即使志愿团体的成员在对同事及团体外的受益者展现利他主义关怀的同时,具有非常明显的或实质的个人主义或自利的动机。在最近的一个有关志愿活动价值的研究中,布朗(Brown,1999)总结道:"对志愿行为价值的评估标准(即志愿时间)过于注重志愿服务对象所接受的服务的价值,忽略了志愿者本身在志愿服务中累积的价值,因此忽略了志愿服务的整体价值"(p.3)。布朗的研究结论是基于项目服务志愿活动得出的,但对于社团化的志愿活动则更加适用。

在我看来,志愿非营利部门并不主要涉及金钱与财产,而主要与人们的时间、态度、志愿精神、感情、意识形态、愿望、价值和梦想有关(如马丁·路德·金博士著名的演讲《我有一个梦》)。在收入规模、工资支出、总体预算、不动产、资产或净值方面,与其他部门特别是商业部门相比,整个志愿非营利部门要小得多(Hodgkinson et al., 1992, pp. 27, 31, 195)。在志愿非营利部门当中,也存在着财务分层。霍奇金森(Hodgkinson)和拓普(Toppe)(1991)说道,"独立部门的一个特点是其主要由许多小机构所组成;另一特点是:少数的大机构却掌握了该部门当中大部分的资产。"(p.407)他们进一步具体指出501(c)(3)组织中的4%拥有100万美元或更多的资产,占整个部门当中资产的86%(p.407)。

基于1983财税年度"4 730个毛收入超过25 000美元的(美国国税局认定的)非营利组织"的样本(Tuckman and Chang,1991, p.454),我估算出非营利组织的平均收入为3 400万美元,平均产权资本(资产减去债务)为约3 000万美元(p.457)。虽然特大型志愿团体及非成员互益型授薪制志愿团体对数据有所扭曲,这些数据也能说明IRS在册的大型非成员互益型志愿团体(年收入等于或超过25 000美元)的情况。鲁德尼(Rudney,1987)从相似的IRS数据中发现,成员互益型带薪雇员组成的志愿团体在1982年的年收入仅是外部受益(非成员互益)型带薪雇员组成的志愿团体年收入的15%。

从这里我们可以计算出：1982年全体成员互益型带薪雇员组成的志愿团体的收入是108亿美元。就经济指数而言，所谓"公共的"或非成员互益型带薪雇员组成的志愿团体在志愿非营利部门中的大型志愿团体中占据了明显的主导地位。成员互益型带薪雇员组成的志愿团体在IRS在册的大型志愿团体中只占相对少数，它们在资金方面通常比较薄弱。然而，我们要注意的是：IRS忽略了大概90%的志愿团体，其中大部分是草根组织。

至此我们已经了解了"非营利组织机构"的相关情况，那么草根组织的情况又是怎样的呢？正如前面提到的那样，草根组织大都没有填写IRS的990返税表格，因为它们通常是国家性社团的形形色色的附属机构，或是因为资本微薄，或是属于宗教团体而不需登记或建档。因此，我们无法得到草根组织的国家级别甚至是州级别的经济数据。草根组织大都不雇用专职人员（至多一个至两个，通常工作时间远远少于每周40个小时），年预算很小（每年低于25 000美元，通常非常低），而且实质上没有财产（接近零资产）。草根组织会员通常在会员的家里碰面（Chan and Rammohan，1999）。

当然有一些例外情况，比如退伍军人的草根组织、史学协会以及一些兄弟会通常拥有自己的办公大楼。授薪制志愿团体通常拥有或租用建筑或办公场所。而大多数草根组织则没有长期办公场所，它们大多时候只是在需要开会时才租用场地（不是按月或年持续租用）。草根组织成员大多数时间在成员家里会面或借用基督教堂、犹太教堂（Hodgkinson et al.，1989，p.97）、医院、学校、图书馆、书店（基于我对马萨诸塞州数个社区的研究（附录二、三））等场所会面，不支付场地费或只支付非常少的场地费。独立拥有产业的组织经常通过免费或廉价提供会议场所的方式，补贴草根组织。我们并不知道这种全国范围内补贴的数据，研究者应该通过抽样的方式进行调查。

第二章 修改"地平"图:志愿非营利部门被忽略的"剩余组织"

某些类型的草根组织在当地接受物品捐赠和服务,捐赠和服务的累计总量同样不得而知。某些草根组织接受现金捐赠,这类捐赠一部分会被统计在年度捐赠和公益慈善的国家数据当中。草根组织大部分的财务数据在国家层面甚至低一级的地区层面都没有被统计,因此,这些都是暗物质。我发现在同一郊区的(59个被研究过的草根组织中拥有完整数据的)51个草根组织的平均年收入为7 805美元(中位数=2 000美元)。(1999年,陈[Chan]及罗蒙罕[Rammohan]在研究一个加利福尼亚州县里的45个草根组织时,发现了类似的结果。)由于缺乏其他数据,基于以上并不十分准确的中位数,我们可推算出:750万草根社团的年收入总量约有585亿。(1973年,特劳恩施泰因[Tarunstein]和斯坦曼[Steinman]在研究一个中西部中等城市中48个自助型草根组织时,发现其中73%的组织年预算少于5 000美元。)如果有大量社区草根组织的有效数据,研究将会更完善(特别需要有关草根组织的有代表性的在收入及财务指数方面的国民样本数据)。

这一概括性的数字是有实质意义的,即使与1990年美国国税局在册的志愿非营利部门中半数带薪雇员组成的志愿团体所创造的1 940亿美元这一数字相对比(Hodgkinson et al.,1992,p.27,排除了志愿服务的估算价值)。我的关键点在于,虽然草根组织每年只有很小的预算、收入和支出,但是由于它们数量众多,累积起来的数字在经济学上同样拥有重要的意义。草根组织就像蚂蚁或白蚁,个体虽然渺小,但作为整体就成为了地球动物群当中重要的一支——生物总量超过大象、犀牛生物总量之和。草根组织的资金大多通过会费、会员捐赠或不定期的面向公众的筹款活动来募集(如植物销售,工艺品市集,抽奖销售,特殊聚餐等)。

然而,草根组织真正意义上的财产是人,具体来讲就是会员,更具体来说，就是活跃的志愿会员及领导人。这些人在前面的一节"人员"当中已有论述。但是，我们如何对一个高效的、有魅力的、草根组织的志愿者领导人做准确的价值评估呢？我相信经济学家也许可以做到，但是会忽略我的要点。在我们所谓志愿非营利部门中的草根组织或任何志愿非营利部门中，"人力资产"的货币化（经济学术语，指每年工资价格，志愿工作的估算价格，人力资本等）不足以让我们理解草根组织。我们需要更多的数据来理解为什么草根组织的会员贡献度那么高，而商业部门或政府部门却做不到。例如，关键的问题是：特定的领导人能够有哪些建树？他或她如何激励会员行动，如何让一个非会员成为一个积极分子？增加一美元的估算价格，无助于解释这类活动。除非考虑到领导人及其活动的影响力，否则这类价格估算没有意义，它们只是所花费时间的货币化价格而已。

马丁·路德·金（Martin Luther King）、圣女贞德（Joan of Arc）、塞缪尔·亚当斯（Samuel Adams）、苏珊·B. 安东尼（Susan B. Anthony），以及圣雄甘地（Gandhi），他们价值几何呢？换句话说，作为成功的组织领袖或运动领袖，他们创造的价值是多少？难道这些价值可以通过他们的经济净价值、他们为完成事业所付出的金钱、他们志愿工作时间的估算值，或者他们的人力资本来衡量吗？还是需要通过他们对人类的整体贡献，除了从经济上衡量，也基于某种"社会心理的领导力资本"或技巧（人力资本）来衡量呢？社会心理领导力资本可以解释为：动员他人做出贡献或参与行动，从而通过集体或团体行动实现符合领导人及其追随者深层信仰和价值观的目标的能力。如何准确衡量广义的草根组织及社会运动领导人的"附加价值"——这是非营利组织研究中最大最关键的研究空白。

对志愿行动研究，经济学家的一大主要贡献在于其创造并完善了定量研究方法，以估算出志愿工作的经济价值。我相信这条研究脉络始于沃洛辛(Wolozin,1975)。考虑到大多数志愿工作是某种类型的服务工作,基于经济服务部门最近的一项平均工资数据,他将志愿工作国家数据赋予为每小时一美元的价值。但这似乎更适用于计算志愿者的平均价值,而不是领导人的平均价值。

研究者使用过很多不同类型的志愿工作价值的估算方法,我们在这里讨论过的前两种方法因为有缺陷而被沃洛辛(Wolozin,1975)考察后拒绝使用。赫尔佐克(Herzog)和摩根(Morgan)(1992)展示了他们估算志愿工作价值的三种方法:机会成本(志愿者在志愿时间内根据其通常工资率可以挣到的薪水);市场价格(志愿者正在提供的志愿服务的当前经济或市场的价值);附加价值(志愿服务对提供志愿服务前已存在的情况有所改善,这一改善的经济价值)。我更喜欢第三种方法,因为如果在更广泛的意义上进行衡量,它能更好地评估领导人的价值。布朗(Brown,1999)最近对这一方法做了进一步的完善。

霍奇金森(Hodgkinson)等人(1992)通过统计所有志愿活动(并没有去除"非工作"的志愿行动)来估算志愿时间产生的价值。我认为这一方法是恰当的。他们估算的基础是同一年内"非农业工人的平均时薪",比"预估附加福利增加了12%"(p.71)。估算志愿时间产生的价值还有其他的方法,包括最低工资估算,但这种估算基于上述所有估算方法中最低的志愿者假定工资率,从而严重低估了志愿者创造的实际社会价值。

使用上面提到的非农业工资估算法,霍奇金森(Hodgkinson)等人(1992,p.71),霍奇金森和韦茨曼(Hodgkinson and Weitzman,1996b,p.69)估计1989年美国项目志愿活动产生的经济价值为1 700亿美元,而在1993年为1 820亿美元,但是忽略了非正式的志愿工作及草根组织中的社团化志愿工作。布朗(Brown,1999,p.14)

估计1996年志愿活动至少产生了2 030亿美元的价值。由于狭义的社团化志愿活动(非宗教的)的志愿总时间大致等同于项目志愿工作的总时间,我们可以把1989年1 700亿美元大体看作是当年全国社团化志愿工作的估算价值(参看本章的前一节。使用之前提供的准确估算,忽略宗教活动不计,全美社团化志愿工作在志愿时间上比项目志愿工作高出10%。因此,技术上来讲,1 700亿美元的估算价值应该提高到1 870亿美元。但对于我来说,由于目前是估算,将两者大体等同也不是什么问题。)赫尔佐克(Herzog)和摩根(Morgan)(1992)发现美国妇女及老年人的正式志愿工作(但也包括非正式志愿行动),以经济学角度看,也是非常有价值的。这些志愿工作提供的物品和服务是有价值的,可以给予一个合理的估算价值。同样道理,美国青年人和男性志愿者在正式志愿项目和草根组织中的志愿工作具有同样的估算价值。

总　　结

草根组织以及草根组织活动本身规模巨大,无论是在志愿团体总数、草根组织正式会员总数、有正规草根身份的社团总数上,还是在社团中积极会员的总数以及每年全职志愿者的总数上,都令授薪制志愿组织相形见绌。

美国草根组织与社团志愿活动庞大的数据说明:如果研究者一开始采用授薪制志愿团体的"地平"图,然后逐步囊括此前忽略数据类型,作为暗物质的志愿非营利组织确实数量庞大。很少有人意识到这一点,因为这种全国性的、基于数据的"地圆"志愿非营利组织的研究数据缺乏完整的体系,而且大部分数据都没有被主要志愿非营利组织记录在案(Hall, 1992; Lohmann, 1992; O'Neil, 1989; Van

Til,1988)。

几乎所有的研究问题都没有将志愿非营利组织或志愿团体作为一个整体来研究,忽略了草根组织及其志愿者,因此我们缺乏完整足够的信息。研究有偿志愿团体时,若样本是取自美国国家税务局的名单,那么研究就忽略了几乎一半现存的、活跃的授薪制志愿组织,这些志愿组织大部分都是位于拥有美国总人口四分之三的城市地区。

我们都很害怕驶向志愿非营利组织"地平"的边缘,"地平"图由有偿志愿团体组成,号称描述了整个已知的志愿非营利部门。这一地球图得到广泛认可且被认为非常准确,但事实上"地平"图很糟糕。结果,我们拥有的信息主要集中在志愿非营利组织的亮物质或"可见星"上,却忽略了小型的,不显眼的恒星、行星、卫星和彗星,更不用说细微的暗物质。美国有85%的志愿团体应该收入图中,但实际上却被现有的"地平"图所遗漏。因此这些广受认可的志愿非营利组织图并不能很好地引导人们走出那一块小小的明显的有偿志愿团体区域。也许在某个区域内"地平"图也可引导我们,但却不能引导我们走入志愿非营利世界的其他地方。

总而言之,我认为,一些大学的重要社会研究中心,比如说密歇根州立大学的调查研究中心,芝加哥大学的NORC(还有其他地方各种相互竞争的大学调查研究中心)应该承担定期更新志愿非营利部门的"地圆"图的任务。这些研究中心能够一如既往地胜任数据收集的工作,而且它们通常会有机会与一个或更多了解草根组织的学者接触。和独立部门相比,这些研究中心思维不刻板,因此不会导致数据收集、分析、理解和报告的不足。

程序化的研究日程:打造更好的志愿非营利组织图

无论谁从事这项研究与分析,都会用到哈南(Hannan)与弗里曼

(Freeman)(1989)的"组织人口生态学"方法或米洛夫斯基(Milofsky,1987)的"市场方法",在研究志愿团体的总数时通过适当的研究方法研究草根组织。如果我们不仔细深入研究草根组织,就像大部分人那样,甚至在取样的层面上不考虑草根组织,我们就无法知道志愿非营利部门的全貌。

要展开"地圆"观的志愿非营利组织研究,至少要包含草根组织和非正式的志愿活动(还有青年志愿活动、国际志愿活动以其草根组织),研究者需要依循以下几个步骤:

1. 在美国地方代表样本中为志愿非营利部门的组织及团体构建一个合适的样本框架(包括阿拉斯加和夏威夷以及一些非州一级的区域)。

2. 用在IRS注册的全部免税单位加上通过第一步骤得到的样本,从中随机选出非营利组织的样本。基于非营利组织的名称,调整抽样率,使样本包含大约相同数目的授薪制非营利组织和草根组织。

3. 对这些随机样本中的非营利组织进行筛选访谈或邮寄调查问卷,进一步确认该组织是草根组织还是授薪制非营利组织,授薪制非营利组织通常可以通过电话联系,但对大部分的草根组织刚开始则行不通。研究者可以先给草根组织的领导写信或寄明信片,一般来说这样就能要到草根组织现任会长的电话号码,安排访谈。访谈样本中要保持非营利组织样本中草根组织与授薪制非营利组织数量的平衡。

4. 如有必要可以用电话面试和邮寄调查问卷获得样本中志愿非营利组织的架构与流程数据,问卷要尽量为草根组织和授薪制非营利组织设置一致的问题。可以从每个非营利组织中选择两个或三个领导者独立收集数据,这样会获得更高的效度。有可能的话,可寻找更多非营利组织相关公开文件或未公开记录,以支持关键数据。

5. 确定分析成员是否带薪,或部分带薪(有固定薪金的志愿者),并确定纯志愿者及其人数。要从所有的非营利组织中收集数据,而不仅仅限于正式成员和带薪专职人员。

6. 确定分析会员(包括带薪专职人员)因其工作而接受多高比例的报酬或回馈的"物品"。"工作"也包括在组织举办的活动和会议上出席(出席也可算是对其他会员的一种服务。"工作"当然也包括准时到达,并考虑机会成本)。决定草根组织的"正式会员"是那些出席会议和参与活动的人,还是那些在已确定的正式会员名单上的人。

7. 向一小部分非营利组织的分析成员提问,用邮寄调查问卷的方式询问他们对于社团以及有偿工作或志愿工作的态度。问卷要包含志愿性利他主义和其他志愿行为影响因素,用于询问个体受访者(Smith,1994a)。

8. 向整个组织邮寄问卷,研究社团的文件、文档,并设计访谈研究社团的目的、理念、架构等等(见本书第二部分)。如果可能的话尽量拿到组织最近的预算、年度决算、资产负债表,等等。

9. 建立一个成年人的全国样本(也许还要建立一个 12 岁到 17 岁的小样本)。询问他们有关草根组织活动以及参与影响的问题。还要询问关于志愿项目以及非正式志愿活动的问题。访谈问题应包含几个独立的问题部分,以检验出题的方法是否得当。如有必要还要问及草根组织以及志愿项目方面的问题。也要仔细询问关于会员身份的问题——会员是志愿者还是分析会员,以及委员会中领导产生的问题——是选举的还是任命的,要调查两三个成员非常活跃的草根组织或志愿项目的理事会。还应该提到草根组织会员的总数以及项目志愿活动者的总数。

10. 从全国人口样本中随机导出子样本,为不同的子样本记录一年中任意一个星期或一个月的时间日志。让调查对象用"VW"(Volunteer Work)标记志愿工作,在时间日志中记录志愿活动的时间(无论是为草根组织工作还是为非家庭成员提供非正规帮助都属于志愿活动)。

11. 从企业和政府机构中导出一个小子样本,最好是从那些有曾被研究过的志愿组织的地方。访问这些小子样本中的机构领导以及分析成员(这里主要指带薪的专职人员,也包括附属于这些组织的项目志愿者[Smith,1972c])。用相同的问题询问非营利组织的领导及成员,获取相关数据。

12. 分析推断出来的数据,创建(a)一个尽量准确的美国志愿非营利组织的球形地图,解决本章提到的问题和指标;(b)仔细比较之前志愿非营利组织的"地平"图与本章所提到的"地圆"图;(c)全面了解志愿工作和带薪工作,比较两者的动机;(d)全面了解志愿团体及其架构、流程,将草根组织与授薪制志愿团体(或所有的志愿团体)、企业与政府机构相比较。最后将志愿团体和家庭作类似比较,收集数据。

13. 以社区或其他地方或更大的区域为单元分析数据,如果样本足够大可以包含整个志愿非营利组织。以目的型和分析型变量来分析志愿团体数据(Smith,1996)。还要以其他变量分析数据,比如可根据志愿团体的自我报告和 IRS 的记录把志愿团体分为公司制的或非公司制的两类,也可分为在 IRS 注册的和未注册的两类。还可将 IRS 在册志愿团体分为 990 文件在册的和不在册的;还可以将志愿团体分为社会经济地位很高的志愿团体以及其他社会经济地位的志愿团体;男性主导的与非男性主导的志愿团体。分析了这些变量,我们就能对 IRS 名单内的志愿团体与名单外的其他志愿非营利组织(占美国非营利组织的 90%)的关系下准确的结论。

我认为,草根组织主要是志愿非营利组织中能进行自给自足、会员互惠型的组织。它们数量巨大,和志愿非营利部门中为非成员提供服务(或提供所谓的"公共服务"的)的授薪制志愿组织一样重要

(Smith,1997a)。虽然提供"公共服务"的授薪制志愿组织规模相对较大,组织中的大部分的会员都是有薪水的,拥有更多的收入和资产净值,在我看来,大部分非营利组织研究者由于只关注志愿非营利组织部门中表面上"规模大"而"显眼"的授薪制志愿组织,却忽视了作为"暗物质"的草根组织总的规模与影响力。他们忽视白蚁,只关注大象——"那些光鲜显眼的非营利组织"。有人可能会认为,这种方法对于学术上的浮光掠影者(scholarly tourist)是可行的,但却很难适用于非营利组织研究和志愿行动研究。草根组织的优势在其成员、在其会员总数、志愿活动,尤其在于组织志愿者和草根组织的责任与价值观。正如我在此前著作(1997a)和第九章中所表述的观点,草根组织的整体影响巨大,非常重要。

至于"地平"图的问题,我只是简单地引用了萨拉蒙(Salamon)的话(1993),建议感兴趣的读者仔细参照本章所提到的数据与推论加以思考。萨拉蒙提到:"这个领域的研究社区中还存在着一个盲区,那就是大部分的基本数据都来源于一个明显在塑造积极公众形象的机构(指独立部门)"(p.166)。

萨拉蒙(Salamon,1993)继续补充道:"非营利组织年鉴是极其珍贵的研究美国非营利组织的材料来源"(p.171)。这两种观点之间并不矛盾,我同意这两个观点。科学的进步不一定是以线性的形式进行的,而在于不断接近真理。我正在努力想使美国草根组织的研究更接近真理。如果没有对前人观点与著作的批判,我是无法做到这一点的。而且,我认为,不幸的是,一些能力出众且用意良好的研究者将美国国税局与州政府作为非营利组织的数据来源,认为这些数据很可靠。这种做法可能在某个时间段是很合理的,但事实上若考虑到其他方法论的研究,却是不正确的。这些学者在某种程度上会受到本章一些观点的批判,对此我深表遗憾。

第二部分

草根组织的特性

引　言

那些授薪非营利组织的"地平"范式的拥护者们通常会将草根组织看做非营利组织的一种特殊形式而已,忽略了草根组织也有其内部的架构和运营流程。有时候,这些学者和实务工作者会在缺乏实证数据支持的情况下,仍默默假定草根组织的内部架构和流程与授薪制志愿组织大体相似。有时候,这些"地平派"之所以将草根组织的内部架构和程序忽略不计,仅仅是因为他们认为这些架构和程序太不正式了,不值得进行仔细的研究审视。

与之相反,我的"地圆"志愿非营利部门范式认为,应该深入研究在架构和运营程序方面草根和授薪制志愿组织有什么异同点。到目前为止,我并没有发现采用授薪志愿组织和草根组织大规模样本、并运用一致的数据收集方式(比如采访或者问卷调查)来进行内部比较的理想研究。但是,正如在本书这个部分中反复提到的,仅从关于草根组织的研究中就可得出:草根组织和授薪制志愿组织在多个方面都有很大不同。

我是通过比较有关授薪制志愿组织的文献综述和本书有关草根组织的文献综述,推断出了两者的差异。我也将我的结论用表格形式呈现在几个不同的章节中(除第八章外)。我参考过的授薪制志愿组织文献包括以下书目(仅列出主要书目,尽管我也研读了几百篇在核心期刊上刊登的文章):Anheier and Seibel(1990);Berry(1997);

Billis(1993a); Borst and Montana(1977); Bowen et al. (1994); Brilliant(1990); Brody(1996); Bruce(1994); Butler and Wilson (1990); Carver(1997); Connors(1988); Conrad and Glenn(1983); Coston(1998); DiMaggio and Anheier(1990); Drucker(1990); Estey (1981); Feld, Jordan, and Hurwitz(1994); Fisher(1993, 1998); Camson(1990); Gidron, Kramer, and Salamon(1992); Gittell (1980); Gronbjerg(1993); Hall(1990); Hammack and Young (1993); Handy(1988); Hansmann(1980); Harris(1998b); Herman and Associates(1994); Herman and Heimovics(1980); Herman and Van Til(1989); Hodgkinson, Weitzman, and Kirsch(1989); Hodgkinson el al. (1992); Houte(1989); Howe(1997); Hrebenar (1997); James(1989); Johnstone(1992); Knauft, Berger, and Gray (1991); Knoke(1986, 1990b); Knoke and Prensky(1984); Kramer (1984); Kramer et al. (1993); Leat(1993); LeGrand and Robinson (1986); Lipset, Trow, and Coleman(1956); Lohmann(1992); MacKeith(1993); Mason(1984, 1996); McCarthy et al. (1992); Moyer(1984); O'Neill and Young(1984); Oster(1995); Poulton (1988); Powell(1987); Rekart(1993); Rose-Ackerman(1986); Salamon(1992); Salamon and Anheier(1994); Sills(1957); Smith and Freedman(1972); Smith and Van Til(1983); Smith and Lipsky (1993); Stanton(1970); Van Til(1988); Weisbrod(1988); Wolch (1990); Wood(1981); Yamazaki and Miyamoto(1988); Young (1983); Young et al. (1993); and Zald(1970)。

在现实中将草根组织和授薪制志愿组织作区别时,我建议的分割点是1个FTE(FTE等同于12个月内的1 700个工作小时,Hodgkinson et al. ,1992,p.71)。带薪全职员工的年工作小时要等于或大于一个FTE。按照更加精确的区分标准：一个由志愿者构成的志愿组织，一年内50%或以上的工作（活动）小时是由志愿者完成的；而一个授薪制志愿组织（包括草根组织和超区域志愿组织）一年内50%或以上的工作（活动）小时是由带薪全职员工完成的。

和草根组织一样，授薪制志愿组织具有非营利组织的普遍特征。授薪制志愿组织是显著自治的组织，本质上是非营利的，据其定义，这些组织表现出一定程度的志愿性利他主义，但是并不像草根组织和其他志愿组织表现得那么充沛（详见第一章）。然而，发展中国家的一些授薪制伪非营利组织却几乎或完全缺失这种志愿性利他主义，这些组织伪装成非营利组织，实则以商业形式在运营（Bennett and DiLorenzo,1989,1994;Brody,1996;Gaul and Borowski,1993; Starkweather,1993）。Mason(1984)认为授薪制志愿组织和草根组织往往具有相似的架构和运营特征。因两者都属于志愿组织，我同意他的大部分观点。我将在本书此部分的若干章节用表格呈现我认为的两者异同点。

授薪制非营利组织是非营利部门的"亮物质"，这对于所有人都是显而易见的。正如上一章中提到的，授薪制非营利组织的资产净值和收入更多，而且从定义可以得知，其带薪员工的FTE也要大于草根组织带薪员工的FTE。授薪制非营利组织更可能出现在州非营利社团名单和IRS免税名单上（详见第二章）。授薪制非营利组织对社会，也普遍还对其客户（比如：学校/学院、医院、社会服务机构）有多种影响。目前还没有研究者做过对草根组织和授薪制志愿组织的恰当的比较研究，我们并不了解这两类志愿组织的相关影响，尤其是对每年人均目标人群数、每年人均收入和人均"工作"时间的影响。

授薪制志愿组织的常见的表现形式包括大型基金会、非营利高校、非营利医院、非营利研究机构、主要的非营利交响乐团、博物馆以及非营利社会组织。一些学者有时候用"志愿机构"(Voluntary Agencies)这个词来指代所有的授薪制志愿组织,但是前者主要指授薪制志愿组织中提供社会服务的分支机构,比如非营利卫生机构或社会福利机构。"社会机构"(Social Agencies)这个词也并不适合于指代授薪制志愿组织。

在接下来的七章里,我将从草根组织的七个主要方面着手,将草根组织与工作机构尤其是与授薪制志愿组织进行对比,将研究和理论综述如下:

第三章:新生草根组织的架构特征是组建过程中所作的种种决策的结果。

第四章:草根组织的内部指导系统是其理念和激励体系。

第五章:草根组织的内部架构是决定草根组织组成方式的基准。

第六章:草根组织内部运营包括多样的运营特征,如草根组织活动时间、组织行为库、社会化、培训及异端化。

第七章:草根组织的"领导"涉及草根组织领导者的常见类型、成为领导者的方式、领导者教育与培训;草根组织的"环境"指的是外部环境如何影响其内部架构和运营。

第八章:草根组织的生命周期变革是草根组织在其存续期间的变革。

第九章:影响力指的是草根组织如何影响其成员及其环境;效力因素则是草根组织具有的产生影响力的方式。

第三章 草根组织的组成特征

在本章中,我将简要回顾被我称之为"组成特征"的文献,并且就草根组织创设人所作出的决策给出我自己的理论观点。这些决策关系到一个草根组织的多个方面,我假定(草根组织)创设人需要在组建初期或者在组建后不久作出这些决策,以便使草根组织顺利成立。这些决策并不一定是意识选择的结果,但是,如果要建立一个草根组织,创设人必然要有意无意地作出这些决策。

我在这里认定草根组织至少有一位创设人——一位因为某些原因而对成立某种组织而感兴趣的领导者。洛克(Rock,1988)的观点很有道理,他认为一个组织是由于至少一位有理想的创设人而产生的,创设人必须说服其他人去行动,仿佛团队已经存在(Smith,1967)。在组织创设初期,领导层的精确架构并未形成,但领导层却会影响到一个组织的未来发展(如内部自治、民主和行政风格等方面)。

草根组织创始人的基本决策

草根组织的很多特征一开始都是由其创设人决定的,因为作出关于架构和流程的一些决策是非常基础的,决策作出后才能让员工开始像一个团队一样运作起来(Smith,1967)。因为界定和研究这些决策的难度较大,也因为大多数学者视这些决策的作出为理所当然,很少有人去研究这些决策。但是每一个决策往往都是创设人对众多选项综合考虑的结果,而并非是强加给创设人的。我们需要更多地了解草根组织创立和解散的过程。

大部分关于草根组织的研究都把重点放在草根组织日常运营期这一中间时期。这样的研究忽略了草根组织以及其他志愿组织生命周期中的初期和后期,这两个时期不是草根组织的日常运营期,但却至关重要。忽视草根组织的诞生和消亡,就如同生物学家研究人类,却只研究人类从一岁后到死亡前一年的时间一样,虽然研究了人的主要生命阶段但并不可取。仅仅研究草根组织的大部分生命周期也是不完整的研究方法。

新组织对非营利部门的选择

以往研究者虽曾直接研究过草根组织的架构,但是关于创设人为何选择了非营利组织而非政府、市场或者家庭等其他组织形式,我们从过往研究中无从得知。理论上,创设人可以创设公社这种家庭组织形式,来完成志愿组织可以完成的几乎所有目标(Zablocki, 1981)。或者,创设人可以尝试成立一个政府机构(比如:一个小镇上的镇委员会)或者一个商业机构来完成草根组织或其他志愿组织的某些目标。

数位研究者曾研究过组织形式或部门关联的起源问题。本纳(Ben-Ner)和凡·胡梅森(Van Hoomissen)(1991)提出了一个简洁易懂却普遍适用的理论来阐释这一问题。他的理论认为:创设人一开始都是试图建立一个营利公司来实现公共需求(p.524)。如果不能满足需求(比如:市场失灵),那么,创设人可能通过游说集团(lobby group)想办法获取政府的财务资助、来组建一个政府机构,也可能成立"自主供给联盟"(self-provision coalition)来着手组建志愿组织。当游说者或者政府机构依然不能满足这一公共需求时,就会有更多类似的组织去组建志愿组织。志愿组织成立后也可能会无法满足需求,那就会有更多游说组织游说,更多的政府机构或志愿组织被建立。上述分析主要针对的是追求公共或社团福利的授薪制志愿组织,而非草根组织。

韦斯布罗德(Weisbrod,1988)是指出因政府失灵不能满足公共需求而导致志愿组织出现的最早的学者之一。汉斯曼(Hansmann,1980)则认为志愿组织产生的根源是公众对其他形式机构缺乏信任感。莱格瑞塔(LeGorreta)与杨(Young)(1986)采用案例研究方法,研究了三个营利公司和两个政府机构转变成授薪制非营利组织的原因,找到了证据支持以上两种理论。萨拉蒙(Salamon,1987)认为,志愿组织起源于政府、市场或非营利部门无法满足公共需求。还有其他几位研究者曾探讨了选择授薪制志愿组织作为形式的原因研究(比如:Bielefeld and Corbin,1996;Billis and Glennerster,1994)。

珀尔斯达特(Perlstadt,1975)曾做过一个研究,探讨组织创设人选择非营利组织作为形式的原因(特别探讨了选择草根组织的原因)这一基本问题。他曾对密歇根州的志愿救护队和非志愿救护服务作了比较研究。用志愿救护队这一草根救护组织做研究是合适的,因为原则上讲,救护服务可以由其他任何部门的组织来提供。珀尔斯达特发现在一些小城镇上(人口少于1 000),救护队往往是由政府设立的组织,而在大一些的城镇里,志愿者组成的草根救护队则占主导地位。然而,我们却不知道该研究中组织形式是否是由组织创设最初的决策或之后的决策决定的,也不知道这些决策是否是有意识的行为。

有人可能会猜想,创设人已经对组织种种的可能组成形式了然于胸，会从中选出一种形式作为组织形式。创设人也可能会由于某种个人态度或者价值观而选择某种组织部门或分部门的形式（参见 Etzioni，1961）。又或者，创设人排斥诸如"工作机构"或政府这样的特定组织形式（参见 Knoke and Prensky，1984）。对于志愿非营利部门内的组织形式，创设人可能会青睐授薪制志愿组织形式（Drucker，1990）或者草根组织形式（参见第二部分的其他章节）。创设人的个人偏好可能会被周围人的社会态度影响。比如，斯丹奇（Sidjanski，1974）的报告表明，瑞士人通常支持志愿组织这种形式，但是却强烈反对任何组织使用抗议这种方式，更反对采取暴力。公众态度使得大多瑞士草根组织创设人都会避免选择抗议组织作为组织形式，更不会选择暴力抗议组织。此为一个很好的例证。

对于创设人为何选择志愿非营利部门作为组织形式，我有一个最基本的解释，那就是志愿非营利部门恰到好处地反映了公众态度——在现代社会，要将志愿性利他主义付诸行动，必得通过组织这种形式。我认为志愿非营利部门是民意所向的非营利部门，这不只是由志愿非营利部门的组织特征所决定的，也是由创设人倾向成立志愿组织的动机所决定的。

文献中另有两个关于组织形式选择的有趣观点。哈丁（Hardin，1977）通过对利他主义、利他行为与自我中心主义的思考，提出"环境承载力"。他提出社会中只可能存在少量的"纯利他主义"。我的观点与他的相同（Smith，1981，也可参见本书第一章）。如果哈丁提出的利他主义的局限性是真实存在的话，那么普遍而言，基于显著的志愿性利他主义，或者基于纯粹利他主义（参看第一章）的志愿组织只能是社会组织中的少数组织。以往对组织的所有研究都似乎表明如此。总体来讲，比起对志愿性利他主义和志愿组织的需要，人们对经济、家庭和政府的需要更为紧迫。当然,还有其他几个原因可以解释志愿组织在社会上一直是少数派,但是(上面提到的)这个原因却引人深思。

布莱曼、盖林斯沃特和麦克吉尼斯(Bryman,Gillingswater,and McGuinness,1992)提出了另一个引人深思的观点。这三位学者描述了为残疾人服务的社区非营利运输机构是如何变得复杂化和专业化,如何试图通过采取私有部门(即商业部门)的实践方式来适应环境变化(参见第八章中大量关于形式化的参考例子)。组织在其生命周期中可以草根组织转变为授薪制志愿组织。这一事实说明了对组织或者对组织部门的形式选择不一定是贯彻始终的。组织形式的变更可以通过适当改变组织的部门标签和纳税状态来完成,也可以不通过(Bennett and DiLorenzo,1994;Starkweather,1983)。莱格瑞塔(LeGoretta)和杨(Young)(1986)的案例研究直接表明:组织的部门选择并不一定是贯彻始终的,即便有相应的法律标签。所以商业部门和政府机构也可以成为非营利组织,反之亦可行。

研究者需要对创设人选择某个部门作为组织社会定位时的动机、民众对不同组织类型的公共态度和刻板印象,以及不同组织相应的架构与活动进行更为直接的探讨。据我所知,还没有研究探讨创设人与其他重要关联群体的非正式关系是如何影响创设人的最初决策的。我们应该把组织最初决策的过程视为一段时间里面的一段历程去研究,而不是假定所有决策是在一个很短的时间点上及时作出的。

选择成员受益或非成员受益目标

派罗(Perrow,1961)区分了组织的官方目标和运营目标。这个区分十分重要。运营目标是组织追求的实际目标,与组织对其"官方"目标的描述无关。在本章,我更关注团队的运营目标,而不是官方目标。包括草根组织在内的组织,可以设立成员受益或者非成员受益的运营目标,也可以设立两者兼备的运营目标(Smith,1991)。对于整个社会和志愿非营利部门来说,成员受益和非成员受益目标都是很重要的。

我假定组织创设人选择了志愿非营利部门作为组织部门后,下一个要面对的最核心的问题是选择是以成员受益还是非成员受益为组织主要目标,或者是选择两者兼有的混合目标类型。如果创设人有传统的非成员服务倾向或者关注与普遍福利(比如:公众福利)相关的社会政治议题,就更可能选择非成员受益为目标。而如果创设人希望在其他具体目标(比如:在健康、宗教、社交、审美、爱好甚至经济支持等领域的自助)实现过程中强调密切的人际互动,就更倾向于以成员受益为目标。所以,当组织将目标实现手段放到首要位置、把具体结果置于次要位置时,通常会选择成员受益目标。大多数草根组织是以成员受益为目标的,而大部分授薪制志愿组织的目标是非成员受益。

通过对一郊区的草根组织的分层样本研究(附录三),我发现在我研究的 59 个草根组织里,非正式的或半正式的草根组织占到 36%(Smith,1992b)。伍斯诺(Wuthnow,1994,p.47)最近采用美国成年人国民样本,研究了小型互助草根组织,也发现了类似的结果。他发现大约40%的美国成年人声称自己属于某一类型的小型支持型草根组织。他同时表示:"较小的组织在适应不稳定的社会环境方面有着极大的优势。除了成员每周贡献的时间,它们几乎不需要什么资源,所以小型组织组建起来很容易,也可以很轻松地解散。"(p.23)

大多数情况下,成员受益型组织的创设人一般不愿意营利,也不愿意因此组建一个可以自负盈亏的商业机构来使团队运营。由于心怀充沛的志愿性利他主义，即便有营利的机会降临到自己头上，而且他们认为是可以利用的良机，创设人也不愿意去营利。只有极少数草根组织直接效法营利机构，比如减肥中心。

成员受益型组织的创设人考虑到组织的目标，也不太可能愿意组建政府机构，或者把组织变成政府机构。政府会注重为所有特定辖区内的正式居民/市民提供公共产品，然而注重成员受益的组织更希望在选择成员上更加自由。不像政府，成员受益型组织很少垄断特定区域内权力的合法使用权，也因为志愿性利他主义，没有兴趣去进行垄断。

成员受益型组织的创设人也不会想去组建新型的公社式家庭①（communal households），因为他们通常不想要根本上改变自己目前的家庭生活方式——基本上是传统的婚姻和家庭生活（但也可以参见 Carden，1969，奥奈达社区是一个 19 世纪中的特例；同样参见 Kanter，1972，以及 Zablocki，1981 对公社更普遍的说明）。

基于这些考虑，大多数成员受益型组织会默认选择志愿组织与志愿非营利部门作为组织类型。只有当创设人和潜在的成员愿意居住在同一个家庭组织中，公社或"志愿者社区"才可能可行，才可能实现创设人的目标。即便是创设人以非成员受益目标为目标，相对于公社或者工作机构，草根组织创建成本低，社会关系较为单纯，这些考虑影响创设人，使其决定创建草根组织。相对来说，若要创建公社或者工作机构，创设人或者队员就要改变其生活方式，团队成立中需要的初始资金投入更多，以支付公司和免税资格的法律费用、全职员工工资、办公室租用或购买费用、家居设备仪器购买费等等。

迪马乔（DiMaggio）与鲍威尔（Powell）（1983）提出了"制度同

---

① 与其他有血缘或无血缘关系的家庭由于某种共同的目的在一起生活。

构"(institutional isomorphism)来解释组织建立，有其道理。在选择部门和团队架构上，草根组织的创设人更愿意效仿其他成员利益驱动的组织和小型非成员利益驱动组织的创设人，成立草根组织，而非公社、政府机构、营利企业或者是授薪制志愿组织。正如之前提到的，成立一个授薪制志愿组织的障碍之一是对大量资源的需要。同时，授薪制志愿组织更倾向于非成员受益而不是成员受益，所以，授薪制志愿组织看起来并不能满足大部分草根组织领导者的需要。

总体而言，我推测创设人更愿意建立草根组织，部分原因在于他们效仿当地或者外地的关注成员利益的其他草根组织。考虑到现代社会中普遍的公众态度，草根组织这种组织形式，看起来就是互为非亲属（非家庭关系）的成员追求成员利益的"正确"选择。与其他常见的现代社会组织形式（如公社）不同，草根组织只需要很少的资金，也不会改变其成员的生活方式。从过去到现在，草根组织在美国以及其他区域都普遍存在，由此可以看出成立草根组织是相当容易的(Smith,1997c；也可以参见第二章)。

草根组织的创设人从根本上说，更容易被志愿性利他主义所驱动，从而放弃其他的组织形式。组织创设人之所以会选择草根组织，是因为在低水平经济规模下，这种形式最符合他们的志愿性利他主义价值观，而成立一个授薪制志愿团不仅体需要类似的志愿性利他主义价值观，还需要高得多的初始资金。当创设人追求的是成员利益目标时，创建草根组织也比创建授薪制志愿组织更为合适。如果授薪制非营利组织也以成员利益为目标，那么它从草根组织形式开始更有可能发展得更大规模、更成功，以便负担带薪工作人员的薪水和全日运营的办公室场地设备。

一些草根组织的创设人不同于之前提到的"一般情况"。他们追寻非成员利益目标，而不是成员利益目标，比如本土的救护队、环境或政治影响型草根组织和志愿者组成的救世军组织的创设人。在这些例子中，大多数之前提出的对一般情况的解释依然适用。而在其他部门中如果以志愿性利他主义来解释非成员受益型组织的成立，则还是有一定困难的。如果一个组织想成为一个大型国家级志愿组织的多形态分支，那么它就会自然选择志愿非营利部门。如果创设人选择了授薪制志愿组织或者其他工作机构形式，那么会更加受到大量资金这一条件的限制。制度同构、志愿性利他主义和共同的协会架构偏好这三个解释对于非成员利益驱动的草根组织创设人来说依然适用。但是这些猜想都还没有被研究过。

选择组织类型和亚文化群

和组织部门选择密切相关的是对织运营类型和与其相关的亚文化群的选择。任何组织，草根组织或者其他组织，都可以以很多不同方式运营。一个组织不管它的目标类型是什么，也不管它是侧重于成员受益还是非成员受益，都需要一个持续的运营方式。组织成员一般不希望运营方式不断变化，运营方式不断变化也容易造成组织的瓦解。但即便一个组织有持续的运营方式和亚文化群（正如一个成功的企业一般也具有这个特征[Ouchi and Wilkins, 1985]），也可能会使得大部分成员不满并导致组织解散。我找不到草根组织这种情形的案例，部分原因在于让人不满意的草根组织总是很快就瓦解了，所以它们是很难被发现并且进行研究的。况且，至今也没有研究者有足够的兴趣去克服这样的实际研究困难。

从定义上来说，草根组织创设人必须选择如何组建一个组织，这也就意味着他们必须找到相互认同使命和目标的其他人，并且和每个人沟通交流，让每个人都有集体认同感（Smith, 1967）。目前尚没有实证调查来研究草根组织的组建过程。半正式或者正式的草根组织的创设人同样也需要在一开始为组织命名,即便这个名称比较普通(比如,"男人帮"[the men's group]是一个在一个缅因州的小镇上,针对男性的社会支持型组织,成员相互在家中定期见面并讨论感兴趣的事情)。一开始,成员范围和领导层架构依然可能是模糊的,除非等到一个草根组织变得正式了,而不是半正式或非正式的(Smith,1972c,1992b)。

通常来说,草根组织尽管可能非常成功,其寿命也往往是短暂的,有一些会很快解散,也有的可以存续5到10年然后再消亡,也有存活了更长的时间(尤其是多形态草根组织,也就是获得了国家级或者地区级总部的资助或支持的草根组织)。小部分(但是具体占比例多少仍不清楚)草根组织有时候会转变为授薪制非营利组织(还有极少会变成政府机构甚至商业机构)。有时候,草根组织的形式必须在最初的时候就选好,因为创设人预期到只对组织有短期的需要,肯尼亚的"哈拉比"(Harambee,意为:同心协力)社会经济发展自助项目部分证明了此点(Orora and Spiegel,1981)。创设人对于草根组织的短期寿命的预计,很可能使得他们倾向于选择非正式的组织类型。

组织研究文献中,关于组织类型和亚文化群有各种不同的阐述,并不仅仅限于描述草根组织(Ouchi and Wilkins,1985)。罗斯恰德·维特(Rothschild-Whitt,1979)对她所称的"集体主义组织"做了有趣的描述。她认为,在集体主义组织中,集体主义或社会价值,比如志愿性利他主义占主导地位,在商业或政府部门中更为重要的功利和强制价值观则不占主导地位。我认为,由于授薪制志愿组织更可能变成科层机构,更注重利他主义的创设人会倾向于将草根组织组建成集体主义组织,因为集体主义草根组织的运营是非正式的也是民主的。

坎特（Kanter）和祖谢尔（Zurcher）(1973)认为重视小型组织与"其他替代机构"十分重要。大部分草根组织就属于这样的小型组织。这两位学者认为小型组织允许参与者进行更多的人际交往、更有意义的沟通、更广泛的参与以及更深入（更为平等的）的分享。创设人建立草根组织，很可能部分是因为他们看到小规模组织的优势：小组织内的交流更为人性化、更为直接，而非没有人情味的、需要媒介的互动交流，小组织还有助于保持内部民主。草根组织创设人还看到了小组织非正式的运营类型和不复杂的组织架构的优势。这些考虑都影响到草根组织创设人对部门和组织类型的选择。

根据坎特（Kanter）和祖谢尔（Zurcher）(1973)的研究，小型的规模以及松散的、更加人性化和非正式的运营方式，不仅适合成员利益驱动的组织，也同样适合非成员利益驱动的草根组织提供全面的服务。其他研究者也曾研究过其他服务型非营利组织（某些属于草根组织，某些则属于授薪制志愿组织）。比如说，古默（Gummer, 1988）将临终医院描述为服务全面、与参与者分享权力的小规模"其他机构"。他指出"小规模自身并不能阻碍科层化"(p.40)，但是在其他因素都存在的情况下，小型组织可以避免科层化，然而大型组织则不可避免。米勒（Miller）与菲利普（Phillip）(1983)也描述过其他服务机构，但是引用了很多志愿组织的实例，描述上更为宽泛。

创设人如果追求非正式的团队氛围和非正式运营方式，就更倾向于创建社会情感支持型草根组织，尤其是自助型草根组织（Lavoie, Borkman and Gidron, 1994; Powell, 1994; Wuthnow, 1994）。斯汀曼（Steinman）和劳恩施泰因（Traustein）(1976)研究了67个自助型草根组织，总结如下：自助型草根组织会尽量保持团结和自治，而避免授薪制志愿组织服务机构的一些常见问题——以员工为中心、科层化和等级分化。斯坦顿（Stanton, 1970）对原本以非成员利益为目标的授薪制志愿组织目标的频繁更换,给出了一个极佳的解释——员工科层化的需求超过了服务客户的需求。非正式组织与较复杂组织之间的区别似乎是因为非正式组织多为地区性组织,而较复杂组织多为国家性组织。通常而言,国家性组织的附属草根组织是比较复杂的正式组织(Scott,1991)。

鉴于草根组织类型的独特形质,组织类型这个概念并不是一个可以量化的概念。或者,我们可以找到这个概念的定量研究方法,以便进行研究。定量维度可以是非正式性或正式性/复杂性的程度。这可以被很多研究者所使用,尤其是研究志愿组织的学者,有时候对草根组织的研究也适用(Chapin and Tsouderos,1956;Goodchilds and Harding,1960;Muehlbauer and Dodder,1983;Seeley,Junker and Jones,1957;Traunstein and Steinman,1973)。较为不正式草根组织在架构方面也较为不固定、成员也比较少(Smith,1992b)。它们和那些较为复杂的草根组织不同,和更复杂的授薪制志愿组织更是大相径庭(Connors,1988;Gamson,1990;Knoke,1990b)。

瑞格(Riger,1983)指出草根组织较低的复杂度可能源于组织成员所持的价值体系。我在这里要补充,草根组织创设人心中的价值体系是影响草根组织随后复杂程度的关键因素。创设人越是重视组织凝聚力和财务独立(没有外部捐赠或者资助者),草根组织就越可能从一开始就是非正式的组织,并保持非正式状态,即便成员数量不断增加(Riger,1983)。反之,如果创设人重视效率和回报,草根组织就会变得复杂化、层级化,内部的民主程度也会相应降低。每个正式草根组织(有恰当名称、清晰的团队构成、明确的领导层架构的草根组织)的正式程度也各不相同(Smith,1972c)。草根组织可以是非正式的,但在我看来是依然是值得被研究的重要组织(Smith,1992c;也可以参见第一章)。

选择往往非正式的草根组织作为运营类型，是组织创设人逃避现代社会中科层组织理性化"铁笼"的重要方式之一，科层组织理性化困扰着韦伯（Weber，1952，p.182），尽管他曾经对科层制有过很精要的分析。亚历山大（Alexander，1987）对韦伯组织方面的研究做了阐释。他认为，社会法律强制力（法律和规章）与共同的奉献精神（我所称的志愿性利他主义）是人类交往中两个最基本的准则。草根组织尤其体现了共同的奉献精神，尽管授薪制志愿组织在一定程度上同样体现出这个准则。举个例子，类志愿者被社会法律领域的工作机构雇佣，而获得了精神收益，这是由于他们心怀利他主义，并且承担了与授薪制志愿组织相关的公共义务（详见第一章）。授薪制志愿组织的复杂度比企业或者政府要低一些，但是草根组织才是复杂度最低的、最不正式的组织——有时是非正式组织，有时则是半正式组织（Smith，1992b）。

选择相对高水平或低水平自治

在组织成立过程中，一开始决定组织自治的程度相当重要。但是在一些情况下（尤其是在一些新型筹资模式下）这个决策随后又会有所变动。我们这里所说的组织自治是指草根组织整体的自治程度——比方说某些独立的草根组织不会受到其他组织的控制，也不会从纵向或者横向上附属于其他组织；另外一些草根组织则可能被其他组织完全控制或主导，比方说国家性组织的地方性分支草根组织就必须在做每一个重要决定时听取上级指示。当一个组织完全没有重要事件的自理权时，它就是不独立的，而是受制于（其他）组织或者组织。组织自治也可以表现为组织不接受外部机构或者资助方的大笔资赠，从而避免了随后捐赠人，比如一些政府机构和基金会的强行干涉和控制（Horch，1994；Saltman，1973）。

自治度强调草根组织拥有独立于其他外部组织或组织的纵向与横向上的权力和独立性。无论与其他组织的架构联系是怎样的,一个草根组织都可以拥有或者缺失自治性。如果与外部组织架构上的联系只是名义上的(只是由文件规定的),那草根组织就会拥有高度的自治权。然而与外部组织的某些联系则会紧紧限制住草根组织,给它的自治权也非常有限。同时,单形态草根组织(不是那种国家性组织)可能会被与自己横向上有联系的资助机构(比如教堂,学校和医院)所严格控制,或者被一个与自己没有正式联系的外部资助方控制——比如基金会、政府机构或者一个外部资助机构中的资助人(Horch,1994;Saltman,1973)。

在组织创设人选择自治程度时,需要权衡取舍资源与独立权。如果创设人更希望组建完全自治的草根组织,就会倾向于拥有少量甚至不拥有其他组织的资源,不管这个其他组织是地方性的还是超区域性的。如果创设人愿意接受其他地方性组织(比如:教堂、学校、医院和基金会)的捐赠,那就会拥有更多资源获取渠道,得到免费会议场地和地方曝光度,但是同时也意味着放弃一部分独立决定权,并且不得不接受资助方规定的在组织活动上的一些限制。当草根组织附属于一个国家性组织(即我所说的多形态草根组织)时,资源获取渠道和决定权上的受限就会有所改变,而改变的程度则取决于国家性组织的规则。在极端情况下,这样的国家性组织附属关系会使得地方性志愿组织完全失去对重要事项的自治权。我提出了草根组织亚类型,用以确认一个组织是否为独立主体,处于何种区域级别(比如:单形态的),是否为其他更大型的组织(比如一个地区级或者国家级的协会)的类似分支之一(Smith,1994b)。

典型的单形态草根组织会成为独立的草根组织,而不会在纵向上附属于其他超区域组织。比方说,关注患衰弱过敏症病人的独立的自助型草根卫生组织、独立食品合作社草根组织,或者独立的民兵草根组织(同样参见 DeGrazia,1957)。就像其他很多草根组织一样,一个典型的多形态草根组织会从属于一个更大型的国家性或者国际非营利组织,比如说职业女性俱乐部的一个地方草根组织分支、3K 党(现存多种国家性组织)、美国的共济会或国际匿名戒酒互助社。

分析那些有多形态草根组织分支的国家性组织(与没有草根组织分支的国际社团相对)的学者通常对草根组织分支的作用发表看法,尽管不同的国家性组织与其地方性草根分支的密切程度不同,对草根分支的控制力度也不同(Seeley el al. ,1957;Sills,1957;Young, Bania and Bailey, 1996; Zald, 1970)。奥斯特(Oster, 1992)和杨(Young,1989)曾研究过附属于相应的超区域性组织的一些多形态地方性志愿组织——也被称为"特许经营"志愿组织。国家性组织通常会许可草根组织拥有对其名称、商标和标志的使用权,同时对草根组织提供技术支持,但草根组织要缴纳年费,(a)这个年费通常与该草根组织的成员数量及效益挂钩,(b)年费是根据某些国家运营标准制定的。对于一个新成立的草根组织而言,一个"有资历的"组织名称很可能足以吸引新成员加入,尽管对于这个猜想暂时还没有相关的比较研究来证实。各个国家性组织的总部通常集中设在纽约市、华盛顿或芝加哥,这与这些城市的人口是不成比例的,这种总部设置也表明国家性组织的组织间权力较为集中(Knoke,1990b; Smith,1992a)。

我猜想,如果创设人对于相关的国家性组织有正面的印象、同时不担心自治权的问题,他们通常更愿意成立多形态组织。创设人在过去与一个或者多个多形态草根组织交流的正面经历,会影响到正面印象的形成。创设人们如果心怀强烈的"企业家精神"、拥有关注积极与有效的个性(Smith,1994a),而且很关注自治权问题的话,会更倾向于创建单形态组织。而当创设人充分信任捐赠人,并且不太担心自治权的问题时,他们会更愿意接受当地的捐赠者。

选择合适的地域范围

创设人对志愿组织运营地域范围的决策是千差万别的。这里的运营范围,可以是一个具体的当地公寓或者公共大楼,也可以是一条街道、一个小区、一个社区、一个复合社区、一个都市、一个郡、两个邻郡、一州内更大的地区、一个州、一个基于地区(多州)运营的区域、一个基于国家运营(在所有的四个主要区域和十个或以上国家运营)的区域、一个基于双国运营(在两个国家运营)的区域或者一个基于国际运营(在三个或者三个以上的国家运营)的区域。

如果创建的志愿组织是一个草根组织,那么就必须选择中等大小的区域范围——不能超过我定义中的一个都市区域或者两个邻国区域。然而,授薪制志愿组织的创设人可以选择想要的任何区域范围作为组织的运营范围,超区域级的志愿组织的创设人也可以。授薪制志愿组织的创设人和创设成员是否可以在理想的区域范围内有效运营组织,就是另外的问题了。授薪制志愿组织的宏大目标可能导致其过早消亡,然而聚焦本土小范围(比如说一条街道、一栋公寓)的草根组织却可能因为"本土化程度高"而获得成功。

创设人也可以变更对草根组织地域范围的初始决定。从理论上说,"合适的"地域范围可以帮助达成团队最高目标。如果一个新兴草根组织的创设人希望影响世界和平,那么草根组织就得以整个都市区域作为其范围,才能做得好,因为在都市中,对这一组织目标感兴趣的人们会较多。如果一个新志愿组织的目标是为孩子们的社区安全提供保障,那么选择社区为区域范围就最合适不过了。

很久以前,艾尔肯(Elkin,1978)提议研究者必须多关注不同区域层面的社团的架构和运营有什么区别。过去20年间,几乎都没有这方面的研究。如果能对具有不同运营区域范围但具有相似特性的志愿组织做比较,对研究是大有裨益的。我猜想高度本土化的组织会更倾向于提供更多的成员间面对面的交流机会,因此在其他因素不变的情况下,其内部凝聚力会较强。

根据定义,草根组织是拥有高度自治权的地方性志愿组织(参见第一章)。草根组织是目前为止最普遍的志愿组织。米洛夫斯基(Milofsky,1988a)指出地方性志愿组织与更高区域级别的志愿组织的不同之处包括:不同的融资领域和资金来源(Milofsky and Romo,1988);草根组织更多依靠内部筹资、年费和捐赠,而更高区域级别的组织和授薪制志愿组织则更依赖服务费(比如医院收费、大学学费)、政府合同和基金会及企业的捐赠。

国家性志愿组织更可能属于授薪制非营利组织、有更多的成员和工作人员、有更丰厚的收益和初始资本、资历更老,同时总部更可能位于纽约或华盛顿(Smith,1992a;Smith,1992b;参见 Knoke,1990b)。位于中间区域级别(多郡县、国家或者多国家地区)的组织则很少被研究过。双国家和国际级别的协会的相关研究比草根组织或者国家性组织要相对少,更难以与授薪制非营利机构相提并论(另参见 Feld,Jorden and Hurwitz,1994)。

决定内部民主(与寡头主义和精英统治主义对比)程度

随着草根组织的架构以及/或者运营流程的变化,内部民主程度也会改变。成员少的组织,比如由志愿者运转、非正式的互助组织或者社会支持型组织通常在民主决议方面做得最好(Smith,1992b,1994b)。而那些大型、正式的、建立过程很规范的草根组织则没那么民主,也更可能由寡头或者精英统治。那些非常大、科层程度高的授薪制志愿组织更容易出现寡头或精英统治,比如斯坦福大学、福特基金会和马萨诸塞州综合医院(Powell,1987)。

创设人对组织内部民主程度的选择通常与对组织形式的抉择息息相关。确实,创设人个人关于内部民主的偏好通常会使其首先成立草根组织。那些采用直接民主制度的政府通常是比较小的政府,这些政府让市民作为兼职志愿者参与政府决议,就像在新英格兰的乡镇会议上那样。这样的直接民主制在现代社会实属罕见,而更多民主是代议制的。当草根组织创设人在一开始就选择了寡头统治方式,通常会导致组织的短命,因为其他成员会对他们无法参与领导和决议的状态不满(Hamilton,1980)。

决定成员准入标准

草根组织创设人必须决定什么样的人或者符合哪种具体要求的人可以加入新草根组织。在制定分析成员(附属于组织的常规服务提供者)的准入标准时,工作机构会更多考虑到科层化和效率(Smith,1972c)。工作机构若采用隐性、非正式、基于社会人口特征的准入标准(比如性别、民族、种族等标准),就会被所在社区或更大范围的社会视为采用歧视性标准。然而,草根组织关于社会人口特征方面的准入标准可严可松,无论是正式的标准,还是非正式的标准。在正式准入标准的采用上,草根组织创设人必须做出合理取舍:限制性的标准可以建立社区伙伴感,也会大大限制组织在所在地的潜在成员——这样会损害到组织的发展前景。

正式的社会人口准入标准会被纳入组织的章程、共同纲领或规章制度中。据我所知,直到现在几乎没有对草根组织准入标准的定量研究。通过我自己对美国东部郊区的草根组织的研究(见附录三），我发现了正式准入标准相对罕见。如果存在，最常见的正式标准是关于性别、年龄和居住地区的混合标准。草根组织很少将绩效正式列入准入标准之中。

对于草根组织来说，非正式准入标准则重要得多。我在论文中曾对非正式准入标准有过不太精确的定义（Smith，1964）——我认为非正式准入标准即草根组织在成员类型选择上表现出来的某些非正式倾向。当准入要求是非正式的，有资历的成员就会对所需人员的类型达成共识，这些共识会传达给那些将要进入或者已经进入的新成员，并对那些已经正式加入或者将继续参与活动的成员产生一定影响（Smith，1964）。

这样的非正式准入/吸引力标准可以被更精准地定义为：草根组织及其社会人口与其他关键个人维度的离散情况的平均构成情况。麦克弗森（McPherson）及其同事将草根组织的准入标准称为某个草根组织在当地草根组织社群中的"生态"或者"小环境"（McPherson，1983a；McPherson，Popielarz and Drobnic，1992；McPherson and Ranger-Moore，1991；McPherson and Rotolo，1996；Popielarz and McPherson，1995）。

小环境的产生，部分是源于创设人对正式准入标准和哪些人可以作为组织的初始员工做出的选择，因为初始员工会有他们的社交网络，这些社交网络对维持成员关系和组织之后的员工招聘影响很大（McPherson et al. 1992）。当创设人选择了一个比现有的其他草根组织更具竞争力的小环境，将会吸引其他草根组织的现存员工和潜在员工加入，使得其他新草根组织更难发展，更难在组织社群中获得成功（Popielarz and McPherson，1995）。

在半正式草根组织中，"成员"通常指任何参与者或定期参与的人，而此类草根组织并没有正式的完整的成员清单（Smith，1992b）。

在此类草根组织里,通常不需要批准新成员加入(p.261)。这个现象在附属于高中体育队的草根体育促进组织、12步"匿名"组织(包括匿名戒酒互助会)以及很多其他类型的草根组织中都可以发现(Smith,1992b;同样可以参见附录三)。费舍(Fisher,1993,p.37)提到在拉丁美洲国家中,贫民区里组织的准入标准是宽松的。古德切尔兹(Goodchilds)和哈丁(Harding)(1960)在他们对小城镇草根组织的研究中也提到过类似的开放式准入标准,他们研究的所有组织一定程度上都是非正式组织。

草根组织的目标或者使命会在很大程度上影响创设人对准入要求的抉择。比如,环境倡导组织或其他倡导型草根组织的创设人往往会希望成员越多越好,那样就可以使对环境生态有益的公共压力及传统政治压力最大化(Yanitskiy,1992)。相反地,自助型草根组织的创设人通常谨记只有当成员人数相对少,且成员间可以互相分担他们各自的问题和污点时,组织才能发展得比较好(Powell,1994;Sagarin,1969)。需要帮助者的亲戚朋友有时候也会被自助型草根组织吸纳为成员,但是这通常发生在那种单独会面的组织里面,比如匿名戒酒互助会的家庭分支(嗜酒者家庭互助会)(Rudy,1986)。

决定草根组织使命和特定目标:分散目标或具体目标

草根组织创设人通常会为新组织设定一个或者多个目标,尽管这些目标可能之后会被全部放弃。草根组织是组织的一种形式,那么根据我的定义,组织必须设定一个或者多个目标(Smith,1967)。具体来说,选择成员利益还是非成员利益为目标并没有明确表明组织要追求怎样的具体子目标,或者怎样的具体混合目标。创设人也要在将目标设定得分散点还是具体点的问题上表态,起码要给出模糊的指示。

史密斯(Smith,1997c)指出:在人类历史更早的时期,草根组织就有一种目标多重性的倾向,会选择更加笼统分散的目标,比如运营了两千年的行会(Hartson,1911;Lambert,1891;参见 Scott,1991,美国女性草根组织的历史)。纵观历史,作为组织,草根组织的目标逐渐变得更加明确。但拥有多个目标的草根组织依旧存在,并且以自己的方式做得很成功(Verba,Schlozman,and Brady,1995,pp. 60-61;同样可以参见第九章)。一个组织往往以成员内部的交际和相互支持作为其最低目标(也是默认目标)。在这个基础上,如果组织成员愿意,而且组织可以依靠相互支持存续得足够久的话,那草根组织就可以追求额外目标。

草根组织几乎可以追求并实现所有的目标,这也给了这种较晚才出现的组织形式更多的灵活性。然而,对草根组织这种形式来说,也有几个很难实现的目标,例如盈利和税收。税收其实是实现大量盈利目标的一种方式,但是长时间以来只有政府可以通过强制手段成功做到。

草根组织通常不能赚到很多钱,主要有以下两个原因。一方面,草根组织的成立动机是基于志愿性利他主义的,这与赚钱背道而驰。另一方面,草根组织的经济规模一般很小(不会有很多资金)。就原因一而言,草根组织的志愿活动通常属于休闲活动,尽管有时候是严肃休闲活动(Stebbins,1996)。所以,参与者通常不愿意太多地介入组织的经济生产盈利活动中。就原因二而言,对草根组织来说,大规模生产"私人产品"一般是很难的,不像提供服务那样容易,因为如果要生产产品的话,草根组织需要在固定设备、参与制造的时间、工作场所、工具和施设、注册资格、技术知识等方面投入巨大。而提供大规模的私人服务对于志愿者们来说则容易许多,不受其小经济规模的影响。

除了税收，草根组织可以在小的社区范围内实现其政治目标，而且当一个草根组织属于国际草根组织网络（通常其总部与带薪员工来自多个国家）的一部分时，就可以在大范围内实现其政治目标。因此，在一定条件下，草根组织可以追求并完成多个目标：如战争、和平、革命、游击队行动、地下反抗、地方治安、地方防火、环境保护或清洁、救灾、救助、对发展中国家的援助和技术支持、公共教育、其他"公共服务"，以及一些公共产品的生产比如筑路、架桥、修建河堤、造林和修建动物保护区。

草根组织可以追求并实现几乎所有家庭部门的目标。这些草根组织特指一开始就在功能上和家庭有重叠之处的一类草根组织，是与家庭的混合体，更确切地说是一般以公社为形式的草根组织（Kanter，1972；Zablocki，1981）。

创设人在决定新兴草根组织拥有一两个具体目标还是很多个分散目标时，通常需要做出取舍。如果目标是具体单一的，可能意味着组织的精力会更多放在目标上，从而保证更好地实现目标（参见Gamson，1990，国民社会运动）。但是，辛普森和格利（Simpson and Gulley，1962）发现拥有多个目标的组织的成员数量更多，其内部成员沟通也更多。

决定目标和手段的常规程度

非营利组织可以是常规的（基本遵循社会准则），也可以是略为异于常规的（部分偏离的），还可以在任何方面或者在任何时期完全异于常规。常规程度指的是一个草根组织的目标和活动从社会准则和价值观偏离的程度（Smith，1995c，forthcoming a）。草根组织的创设人即使不明确表明态度，也必须决定目标的常规程度。

常规草根组织：是传统的草根组织，无论其领导者还是成员都基本遵守社会准则,其组织目标和手段都遵循社会准则。这样的草根组织代表了迄今为止大部分社群中的大多数草根组织。不管是组织成员还是非成员都认为这类组织的社会认可度高,也不会带来社会风险。此类草根组织的例子不少,比如:救世军的地方草根组织分会、一神教会草根组织、地方性家长—教师协会。

半异端草根组织:基本属于传统草根组织,但其中一小部分成员或者一两位领导人从组织目标和/或实现手段上部分偏离了社会准则。小小的异端状态显然不会引起草根组织研究者们的研究兴趣,但这其实是值得被研究的。小范围的异端在刚被发现的时候持续的时间不长,而当小异端被发觉和解决后,草根组织往往就会继续以常规组织的身份,至少再存续 5 年时间(或者一个任意更长的时间)。半异端草根组织通常会在获取资源(包括物质资源和员工资源)时陷入困境。美国联合之路(The United Way of America)主席阿拉玛尼(Aramony)丑闻就是授薪制志愿组织因偏离社会规则而陷入困境的一个例子(Glaser,1994)。在丑闻被广泛传播之后的几年里,虽然联合之路地方分会计划扩大其组织及融资量,其受捐赠额却急剧下降。阿拉玛尼和及其国家性组织所犯下的众所皆知的罪行和异端行为严重影响了组织地方分会作为授薪制志愿组织的形象。

纯异端草根组织:此类组织一开始出现时就设定了与社会准则偏离的目标和/或实现手段,而不是后来从常规或者半异端草根组织演变而来的。这类组织的例子包括:女巫集会、秘密民兵组织、裸体主义者草根组织、邪教教派和流氓帮派等。半异端草根组织多数甚至大多数的成员通常不会注意到其组织偏离了社会准则。但是,加入纯异端草根组织的人们却一般都会提前知道他们要做什么,而且从成为会员起,就知道了组织的纯异端性。然而,草根组织异端的严重程度通常不会为其潜在成员甚至仍在试用期的新成员所了解,直到草根组织可以断定该成员是忠于组织、愿意接受组织的,而不管组织完全偏离了社会准则。有些人甚至正因为组织完全背离社会准则才加入。

创设人一般是从上述第一种和第三种组织类型(常规型和纯异端型)之间作出选择,第二种类型(半异端型)一般是由常规型草根组织转化而成的。如果创设人选择成立一个完全背离社会规则的草根组织,那这一组织只会在成员内部发扬志愿性利他主义,而可能或很可能会对非成员的基本利益造成一定损害,至少在非成员看来是这样的。若创设人强烈认同偏离社会规则的组织目标和手段时,更可能对非成员带来损害。创设人之所以选择与社会规则背离,其根源可能是他们追求特殊娱乐、也可能根源于某种恐惧、欲望,或者不能通过成立常规组织而满足的各种其他心理。一般来说,创设人会成立一个常规的草根组织——大部分的创设人都会这样选择,以避免公共责难和社会控制机构的取缔等可能发生的问题。

纵观历史,草根组织究竟是以社会"圈内人"(创设人/精英阶层)的利益为导向还是以社会"圈外人"(贫穷弱势群体)的利益为导向,是和当时的创设人的决定息息相关的(Smith and Associates, forthcoming)。我认为,在 19 世纪前,几乎所有的草根组织——无论组织本身是成员利益导向还是非成员利益导向——都是由精英阶层为了自身阶层的利益所创设的。但从 1800 年左右或更早一些年份起,为提高自身社会地位、获得更多脱离原属阶层的机会和生存契机,弱势群体开始创建草根组织。在过去两百年里,有时候,甚至大多数时候,精英阶层也成立并运营了不少草根组织,以帮助改善弱势群体生活——尤其是为奴隶、受轻视的少数民族/种族、残疾人/智障者、穷人和儿童的福利建立了草根组织(Scott, 1991; Skocpol, 1992)。

总　　结

即使我没能够做出明确的实证对比研究,读者们现在也可以发现本章所论述的草根组织与授薪制志愿组织以及我们熟悉的工作机构之间有多大的不同。草根组织的创设人必须要考虑到草根组织的组成特征,即便是作出与授薪制志愿组织创设人相似的决定,其结果也是有区别的,草根组织创设人考虑组成特征的同时要做出一系列具体的抉择。草根组织创设人所做决定的结果与企业、政府机构或者家庭组织创设人所做决定所产生的结果更是有极大区别。

作为高度自治、由地方志愿者运转的组织,草根组织与授薪制志愿组织大不相同(Smith and Shen,1996;Smith,1994b;同样可以参见第二部分的其他章节)。这也是我写这本书的一个关键原因,我想以本书来填补志愿组织领域的研究空白(Bowen et al.,1994;Carver,1997;Connors,1988;Drucker,1990;Handy,1988;Herman and Associates,1994;Hodgkinson et al.,1992;Houle,1989;MacKeith,1993;O'Neill,1989;Poulton,1988;Powell,1987;Salamon,1992)。

我总结了草根组织和授薪制志愿组织的创设人所做抉择结果的异同点,可参考表 3.1。这些异同点是基于本章和粗略引用过的授薪制志愿组织研究文献所总结出的理想情况。出于志愿性利他主义,两种类型的组织的创设人都选择将其组织定位于志愿非营利部门。草根组织的创设人更倾向于选择成员受益目标,而授薪制志愿组织更可能选择非成员受益目标。草根组织的创设人比较可能选择一种非正式的团队运营风格,然而后者则青睐正式型的运营模式。

表 3.1　草根组织和授薪制志愿组织的创设人的抉择结果的均值比较

草 根 组 织	授薪制志愿组织
志愿非营利部门定位	志愿非营利部门定位
大部分是成员受益导向	大部分是非成员受益导向
大部分是非正式组织风格	大部分是正式组织风格
大部分是高度自治	大部分是高度自治
中度大小的区域范围	中等大小的区域范围
高度内部民主	不充分的内部民主
社会人口型成员准入标准	绩效型成员准入标准
分散的多个目标	较少但明确的目标
常规的目标与实现手段	常规的目标与实现手段

两种志愿组织的创设人都会向外部组织,甚至会向其所附属的机构或其助资人去要求更高的自治权,也都更愿意选择中等大小的地方区域范围。与授薪制志愿组织的创设人相比,草根组织选择的是更广泛的内部民主,同时也倾向于制定正式的社会人口成员准入标准,比如年龄、性别和/或居住地;而授薪制志愿组织的创设人可能会为带薪员工设置绩效要求。社会支持和社交网络对授薪制志愿组织来说更为重要。草根组织创设人设定的目标通常是比较分散的多个目标。创设人一般都会为新成立的志愿组织选择常规的目标和手段,不会偏离社会规则。所有这些初始抉择的不同指出都会在一段时间内继续存在,继续将草根组织和授薪制志愿组织区别开来,我将在第二部分的其他章节中继续对此展开讨论。

第四章　内部引导体系

根据组织的定义(Smith,1967),所有的组织必须在一定程度上引导其成员的思想(理念)、动机(愿望)、感觉(情绪)和行动(行为)。在众多因素中,一个团队的目标和准则最能够体现这一点。一个团队的存在,对于其个体成员而言,就是一种"虚拟现实"——团队的存在如同计算机程序一般指导着成员的行动、思考、感觉和奋斗。团队成员的种种表现都和非成员所不同。打个比方,年轻时我曾是童子军的一员,比起那些不是童子军的男性校友,人们期望我应该有更符合道德规范的行为,也应该对"露营术"更加了解。

一个组织的引导体系包含两个主要部分:理念和激励体系。理念指的是组织目标和目标背后的原因;激励体系则是一套由组织规定、通过能被人接受的方式来达到组织目标的成员奖惩规范。草根组织的激励体系会通过对成员的奖励来鼓励他们做对组织最有益的事,若成员做出最不该做的事情,也会受到最严厉的惩罚。一个草根组织的激励体系可能遵循社会的道德和法律准则,也可能偏离社会的道德和法规,这主要取决于草根组织是常规还是偏离的草根组织。

适度的理念引导

在研究引导体系中,大部分研究都将重点放在草根组织和超区域组织的理念上。组织的思想理念可以被大致定义为：特定群体（比如说一个地方性的夜生活俱乐部或者一个地方高中校友会）目标、存在、品德、活动所依托的价值观和信仰。简单来说，理念让一个群体的存在合理合法化，对集体来说尤为如此，集体有更为密集的交际网络和一定的集体自我认同感。研究草根环保组织的司道林斯（Stallings，1973）提出了一个很有趣的观点，他认为：与草根组织的外围成员（非领导人和不太活跃的成员）相比，其核心成员（领导人和活跃分子们）会更深刻、更长期地认同组织的理念。萨巴提尔（Sabatier）和麦克劳夫林（McLaughlin，1990）也有类似的发现。草根组织的领导人和成员的信仰是部分一致的，而领导人则会对信仰更为执着。

　　大部分草根组织都有理念，但是一般来说不是很完善。比如说，几乎没有草根组织从理念上企图将草根组织这种形式合法合理化，证明其在民主的公民社会中的重要性。草根组织一般会不假思索地接受自身的基本形式，其理念集中涉及与其目标和活动相关的问题，因为合法化和达成共识对解决这些问题更为重要。

　　草根组织基本的理念一般会明示或暗示如下要素：组织及其目标的价值；领导人和其他积极分子的价值（因为他们努力去为其他成员甚至是非成员的利益去实现组织目标）；草根组织活动的重要性（因为这些活动可以帮助实现组织目标）；使用草根组织认可的手段以达成目标的必要性；成员们参与组织活动和提供资金支持的责任；保持现有成员和对外招募所需成员的重要性；反对变动组织目标、架构和活动的必要性（除非是到了必须改变的程度）。典型的多形态草根组织的理念也会表明：在保证不丧失自主性或者需要付出太多经济代价（基于对一个美国东部郊区草根组织的定性调研，详见附录三）的前提下，保持与国家性机构的联系的重要性。组织理念使组织的运营成为可能(Berger and Luckmann,1967)。

上述对草根组织理念的概括,也有例外情况。有一些兄弟会,比如互济会就通常用详尽的理念来解释它们的价值(Knight,1984; Wilson,1980)。老兵组成的草根组织的理念强调爱国意识、赞美国防力量。社会运动和对政府施压的草根组织的理念强调政治意识,以支持它们的社会政治推动行动。草根青年发展组织(比如童子军和4-H)的理念是使年轻人社会化并成为有责任感的公民和工作者的奋斗的重要组成部分(MacLeod,1983;Reck,1951)。很多教会相关的草根组织则会将教会思想纳入到自己的组织理念中。比如夫妻团契、妇女社和圣经学习草根组织等。自助型草根组织也一样有着很详尽的理念。

国家性组织的理念会比草根组织的要更详尽一些,通常吸收了最初成立的单形态草根组织的早期理念——当然这些草根组织现在已经是一个国家性组织的多形态分支了(Gomez,1987)。很多新成立的多形态草根组织在很大程度上也会借鉴国际组织的理念规范(Brown and Philliber,1977;Huang and Gould,1974;Picardie,1988)。举个例子,新的扶轮社一般会吸纳扶轮国际的一套标准规范,并在长时间内都遵循这些规范。多形态草根组织因此会比同类型的单形态组织有更加详尽的理念。

再举个例子,在童子军组织中,当地的一队童子军就是一个草根组织,会使用童子军手册(美国国家级童子军社团准备的,其中描述了它们所规定的理念内容)等印刷材料。每一个童子军(草根组织)都会被建议要学习一定的理念内容,可以通过"童子军誓言"、"童子军规章"和其他材料来学习和规范行为(MacLeod,1983)。玛格拉斯(Magrass,1986)认为童子军意识的更深层本质是让青年人接受权威并团队协作,培养他们成为现代组织化社会中独立的劳动者

草根组织

(Boulding,1953)。然而,即使是像童子军这种完善的国家性社团的意识理念,当落实到地方上的草根童子军的成员学习时,也变得不是那么详尽了。

在费斯克(Fiske,1973)看来,慈善互助会(Elks),这个包含许多多形态草根兄弟会的国家性社团,具有强烈的"美国意识"——强调爱国主义、社交、慈善、地方主义、仪式和种族主义(这一意识存在了105年之久)。从1973年起,美国官方开始改变其种族政策,尽管事实上,政策的改变对地方慈善互助会草根组织影响并不是很大。我并没有找到关于地方草根组织种族主义延续情况的确切数据,但是这些组织中的种族主义不可能在国家法律一颁布就马上发生改变,就像为改变种族主义、性别歧视和其他形式的歧视而颁布的联邦反歧视法律也不能使大众思想立即发生深刻转变一样。人们心中的种族仇恨是由来已久的,那么如果要人们去改变,也需要一样长的时间才行。有时候,只有新一代的年轻人才会以更加客观、较少偏见的观点来看问题。随着年长的种族主义者离世,一个地区的种族主义平均值就会下降。

从草根组织诞生起,草根组织理念就随之诞生了。例如,托安特(Truant,1979)曾写道:"compagnonnages"(法语:友谊)是16世纪前法国一个工人互助的草根组织,它拥有独特的核心神话(也属于其理念内容之一),强调工作技能分级的必要性。当今互济会的存在及其理念可以追溯到几个世纪前(Knight,1984),就像今天大部分的教会一样,互济会开始都是以草根组织为其形式(Finke and Stark,1994)。卓里克(Jolicoeur)和诺雷斯(Knowles)(1978)认为:互济会的理念(维护和宣传美国宪法和人权法案)是美国"公民宗教"的一个范例。

草根组织以及其上的超区域组织的理念一般同其目标相辅相

成。邻里社群保护类的草根组织的理念强调社区赋权（Blum and Ragab,1985）；侏儒者组成的草根组织的理念强调自我认同（Ablon,1981）；在为酗酒者成立的、同伴间相互帮助的戒酒匿名互助社的理念则强调"每个人都不能仅依靠自己"的理念（Rudy,1986）；裸体主义者的社团会有"阳光亲肤"理念（Hartman,Fithian and Johnson,1991）；而准军事的民兵组织则有反共产党、反政府的理念（Karl,1995）。

一些草根组织和超区域组织的理念会误导那些想去了解它们的非成员。萨拉蒙（Salomon,1986）提到在20世纪六七十年代,美国的和平社会政治运动只是表面上宣扬关于和平和反战的理念,然而运动背后隐含的中心理念其实是反社会权威。一些草根组织的理念对于其成员来说是危险的,因为领导者会掩盖重要事实和当局可能的反应（Tobias and Woodhouse,1985）。异端草根组织尤为如此,比如仇恨组织和当代的市民民兵队（Hamm,1993;Karl,1995;Sims,1997;Zellner,1995）。

被非成员视为最异端的草根组织往往会发展出最详尽、最强力的理念（Smith,1995c）,这些草根组织包括新的宗教草根组织里小的邪教教派组织（Breault and King,1993;Lyons,1988）；社会运动型的草根组织（Ferree and Hess,1995;Unger,1974）；极端派或改革派政治型的草根组织（George and Wilcox,1992;Hutchins,1973;Kimmel,1990）；准军事的民兵组织（Karl,1995）；政变组织（Farcau,1994）和很多自助型草根组织（Ablon,1981;Rudy,1986;Sagarin,1969;Suler,1984）。这些组织的成员之所以有详尽有力的理念,某种程度上是为了向自己和非成员们证明组织是合理的。每当草根组织在周边的社区中做出或者尝试做一些诡异的、不符合常理的事情时,其成员都会发展一些理念藉以解释,如果组织目标和手段常规,就不会需要如此多的理念用以说明了。异端草根组织借其理念对其成员解释为什么组织的异端性是"有益的",是"值得的",而不管非成员们的批判和误解。在异端草根组织成员的眼里,它们的理念有助于抵消社会准则和社会管制机构(比如:警察、国家军队、联邦调查局)对其组织的负面评价,通常来说,社会管制机构都认为这样的草根组织,既不"有益"也不"值得"。

极端主义政治施压型的草根组织不得不解释为何它们的政治手段是"正确的",因为若民众支持他们的政党平台、候选人和/或政治立场,就会影响到政治体制和社会类型(George and Wilcox,1992)。草根社会运动组织为达到社会变革的目的,在抗议的使用和变革的方式上,要比传统的政治施压草根组织(不管它们的目标是多么极端)激进得多(Lofland,1996)。激进宗教类草根组织,尤其是新的宗教,比如小的教派或邪教,都不得不去解释他们崭新的、不同以往的宗教观所蕴含的"真理"——包括道德、现实、神灵、救赎以及地球上什么样的人有资格在今世得到幸福、在来世得到救赎(Melton,1990;Wilson,1970)。自助型草根组织需要强力的理念去支撑它们希望成员作出的、在自我认知(身份认同)、感觉、习惯和对他人以及世界的感知方面的根本变化,如果成员们希望获得帮助,这些变化是不可或缺的(Suler,1984;Suler and Bartholomew,1986)。

现在,基本符合社会准则和由社会建构的"现实"的草根组织不需要很完善的理念去说服自己以及他人相信它们的所想、所感、所欲和所为是有意义的、正确的、善良的正义之举。然而,我之前已经表明:不管是哪种草根组织,都倾向于用适度的理念引导其成员。在几乎每个草根组织里都有关于成员该相信什么和为什么要相信的规范。

充分的激励和满意度

克拉克(Clark)和威尔森(Wilson)(1961)撰写了一篇关于组织激励机制的经典文献,为草根组织内部激励相关的初步研究指明了方向。这本书定义了实利激励、目标激励和团结激励。从定义上,草根组织一般都是由志愿者成员组成的,基于志愿性利他主义而设置了激励体系——用艾齐厄尼(Etzioni,1961)的术语来说,就是一个"规范性的志愿服从架构"(normative voluntary compliance structure)。从此定义可以看出,草根组织的激励机制与那种主要基于功利主义的、劳有所酬的激励机制不同,与员工完成任务而领薪的授薪制志愿组织或其他工作机构的激励机制也是大为不同的(Etzioni,1961)。但是授薪制志愿组织与其他工作机构在激励体系上也不尽相同,因为授薪制志愿组织的激励体系主要基于志愿利他性(参看第一章)。

用最简单的解释,草根组织的激励机制通过其组织目的、内部凝聚力和其他非物质激励共同组成的混合激励,主要体现了志愿性利他主义。授薪制志愿组织的激励体制则主要包含物质/报酬激励,而通过组织目的和组织凝聚力等元素来体现志愿性利他主义是其次要内容(Clark and Wilson,1961;Steinberg,1990,p.159)。作为次要非物质激励方式的志愿性利他主义,对于授薪制志愿组织也是重要的(根据其组织定义规定),绝不会像在企业、政府机构等其他工作机构中那样无足轻重(参看第一章)。总体上来说,当草根组织有更多成员激励方式(Chinman and Wanderman,1999)、更少的支出(Prestby et al.,1990)和更高的收益/成本比(Warner and Heffernan,1967)时,组织会更成功、更能独立发展。成本与参与之间的关系则更加易变(Chinman and Wandersmam,1999)。但有一点是很明确的,那就是草根组织的更多参与就会带来更多的收益(p.59)。

诺克(Knoke,1988,1990b)以及诺克(Knoke)与亚当斯(Adams)(1987)系统研究过探国家性组织的激励体系,这些组织大部分是授薪制志愿组织,而且组织总部没有志愿者员工参与运营。诺克(Knoke)与亚当斯(Adams)(1987)表明我们可以通过组织目标而预知其激励机制。诺克(Knoke,1988)也发现通过规范性(关于组织目的的或组织理念的)和社交性的(关于交际的或者组织内部凝聚力的)激励方式要比通过物质性/功利性的或者信息式激励方式更能预测组织内成员的参与度。研究还表明游说激励在用于联系政府官员时是最重要的方式。因为很多国家性组织有草根组织分支,这些结果很可能会在很大程度上适用于草根组织。

上述论证发现了物质性/功利性的激励方式的不重要性,这是与奥尔森(Olson,1965)关于集体行动的理论背道而驰的。但是研究国家专业组织(验光师)的基尔宾(Kilbane)和柏克(Beck)(1990)发现,在大型组织中有更多的"搭便车者",也发现了选择性激励对于成员和成员参与的是很重要的,两个发现都与奥尔森(Olson,1965)的理论相符。

虽然没有任何定量的确实证据,但是基于对草根组织相关文献的大量阅读(包括对异端草根组织的描述)和对草根组织的参与式观察,我将我认为重要的草根组织激励类型列出如下。A、B、F类来自于克拉克(Clark)与威尔森(Wilson)(1961)的理论;D、H类来自于诺克(Knoke,1988)的理论,E类来自于韦德摩尔(Widemer,1985)的理论。我将我提出的其他激励类型也首次在此印出,尽管其他学者也可能更早时在别处提出过这些类型中的某一条。我将这些有利于草根组织的成员或参与的因素,以我设想的(大部分是基于我的定性评判)发生频率按降序排列,然后我会大致地对它们进行描述。沁曼与万德斯曼(Chinman and Wandersman,1999,p.59)最近的一篇文献综述中认为有两个要素是对草根组织的参与最为重要的激励要素,在下文中我将这两个要素作为前两条列出。

A类:社交激励

这些关于组织凝聚力或者社交的激励方式是草根组织的一种奖励,可以为成员提供与其他草根组织的成员共同参与某个或几个组织的会议或活动的社会场合与互动机会,从而使其成员获得满足感(Clark and Wilson,1961;Knoke,1988)。这样的互动可以使草根组织成员成为更长久的熟人和朋友,一些草根组织的成员会成为"密友",成为某位成员生活的社会支持网络中的一部分(Fischer,1982;Vaux,1988)。当这些激励机制在某一个草根组织中具有很大影响力时,组织中大多数成员都会拥有至少数位密友,有些草根组织中甚至大部分成员或者全体都成为了密友(Fischer,1982)。在社交激励的更高层次,草根组织将成为成员生活中主要的社交支持组织,不管对于自助型草根组织还是更广泛的草根组织来说,其成员的生活都会变得更丰富多彩(Maton,1988;Wuthuow,1994,p.53;也可参见第九章)。社交激励是草根组织的典型激励手段,在一定程度上几乎存在于所有的草根组织,而且也将草根组织和工作机构或超区域组织很明显地区分开来(Auslander and Litwin,1988)。

即便以非成员受益为目标的草根组织也往往对成员在追求外部利益目标时的交际活动提供社交奖励(Ross,1977)。当一些志愿者机构里的志愿者缺少了这样的社交或地位奖励,而其他志愿者可能会有奖励的时候,前者会因此感到沮丧(Stephenson,1973)。社交激励对于大部分草根组织来说是非常基本的激励手段,目标激励也是一样。社交激励对于草根组织的组成来说是必不可少的。但是如果一种或者某种特定的草根组织即将解散,那么仅靠社交激励和利益是无法使其延续下去的,因为这两种激励都可以从非正式的关系或者其他的草根组织中获得。

B 类:目标激励

几乎所有草根组织都在成员工作或者协助完成组织目标时,为成员提供这种关于组织规范或者组织理念的奖励(Clark and Wilson,1961;Knoke,1988)。此奖励指的是:组织积极分子在分享组织理念——组织目标与目标有效实现途径时所获得的满足感(Knoke,1900b)。研究者对两个国家性组织的研究表明(King and Walker,1992,p.407;Knoke,1990b,p.119):目标激励看起来是所有采取的激励方式中最有力的。赫希(Hirsch,1986)论证了政治(目的)凝聚力对社会运动组织的重要性。库克(Cook,1984)则说在没有地方草根组织分支的国家级公益组织中,成员们不希望得到社交激励或者物质激励,却更想得到目标激励。因此,如果社会政治运动通过社交和目标以及其他激励方式,运用草根组织社交网络获得社会底层民众的认可,就可能会吸引、招募到更多成员,也会获得更多政治影响力。

金和沃尔克认为目标激励方式"接近于无谓的重复"(King and Walker,1992,p.397)因为这种激励假定组织成员之所以加入一个组织仅仅是为了推进集体利益/组织目的。因此,在实证研究中,这两位研究者对目标激励的定义比我所理解的更加狭窄——我认为目标激励指的是对团队参与公共事务的倡导。草根组织成员心中的某些态度(无论如何形成)带领他们在为其组织的目标(而不是为其他的草根组织的不同目标)而奋斗,并从中获取满足感。草根组织的目标不一定是技术经济范畴的集体利益,也可以是成员利益或社团利益(Cornes and Sandler,1989)。

目标激励和社交激励通常是志愿性利他主义的表现。正如第一章所讲,以目标激励和社交激励为激励方式的草根组织的目标类型一般与七种社会价值(七种社会价值帮助定义了志愿性利他主义)中的一个或者多个相符。显然,只有在狭义地理解草根组织时,这种相符情况才能发生,因为草根组织的主要价值基础就是志愿性利他主义。然而,一个草根组织可以有一个或者多个不是基于志愿性利他主义的目标,这些目标可以通过相应的目标激励和凝聚力激励进行激励。

目标激励和社交激励是草根组织中运用最广泛的两种激励方式,但是它们也很可能与其他激励方式共存。据我所知,除研究某些特定类型的草根组织(比如兄弟会、联盟和消费者合作社、互贷组织和友爱社等)所运用的物质激励以外,研究者很少像研究目标激励与社交激励一样,对下述其他激励方式做深入研究。在第九章,我对关于内部成员对草根组织的影响的文献进行了综述,可以和这里关于激励的部分联系起来一起阅读。两者之间的差别也可以参看第九章的文献综述部分,第九章谈到草根组织会实际如何对待那些对组织产生不同类型影响的成员,然而这里的重点是草根组织的目标,以及如何通过其目标吸引和维持成员的。

C 类:服务激励

大多数草根组织至少都有适量的服务激励。草根组织对于成员的服务激励主要有两种:传统的非成员类的服务激励关注草根组织如何为非成员服务、强调传统的志愿者成员提供利他行动后的满足感。这些志愿成员通过外部的服务型草根组织的活动——比如护理人员草根组织、公民服务社团和志愿救世军草根组织(它在较大的社区是属于授薪制志愿组织),来为客户提供直接的服务。服务激励是一种相对少见的草根组织激励方式,因为很多组织都以对内部成员服务为目标,而不是以非成员利益为目标。然而,在志愿者服务项目及其项目志愿中,服务激励是非常普遍的(Hodgkinson and Weitzman, 1992, pp. 224-226)

对成员服务型或成员受益型草根组织来说,存在第二种形式的服务激励。这种服务激励强调其成员的满足感来自于成员们互相提供服务或互相帮助。与社交激励不同,成员间服务包括沮丧时候的鼓励、庆典时、情绪危机时、作重大决定时和生病时的相助(Wuthnow, 1994, p.170),还有紧急贷款、紧急运输、紧急婴儿看护和其他儿童照料工作以及其他服务。在几乎所有草根组织里,即便以非成员利益为目标的草根组织,伴随着成员社交网络和社会关系的建立,都存在这一类的成员间互助互利。所有社会支持型自助型的草根组织都特别依赖第二种类型的服务激励,成员们可以从彼此处得到帮助(Katz, 1993; Powel, 1994; Wuthnow, 1994, pp. 139-140, 170, 320)。服务激励可以看成是目标激励的一种子类型,如果我们可以单独讨论信息激励和游说激励(同属于目标激励的子类型),就应该把服务激励从目标激励中分出来。

两种类型的服务激励都通过对草根组织和其他志愿组织的非成员及成员提供服务机会,成员从志愿性利他主义的对外释放中获取满足感。

D类:信息激励

信息激励是草根组织对成员参与组织活动给予新的信息和知识作为奖励(Knoke, 1988, 1990b),也被称为教育激励或者知识激励。几乎所有类型的草根组织会运用适量的信息激励。在一些草根组织

(比如：种族/民族草根组织，兴趣或者运动俱乐部)中，信息激励是次要的目标激励方式。在某些组织(比如：青年发展草根组织、读书会草根组织)中，信息激励则是占首要地位的目标激励方式。信息激励也可以促使潜在的草根组织成员选择加入组织。打个比方，英国一个业余"律师"自助型草根组织的成员们为他们各自的"对抗律师和体制"的案子而努力，所在组织许诺并提供给他们关于法律和法制体系的大量信息(Moore,1978)。从个人的角度，这种类型的激励有一个问题：成员个人可能会有一天获得的信息已足够多，激励就会变得无作用。这样看来，社交激励和目标激励更能够被草根组织长久运用，继续满足成员的需要。

E类：发展激励

发展激励是指可以使草根组织成员从志愿经历中(Knowles,1973)获得自我的实现(Maslow,1954)和个人成长。伍斯诺(Wuthnow,1994)发现：在美国，大部分加入小型社会支持型组织(包括了自助型草根组织)的人所给出的普遍理由都是"希望成长为一个真正的人"(p.84)。他同时发现这样的组织的参与者们列举了若干方面的个人成长收获，认为是参与组织的结果(p.320)。韦德摩尔(Widmer,1985)发现授薪制非营利组织的志愿者委员会成员很认可并且重视这种类型的激励。草根组织中的委员会志愿者和机构志愿者通常也都(和服务项目中的志愿者一样)很看重个人的发展(Hodgkinson and Weitzman,1992,pp.225,245)。

对于草根组织成员来说，就算没有有意识地为了个人成长加入组织，也可以从这种激励方式中得到满足感。这种激励是很难进行准确测量的，其重要性一般被研究者低估。我们可以通过设置问题，在某种程度上测量这种激励，首先是受访者如何看待志愿活动给其他组织成员带来的个人成长,然后就以相似方式问受访者本人类似问题。

F类:实利激励

某些类型的草根组织的成员会得到组织的经济报酬作为实利奖励。同时也有人将此激励称为物质激励、报酬激励、职业激励、专业激励或经济激励。诺克(Knoke,1990b,p.115)将实利激励具体化,认为实利激励包括团队旅游计划、团队保险计划、团队购物计划以及证书/执照计划。他将职业激励具体描述为"提供专业或者商业交流机会"和"举办论坛、会议和研讨会"(p.115)。金(King)和沃尔克(Walker,1992,p.405)用不同标签将职业激励和实利激励做了区别。他们将出游、保险和商品折扣作为"个人实利利益",而将会议、专业交流机会和培训视为"职业利益"。在他们对两个国家性组织的研究(King和Walker,1992,p.407;Knoke,1990b,p.119)中,大多数受访者认为实利激励是重要的,职业激励和专业激励尤为重要,物质得利则被研究对象认为并不重要。

但是,实利激励只被少数草根组织视为重要激励,这种激励在许多草根组织类型里影响不大(Clark and Wilson,1961;Olson,1965)。然而,实利激励对于特定的草根经济系统支持组织比较重要,比如一些地方联盟、农民草根组织、地方专业组织和地方商人组织(如商会、职业女性俱乐部、互贷草根组织和发展中国家中类似的"友好社会")(Estey,1981;Fisher,1993;Fletcher,1985;Hirsch and Addison,1986;Krause,1996;Yamazaki and Miyamoto,1988;也可参见第九章)。我们必须仔细将上述经济型草根组织的经济系统支持目标与当前讨论的参与上述类型或其他类型草根组织的实利激励区别开来。草根组织的经济系统支持目标包含了共享成果和组织内部的志愿性利他主义精神,然而实利激励包含的是私人产品和对草根组织个体成员的服务。

公民服务型组织,比如扶轮社(Rotary Club)[①]和狮子会(Lions Club)[②]的地区一级草根组织是部分建立在对成员的物质激励的基础上存在的(Charles,1993)。一些地方商人和城镇里的专业人士互相认识并且互有好感,进而推进各自的经济活动(作为社交活动、服务活动之后的组织活动第三阶段)。某些兄弟会长期对其成员提供物质激励,尤其是在生活和其他方面的保障方面。即便是人类社会很早就出现的行会,也通常运用物质激励——对逝世成员的遗孀/鳏夫提供丧葬费。

尽管有一些类型的草根组织会提供充足的实利激励,但是大部分的草根组织很少关注物质激励这一块,而主要重视更能反映组织志愿性利他主义的社交激励和目标激励(Cook,1984)。根据诺克(Knoke,1990b)对国家性组织的研究,草根组织的多数成员并不是因为实利激励而加入或者参加草根组织。如果新成员是因为实利激励加入草根组织,这样的激励也不能够保证成员积极参与志愿活动(Olson[1965]的研究结果则不同)。金(King)和沃尔克(Walker)(1992)也研究了国家性组织(位于华盛顿的兴趣型组织),进一步对奥尔森(Olson,1965)的理论(选择性物质激励对于大社团吸引和保持成员是必须的)提出质疑。草根组织中也有以实利为目的的成员,例如零售商和本地职业人士在所有草根组织类型中寻找商机,但是

[①] 扶轮社是依循国际扶轮的规章所成立的地区性社会团体,以增进职业交流及提供社会服务为宗旨;其特色是每个扶轮社的成员需来自不同的职业,并且在固定的时间及地点每周召开一次例行聚会。

[②] 国际狮子会(Lions Clubs International)于1917年由茂云钟成立,是世界最大的服务组织。拥有46 000个分会及140万会员。会员分布于世界193个国家。总部设于美国。狮子会是一个真正的社团组织,它的成员按地区、区域、国家等分别组成。

在大多数社区中,追求实利者一般是草根组织中的少数派。

很多其他激励方式较为少见,但是在对草根组织的定性样本研究中(比如,我对一个美国东部郊区的研究,见附录三),研究者观察到这些激励的存在,下列激励方式就是其中几个例子。

G 类:领导魅力激励

这是基于被具有个人魅力的领导者领导,或者与其共事而产生的激励。这样的领导者可被定义为具有特殊活力、"磁力"或者吸引力和影响力的个人。布瑞特(Breault)和金(King)(1993)描述了美国一个著名的、由大卫·柯瑞士(David Korsesh)领导的公社里的极端个案。尽管研究者研究过像甘地、马丁·路德·金这样的魅力无穷的国民社会运动领导人,却几乎没有对草根组织领导人魅力相关的研究(尽管上述的两位领导人还有其他同类型的很多领导人都是从家乡的草根组织起步的)。对于大多数草根组织和某些特定的草根组织而言,这种激励并没有常规性的存在。然而,我对美国一东部郊区研究的定性结果(附录三)却显示,在各种形式的草根组织中都存在一些富有魅力,或者至少富有"活力"的领导人,他们吸引成员加入组织,推动着成员的参与、发挥影响和效用。我认为这些富有魅力的草根组织领导人,会更极端地追求积极-有效特征模式(采用这种模式组织通常有较高成员参与度)。

H 类:游说激励

游说激励也是由诺克(Knoke,1990b)提出的,这种激励主要指草根组织通过对政府决策者和官员施加外部政治影响力,而使得草根组织成员获得满足感。对于多形态草根组织的成员来说,这样的满足感可以来自超区域组织和国家性草根组织的政治影响力。游说激励通常被视为目标激励的一部分。金(King)和沃尔克(Walker)(1992)把目标激励狭义定义为"倡导"及"在政府面前代表人民利益"(p.407),他们所说的目标激励基本上就等同于游说激励。比起对草根组织,游说激励很可能对国家性组织更有用。在大多数草根组织中,这种激励是比较弱的,尽管很多草根组织会时不时地参与到有政治影响力的活动中(Verba,Schlozman and Brady,1995,p.163),也有一些组织的重点就放在这样的活动上(参见第九章)。

I 类:声望激励

声望激励指的是在某些草根组织(比如扶轮社、少年联盟)的成员和领导人,从其他成员和非成员,尤其是作为非成员的朋友或者熟人那里所得到的尊重(他们都了解他/她是一个杰出草根组织里的成员)。在声望激励范畴的另一端,则是草根组织的恶名对其成员意味着惩罚。恶性累累的异端草根组织(比如3K党和女巫集会)的成员,会向点头之交和社区中的熟人隐藏他们的成员身份和活动的参与情况,因为组织声名狼藉,他们会受到知悉者的社交/言语惩罚。一起工作的成员当然知道这种附属关系,但是来自臭名远扬的组织的大部分成员只会向至亲家庭成员或者密友透露这个情况。匿名组织"12步"自助型草根组织的成立基础就是保密。据我所知还没有对草根组织声望激励(为激励成员加入和提高参与度)方面的相关研究。大部分处于"德高望重—声名狼藉"中间地带的草根组织可能都没有采用声望激励手段。

草根组织激励及其角色的次级重要性

尽管草根组织采用这么多激励方式,草根组织在大部分成员或者领导人的生活中还是处于次重要的位置（Sills,1968；Warner,1972），但也不是一直如此。比起草根组织志愿者，授薪制非营利组织的领薪员工更会把其组织放在生活的首要位置。任何部门的全职工作人员也倾向把他们的工作机构放在首要位置。对大部分人来说，领薪工作的角色比起他们在草根组织中的业余角色总是更重要的。然而，如果受访者没有工作岗位（比如家庭主妇/主男，退休的人），那草根组织在他们生活中的角色会更重要一些。

工作机构提供的志愿者服务项目激励，比如对那些为医院、学校、图书馆工作的志愿者提供的激励，也同样会在志愿者看来在其生活处于次要位置。这和草根组织志愿成员和参与者来说是一样的。我并没有找到相关比较数据表明组织志愿者和项目志愿者是如何认识其角色的，这对于未来草根组织的相关研究来说是个很有趣的问题——例如研究者可以研究一些草根组织（如邪教草根组织和社会运动组织）是如何利用激励机制来让其成员对组织有着高度的认同感，与其他组织的激励方式又有什么不同。

总　　结

草根组织总是要有适当的理念，因为它们需要向其成员解释组织志愿者行动背后的志愿性利他主义。社团志愿行动对于参与者来说是休闲活动，虽然很多时候属于"严肃的休闲"（Stebbins,1996）。草根组织理念解释了为何成员值得用闲暇时间去参加它们的组织，而不是其他组织或其他积极或消极的休闲活动。

报酬是公司对带薪员工的主要激励方式。这些组织没有必要发展理念，以便说服其员工进行无偿劳动。带薪员工，尤其是在常见的小企业里的员工工作的动力主要是赚钱谋生，尽管他们也会受次级动力(比如,个人成长和表现机会、服务他人的机会)的影响,小企业的老板也不例外。公司的雇员和经理/所有者们都需要他们的工作,不需要别人谆谆教诲是公司为他们提供了生计和收入。大一点的公司和特许经营的公司,为提高其市场竞争力,有时会发展公司理念和公司文化(Ouchi and Wilkins,1985)。

授薪制志愿组织是工作机构这幅全景图中的例外,因为它们就像草根组织一样秉承志愿性利他主义(同时,从其定义上来说也必须秉承);然而,授薪制志愿组织的负责人通常更容易被商业化的管理思想吸引,而不是被志愿组织的志愿性利他主义所感染(Hall,1990)。

异端草根组织(或者异端志愿组织)尤其需要组织理念,因为这些组织需要使其潜在与现有的成员从一定程度上相信这个越来越大的社团是值得他们为之努力的,而不必去管传统的准则和外部人士对他们的目标与行动的看法。这些组织在某方面或多方面都背离了社会规则和主流价值观——其目标、达成目标的手段,或其行为。异端草根组织会利用组织理念向其成员灌输价值观,使组织的目标和手段显得积极向上甚至"正常",从而打消成员的疑心。比如说,女巫集会可能会强调它们属于一种古代的多神宗教,并且在争取其他宗教所拥有的宗教自由。

表4.1是草根组织与授薪制志愿组织在理念和激励方式方面的总体比较。因为根据我的定义,草根组织的工作一般是由志愿者完成;而在授薪制志愿组织里面,志愿活动是领薪人员完成的。草根组织的志愿利他性要比授薪制志愿组织明显得多,因为草根组织在运营时,从定义上讲,就很少或者不依赖实利激励方式。相反,授薪制草根组织却会以给予工作报酬的形式,提供实利激励。因此,授薪制志愿组织可以看作是工作机构的一种形式,有着工作机构的许多特征。

草根组织

表 4.1　草根组织与授薪制志愿组织在理念和激励方式方面的比较

草 根 组 织	授薪制志愿组织
温和的理念(如果是正常组织)	温和的理念(如果是正常组织)
强力的理念(如果是异端组织)	强力的理念(如果是异端组织)
强力的社交激励	适量的社交激励
强力的目标激励	适量的目标激励
强力的服务激励	适量的服务激励
适量的信息激励	适量的信息激励
适量的发展激励	适量的发展激励
少量的实利激励	大量的实利激励
其他对成员的(有时候强力的)草根组织激励形式	其他对成员的(一般较弱的)草根组织激励形式
其他对成员的(一般较弱的)工作机构类型的激励形式	其他对成员的(强力的)工作机构类型的激励形式

　　志愿性利他主义是草根组织的动力基础,通过草根组织强力的社交激励、目标激励和服务激励体现出来。社交激励对于草根组织尤为重要,占中心地位。而服务激励通常体现为成员间的相互帮助,而不是对非成员提供服务。根据我的定义,在授薪制志愿组织里,志愿利他性也有很重要的体现,更多是通过适量的社交、目的和服务激励,尤其是两种形式。这里的服务激励更可能是非成员服务激励,而不是成员间的帮助。

　　草根组织和授薪制志愿组织都提供了以成员为中心的奖励,以信息激励和自我发展激励为形式。而有时候,领导人魅力激励、游说激励、声望激励、环境激励、种族认同激励、健康激励、性激励和强制性激励等对某些草根组织来说也会很重要,但是很少被授薪制志愿组织采用。另一方面,工作机构倾向于使用它们自己的独特的工作激励方式(比如:工作条件、薪酬水平、晋升机会和周边利益方面的激励),这是与草根组织激励方式所不同的,对授薪制志愿组织可能适用,但是用在草根组织志愿者身上却不适合。

第五章 内部架构

这一章将继续讨论草根组织的性质方面的相关研究,同样会和工作机构,尤其是授薪制志愿组织联系起来分析草根组织的特殊之处。正如前一章所讲,我的研究是基于对草根组织的研究,而不是基于对草根组织和其他类型的组织(比如工作机构和家庭组织)的、运用同一研究方法进行的比较研究(我们十分需要填补这一研究空白)。本章重点是草根组织的内部架构及其形成过程。架构中有一些方面在法律文件(如草根组织章程细则、财税机关及国家性组织下达的规定)中已有明确规定,其他方面则由草根组织关于目标和目标实现手段的准则所规定。

内部架构

1. 基本的草根组织分析维度

草根组织内部架构的一些方面我已经在第一章中有所定义和探讨。

a. 较小的区域范围

草根组织的区域范围一般不会大于一个都市或者两个相邻县的面积。我几乎找不到对不同地域级别草根组织的异同点的比较研究。基于齐普夫(Zipf,1949)的最小努力原则(law of least effort)①,在其他因素不变的情况下,草根组织的区域规模越小,其成员的参与度(会议到会率和其他活动参与度)越高。

b. 主要是志愿者工作

草根组织通常都有最多相当于一个FTE(一个FTE等同于12个月内的1 700个工作小时)、通常是比一个FTE少的带薪人员工作时间。绝大部分草根组织的成员都是不带薪的,尤其是非正式或者半正式草根组织的成员(Smith,1992b)。根据其定义,那些有一些带薪人员的草根组织也只能有少量的志愿活动由带薪雇员完成。这些组织(有自己办公楼的草根组织)的薪水多付给了负责景观维护和楼宇治安的员工,或者付给了文秘、行政和财务方面的员工(大多数草根组织都如此)(基于对一个美国东部郊区的定性调研,详见附录三)。

c. 自治

草根组织有独立于其他团体组织的自治权。我尚未发表的对美国东部小型郊区的草根组织的自治权研究(附录三)表明,在被研究的地方志愿组织中,(Smith,1993b,p.64)89%的志愿组织认为自己拥有中等的或者完全的自治权,甚至附属于某些大型组织的多形态组织也这样认为。草根组织认为自己拥有的独立于总部的自治权,可能会比其总部所认为的程度要高。在对国家性组织的一个研究中,杨、巴尼亚和贝雷(Young,Bania,and Bailey,1996)发现,74%的

---

① 美国哈佛大学教授齐普夫在《人类行为与最小努力原则——人类生态学引论》一书中提出最小努力原则的理论。该理论提出,人们的各种社会活动均受此原则支配,总想以最小的代价获得最大的效益。换言之,人类行为总是建立在最小努力基础之上的。所谓最小努力原则,就是人们在解决任何一个问题时,总是力图把所有可能付出的平均工作最小化。

国际组织附属机构被认为是拥有完全自治权(49%)或者共享自治权(27%)。根据我对草根组织的定义，缺乏充足自主权的地方分支机构仅仅是一个大型独裁志愿组织的分部，而不是真正的草根组织(Salamon,1992;可参见第一章)。但是，大量多形态的地方志愿组织依然认为自己拥有充分的自治权，这一比例还挺高。

一般来说，在其他因素不变的情况下，草根组织的自治程度越高，成员和领导人的参与度越高。但是高度自治也意味着更大的失败风险。缺乏自治权的草根组织需要花更长时间去对地方的危机、机遇和挑战做出反应，因为它们必须等上级志愿组织权威做出的决定，还要等决定一步步传达下来（一些国家性组织在地区、州、国家各级别上都很科层主义）。在志愿非营利部门，大型授薪志愿组织越来越依赖国家财政，已经影响到组织的架构自治性和独立性。

在采用专制独裁政体的国家，任何仍存活着的非营利机构都没有自治权，或者仅有很少的自治权(Allen,1984;Bauer,1990;Swanson,1974;Zhou,1993)。独裁结束后，草根组织或其他志愿组织的活动通常变得更为活跃(McCarthy et al.,1992;Smith,1997c;Starr,1991;参见第三部分)。在现代西方民主社会，我们把草根组织自治权视为理所当然，大多数人不会关注草根组织自治权的理论价值与历史重要性，也忽略了它在漫长时间里的发展变化。不久前（从历史角度来看的不久前），大多数欧洲国家都还是秉承君权神授或者其他专制体制，这些国家对于大部分不在教权—皇权统治轴心上的草根组织心怀敌意。

2. 非正式的免税资格

几乎所有草根组织都有免税资格，尽管很少组织是通过正式渠

草根组织

道,比如通过美国国家税务局或者国家税务部门以书面形式获得免税资格。资金匮乏或为宗教形质或属于某些大型免税志愿组织的多形态分支机构的(Chan and Rammohan,1999)草根组织通常不需要在IRS注册,但是美国的税法依然给了它们免税资格,它们也很少需要去支付或者被要求向任何政府支付所得税(Simon,1987)。这种免税资格根本上来源于草根组织的志愿性利他主义。而且,因为草根组织一般收入很少,团队又可能只是昙花一现,IRS并不关注它们。即便IRS关注,也没足够的人力去处理它们的交税事宜,而如果仅为收取微不足道的税金,对IRS来说其实是不划算的。其他的国家同样也会为包括草根组织在内的志愿组织给予免税资格(Weisbrod,1992)。

现行的IRS的强制注册门槛为年收入5 000美元,尽管大部分的草根组织领导人可能不会意识到这个门槛。在表格990上面有IRS对财务年报的强制门槛要求——年收入25 000美元,更多的草根组织领导者知道这个门槛,尽管我们缺少量化数据来说明有多少人知道。IRS会周期性地随着通胀情况来提高这个关于强制年报的年收入门槛。正如在第二章所提及,我预计只有5%到10%的草根组织在IRS直接注册过。

3. 倾向属于非正式组织

草根组织的架构有其正式性和复杂性(Chapin and Touderos, 1956; Gerlach and Hine, 1970; Muehlbauer and Dodder, 1983; Traunstein and Steinman,1973)。若将所有的草根组织类型放在一起来看,更是如此。但是一般来说,草根组织是非正式组织,还没有正式到可以被称为机构(organizations)(Gartner and Riessman, 1984; Goodchilds and Harding,1960; Smith,1972c,1992b; Steinman and Traunstein,1976；Wthnow,1994）。草根组织非正式的原因部分是因为草根组织的平均规模小（McPherson,1983），小型组织的架构往往会比较简单（Caplow,1957）。一般而言，在其他因素不变的情况下，规模较大的组织往往需要更复杂的行政架构来维持运营。

复杂性的反面就是组织的非正式性或简单性。已经有太多的学者和领导人假设：如果一个组织的组织性和复杂性更高，那么它就更"好"。现代组织学是这么教导我们的，我们也是这么学到的（Boulding,1953），但是这种观点并不一定是正确的。一个组织是否越复杂越好，这应该取决于个体和组织的价值观。我们的家庭家族、邻居朋友全都应该更加被组织到一起，以便变得"更好"吗？就像韦伯（Weber,1952）在很久前提出的（pp.181-182），越来越多的人正在以各种方式去抵制这种"科层主义的铁笼"。

非正式的草根组织与复杂的草根组织相比有所不同（更不用说同复杂的授薪制志愿组织相比），在草根组织中也是相当小、地方性的、由志愿者组成的组织。半正式的草根组织会被定义为：有着独特但合适的名称、有着清晰的领导层架构，但同时成员不稳定、运营模式非正式的草根组织（Smith,1992b）。半正式草根组织的志愿者支持人员较少（平均每位成员拥有的理事会数量、理事会成员数量、官员数量都较少），其成员的收入水平较低，团队年龄水平较小，与其他非营利组织的联系较少，组织自治程度也较低（p.261，同时可以参见 Chapin and Tsouderos,1956）。非正式草根组织的架构也意味着其目标多元化、承担来自外部社会的压力（Simpson and Gulley,1962）。如果我们认为大型的复杂组织，如授薪制志愿组织和草根组织形成了鲜明对照，那么半正式草根组织和其他志愿组织的上述差别就会更加明显。

具体而言,草根组织要变得正式,需要满足以下条件:比如拥有特定国家要求的注册证书;已在 IRS 注册为免税非营利机构;拥有组织章程、组织规章和/或细则;拥有组织年报、书面年度预算、理事会成员手册、委员会主席和委员会成员手册;拥有新成员指导手册。草根组织正式化所需的条件是不断变化的。有研究表明:同城的48个自助型草根组织只有42%有正式的免税资格,70%有注册证书,还有69%有规章制度(Steinman and Traunstein,1976;Traunsteinand Stienman,1973)。

尽管在美国数百万家小型支持型草根组织中普遍都有领导人(90%),但是只有57%的组织拥有推选出来的管理者,53%的组织有例会(Wuthnow,1994,p. 135)——通常为较大的支持型组织,尽管其成员绝对数目较小(p. 137)。伍斯诺(Wuthnow,1994)的研究甚至没有提到理事会,韦特海姆(Wertheim,1976)对食品合作草根组织的研究中也没有提过理事会。然而,庄森(Traunsein)和斯汀曼(Steinman)(1973)通过研究发现:85%的位于美国中型城市的自助型草根组织是有理事会的。这看似奇怪,但是这也告诉我们他们的草根组织样本的复杂度高。陈(Chan)和拉莫罕(Rammohan)(1999)在加利福尼亚县的草根组织样本中,也发现了理事会普遍存在,但是他们的样本可能多数取自架构复杂的老牌草根组织。

一些专注社区/公民行动的草根组织的复杂度同样不高(Boyte,1980;Milofsky,1988a)。这些组织的领导人有一个观念,也是其抵制复杂化的理由,那就是避免复杂以保持对更大社区的开放度。一个简单的草根组织往往更容易让更多的人直接参与进来。这样的草根组织同样也会更容易使穷人获得资助,也不会引起过于复杂的其他社区问题(DeGrazia,1957)。

伍斯诺(Wuthnow,1994)曾研究过与宗教相关的草根组织。其他相关研究表明新的教派在架构上往往是简单的(Breault and King,1993；Gerlach and Hine,1970,pp. 9-12；Weightman,1983；Wilson,1970,pp. 108-109)。克拉克(Clark,1937,p. 224)认为美国的一些小教派一开始往往是草根组织,最初强调民主和朴素为其信仰的组成部分。然而,随着规模越来越大,这些教派会逐渐失去这两种特质,由于实用主义而变得更加复杂。一些老的教派(比如孟诺教)却依然可以在几个世纪之后还保持着它们的朴素形式,正如其他草根组织一样(Nolt,1992)。

哲拉克和海因(Gerlach and Hine,1970)建议复杂型草根组织可以选择分散化、分区化的社会运动组织网络模式。斯多艾克(Stoecker,1993)除了为地方社会运动提出联邦前线架构(federated frontstage structure),又提出一个新的架构。这种新架构是"由一个单一的统一选区的选民组成并创造的、多样化、特殊化的组织"(p. 172)。这种统一选区选民是一中央伞状组织的一部分,这种伞状组织可以支持整个网络,保护其中的草根组织的自治性。

奥斯汀(Austin,1991)研究了俄克拉荷马州俄克拉荷马市的60个社区邻里型草根组织,用组织管理者的类型数量来测量组织的复杂度。他发现复杂程度高的草根组织一般规模较大、社区社会经济地位较高、黑人比例也较高,而成员年龄与社区稳定性较低。这些发现似乎相互矛盾,除了可以用较大的组织规模去解释,并无其他合理的理论解释。需要有更多的研究,运用一系列的方法去测量草根组织的复杂度和组织非正式程度。

米洛夫斯基(Milofsky,1988,p. 194)从更加全面的角度出发,与科层机构对比,讨论了作为集体主义组织的草根组织。他认为两者有几项重要的区别:集体主义组织的成果体现在其运营过程中(对比:"有效的"产品或服务)、采用非正式的组织方法(对比:正式的组织方法)、更加依赖其环境(对比:独立于环境)、给其成员间接的回报(对比:货币回报)、其组织界限不是很明晰(对比:明晰的边界)、有着更加开放的决议权(对比:中央集权的等级制度)。

伍斯诺(Wuthnow,1994)指出支持型组织的"非正式程度相对较高"——更具团队温暖、更多鼓励、更具包容性、更能够自由谈论个人问题和个人兴趣(p.158)。但是同时,支持型组织也是相当正式的——"大多数组织都有领导人、目标、日程;其他组织拥有学习课程、例会和推选的管理者"(p.158)。正式化和非正式化这两种趋势处于动态张力状态中,相互之间交换能量(p.132)。其他草根组织的情况大致类似。哈里森(Harrison,1960)认为这种对科层程序的需要和对集权独裁的排斥之间的动态张力状态是草根组织的基础特质。

弗里曼(Freeman,1975)发现年轻的女权主义社会运动草根组织可以保持其内部民主和非正式性,因为这些组织自觉重视保持民主和非正式性,从成立开始,就反对任何向正式化、集权化、科层化或者寡头主义方向发展的趋势,自觉地让草根组织保持其小型、非正式和交际/参与的特质,这可以有效防止组织复杂程度提高,并保障组织内部民主。瑞格(Riger,1983)写道:草根组织的复杂度部分根源于组织成员的价值体系。组织成员越是重视组织凝聚力和财务自由,草根组织就越可能保持非正式状态。而相反地,如果成员重视的是效率和回报,组织就会变得更为复杂、等级分化更严重、内部民主程度也会降低。庄森(Traunsein)和斯汀曼(Steinman)(1976)在研究自助型草根组织时也有类似的结论。

古默(Gummer,1988)在谈到像临终医院一类的小型授薪制志愿组织时,认为"小规模本身并不会阻止组织向科层方向发展"(p.44),但是小规模可能会有助于避免组织科层化,在大型的组织中,科层主义更是难以避免。有一些因素能够抑制临终关怀一类志愿组织的科层化。这些因素包括整体式的服务流程、权力分享和参与式的决议,以及因为规模小而更为方便的面对面交流。正式的草根组织(即有正式名称、清晰的团队界限、明确的领导架构的草根组织)的正式程度千差万别(Smith,1972c)。草根组织相对比较非正式,但是在我看来,它们也是值得研究的重要组织(Smith,1992b)。

4. 高度的内部民主

内部民主指的是诸如参与式决议、领导层的定期换届(而不是寡头式)、较低的等级分化(领导层较少)这样的架构特征。比起授薪制志愿组织来说,草根组织的内部民主程度更高。大多数草根组织负责人是由成员推选出来的干事和理事会的成员,一般来说这种选举是一年一次或者两年一次,这样对于领导人来说有更强的流动性。草根组织的等级分化较弱,一般成员的分层只有两到三层。相反地,大多数非草根组织志愿组织拥有理事会,由理事会任命的执行秘书长,也就是执行总干事,还会任命其他一些负责人。总的来说,授薪制志愿组织比起草根组织,参与式决议程度较低、等级分化和寡头意识较强,这一点与大部分工作机构类似(Corsino,1985-1986;Halliday and Cappell,1979;Klausen,1995;Michels,[1911]1968)。

很多人认为民主是做决议的有效方式。工作机构(包括了授薪制志愿组织在内)的执行官则不这样认为。这些执行官往往会倾向采用强力的中心决策、等级分化和寡头主义(Hall,1996)。

但是当草根组织存续时间越来越长,规模越来越大,变得越来越复杂与正式,草根组织也会在一定程度上面临寡头领导的问题(Burt,1990;McNamie and Swisher,1985;Michels,[1911]1968)。有一些领导人通常会长期积聚并保有权力,即使时不时会要进行"民主"选举。前任的干事会在离开正式岗位后,继续他们的非正式领导者身份。尽管有些草根组织会向寡头主义屈服(Cnaan, 1991; Schmidt, 1973),大多数草根组织仍然会保持其内部民主程度,因为这样才能不断提高成员的参与度、贡献度和捐赠的可能(Hall, 1995)。

草根组织内部民主是尤其重要的,因为草根组织作为志愿组织的一种广泛的形式,常被认为是一所促进民主公民参与的政治"学校"(参见第九章)。大多数授薪制志愿组织或者其他工作机构促进民主方面的作用则不同。授薪制志愿组织(除了学校和学院/大学以外)是否可以在保持参与式民主和公民社会方面有如此积极的成效,我们并不清楚。内部民主是志愿非营利部门(广泛而言也包括了授薪制志愿组织)的一个重要的存在基础。

草根组织通过法律和规则保持了内部的民主,从而能够部分避免寡头主义。这些规章制度规定要在成员中开展周期性(经常是一年一次,也有时候是两年一次)、辩论式的选举,竞选出秘书长和理事长等职位。如果候选人中的某一位或某几位又一次连任某些或者所有职位(也就是等于职位竞选无效),或者每一年的候选人都几乎没有什么改变,那内部民主就会慢慢变成一种寡头统治了。那些渴望将民主规范保持下去的草根组织会限制领导人的任期长度,避免领导人二次连任。

利普赛特(Lipset)、特罗(Trow)和克拉曼(Coleman)(1956)针对关于内部民主和如何避免组织内寡头统治的综合问题,给出了真知灼见;虽然这一观点是很早前提出的(40多年前),但是依然卓有洞见。他们举例给出了22个能帮助促成和保持内部民主因素,这些因素包括组织内去科层化;拥有更多同类成员利益;更多的组织内的成员利益;更多的成员社交活动;以及更多的让成员学习政治技巧的机会(pp.465-468)。上述研究者在更早的时候,曾经提到小型的组织规模和组织政治活动中(比如:投票,参加全员大会),较高的成员参与度是促进民主的重要因素。

另外一些研究草根组织而非国家级授薪制非营利组织的研究者也同意这样的观点,并对这一观点做了补充。德沃尔(DeVall)和哈里(Harry)(1975)有理有据地认为利普赛特等人和其他研究者对内部民主的研究存在问题:他们仅仅研究经济型或者功利型组织。规范的重视组织理念的组织有着更多的志愿利他精神,它们更能激发成员对组织和子组织运营的兴趣,从而提升了内部民主程度。诺克(Knoke)和伍德(Wood)(1981)研究了32家非经济型的草根组织,发现组织决议时的广泛沟通与参与能够增加员工对组织的忠诚度、降低员工辞职率,从而有着极为积极的净效应。坦南鲍姆(Tannenbaum,1961)早期所做的一个研究表明:美国妇女选民联盟(League of Women Voters)的地方草根组织的内部民主程度越高、成员满意度就越高,组织在社区中也更有声誉。综合来说,后面这两个研究都表明了更多的内部民主意味着更高的忠诚度和更大的组织影响力——对于任何草根组织而言,这都是非常重要的积极影响。

约翰逊(Johnson,1990)认为:草根组织采用的"少数服从多数"的投票原则会逐步将有异议者逐出团队,从而使组织慢慢向寡头主义靠近。持异议者应该留在组织中,否则整个草根组织会逐渐分崩离析,因为随着每一次重要的多数人的投票,都会迫使一些持异议者离开。

霍希(Horch,1988)研究了位于西德的28个不同类型的草根组织,发现在一些组织得到的是物品捐赠(而非货币),而且捐赠会被纳入草根组织资源库(而非纳入寡头的出资额),而且捐赠更多来源于成员(而不是非成员),这样的组织的内部民主程度较高。麦克纳米(McNamie)和斯威舍尔(Swisher)(1985)发现,随着政府对社区参与的介入不断深入,组织的内部民主会慢慢减弱。这主要是源于政府对组织的捐赠和政府与组织(原本是草根组织)的合约。我在本章其他部分也提到过相关观点:外部的捐赠会减低草根组织的自治程度。这样的捐赠可能也会使某个草根组织的领导人在领导层的重要程度增加,从而使组织走向寡头制。

5. 通常为成员受益型组织而非非成员受益型组织

尽管草根组织并不一定具备这一特征,但从整体上来说,草根组织的目标设置很可能是成员利益和成员服务指向型的,而不是非成员利益和外部服务指向型的(Chan and Rammohan,1999;Smith,1993b)。沃巴与涅(Verba and Nie,1972,p. 42)量度了16种组织的成员关系。除了包含职业型或学术类的社团以外,这16种组织主要包含草根组织。在15家草根机构的类型中,只有两家(学校服务型组织和服务型社团)既开展成员利益活动、也开展了对非成员的服务——也就是这两家组织为混合利益型组织。这种对非成员的服务只存在于像家长—教师联会这样的学校服务型组织里。在家长—教师联会中,家长们既可以帮助自己的孩子,也可以帮助他人的孩子。即便是像狮子会(Lions Club)和吉瓦尼斯俱乐部(Kiwanis)这样的服务型社团,除了提供社会服务,也提供成员服务,具有成员互利理念(Clarles,1993)。因此,在一定程度上,在所有或者几乎所有的草根组织形式中,都有成员服务或者成员互利的元素存在(Verba,Schlozman,and Brady,1995,p. 63,从一个1989年的国家范围样本研究中可以看到类似的结果)。

比起草根组织,以非成员利益为导向的授薪制志愿组织更多

(Billis,1993a,1993b；O'Neill,1989,1994；Smith,1991,1993b；Van Til,1988,p.87)。像迪马乔和安海尔(Dimaggio and Anheier,1990, p.138)、萨拉蒙(Salamon,1992,p.7)、鲁德尼(Rudney,1987,p.55)和霍奇金森等(Hodgkinson et al.,1992,p.185)这样的学者们,都认为只有那些公认重要的所谓"博爱的"、"仁慈的"的非成员利益导向组织才是志愿组织,而忽略了志愿非营利部门中的其他子部分(Smith,1991,同样可参见本书第二章)。如果我们真的想要去讨论整个志愿非营利部门,那就必须把成员利益导向组织作为子研究科目归入志愿非营利部门研究中,虽然这类研究组织潜在问题不少,研究方法也有待改善(Smith,1991)。在研究中,有两种"地平"范式起了负面影响(参见第十章)——一种是授薪制志愿组织的"地平"范式,意味着对所有草根组织和其他志愿组织的忽视。另一种是传统的非成员服务"地平"范式,意味着仅仅包含志愿组织的外部服务和非成员利益。

哈里斯(Harris,1988a)最近指出,组织的一个特征就是组织需要在其目标和活动方面平衡成员利益和非成员(比如:公众)利益。这个观点有其道理,但是却不影响我在这里提出一个更加普遍的观点——草根组织在本质上是以成员利益为导向的。草根组织的目标和活动通常也会顾及非成员利益,来作为向社会提供的部分服务,因此我认为草根组织是部分提供公共服务的,而并非纯粹只对其成员提供服务。

在此前几十年间,现在提到的"成员利益—非成员利益"维度被称为是"表达式—工具式"(expressive versus instrumental),还有其他的描述术语(Douglas,1987；Gordon and Babchuk,1959；Jacoby and Babchuk,1963；Lundberg,Komarovsky,and McInerny,1934；Rose,1954)。最近,这个维度被称为是"成员利益—公众利益"(或

"慈善的"、"公众目的"或者"社会福利服务")(Bowen et al.,1994;Rudney,1987;Salamon,1992;Salamon and Abramson,1982)

我认为把这个维度的后半部分称为"公众利益"是一种误称(Smith,1995a)。众所周知：在多数情况下，非成员利益导向的志愿组织并非为整个公众提供服务，甚至并非为公众的一个横截面提供服务。而成员利益导向的草根组织和超区域组织也通过很多广为人知的方式服务于公众和社会，这些方式在我的另一本著作(Smith,1997a)和本书第九章(也可以参见 Chan and Rammohan,1999, p.18)中都有所探讨。因此，我建议将这这个草根组织维度的后半部称为更为中性的"非成员利益"，而非"公众利益"。我的命名不会导致无根据的提前猜测——猜测在维度的这端或者另一端的组织对公众利益和社会福利会有怎样的贡献。

当成员利益导向的非营利组织(例如某些草根组织)在一个区域内聚合时，为公众、公众利益或者社会福利提供的服务也会逐渐累积——当然服务没有覆盖到整个公众群体。但是比起同一区域内的授薪制志愿组织来说，草根组织所提供的公众服务覆盖面并不会小，甚至可能会更大。研究者通常需要一个位于中间的类别，去将同时拥有维度两端特征的草根组织归类进去(Smith,1993b)。就像狮子会既提供充足的成员利益，也提供非成员的利益。布劳(Blau)和司各特(Scott)(1962)关于草根组织这一维度的分类主要关注"受益人"。这样公众利益就可包含两个层次——公众接触利益和公众整体利益。但两者都不一定能直接明确地覆盖全部的公众或者公众一个横截面。

成员利益导向的草根组织和非成员利益导向型的草根组织是很不同的，和非成员利益导向的授薪制志愿组织更是大相径庭。成员利益导向的草根组织和非成员利益导向的草根组织的不同尤其体现在前者组织规模较大,收入更多来源于会费、较少来源于服务费、交易和捐款,会议或活动的参与者更多,每年也开展更多的会议和活动(Smith,1993b,p.61)。非成员利益非营利组织(无论属于草根组织还是授薪制志愿组织)更可能会被研究者在统计非营利组织数量时注意到,它们的志愿活动也会更可能被算进去(Hodgkinson et al.,1992;Hodgkinson and Weitzman,1996b;Smith,1997a)。这部分是因为非成员利益导向的志愿组织符合研究者对服务型志愿组织的刻板印象,自助型草根组织则不符合。

一些人错误地认为,只有非成员利益导向的非营利组织才会提供公众服务,或者只有这些组织才是利他的。我反对这个观点(参见第一章),我认为不管是非成员利益导向还是成员利益导向的草根组织都是利他的,而且也提供公众服务。两者都显示了一定的志愿性利他主义。只有我们把为自己的成员服务排除在"服务"的范围以外,成员利益导向型的草根组织才完全不属于公众服务组织。没有人和经济学家争论商业服务领域的哪些机构提供了娱乐,哪些机构提供了大众保健或教育。但是当草根组织为其成员提供同样的服务时,一些非营利学者就好像心不在焉一样,将"服务"这个概念重新定义。我认为,如果志愿活动可以在家庭以外帮助到其他人,不管受益人是成员还是非成员,就算缺乏活动经费,也算是公众服务。

6. 通常为多形态组织而非单形态组织

这个特性指,一个组织是否在所有区域层面上,都是一个独立的主体(即单形态组织),而不是在形态上和另外一个或者几个组织非常相似(同作为某些大型组织的多形态分支机构)(Smith,1994b)。其他研究者也研究过这个特征,但却缺乏一个独特的术语来定义这个特征。典型的单形态草根组织往往是独立的、不附属于其他任何组织或机构。比方说,关注患衰弱过敏症的病人的独立的草根健康自助组织、独立食品合作社草根组织(Cox,1994)或者独立民兵草根组织(Karl,1995)。就像其他很多草根组织一样,典型的多形态草根组织从属于更大型的国家性或者国际性非营利组织,比如说职业女性俱乐部的一个地方草根组织分支,3K党(现存多种国家性组织),美国的共济会,或者国际匿名戒酒互助社。

西尔斯(Sills,1957,p.3)对多形态草根组织(他没用这个术语)做了细分,将包含"企业"型架构、低自治分支的全国社团与包含地方自治分支的全国联盟区分开来,正如维迪奇(Vidich)和本斯曼(Bensman)(1968)描述的那样,国家性组织越来越大的影响力及其在地方上的活动无疑是促成多形态草根组织日益重要的原因之一(现代化也为原因之一,参见第十章)。

对于上述观点,并无覆盖全部草根组织类型的相关研究。但是我于1967年对马萨诸塞州8个城镇的研究显示:大约一半的美国草根组织是多形态草根组织,但是很可能在另外的国家中这个比例会比较小。陈(Chan)和拉莫罕(Rammohan)(1990,pp.13-15)对加利福尼亚县的样本研究中发现了类似的比例。在我对有14 000人口的郊区的草根组织的研究(附录三)中,我发现样本中53%的草根组织附属于其他两个或以上的组织,通常附属于一个更高级别的多形态组织,有的组织则附属于本地的资助者(比如教堂、学校或图书馆)。这个研究同时还表明:非正式或者半正式的草根组织较少附属于其他机构(Smith,1992b,p.261)。巴布恰克(Babchuk)和爱德华兹(Edwards)(1965)的研究样本取自内布加斯拉州的林肯,样本中有27%为多形态草根组织。从多形态关系的另一端来看,杨(Young)等研究者(1996)发现大约75%的多分支的全国性社团都拥有基本自治的附属机构。

我关于一个美国东部郊区的研究(Smith,1994b;也可参见附录三)表明,多形态组织的领导人感觉他们的草根组织比单形态草根组织更加独立于上一级机构,也有更多的成员、更多的收入,除了它们的中央高级总部以外还有更多的附属关系,更加正式、更加以成员利益为主导、更加活跃、有更高的声望。克罗诺斯(Kronus,1977)也类似地发现了多形态草根组织的确规模更大一些。赛尔(Selle)和奥米尔(Øymyr)(1992)发现多形态草根组织存续时间更长。以上发现都表明多形态草根组织比单形态的有着架构优势,也不会失去它们必要的地方自治权。数位研究者分析了拥有多形态附属草根组织的全国性组织和没有附属草根组织的全国性组织,对附属组织的效用作出了评价(Oster,1992;Schafer,1979;Young,1989;Young et al.,1996),尽管全国性组织和附属组织的关系密切程度以及对附属地方组织的控制力度都因具体组织而异(Seeley,Junker and Jones,1957;Sills,1957;Tannenbaum,1961;Zald,1970)。

在对反醉驾母亲协会(Mother Against Drunk Drinking)约300个地方性分支机构的研究中,韦德(Weed,1989)发现地方性分支机构若与中心行政管理层的接触越多、与总部的合作项目也越多,这个机构获得的成员支持也会越多。相反地,一个地方分支机构若与中心管理层的接触越少、对总部政策的异议越多、与总部的合作项目越少,这个机构获得的社区组织的支持会越多。亨特(Hunter,1993)研究了多形态草根组织及其全国总部联盟,反映了上述关联将宏观社会和微观社会联接在一起。这些关联关系通常被一些对这两种社会层次有所研究的人所忽视。杨等研究者(Young et al.,1996)也谈到了多分支机构上述关联关系的重要性。

目前为止,几乎没有对其他国家这一方面的研究。兰方特(Lanfant,1976,p.202)发现在法国一个省里,58%的草根组织与其

"母组织"或在巴黎的全国总部存在联系纽带。然而,她指出很多其他类型的草根组织与其他组织存在联系纽带——大多与天主教会,或者与巴黎市政局存在联系纽带。在对位于瑞士法语区草根组织的研究中,凯勒哈尔斯(Kellerhals,1974,p.236)发现新成立的草根组织的多形态比例(即和大机构的联系)(1946年后建立的草根组织有25%是多形态的)比早期建立的草根组织(1900年前建立的草根组织有48%是多形态的)要低一些。他说这些发现可以表明草根组织从不独立到独立的长期演变,也可以证明多形态草根组织更可能存活。

7. 显著的社会人口同质性

草根组织会在社会人口特征区域上(基于例如成员年龄、性别、教育、种族/民族、和物质地位等变量)保持显著的同质性(Mayhew et al.,1995;McPherson and Rotolo,1996)。就像一些草根组织成员以上变量的平均值和标准偏差所显示的,每一个草根组织都会在某个社会人口特征空间拥有自己的小环境(McPherson,1983a)。比如,扶轮社在某个社区(和在大部分美国社区)的小环境就是受过高等教育的、中产阶级、中年已婚白人男性。草根组织的小环境通常会以可预计的方式改变(McPherson and Ranger-Moore,1991)。各种类型的草根组织会有各自的特色社区小环境(McPherson,1983a,p.256)。

颇皮耶拉兹(Popielarz)和麦克菲尔森(McPherson)(1995)表示:草根组织同质性的保持主要是靠小环境边缘效应(niche edge effect)和小环境重叠效应(niche overlap effect),还有从社区小环境中招收类似的(同质的)新成员的倾向。他们指出"组织内共事的成员之间的纽带可以巩固双方的成员身份";"成员与非成员之间的纽带则会缩短成员身份的维系时间"(p.702)。这种情况就是小环境边缘效应——小环境边缘上的成员的离职率会比在小环境中心的成员离职率高。这一效应最终增强了草根组织的社会人口同质性。

小环境随着来自社区中其他草根组织的竞争压力而改变。这种压力来自于小环境重叠——寻找同一类型的成员。"面临巨大竞争压力的小环境的边缘上不断收缩;而竞争压力小的小环境的边缘则会扩展"(McPherson and Rotolo,1996,p.186)。小环境的重叠(竞争)效应也会导致草根组织的同质化。当两个或者多个草根组织有着重叠的小环境,它们的成员离职率也会更高。这进一步增强了小环境的边缘效应(Popielarz and Mcpherson,1995)。

看待草根组织成员构成的另一种方法就是去测定一个特定的社会人口分类(比如年龄或性别)的决定性有多大。基于一个有代表性的内布拉斯加州的成年人样本,麦克菲尔森(Mcpherson)和史密斯-拉文(Smith-Lovin)(1982)发现在大型"核心"的、经济导向的草根组织中,男性占主导地位并控制着个体社会人口变量。女性一般属于小型的"边缘"草根组织,这类草根组织更多关注家庭或社区内的事件,所以男性会更有可能获得外部接触和资源。

8. 较少的经济资源

不管是从财务资源还是人力资源上来讲,草根组织会倾向于在一个较低的经济规模中运营。

a. 财务资产

比起工作机构来说,大部分的草根组织的财务资产——也就是年收入——是比较低的,一般都是少于25 000美元(参见第二章)。当草根组织开始得到更多的收入时,它们就会倾向开始雇用兼职员工,最终开始雇用全职员工。在很多案例中,如果收入持续增加,那草根组织会慢慢向授薪制志愿组织转型。小型的支持性草根组织的收入是比较低的,少于每年1 000美元。伍斯诺(Wuthnow,1994,p.135)对小型组织的全国研究表明,此类组织只有26%是收会员费的。然而,在很多自助型或其他支持型的草根组织的会议上,会周期性收集捐款。在我研究的一个郊区社区(附录三)中,51家草根组织的平均预算是7 805美元(中位数是2 000美元)。基于定性研究,资产净值的中位值似乎是非常小的。在加利福尼亚县,61%的受访草根组织的预算少于10 000美元(Chan和Rammohan,1999,p. 16)。

亨特(Hunter)和司坦根伯格(Staggenborg)(1986)表示:在三个所研究的城市中,城市的规模与草根组织的预算规模呈显著正相关(p. 165)。这同麦克菲尔森(McPherson,1983b)关于草根组织在大城市有较多成员的发现相一致。

草根组织通常会通过年度收费(即年费)或者通过在会议上收集捐赠来筹集财务收入,后者对于小型支持型组织和自助型草根组织来说尤其适用(Smith,1998a)。额外的筹款则是通过一些特殊的对外活动,比如手工品市集、清仓甩卖、拍卖、植物销售、书籍销售和薄烤饼早餐等。草根组织极少拥有投资收入和遗赠收入。

有大量金融资产的少数草根组织会拥有自己的办公楼。这些办公楼要么是以遗赠方式留给它们的,要么是用成员的捐赠来建立的。开会的地点一般是在成员家里。在独立部门(Hodgkinson,Weitzman,and Kirsch,1989,p. 97)对教会的全国研究中,发现90%的教会为草根组织内教会成员提供了会议空间,60%的集会为本社区的其他草根组织提供了会议场所,只收取很少或者不收费用。定性研究的数据显示:高中、学院和大学为大多数由其学生组成的草根组织提供开会地点,只收取很少或者不收费用。

b. 人力资源

草根组织的人力资源(以 FTE 工作时间衡量)也少于其他工作机构。据其定义,草根组织的主要员工为兼职志愿者,他们志愿活动的平均时间不超过每周两小时(参见第二章)。草根组织通常没有带薪员工,即使有,他们通常是工作量不大的兼职员工。在对加利福尼亚的志愿组织的一个细致研究发现:75%的志愿组织根本没有雇员,也就是说它们事实上就是草根组织(非营利组织管理中心,1995,p.2)。

有一些复杂的方式可以测量人力资源变量。可以使用以下测量方式中的任何一种,亦可全部使用。这些测量方式包括:管理人员的数量;活跃员工的数量;雇员的数量;组织行政构成(比如:领导、员工、理事会、委员会主席);分析成员(定期提供服务的人)数量(Smith,1972c)。

就像在企业一样,志愿非营利部门也有一个关于"大即是好"的假定。人们通常认为大型非营利组织的成就更多,但这一点尚未得到证实,而且一定取决于研究者是否可以将金钱人力投入的平均影响力标准化(Smith,1997a;也可以参见第九章)。大型的志愿组织通常会拥有更多员工、投入资金更多,但是它们的平均影响力或者说"性价比"并非与其大量投入成比例。

盖姆森(Gamson,1990)的研究数据却发现,在美国 145 年的历史(1800—1945)中,那些真正成功、有挑战性的志愿组织或者社会运动志愿组织并没有逐步变大(甚至变小了)。组织规模大小与组织能带来的社会变革程度是无关的,但是组织规模对社会对组织的接受度和组织曝光度(声誉)影响巨大。对中西部一郡的 90 多个正式的组织的研究中,穆尔福德(Mulford,1980,p.26)发现组织规模越大,就会有越多成员和对外合作机会。

草根组织

　　草根组织通常在人力资源的各方面都是比较小型的。成员少——一般是 20 到 50 人（Lundberg et al., 1934；McPherson, 1983b；Selle and Oymyr, 1992；p. 169）。但是这些小型草根组织的规模有时候会变大，拥有几百名成员而且依然保持其志愿团体的身份。在我研究的一个东部社区（附录三）中，一个青年草根组织有运动联盟中的 830 名成员，但是却没有一位带薪员工。在这个社区里，54 个草根组织的平均员工数是 98 名（中位数是 45），这种分布被几个很大的草根组织所扭曲（Smith, 1992b, p. 263）。加利福尼亚县的一个样本研究结果也与此相似（Chan and Rammohan, 1999, p. 16）。伦德伯格等研究者（Lundberg et al., 1934）发现一个城镇的草根组织平均有 50 名成员。

　　自助型草根组织与街区草根组织在成员规模上都比较小。艾莫瑞克在一个精神病人自助型草根组织的全国抽样研究中，发现平均每个组织有成员 33 人（Emerick, 1989, p. 297），平均预算为 30 000 美元。特劳恩施泰因（Traunstein）和斯汀曼（Steinman）（1973, p. 235）从一个中型城市中抽样了 48 个自助型草根组织，他们认为这些组织成员较少，其中三分之二组织的年度预算少于 5 000 美元。利伯曼和斯诺登的报告中则显示加利福尼亚州的自助型草根组织每场会议的平均出席人数为 14.5 人（Lieberman and Snowden, 1994, p. 44）。普瑞斯比（Prestby）和万德斯曼（Wandersman）（1985）在对 17 个市郊街区草根组织的研究中发现这些组织平均拥有 15 名成员（我从他们在第 292 页和第 294 页的数据中计算得知）。

　　在通过网络个人抽样得出的一个更综合的草根组织样本中，麦克菲尔森（McPherson, 1983b）根据草根组织的分布（同样也受到大型组织的扭曲），发现内布拉斯加州的草根组织的成员平均人数应该是 30。他同时发现了那些多形态的、位于大城市的、有更多固定成员、在组织间网络中处于中心位置的、与经济体系关系密切的草根组织,往往规模更大。

那些最大的、资金最丰富的草根组织通常是教会组织。它们一般会随着规模和资金量的扩大而向授薪制志愿组织转变。然而,霍奇金森等研究者(Hodgkinson et al.,1989,p.32)根据对全国各地的教集组织所做的抽样研究指出:只有约2%全美教会不存在带薪神职人员,这些教会都属于草根组织(大约有7 000家集会组织)。这个数据并没有得到正式准确的发布,因为这些教会中还可能有其他的全职或者兼职的员工没被研究算进去,他们的工作时数相加后正好是一个FTE(每年1 700小时)。另一方面,上述研究者在报告中提到:34%的上述教会没有非神职全职员工(p.33),它们85%的人员都是志愿者(p.97)。因此,有的教会是草根组织,但是我们尚不知道明确的比例,因为并没有对全国教会的志愿者和带薪人员的比例进行计算(Hodgkinson et al.,1989;也可参见第一章)。即便我们已经知道那个教会属于草根教会,也不能确切得知全国范围内草根教会的规模。如有可能,应该重新分析独立部门的调研数据,才可能回答上述问题(Hodgkinson et al.,1989)。

9. 其他内部架构

在这里,还要提及草根组织内部架构的其他方面——基本属于研究空白。首先,目前缺乏对草根组织的情感管理和情感架构(比如:定期聚会,社交时间)(但可以参见 Mason,1996 and Smith,1986a)及其作用的相关研究。在研究中,我们除了要考虑草根组织成员以及参与者的任务和成就,也要考虑他们的情绪和感情,而且后者往往决定前者。我们也对草根组织的仪式对其成员情绪的影响不甚了解(但可以参看 Smith,1972d,关于高校学生社团的仪式研究)。

工作机构的研究者已经开始踏入一个研究领域——组织人口统计学。这门学科将传统的人口统计学应用于对组织的研究中(Stewman,1988)。工作机构的研究者主要关注的是岗位和人员流动率;在这些流动率中的劳工成本以及其变化情况;创新与适用;机会架构;组织成员增加、减少及其稳定度;以及关于人口统计的其他方面——这些都是可以充分调研的。然而,一些企业或者政府类工作机构的研究者仍然采用授薪制工作机构的"地平"观点,很少提及授薪制非营利组织,更不用说草根组织了。一些非营利组织研究者已开始探索组织内部架构的上述某些方面;还有研究者已对草根组织的产生、兴盛和消亡进行了研究(Smith and Associates, forthcoming)。

总　　结

本章的重点是,在内部架构和流程方面,草根组织与授薪制志愿组织有着很多不同之处,这些在表5.1中有所体现,其中,表5.1第二栏主要吸收了授薪制志愿组织的相关文献观点,提出了草根组织几个理想类型,也都是基于我对以上文献的综述。我列出的每一个条目在实际情况下都存在例外情况。就组织架构而言,这个表格显示出尽管草根组织和授薪制志愿组织的所在基地都较小、也有充分的自治权,但是草根组织明显更主要依靠志愿者,而授薪制志愿组织则主要依靠领薪人员;草根组织通常享有非正式的税收减免资格,而授薪制志愿组织有则享有正式的IRS和州政府免税资格;草根组织组织形式比较非正式、比较简单,而授薪制志愿组织的组织形式往往是比较正式复杂的;草根组织采用内部民主来运营,而授薪制志愿组织内部管理方面更多采用专制集权。

表 5.1 草根组织与授薪制志愿组织的架构比较

草根组织	授薪制志愿组织
所在基地小	所在基地小
充分自治权	充分自治权
主要依靠志愿者工作	主要依靠带薪人员工作
非正式的免税资格	正式的免税资格
较为非正式的架构	较为复杂的架构
内部较为民主	内部较为专制
多以成员受益为目标	多以非成员受益为目标
常为多形态组织	常为单形态组织
社会人口同质性显著	社会人口同质性不显著
较少的金钱或人力方面的经济资源	较多的金钱或人力方面的经济资源

另一个重要的架构区别在于草根组织多以成员受益为目标,而授薪制志愿组织则多以非成员受益为目标;草根组织一般为多形态组织,而授薪制志愿组织一般为单形态组织;草根组织的社会人口同质性更为显著,每一个社团都有自己的社区小环境,尽管有时候与其他社团的小环境重叠。而据我猜测,授薪制志愿组织的社会人口同质性则不会太明显,尽管现在还缺少比较数据。草根组织显然比授薪制志愿组织拥有的经济资源少,不管是从人均 FTE 上,还是从收入和资产上看都是如此。事实上根据定义(尽管重点是领薪人员与志愿者的工作时间之间的平衡),草根组织的领薪员工平均人数比授薪制志愿组织的少。然而,草根组织的分析员工和咨询成员的数量可能超过了后者(我们缺乏相关数据来论证)。

绝大多数的综合性组织研究都侧重于研究工作机构,而并不能适用于草根组织,甚至对授薪制社团也不完全适用。这是诺克(Knoke)和普瑞斯基(Presky)(1984)在 15 年前所下的结论,但是就我的判断,这个结论目前依然成立。最近克劳森(Klausen,1995)也重申了这个观点。

研究工作机构的学者们似乎并没有从诺克(Knoke)和普瑞斯基(Presky)(1984)的结论中学到什么,因"组织研究"领域相关研究综述和教材依然采用授薪制志愿组织的"地平"范式,而忽略了草根组织以及超区域志愿社团,除了一小部分社团例外。当读者读到哈尔(Hall,1996)的那本广受好评、学术性强、总体而言还比较全面的关于(工作)组织的教材时,甚至感觉不到草根组织的存在,而这本书现在已经出到第六版了,但甚至它的主题标引中都没有出现"组织"(association)或者"俱乐部"(club)这样的字眼,尽管根据其主题标引,书中有一页提到了非营利组织,也有七页提到了志愿性组织。授薪制的非营利组织只在这330页的书中出现在两页上面。

哈尔(Hall)的教科书第一版在主题标引中甚至都并没有提到非营利组织或者志愿性组织,更不用说组织、俱乐部或者草根组织这些词汇了(Hall,1972)。其他类似的更早的概述类书籍中也没有特别关注志愿性组织(仅仅提到广义的"非营利组织"或者"志愿组织"),更不用说草根组织(泛泛而言,也就是地方性志愿组织)或者超区域社团(Argtris,1960;Boulding,1953;Caplow,1964;Herzberg,Mausner and Synderman,1959;March and Simon,1958)。即使有作者提到社团或者其他非营利组织,也提到的不多,通常视之为一种尚未被进行探索的组织形式,明示或者暗示地认为它们和所谓的组织的"正规类型"(工作机构,尤其是企业)相对(Barton,1961;Blau and Scott,1962;Hage,1980)。艾齐厄尼(Etzioni,1961)关于组织的经典书目则是志愿组织早期研究中最大的例外,这本书深入探索了标准的志愿性组织和其他组织有什么区别。

因此,对(工作)机构的学术研究也受"地平"观点所限,疏忽了作为组织类别之一的志愿性组织,正如授薪制志愿组织的研究也由于忽视了草根组织而变得局限。

第六章 内部流程

本章的研究问题是草根组织的常规运营及流程：草根组织内部流程涉及多方面的风格特征和运营特征，如活动的时间选择、专业度、独特的行动指令，社会化与培训以及横向协作。架构和流程之间的区别并不总是很清楚，但为了区别本章和此前的章节，我已经做了一个基本的区分。我所说的内部架构和内部流程都是由草根组织及其成员所决定的，有时也受到当地社区的态度影响（例如在有争议或有声望的情况下）。

内部流程

大部分活动安排在晚上和周末

大部分草根组织的活动会安排在工作日的晚上或周末，以便有带薪工作或业务的员工可以参加。若一个草根组织经常把活动安排在工作日的早上，这一组织一般拥有特定类型的会员，如没有全职工作的家庭主妇、退休人员、失业人员、兼职人员和夜间或"墓地"轮班工人（墓地轮班工人的工作时间通常分别是下午四点到深夜或从深夜到次日早上八点）。在美国，工作人员主要在工作日白天工作——从早上八九点工作到下午四五点。带薪雇员通常在工作日晚上和周末不用上班。大部分草根组织的活动时间和上班时间相反,这是因为对于大部分工人来说,带薪工作更加重要,而相比于带薪工作,草根组织的活动和志愿服务项目的活动对于志愿者来说处于次要地位。

通过对教育背景和职业技能水平进行变量控制,格雷（Gray, 1975）检验了上述的时间效应,发现两个工厂的"边缘时间"工人（在傍晚开始轮班）比同一工厂的常规轮班工人（如上午九点到下午五点的白天班）更少参与草根组织活动。因此,研究不仅发现一个人的全职工作的社会边缘时间导致草根组织的低参与率,而且还发现草根组织的活动时间通常在工作日晚上或频率次之的周末,毕竟在这两个时间段,格雷研究的两种工人都有空。

有一些草根组织见面会并不是安排在工作日晚上或者周末。如狮子会、兰馨会这些公民服务社团,往往于每个月工作日的午餐时间在商定的当地餐馆定时聚餐,而且通常在主要路线上发布路牌,让进入城镇的人能注意到这个事实。志愿消防员和护理人员的工则每周白天夜晚不分时段参与志愿活动。

间断的会议和活动

在草根组织,通常有定期的会员会议（通常是每月一次）、定时的理事会会议（通常是每月一次或每季度一次）以及具体项目所需的委员会会议,还有年度会员会议。相比之下,授薪制非营利组织一般只有定期的理事会会议或执行委员会会议（Katz, 1961, p. 53; Klausen, 1995; Rudy, 1986; Sagarin, 1969; Traunstein and Steinman, 1973; Wertheim, 1976; 也可参见附录三）。由于授薪制非营利组织的大多数员工都是全年每周工作五天的全职雇员,草根组织的活动相比授薪制非营利组织的活动更加间断。一些草根组织在全年陆陆续续有活动,活动之间为组织休息期。林格伦(Lindgren,1987)介绍了一个能够代表这种类型的成功草根组织。

少数草根组织类型比其他草根组织开会的频率更高,特别是邪教、宗派、公社、自助和其他小型支持型草根组织(Appel,1983;Beattie,1990;Freeman,1975;Katz and Bender,1976;Wuthnow,1994,p.50)。规模较大的草根组织往往较少开会(Bushee,1945)。在草根组织的正式成员会议或其他集体活动中,一件事情会不会发生取决于活动的领导和委员会。跟授薪制非营利组织的参与者不同,草根组织的参与者往往从事一些较低级别的活动,如出席会议和缴纳会费,耗时一般是每周一或两个小时(参见第二章)。

麦克菲尔森(McPherson)和史密斯-拉文(Smith-Lovin)发现在他们研究的内布拉斯加州(Nebraska)居民的代表性样本中,草根组织成员每月花费5.6个小时参加草根组织会议。他们还发现,越大的草根组织往往越少开会(p.895)。

有些草根组织很少举办活动,此类组织明显体现出草根组织活动的间断性性质。这些组织每年只举行一次活动,如舞会、年会、抽奖活动、派对和工艺品交易市场。这些草根组织的角色往往是筹集资金的媒介,它们捐赠多余利润给包括当地学校在内的慈善事业(但只帮助在草根组织看来需要帮助的特定学校)。有些草根组织活动则十分频繁,例如体育联赛草根组织,它们的成员在赛季几乎每天都参加相应的运动项目。居中的草根组织占大多数,有些每周开会一次或两次、有些每月开会两次、有些每月开会一次(最常见),并且偶尔有一些其他活动。

福特曼(Fortmann,1985)描写在博茨瓦纳的农村草根组织是如何按照季节来安排活动的。与农业相关的农村草根组织在农业种植季节最活跃。在与大学生有关的草根组织中,这种季节性也很常见,这些组织往往在美国的暑假就会休息。学校服务草根组织,如家长—教师协会和体育促进草根组织,往往也有一个类似的夏季休息期。事实上,很多美国的草根组织在夏天活动都相对少,因为在夏天草根组织的成员及其子女会有假期。

政治性质的草根组织的大部分活动在大选前呈现周期性。在暑假,青年草根组织和教会活动较多。然而,园艺类草根组织往往在冬日休息,位于高纬的园艺类草根组织更是如此,因为冬天太严寒,以至于无法在户外种植,也不便参观成员的花园,所以在冬季,这些草根组织不举办活动或只举办很少活动。户外运动和休闲草根组织必须同样考虑在一个特定季节里什么是可行的(如冬天里滑雪,夏天里划船)。也有一些文化因素影响"适当"活动时间,如草根棒球组织的成人与孩童的运动季节是从春季到夏季的一段时间。某些草根运动组织通常有活动高峰期——文化传统视作适合进行某种特定活动的季节。跟捕鱼和狩猎特定动物有关的休闲草根组织则受特定州所规定的合法捕鱼或狩猎特定物种的时间的影响,这些组织的活动高峰期是合法季节中或合法季节快要到来之前。

但是无论大家怎样看待草根组织,与全年每周工作35到40个小时的工作机构相比,草根组织的活动都更具间断性。草根组织不需要出于任何理由把活动时间变得跟带薪非营利组织或其他工作机构一样,这一点了解草根组织的人才能理解。间断性的活动对两类志愿团体(草根组织和授薪制非营利组织)都有很大好处,因为谨慎的方法就是让两类组织独立运行,并且把相互影响降到最低程度。

我在对一个美国东部郊区的研究中,通过分层随机抽样选出59个草根组织并研究了内部活跃和不活跃的草根组织的差异(附录三)。数据分析显示:活跃的草根组织的架构通常是非正式的或者是不那么正式的(较少的普通官员、委员会成员,而且较少具有理事会)。这些活跃草根组织通常规模较小;相比不活跃的草根组织,这些组织更可能为成员提供住宿、不大会以会员费为主要收入,倾向认为自己的影响力大。有趣的是,活跃的草根组织不一定比别的组织存续时间更长、收入更高,也不一定比别的组织更有名、更倾向于向非成员提供服务。伍斯诺(Wuthnow,1994)和其他学者曾研究过支持型与自助型草根组织的人均活动,上述研究结果可以作为对这一研究的补充。

某些草根组织的分析人员参加组织内部活动更为频繁。这些草根组织通常可以使其成员产生更强烈的归属感和兴趣(Knoke and Wood,1981)。仅仅为正式成员安排或宣布更多的活动并不能有效提高一个草根组织的人员归属感和活动频率,草根组织应该更直接地激励成员参加活动。通常而言,在其他因素相同的情况下,活动频率高的草根组织的人均贡献率可能比活动频率低的草根组织要高,因为在活动频率高的草根组织里,成员投入了更多志愿时间奉献于草根组织的事业。因此,人均内部活动量可以被视为是衡量草根组织内部组织健康指标之一。因为归属感是草根组织建设的关键力量。如果一个草根组织缺乏成员归属感,那么一般来说它就很难去举行太多活动,因此无论对外还是对内它的影响力都会较小(Knoke and Wood,1981)。

专业水平低

草根组织往往对非营利组织管理(Rubin, Adamski and Block, 1989)、志愿者"专业"管理(Fisher and Cole,1993;Flanagan,1984)或者复杂的草根组织领导策略(Chan 和 Rammohan,1999;Flanagan,1984)不感兴趣或不积极参与。草根组织的领导方式一般比较随意。自助型草根组织尤其抵制专业化、抵制科层主义,因为许多自助型草根组织都是出于对已有的健康与人类服务机构和专业人士不满而建立的(Katz,1993;Lavoie,Borkman and Gidron,1994)。草根组织领导人往往不阅读相关的期刊或书籍、不参加相关的培训会议或大会、不主动花时间去反思并提高草根组织领导力、架构和流程、不编写或利用领导力手册去培养新的领导人或委员会主席等。

沃尔克(Walker,1983)认为志愿团体不应从企业管理中借鉴战略管理方式,因为这种借鉴是不正确的。萨利庞特(Salipante)和古尔登-比德尔(Golden-Biddle)(1995)同样认为,志愿团体的领导人不应该采用企业关注外部的战略变化方式。这些观点尤其适用于草根组织。克劳森(Klausen,1995)认为草根组织及其领导人缺乏专业度、用以理解草根组织的架构标准模型也不合理。

相比之下,有一些草根组织有较高的专业水平,它们的领导者(官员、理事会成员和其他人)往往高度专业,如消防员队伍和应急辅助队,但这样的草根组织并不常见(Gora and Nemerowicz,1985;Perkins,1989)。更多由志愿者运行的专业草根组织往往在整体上更有效率,部分原因是它们的领导人更加重视高效率完成草根组织的任务目标(更关注组织作用与效能)。当一个草根组织逐渐转变为一个授薪制志愿组织时,组织的专业性往往会增加(Perkins and Poole,1996)。

外部资金少

草根组织往往很少依赖甚至不依赖行政合同、基金或者商业捐赠(关于这部分更详细的说明可以参考 Smith,1998a)。部分原因是外部出资者对作为潜在接受者的草根组织通常态度消极(Hyland,Russell and Hebb,1990)。草根组织也不从联合之路接受捐赠,因其资助对象往往是较大的授薪制非营利组织(Brilliant,1990)。草根组织更倾向从其他的非主流联邦基金会中获得资金。这些基金会包括妇女基金、环保基金、公共利益基金、社区宣传基金,黑人联合基金(Black United Funds)等(Wenocur,Cook and Steketee,1984)。然而,由于联合之路几乎垄断了工作场所筹款,其他基金会能募集到的资金就比较少(Rose-Ackerman,1980;Smith,1977,1978)。拥有非会员服务目标的草根组织通常更有可能设法获得外部捐赠或合同(Chan and Rammohan,1999)。

根据奥斯特兰德(Ostrander,1995)的研究,外部捐赠的一个例外是干草市场人民基金会(Haymarket People's Fund)与美国的某些类似基金会所践行的社会运动慈善。干草市场人民基金会通过让草根组织的领导参与筹款来将慈善民主化,不像其他很多基金会的筹款过程都是由上层白人男性主导的。这个方法避免了草根组织受到基金会的过多控制——因为社会"旁观者"参与了筹款。这些基金会从社会运动的视角而非社会地位的视角去看待草根组织(Jenkins and Eckert,1986;McAdam,1982;McCarthy,Britt and Wolfson,1991)。这个研究结果确实证明了基金会对草根社会运动组织的支持、对其活动的干涉较少。这也印证了社会运动的资源动员理论(resorce mobilization perspective)[①](McCarthy and Zald,1977)。

多数的草根组织倾向依赖内部资金,这些资金来源于年费和捐赠,有时候也包括少量的服务费。草根组织也通过一些特殊的筹款活动,如舞蹈、晚宴、拍卖、工艺品集市和抽奖,从非会员那里筹集资

---

① 资源动员理论兴起于 20 世纪 70 年代,主要是对 20 世纪 60 年代西方蓬勃兴起的社会运动现象的反思。它颠覆了传统社会运动理论的非理性假设,提出了理性假设。资源动员理论自身在不断地发展和完善,在资源动员研究方向上形成了资源动员、成员动员和框架动员三个研究维度,展示出较强的理论综合能力,是研究集体抗争事件的重要视角。

金。根据我在美国东部郊区的研究(参考附录三),有时候,一个特定的筹款活动是一个当地特定草根组织的"标志性事件",内容包括植物出售、工艺品展览会、煎饼会、早餐会等。依赖内部资金的草根组织往往规模较小、纯粹由志愿者运营、较为年轻、架构较为简单、更不为人所知(Milofsky and Romo,1988)。少数更依赖捐赠或合同的草根组织则与此相反,例如国家性组织(Knoke,1990b)。在资金来源上,草根组织中的两个极端例子是圣经学习小组(由内部资助)和救护草根协会(由外部资助,通常来自当地政府)。

因此,对于一个草根组织来说,资金来源与资金数额同样重要(资金数额反映了一个草根组织的规模和资源),资金的来源则与草根组织日常运营的独立性相关——因此也与有可能为草根组织指派成员的组织对该草根组织的影响力相关。萨特曼(Saltman,1973)发现政府资助会对草根组织目标的实现产生负影响。霍希(Horch,1994)发现有397家接受政府资助的德国组织丧失了自治权,虽然从文化因素(政府与志愿团体协商立法)和政府角度来说这种自治权的丧失是有限的。

与美国当地政府相比,欧洲当地政府往往为草根组织提供更多的资金支持(美国当地的志愿消防队和救护团队是主要的例外)(Gora and Nemerowicz,1985;Perkins,1989)。凡·哈伯登(Van Harberden)和瑞梅克斯(Raymakers)(1986)发现荷兰政府支持有影响力的自助草根组织,鼓励它们去适应政府定下的目标。与此类似,瑞斯科杰尔(Riiskjaer)和涅尔森(Nielsen)(1987)发现丹麦政府对草根体育组织的资助威胁着这些组织的自治权。在很多国家,政府补贴往往会削弱草根组织的自治权(Blum and Ragab,1985;Fisher,1993,p.33;Sharma and Bhatia,1996,Sharp,1981),只有少数时候不会(Ibsen,1996)。授薪制非营利组织在丧失自治权方面通常比草根组织有更大的风险，因为它们更加依赖外部捐赠和政府服务合同（Ferris,1993;Smith and Lipsky,1993）。

广泛而周期性的政治参与

草根组织对创造和维持参与式民主和公民社会有巨大影响。这种影响的重要原因之一是因为几乎所有类型的草根组织都在"某些时候"参与政治，而且不少类型的草根组织有持续显著的政治化特征。草根组织成员往往知道在组织相关问题上采取哪种政治立场是可被接受的。

如果要给一个多数美国人都承认的例子，我们可以看一下美国来复枪协会（National Rifle Association，NRA）[①]。这个高度政治化的全美休闲组织说服成员接受其在枪支（不仅仅是来福枪）相关问题上"正确的"政治观点。草根组织政治化的实践，部分是通过草根组织全国总部将遍布全国的附属草根组织当做平台，对具体问题进行政治讨论。这些多形态草根组织的政治讨论，即使仅是非正式的讨论，也有助于使美国来复枪协会的成员政治化，还往往作为一种政治动员，让草根组织成员涉足组织所关心的政治问题。

通过美国来复枪协会及其分会，我们可以很清楚地看到政治动员的过程。现在，几乎所有草根组织都关注当地或当地以外的政治问题。从正面来讲，所有类型的草根组织都在某些时候至少在其所在社区涉足了某些政治议题。沃巴（Verba）和涅（Nie）（1972，pp.178-179）对全国样本的研究数据显示：他们调查的15种类型的组织（几乎都是草根组织）的成员报告说他们的组织有时参与社区事务、有时成为政治讨论场所。报告显示草根组织被当作政治讨论场

[①] 原本是温和的枪支爱好者和猎人组织，如今已是美国最有力的政治团体。

所的百分比从体育草根组织成员的 20% 到政治草根组织成员的 97%。而报告显示草根组织参与社区事务的百分比分别从最低点体育草根组织成员的 28% 到最高点政治草根组织成员的 85%。人们可能会觉得体育组织或其他社交和娱乐草根组织政治参与度很低,但关键在于,即使是对于大多数非政治化的草根组织来说,这个 20% 的政治参与率也比零政治参与率高出至少 20%。

其他西方民主国家也出现了同类型的调查结果。在英国一个具有里程碑意义的研究中,纽顿(Newton,1975)研究了位于英国第二大城市伯明翰的 3 000 余个草根组织。他对这些草根组织做了调查,并发现当时有差不多 30% 的草根组织在政治方面都很活跃。沃巴(Verba)和涅(Nie)(1972)以不同的方式收集并报了他们的研究数据,与英国数据相比而言,表明草根组织的政治化程度较低。研究中,上述两国草根组织政治参与度的差异可以部分或者全部归因于测量方法的不同。例如,沃巴(Verba)和涅(Nie)(1972)对美国成年人进行了随机抽样,而纽顿(Newton,1975)对伯明翰全市的草根组织做了一个普查并且从中收集了一些组织的信息。据采样方面的差异,纽顿还指出规模较大的草根组织往往政治参与度较高。

许多基层组织是彻底政治化的,而不是像政党地方委员会、草根学校服务组织、公民服务组织、退伍军人团体、农民组织、国籍草根组织和专业或学术团体那样表面政治化。根据沃巴(Verba)和涅(Nie)(1972,p.178)之前的研究,草根组织的成员报告说,他们的草根组织有 50% 或更多的时间都在参与政治。

低/中度的外部权力

大多数草根组织在它们的社区往往政治影响力较弱。然而,草根组织在当地的权力从处于底端的弱小的、非正式的新型草根组织

(几乎没有外部权力)到诸如国家服务社团的地区性分支(例如吉瓦尼斯俱乐部①、狮子会、国际知识妇女和女经理联谊会②)、青年商会(Junior Chamber of Commerce)、青年团(the Junior League)和美国妇女选民联盟(在社区往往有巨大的权力)这样的草根组织(Smith,1967,1986a;参见附录三)都有体现。第九章讨论并阐述了草根组织实现政治目标的权力。尝试获得并使用地方权力的草根组织常常能有效完成其政治目标。在更大的范围,前面提到的低权力草根组织可以跟具有最高权力的国家压力集团作对比,这些国家压力集团包括美国医学协会(American Medical Association)、美国商会(Chamber of Commerce)和美国来复枪协会(有时候还包括它们的地方分支机构)。

外部权力和草根组织的政治取向或政治化程度是不一样的概念,外部权力甚至更加重要,而且不同类型的草根组织的外部权力有巨大的差别(Verba and Nie,1972,pp. 178-179;Verba,Schlozman and Brady,1995,p. 63)。值得注意的是:一些理论上非政治的草根组织,如商业和职业妇女地方俱乐部和扶轮社的地方分支,往往拥有巨大的社区权力,部分原因是因为它们的会员往往是当地有权有势的商业人士与专业人士。共和党和民主党地区委员会属于政治组织,但如果它们仅代表其社区的少数群体的话(也就是说当地由其他党派主导的话),实际上它们并没有什么权力。

无论一个组织代表什么领土范围,一个强大的组织总能引起相关政治决策者和领导人的关注,成功将该组织的事宜纳入政策领域

---

① 吉瓦尼斯俱乐部(Kiwanis Club)是美国及加拿大的一个社交团体,以促进友谊为宗旨,1915 年在底特律成立。

② 国际知识妇女和女经理联谊会(Soroptimists)的许多分会向地方制止家庭暴力计划提供直接援助,并通过"友谊联结"(Friendship Links)与其他分会合作开展国际项目。

并被接受。而且如果该组织愿意，就可以成功阻止相同权力领域其他组织的政策举措（Rauch,1994）。强大的草根组织比处于弱势的草根组织更容易吸引人才和资金。强大的草根组织也更有可能带来社会政治变革和其他类型的外部影响。这些组织的参与者和活动都很多。

史密斯（Smith,1986a,p.30）抽取了马萨诸塞州 97 个草根组织做样本，并发现那些被评为较高权力的草根组织同时也被评为更加有效和更加积极的组织。这个结果反映了良好声望的连锁效应。较高权力的草根组织通常更有声望、与州或国家组织的联系（多态分支机构）更多、参与者更积极、委员会或附属委员会更多、每年举行的会议更多、社交和娱乐活动也多、一般成员的决策角色更明显（更广泛的内部民主）、更以非会员受益为首要目标、会员准入条件更严格、在草根官方组织名称里更多地出现所在地区的名字（表明更多的社区自豪感）。高权力的团队往往内部冲突较少、拉帮结派和冷漠态度也较少。

评估中的"效力"也可以被看作衡量草根组织权力的标准之一。在一个波士顿小市郊，史密斯（Smith）和沈（Shen）（1996）发现在组织效力方面更享有盛誉的草根组织往往有更规范的标准、更以非会员的利益为导向（相反则是以会员利益为导向），也会有更多的收入、更多的官员、更成熟的理事会、更优秀的领导者和更成熟的委员架构。

较低/中度的声望

大部分的草根组织在它们的社区拥有较低或者中度的声望。很多草根组织并不为人所知，例如地区教堂的小型圣经阅读组织、针对某种疾病或行为状况的自助草根组织。当然，也存在如扶轮社或美国社区的青年团那样高声望/高声誉的草根组织（Minnis,1952；也可以参见附录三）。草根组织可以通过成员甄选流程影响其声望。如果草根组织选择社会地位较高的人作为成员，那么这个草根组织通常会比选择社会地位较低的人作为成员的草根组织要拥有更高的声望。假设其他条件相同，越有权力的草根组织一般拥有越高的声望。

有些草根组织的声望处于中间档次，例如很多兴趣小组。兴趣小组的业余爱好者来自不同的社会阶层。但与艺术或科学有关的爱好草根组织往往有更高的声望（Bishop and Hoggett,1986；Stebbins,1979）。声望的有效性也跟社会经济地位和社会地位有关。在工人阶层或更低的阶层中，一个人如果担任联盟、体育俱乐部、枪会或退伍军人草根组织的领导人，或仅仅成为这些组织的成员，往往会在同阶层的朋友和熟人之间享有高声望。在中产阶级中，担任当地权威教会（例如，公理会、长老会或 圣公会［Johnstone,1992，p. 180］）的成员或领导者往往能在同阶层的朋友和熟人中树立声望。加入地区职业组织也可以树立声望，例如公民服务俱乐部如扶轮社和国际知识妇女和女经理联谊会（Charles,1993），某些如共济会（Freemasons）和圣地兄弟会（Shriners）等草根兄弟会（Clawson,1989；Schmidt and Babchuk,1972）。上流社会中，在当地园艺俱乐部、青年团和其他高声望的草根组织担任成员可以带给女性在声望方面的高度满足感（Minnis,1953）。道姆霍夫（Domhoff,1974,1983）介绍了美国某些精英俱乐部，这些俱乐部很多都是授薪制非营利组织——也就是成员在里面用餐、应酬的半寄宿的社交俱乐部或"乡村俱乐部"（也可以参考 Baltzell,［1958］1979；Ostrander,1984；Robinson,1990）。但是，一些上流社会俱乐部属于草根组织，如水球俱乐部和板球俱乐部。作为对上流社会女性研究的一部分，奥斯特兰德（Ostrander,1984）描述了类似的女性精英俱乐部。

在任何特定的社区,现有的草根组织往往有不同的声望程度,而相应地,这些组织会从整个社会声望系统带给组织成员和组织领导人不同程度的声望满足感(Warner and Lunt,1941;从我未出版的对八个城镇的研究中可以发现这一点)。然而,无法得知的是,一个特定社会阶层的草根组织的成员与参与者从该组织中感受到的主观声望满足感的程度,是否与其他社会阶层的草根组织成员和参与者从其他草根组织中感受到的一致。也就是说,我们不知道一个退伍军人草根组织的会员是否和一个马球俱乐部成员从他们各自的熟人圈子里得到一样多的声望满足感。我们也对草根组织内部的声望激励不太清楚,我们只知道声望激励一定存在而且可能在鼓励领导人的参与度方面起了很大作用。草根组织的领导人往往比一般成员有更高的声望,而这种声望是促进领导人去做有利于领导人发展的额外组织志愿活动的动力。杨(Young)和拉森(Larson)(1965)发现在一个社区中,越有声望的组织往往规模越大、历史越悠久而且越规范化;它们往往在城市发起组织间的活动、发起不仅仅对成员而且也对市民开放的项目,并与城市之外的组织保持合作(因此这些组织也属于多形态组织);它们为城市带来创新;有从其他组织猎头而来的领导人;它们一再把同一个人安排在领导位置上(寡头政治);它们在活动组内有高层次的核心关系和联谊活动。佩涅(Payne,1954)也发现较有声望的草根组织往往规模较大。

韦勒曼(Willerman)和斯万森(Swanson)(1953)在对高校的女学生联谊会的研究中发现:女学生联谊会较高的声望与同校男学生联谊会(两个联谊作为一个团体举办活动)的成立时间、成员的社会经济地位、举办的校园联谊会的规模(也就是曝光度和社会接受性)呈正相关。上述研究呈现了草根组织的历史与声望的关系,表示漫长的存在时间能帮助一个草根组织积累声望。

声望最差的草根组织往往是异端草根组织，例如少年犯罪团体、裸体主义者、女巫团和诡异的邪教（如撒旦教会的一个当地分会）（Adler,1986；Covey,Menard and Franzese,1992；Hartman,Fithian and Johnson,1991；Lyons,1988；Spergel,1995）。巴布恰克（Babchuk）和斯密特（Schmidt）（1976）提出，那些采用社会可以接受的手段或常规手段来达到目标的组织一般声望较高、获得的社会支持较多。相比之下，通过采用不被社会接受的或异端的手段去实现其目标的组织，即使它们的目标是被社会所接受的，也往往会因为其手段而受到社会非难，例如当时英国的"愤怒旅"（Angry Brigade）[①]（Carr,1975）。

更可能出现异端行为

虽然从社会学角度，有些草根组织一般是"整合的"（integrative）也即社会可接受的，但是这些草根组织一般远离社会大环境，在本质上属于异端组织并且被社会否认。虽然授薪制非营利组织偶尔会发生脱离常规的行为（Glaser,1994），但是草根组织更容易从根本上离经叛道。草根组织比授薪制非营利组织更有可能在本质上离经叛道，因为民主社会赋予公民包括结社自由、集会自由和言论自由等实质公民自由权，那些本质上离经叛道但并不犯罪的草根组织很少会让行为异端的参与者丢了饭碗。而工作机构里异端志愿项目中行为异端的雇员则更有可能失业、被罚款、受长期监禁并蒙上主流社会随之加诸的长期污名。

异端草根组织的异端活动是草根组织成员在闲暇时间才能从事的。但在诸如授薪制非营利组织等的异端工作机构中员工、管理者

[①] 英国无政府组织，因反对美国越战，曾于1970与1972年在伦敦美国使馆制造一系列炸弹袭击。

和所有者用其主要的、更加重要的工作时间从事异端活动,所以更加被社会监管组织视为对社会的威胁。在工作机构的纯粹异端的志愿者项目里,志愿者的异端行为也较少可能被任何类型的工作机构原谅,原因都是一样的:在社会成员来看,工作机构是重要的,而草根组织则不一定重要。因此,几乎没有纯粹异端的志愿服务项目,却有少数根本上离经叛道的草根组织。

米洛夫斯基(Milofsky)和布雷兹(Blades)(1991)提出授薪制非营利组织的异端行为是以温和方式进行的,两位学者写了一段关于缺乏健康慈善机构问责制的话:"健康慈善机构在很大程度上不受公众监督,缺乏有效监管。"(p. 372)本奈特(Bennett)和迪劳伦佐(DiLorenzo)(1994)描述了美国授薪制非营利卫生组织所做的异端违规的行为。艾齐厄尼(Etzioni)和道蒂(Doty)(1976)指出即使是像医院这样看似正常的授薪制非营利组织也有可能被指控滥用权力,这使它们更加与以营利为目的的组织相类似。对非营利部门中异端志愿团体的忽视并不会抹去这些团体的存在,正如无视罪犯或黑手党不会使它们消失一样。

相较异端工作机构,纯异端的草根组织会引发更严重的背离社会规范的问题(Smith, forthcoming)。虽然从整体比例来看,草根组织只有极少一部分属于异端组织,但异端草根组织总数依然不小:例如社会运动团体、邪教、教派极端宗教团体、种族主义等仇恨团体、女巫聚会、违法青少年团伙、裸体主义草根组织、准军事民兵草根组织和其他纯异端的草根组织。这些组织的目标或活动背离了社会规范。大多数这样异端草根组织都会采用比较严密的保密制度,以逃避社会监控机构的检查,并便于履行其他的组织任务(Schaefer, 1980)。

社会中,每一种类型的团体、架构或流程都会有"负面"或"阴暗面",志愿非营利部门也不例外。虽然有些人会否认阴暗面的存在,徒劳无益地假装志愿非营利部门及其相关组织是完美的礼仪道德模范(Smith,1995c,1995e)。这些人要不就是完全忽视异端非营利组织,要不就是把它们排除在志愿非营利部门的定义之外。这反映了非营利部门学者和领导人的"地平"观——"志愿团体总是天使般的"。

女巫聚会或恐怖草根组织不能公开宣传自己,它们一般为"地下"社团。异端草根组织多为独立的单形态组织、较不正式、历史更短、更以会员受益为导向、专业化程度较低、规模较小、较少外部合作、权力较小、少负盛名、更加依赖内部资金来源(Smith,forthcoming)。然而,正如第一章所指出的,异端组织对成员的影响非常大,其分析成员从事主要的异端活动(Smith,1995 c,forthcoming)。

纯异端草根组织研究中最大的问题在于:研究并没有从不同类型的异端草根组织和常规/被社会接受的草根组织中采集有代表性的样本。有很多案例研究关注的仅是一个或几个异端草根组织,也有一些书对特定类型的异端草根组织的相关文献做了回顾(Lofland,1996)。

独特的活动准则

草根组织最有特色的行动策略一般是定期召开大会、理事会会议以及各种委员会会议,并不定期举办对非会员开放的特别筹款活动和为会员及其家人举行的社交活动。特定类型的草根组织还有独特的活动准则。例如,拥有办公场所的退伍军人草根组织(例如美国退伍军人协会和海外战争退伍军人协会)通常会运营酒吧,每天长时间对会员开放。体育俱乐部通常会举行比赛。兴趣小组有表演,有时候也有比赛。一些政治草根组织试图在选举时在投票地点影响选民。青年发展组织经常露营或组织其他休闲活动。租户草根组织举行租金罢工(Brill,1971;Lawson,1983)。最近,各大工会都在关注"企业战略"(Perry,1996)。

所有类型的草根组织为了达到其目标所使用的战略战术背后一般都有特定的规范,这一点很少有人研究。大部分研究仅关注草根组织的目标本身。社会运动研究者研究了历史进程中社会运动组织和整个社会运动往往采用怎样的战略与战术(行动系统)(Gamson,1990;Hall,1995;McAdam,1983;Panet-Raymond,1987;Piven and Cloward,1979)。夏普(Sharp,1973)表明,仅就非暴力抗议活动而言,就有超过200种战术可以考虑(也可以参考Carter,1974)。

如果我们研究了草根组织所有传统的战术战略,对草根组织的研究就会打开新局面。正如之前提到的,巴布恰克(Babchuk)和斯密特(Schmidt)(1976)提出,比起组织目标,草根组织的战略/方针更有可能引起非会员的反对。米洛夫斯基(Milofsky)和若莫(Romo)(1988)表明:非营利组织筹集所需资金的方式是很难被改变的。同样地,草根组织的内部架构和流程影响到其成员与环境的一些方面(如主要行动战略)也是很难被改变的。在第八章,我们会了解到草根组织会在其存续期里改变其组织目标(例如,目标去激进化、目标更迭),但我们对草根组织主要策略/方针改变的了解还是很肤浅的。

非正式招聘

草根组织通常通过口头宣传这种非正式形式招募新成员。一般说来,某类特定人群会比其他人更有可能参加草根组织。这类特定人群一般受教育程度较高、具有职场声望、通常为中年已婚人士(Smith,1994a)。对于一个特定的草根组织来说,新成员之所以加入,是因为他/她和草根组织里面的成员有某些联系纽带,或是因为与草根组织成员在社会人口方面相似(McPherson, Popielarz and Drobnic, 1992; Smith, 1964)。人们通常是在朋友熟人的说服下加入草根组织的(Smith, 1994a)。那些对闲暇时参加草根组织持正面态度的人更有可能参加草根组织，而不是其他休闲活动(Mulford and Klonglan, 1972; D. Smith, 1966, 1975, 1994a)。由于草根组织的公众形象、声望/污名、激励等因素，特定草根组织也有可能非正式地招募到新人。人们根据草根组织的相关信息，对该草根组织持有特定态度。接触草根组织正面信息、对草根组织持正面态度的人往往会加入草根组织(Mulford and Klonglan, 1972; D. Smith, 1966, 1975, 1994a)。一些地域因素也会促使特定人群加入草根组织(以生活在高社会经济地位的社区的人们为例[Smith, 1994a])。与草根组织相对，授薪制非营利组织往往依赖正式大众传媒和人力中介去招聘新成员。

非正式的社交，极少正式培训

当今授薪制非营利组织往往倾向招募受过高等教育和专门培训的领导人，以显示其在志愿活动领域日益增强的专业度。在美国和其他国家，尤其是加拿大和英国，高校开始通过各种教育中心和项目对授薪制非营利组织的经理提供教育培训(没有学位，但是可能有结业证书)教育(对出色完成的学员往往颁发硕士学位)(参考 Crowder and Hodgkinson, n. d., 及较早的两版)。现存许多关于授薪制非营利组织职能的著作与论文。这些文献记录了授薪制非营利组织领域积累的知识和理念，有的是由志愿组织参与者撰写，有些是志愿组织研究者的著作，有些是参与者和研究者共同完成的(参见本书第二部分介绍中引用的长参考列表)。

在提高草根组织专业度方面，一些大学也开了针对志愿领域管理者的培训课程（Boles，1985；Brudney and Brown，1990；Paradis，1994；Smit hand Walker，1977；Stubblefield 和 Miles，1986），有时培训课程针对志愿者本身（Delworth et al.，1974）。志愿项目有时候也会对其志愿者进行简单培训（Bodanske，1972；Broadbridge and Horne，1996；Brudney，1990，pp. 107-110；Schondel et al.，1995）。

另一方面，作为严肃休闲的草根组织往往更容易加入、参与甚至领导。草根组织对新人的社会化培训往往并不正式，组织成员也基本不需要通过高校课程或培训就能成为组织志愿者或领导人。草根组织的成员和领导人是通过结识组织现任成员或熟识组织内小圈子（例如，组织小集团、朋友圈）了解草根组织的规范规则的（Ross，1977），他们很少需要接受包括培训在内的正式教育。纵向研究表明，未来成人草根组织的社会化培训极有可能会通过如高中学生社团/学生草根组织举办的课外活动来完成（Hanks，1981；Hanks and Eckland，1978）。

霍奇（Hodge）和德累斯曼（Trieman）（1968）发现，父母在草根组织的活跃程度对其子女成年后在草根组织的活跃程度有着重大的影响，不仅影响子女在成人早期阶段的社会经济地位，也影响父母的社会经济地位。我和一个同事发现，父母的社会经济地位、父母对草根组织的态度和父母对草根组织活动的参与往往使子女更倾向长大后参与草根组织活动（Smith and Baldwin，1974a）。因此，我们可以预料，无论是家庭还是学校都是通往草根组织活动的重要平台。家庭和学校甚至还是通往特定类型草根组织、甚至特定草根组织的重要平台，但据我所知几乎没有人研究这一问题。

教会一般不仅花费大量时间去让新成员适应教会，还花费大量时间通过主日学校或其他类似方式以及针对成年皈依者的培训来培训新成员（Johnstone，1992，Chap. 4）。伍斯诺（Wuthnow，1994， p.76)认为主日学校属于小型支持性草根组织。其他大量组织社会化活动与(有时候)培训的草根组织包括兄弟之家、妇女之友、兄弟会和姐妹会,还有一些其他的(主要是社交方面)拥有秘密仪式和彻底理念的草根组织(Daraul,1965;Heckethorne,[1897]1965;Scott,1965;Smith,1972d)。

自愿终止会员资格

如果会员缴纳年费,草根组织一般不会开除会员。一些公民服务组织为了维持良好信誉有可能会有出席率要求,它们有可能开除会员。但极少草根组织有出席率的要求,因此"只存在于名单上的"成员在各种正式类型的草根组织(和半正式草根组织相比较)的成员中都很普遍。草根组织一般会尽力招纳各行各业合适的人作为成员,不会给成员太大压力让其参与活动。所以,授薪制非营利组织的工作者比草根组织成员更有可能被解雇。

适中的横向合作

"横向合作"这个概念有时也以"合作"或其他词汇代称,它与非营利组织是消费者合作团体还是生产者合作团体无关。很多草根组织和赞助方有地区合作关系,例如基于学校、学院、教堂、医院及图书馆的草根组织。在我对美国东部市郊的研究中(附录三),即使研究样本中没有基于医院或学院的草根组织(如果有的话与本地的合作纽带将更多),也有53%的研究样本存在地区合作关系。"孤立的"草根组织和其他本地组织没有联系或合作活动,而合作性强的草根组织会与本地其他草根组织或工作机构一起协作去实现其目标(Kaplan,1986)。

通过建立双边关系、多边关系或建立致力于特定问题或项目的非正式团队联盟,紧密的合作关系得以建立。例如,员工共同筹资的妇女或环境草根组织联盟是正式的多边联盟,然而,一起举办诸如煎饼早餐等公共筹款活动的两个草根组织的合作则是短期的、非正式的双边合作。最高级别的合作会导致兼并或收购,而这种情况却很少发生在草根组织之间。

米洛夫斯基(Milofsky)和亨特(Hunter)(1994)探讨了关于草根组织和其他社区组织的起源问题。他们以各种方式强调了在社区背景下的"嵌入"(embeddedness)这一概念。这个概念包括我刚提到的在社区中和其他团体组织的水平合作关系。他们也提出了垂直嵌入关系,我称之为"多形态"。他们认为,理解了"嵌入",才能理解草根组织的兴起和发展。我同意他们的观点。

穆尔福德(Mulford,1980,p.26)发现与当地组织合作较多的组织会员较多、会议较多、更善于创新、以往和现在的联合项目都更多,但与其他团体的冲突也更频繁。与授薪制非营利组织相比,草根组织尤其是非正式的草根组织往往单独行事、与其他团体的合作更少(Smith 1992b,p.261)。与正式的草根组织和授薪制非营利组织相比,半正式草根组织更有可能自己"完成自己的任务",而不依靠当地的赞助。

赛尔(Selle)和奥米尔(Øymyr)(1992,p.170)发现:在挪威,与拥有外部联系的更加以外部为导向的团体相比,那些"内向的"团体更有可能在八年存续期后(在短暂生存之后)解散。在另一个纵向研究中,普雷斯比(Prestby)和万德斯曼(Wandersman)(1985)发现:相对于不活跃的街区草根组织,活跃的街区草根族组织与当地街区伞壮组织(umbrella organizations)等其他团体的联系更多,而且能在更长时间里维持联系。韦德(Weed,1989)发现,会员对多形态草根组织更多的支持会导致草根组织和其他同一总部(如反酒驾母亲协会)下的分支组织产生更多联系。

由于人们认为和其他团体/组织的合作关系是一种资源,合作性的草根组织也往往有更多的资源,达成目标的效率也更高。尤特曼(Yuchtman)和斯绍(Seashore)(1967)以及他们之后的很多工作机构研究人员把组织效率定义为"利用环境中稀缺宝贵的资源去维持运营的能力"(p.393)。在一个研究中,丹姿格(Danziger,1983)发现与独自工作的草根组织相比,1975年,草根组织民主联盟对美国大城市的行政总裁的影响更大。而且,夏普(Sharp,1981)发现联盟倾向于将草根组织的目标扩大化,并让草根组织采取对城市政府既对抗又合作的态度,因此一开始政府对草根组织不会太支持。鲍尔斯(Boles,1994)发现:(包括草根组织在内的)女权主义志愿团体的加入有助于保持女权主义作为社会运动的地位。

亨德斯曼(Henderson)和托马斯(Thomas)(1981)探讨了志愿团体联合会的一些优势,包括扩大协调活动范围、发展集体战略、共用设施或资源、鼓励新项目和开发新资源。志愿团体联合会导致的风险包括可能导致对志愿团体本身的疏忽、领导人对志愿团体更少的关注、志愿团体间不同的管理风格、举办联合活动巨大的资金需求和对其他合作形式的忽视。这些利弊分析不仅适用于草根组织联盟或联合会,也适用于授薪制非营利组织联合会。

合作还与草根组织之间的竞争与冲突有关。露丝(Rose,1955)开展了这个领域的研究,她发现竞争和冲突都会影响草根组织的内部架构,使其更具凝聚力、更加灵活、复杂、活跃。最近,约克(York)和兹齐林斯基(Zychlinski)(1996)发现位于以色列同地区相互竞争的志愿团体可以在一个联合论坛上合作。霍尔(Hall,1996)做了一个对美国和波多黎各贫民志愿团体的调查,调查表明:无论对于全国性的草根组织还是地方性的草根组织来说,主要的外部压力都是竞争而不是合作。

由于和其他组织合作的一些方面与组织架构相关(例如,在一个联盟或联合会里的成员资格),当前问题可以被放在上一章组织架构内讨论。

年轻化

草根组织通常比授薪制非营利组织的存续时间短。最年轻的草根组织是那些新创立的仍在为筹资、招募成员、寻找项目而挣扎的草根组织,历史最悠久的草根组织是那些诞生在19世纪或者更早年代的农场组织与古老小镇里的兄弟会。在美国,一些授薪制非营利组织历史则更为悠久,例如哈佛大学(1636年建立)和美国优秀大学生全国荣誉组织(Phi Beta Kappa)的全国总部,这个组织的分会属于草根组织(首家分会建于1776年)。

在大多数社区中,历史比较悠久的草根组织可能也只有50到80年左右的历史。这些有历史的草根组织往往是社交型草根组织,如美国慈善互助会和共济会;也可能为服务类俱乐部(例如扶轮社和狮子会),或者经济支持型草根组织(例如位于农村的农民联合会、位于城市的商人草根组织)。这是由于草根组织的生命通常较为短暂(Selle and Øymyr,1992;Traunstein and Steinman,1973),而且随着组织的不断壮大和成熟,往往会转变为授薪制非营利组织(参见第八章)。基于对组织在更长时期内的发展研究,赛尔(Selle)和奥米尔(Øymyr)(1992)发现40年间,挪威某省三分之二的草根组织解散了。陈(Chan)和拉莫罕(Rammohan)(1999)从加州某县里抽取了知名度较高的草根组织做研究,发现样本中草根组织的平均存续时间为30年。

虽然卡特勒(Cutler,1980)建议,成员的平均年龄或者草根组织的"年龄集中度"可以被看作是草根组织分类的一个基础,但是我对这里的数据并不关心(也可以参见 Rose,1960)。然而,草根组织年龄和另外一个重要的维度有着密切的联系,这个维度就是"生存力"。历史较长的组织具有高生存(生命)力,相对地那些没有生命力的组织是低生存力,而那些年轻的组织则处于中间状态(Bowen et al.,1994)。正如跟其他类型的组织一样,在草根组织中,年轻一般是一个缺点(Hannan and Freeman,1989)。

更悠久的草根组织往往会更稳定,更能展现一种稳定的力量。时间积淀使草根组织能够积累人脉和财富(Bowen et al.,1994; Chapin and Tsouderos,1956),能够和其他组织建立合作关系,能够有更大的显性成就,能够有更高的透明度(其他条件不变的话)等。年龄和一个草根组织解散的容易程度有关。较年轻的草根组织因为积累的资源较少,因此比较容易解散。较悠久的草根组织积累的资源多很多,由于很难解决资源的归属问题(例如资金、成员、财产等),这类草根组织不容易解散。因此,历史悠久的草根组织的成员跟年轻草根组织成员相比,会更有可能反对解散他们的草根组织。这种情况既是由于历史悠久的草根组织的成员非常在乎他们组织所积累的资源,也是因为他们非常在乎组织的声望和成就记录。他们对自己的草根组织有一种难以名状的情感依赖,并认为他们的组织值得生存下去。

把生存作为一个标准,赛尔(Selle)和奥米尔(Øymyr)(1992)指出在挪威,有一些草根组织更有可能存续 8 年以上,这些草根组织一般历史悠久、规模较大、拥有较少的女性成员或女领导、拥有中年成员、内部活动较少、受外部和公共政策影响的活动(和当地权威机构有更多的接触)较多、拥有更多子团队、和地区或全国性的组织有更多的关联(更有可能是多形态的),并且和当地草根组织有更多的合作。艾莫瑞克(Emerick,1991)发现如果帮扶精神病患者或出院病人的草根组织在合作关系方面比较保守(例如它们能接受现存的精神健康体系),那么在传统专业人士的支持下,它们一般能生存比较久。如果这些草根组织在方针方面是激进的、反精神健康体系的话,这种草根组织在社会运动人士的支持下会持续更长的时间。

由于草根组织需要的经济资源较少、运营通常较为非正式,成立草根组织比成立诸如授薪制非营利组织、商业组织及政府机构要容易些(Lanfant,1976)。这就是草根组织的优势所在,美国的草根组织如此,世界其他地方的草根组织也如此。每当人们想解决所在社区的问题或世界级问题,或当人们仅仅志趣相投,都可以立即成立与解决问题与发扬志趣相关的草根组织,而不用等到明日或者来年。成立草根组织可以不需要启动资金,不需要捐助、政府合同,也可以不需要办公场所、带薪员工,不必考虑依法设立与州或联邦的税收减免问题,可以避免创设授薪制非营利组织和其他工作机构的繁文缛节。若草根组织需要资金,可以通过会员捐资、会费缴纳,或通过举办对非会员开放的筹资活动来获得。若需要会议场地,可以使用会员的住所,也可请求当地学校、图书馆、教堂、医院、其他工作机构或那些拥有自己办公场地的草根组织(主要是老兵组织、历史协会、兄弟会和园艺协会)提供免费会议场地或低价租赁场地。

草根组织容易成立,但也容易解散,其平均寿命通常较短。比较研究发现,草根组织往往比授薪制志愿组织更加年轻(Selle and Øymyr,1992,p.152;Smith,1992b,p.261)。草根组织虽然平均存续时间较短,但依然非常重要。暴乱、政变的持续时间不久(通常持续数小时或数日),却在一个当地社区或更大的社会范围内影响巨大。人类受孕的时间很短暂,却对延续整个族群至关重要。

虽缺乏定量数据支持,我在此做一个假说:在一个社区内拥有自己的土地和办公楼的少数草根组织往往存续更久、不会轻易解散。若草根组织拥有自己的办公楼,其领导往往会对维系组织运营更有责任心,草根组织也得以延续。草根组织领导往往也会对办公楼的捐赠者或助资者心怀责任感。但是,拥有固定资产并不能保证草根组织长期运营。美国的国际共济会通过建楼、多年前购楼,在多个社区拥有大量房产,但其利润和会员量却持续下滑(Ferguson,1937)。仍在运营的地方草根共济会意识到其场地富余、人员流失的情况,已经转变了组织目标,开始对办公场所进行改造以便租赁(基于我的个人观察及对美国东部郊区里共济会当前会员的访谈研究)。

其他种种重要的内部流程

现有研究很少关注甚至忽略了草根组织的许多其他内部流程。扎尔德(Zald)与伯格(Berger)(1978)讨论了组织存续期内组织内部的社会运动,如组织内部的夺权、叛乱与群众运动。要搜寻此类社会运动的案例,研究者需要进行精细的定性研究和历史研究。我曾参与了一个青年草根组织并目睹了组织内部的夺权事件:一位由年长领导任命的青年领导被数位组织成员免职,由这些成员更青睐的另一位青年人接任。虽然组织内成年顾问数周内试图阻止新人夺权,但为给组织运营创造相对平稳的环境,最终也只能屈服。

研究者还需要关注某种草根组织类型或某个特定草根组织的特定问题。赛尔(Selle)和奥米尔(Øymyr)(1992)发现挪威某省的草根组织所存在的问题,自发现后的八年间都未对该组织的运营造成影响。草根组织的另一个问题是会员保留,那些在特定时段拥有大量会员的草根组织也存在会员保留问题。罗斯(Ross)表明,草根组织发展并维系核心成员组通常会有助于留住组织成员;但无法融入核心成员组的草根组织新成员更有可能离职。这也部分解释了草根组织的人员离职。

迈克菲尔森(McPherson)等学者通过实证研究表明,草根组织的成员保留与会籍的共享(与社交网络中的熟人与密友共享会籍)紧密相关。上述研究者表明"(1)共享的会籍比普通会籍保持得更久;(2)越多人共享,会籍保持的时间就越长。"(p.164)他们还指出加入其他组织会缩短会籍的存续期;年长成员的会籍通常保留得更久。

总　　结

同此前三章,本章表明草根组织与授薪制志愿组织在很多方面差异很大。表6.1总结了两者不同之处,总结出来的是理想的情况,并非量化概括。就运营流程而言,草根组织通常会在工作日傍晚或周末举行活动,授薪制志愿组织的活动多在工作日举行;草根组织活动在时间上较为断断续续,而授薪制志愿组织的活动则较为持续;草根组织往往与休闲组织一样专业程度不高,授薪制志愿组织则更加专业,与其工作机构的属性相符;草根组织接受的外部资金通常较少,授薪制志愿组织则更加依靠外部资金;草根组织往往广泛涉足政治活动,但对政治运动的参与缺乏持续性;授薪制志愿组织较少直接参与政治活动;草根组织的平均外部影响力从较小到中等,授薪制志愿组织也一样,除非其规模很大;草根组织多拥有较低或中等的社会声誉,某些草根组织的社会声誉相当高,授薪制志愿组织通常拥有中等的社会声誉,但有些授薪制志愿组织的社会声誉也很高(如大学、医院、博物馆和交响乐团)。

表 6.1 草根组织与授薪制志愿组织的运营流程对比

草 根 组 织	授薪制志愿组织
在工作日傍晚与周末活动	在工作日白天活动
断断续续地组织活动	活动更具有持续性
专业水平低	专业水平较高
外部资金少	外部资金较多
广泛参与政治活动,但参与缺乏持续性	较少直接参与政治活动
外部权力小	外部权力小
社会声誉低/中等	社会声誉中等/高
异端行为多	异端行为少
特有的行动规范	特有的行动规范
非正式招聘	正式招聘
为新成员提供非正式的社会化培训	为新成员提供较为正式的培训
会员自愿退出组织	有些会员被解雇
中度的横向合作	中度的横向合作
更年轻	历史较长

授薪制志愿组织和草根组织都可以是纯异端组织,但相较授薪制志愿组织,草根组织更容易完全偏离社会规范。草根组织拥有自己独特的行动准则,与授薪制志愿组织的行动准则在很大程度上不同。草根组织最典型的特征是其会员会议;而授薪制志愿组织最典型的特征是为非成员提供服务。草根组织在成员招募上较为非正式,通常通过口头宣传来招募成员。授薪制志愿组织则一般通过大众传媒和职业中介来招聘人员。草根组织通常只对新成员做社会化培训,而授薪制志愿组织往往为其成员提供某种类型的正式培训,或者通过正式培训来甄选员工。草根组织很少开除成员,而授薪制志愿组织经常解雇表现不佳的员工。两种类型的组织都与其所在社区

有中度的横向合作。草根组织的横向合作一般是当地的授薪制志愿组织或公立学校的资助。与授薪制志愿组织相比,草根组织通常较为年轻、寿命也较为短暂。

两种类型的志愿组织的整体流程模式迥异。那些未采用"地圆"式而采用"地平"式范式来研究授薪制志愿组织的人员往往会忽略这一要点。

第七章　领导与环境

本章主要探讨草根组织的领导。草根组织的领导者即有效管理组织主要活动的一人或多人。本章也有一小节从草根组织的外部环境着手,探讨草根组织与环境的关系。

领　导　层

由于草根组织缺乏其他形式的指导或"社会推动力"促进组织发展,与授薪制志愿组织管理相比,草根组织领导的作用更为重要(Alder,1981;Anderson,1964;Bailey,1974;Fletcher,1985;Hamilton,1980;Lamb,1975;Landsberger,1972b)。一般我们常提到对草根组织的"领导",对授薪制志愿组织的"管理"。显而易见,授薪制志愿组织的领导者希望将自己与历史悠久的商务管理、公共管理两大领域和新兴领域志愿机构管理联系起来,而不管自己是否真正涉猎过这三大领域。全国性组织多属于授薪制志愿组织,但由于其成员很难真正对组织加以控制,又与大多数授薪制志愿组织不同(Knoke,1990b;Nall,1967;Smith,1992a)。大型组织有形成寡头领导的强烈倾向。就管理运营而言,大型的全国性组织与授薪制非营利组织的相似之处很多(Drucker,1990;Herman and Associates,1994;Knoke,1990b;Schmidt,1973)。

诺德(Knode)与普伦斯基(Prensky)(1984)做了一个有价值的研究——评估对工作机构(主要包括商业机构和政府机构)的一般研究与各地域级别的社团的相关性。他们总结:并没有可靠证据表明对各种工作机构的研究对社团也适用,对草根组织则更不适用。利特(Leat,1993)通过比较英国的营利性机构和授薪制非营利机构得出了相似的结论。利特发现这两类机构有许多共同之处,但也有大量可以相互借鉴的不同之处。利特在其研究中并没有明确涉及草根组织的领导层。与诺德(Knode)和普伦斯基(Prensky)(1984)一样,克劳森(Klausen,1995)认为机构管理学理论并不适用于研究小型社团,尤其不适用于研究丹麦的草根体育组织,用此理论研究草根组织弊端甚多。草根组织研究亟需特殊的新型混合理论。

通过自身观察或研究,许多学者都曾探讨过授薪制志愿组织的领导,列举如下(Borst and Montana,1977;Bruce,1994;Bulter and Wilson,1990;Carver,1997;Chrislip and Larson,1994;Connors,sociates,1994;Herman and Heimovics,1991;Herman and Van Til,1989;Houle,1989;Howe,1997;Knauft,Berger,and Gray,1991;MacKeith,1993;Middleton,1987;Moyer,1984;O'Connell,1984;O'Neill and Young,1988;Oster,1995;Poulton,1988;Rubin,Adamski,and Block,1989;Wood,1981;Young,1983,1987;Young et al.,1993)。

基于对志愿组织的研究,我认为对草根组织领导通常与工作机构管理有巨大差异,与商业机构、政府机构管理的差异尤其大,与授薪制志愿组织管理也有很大不同。布什(Bush,1992)探讨了授薪制志愿组织如何保留自身似乎正在式微的"非营利精神"。他认为授薪制志愿组织应该更加重视诸如利他主义、同情心与慈善这些志愿非营利部门的历史传统;应该强调合作和协作,而不是竞争和冲突;除这些外,还应坚守志愿主义的核心价值。这些建议对草根组织同样适用。

在研究授薪制非营利组织管理时,研究重点自然放在了带薪员工及其理事会上(参看以上列出作者的文献)。通过对一个博物馆的案例研究,哈尔(Hall,1990)发现在某些(可能是许多)授薪制志愿组织内部存在着互相抗衡的非营利亚结构与管理亚结构。

志愿组织的一般领导层与管理

我认为,只有梅森(Mason,1984)曾研究过授薪制志愿组织与草根组织都具备的"非营利组织管理"特征,正是这些特征将非营利部门中的组织与营利性的商业机构区别开来。虽然我并非完全赞同梅森的观点(如:下文的第四条特征适用于描述授薪制志愿组织,但对草根组织却一般不适用),但他提出的这些特征引人深思。我认为梅森的著作值得研究者关注,所以我在此引用了书中所列的特征,对于每一个特征,原书都用了一章的篇幅探讨。

1. 志愿服务的市场价值并不能像商业服务那样得到精确的衡量。
2. 志愿服务的目的并非营利。
3. 志愿服务的主要工具是由信念产生的志愿主义。
4. 物质产出与服务提供是两个截然不同的体系。
5. 志愿团体拥有特殊的支持者。
6. 在志愿部门中金钱为手段,在商业部门中金钱为目的。
7. 非营利组织享有特殊法律地位。
8. 志愿团体并不以盈利/亏损作为评价组织运营效力的标准。
9. 志愿团体的管理更依靠外部力量;商业机构的管理则具有更高的自主性(及影响力)。

10. 志愿团体通常有多个目标。
11. 志愿团体拥有独特的社会特性。
12. 与商业机构相比,非营利组织可利用的资源范围更为广泛。
13. 即使资源消耗持续大于可见产出,志愿团体也能生存。
14. 志愿团体比商业机构更为复杂。(pp. 21-22)

许多其他学者也曾研究过营利性组织和志愿组织管理的差异,但当他们研究志愿组织时,由于采用授薪制志愿组织"地平"观来看问题,实际研究对象往往仅是授薪制志愿组织,也并没有加以说明(Farrow, Valenzi, and Bass, 1980; Leat, 1993; Newman and Wallender, 1978; Unterman and Davis, 1982)。一些学者认为营利性团体与志愿团体在管理上具有相同之处(Bailey and Grochau, 1993; Leat, 1993)。

因为缺乏对草根组织领导的研究,这一研究既得不到学者的重视,也为编纂非营利部门管理/领导研究著作的学者所忽视。而对这一研究的忽视又向其他学者传达了错误的信息,使其或认为草根组织领导并不值得研究,或认为草根组织的管理运营与授薪制志愿组织相似。这两种判断都属误判。于是,不幸的是,研究者一如既往地采用授薪制志愿组织"地平"观来看待草根组织领导,认为其无关紧要。这便是一种恶性循环。如果用志愿非营利部门"地圆"观来看问题,我们就会意识到草根组织领导研究受到忽视的程度有多深(虽没有完全被忽视)。

草根组织成功所需要的领导类型与商业机构需要的管理类型大为不同。沃尔克(Walker, 1983)对此给出了有力例证。他认为目前尚不明确是否大部分草根组织应被转变为"管理体系",更不明确采用战略管理(Strategic Management)是否对草根组织有好处(与沃特曼[Wortman, 1981]的观点相反,沃尔克认为采用战略管理对草根组织和其他志愿组织弊大于利)。研究授薪制志愿组织的学者也许会对沃尔克的观点表示质疑,但草根组织的成员及领导者则多会对此观点表示赞同。对草根组织筹划采用复杂的管理体系,就好比为儿童玩具船安装大型引擎,确实不甚合适。引擎因其过大、不易操作,与玩具船尺寸并不相配,反而会造成"倾船"。

草根组织领导层主要包括推选出的管理者、理事会成员以及委员会主委(身份为志愿者,而不是带薪员工。在极少数的情况下,草根组织也有带薪员工担任委员会主委的)。根据草根组织的定义,草根组织正式程度较低、所拥有的管理者也较少(Smith,1992b)。与授薪制非营利组织相比,草根组织委员会的架构通常更为灵活,对组织成员来说也更为重要。草根组织通常不具备授薪制志愿组织的部门架构,领导层的正式程度也低得多(Chapin and Tsouderos,1956; Smith,1992b)。与包括授薪制非营利组织在内的工作机构相比,在草根组织中,非正式领导者(通常为已不担任领导职位的前任领导)的影响力要大得多。例如,草根组织前任会长往往仍保有会员身份,如果愿意,他们仍可以发挥很大影响。

志愿者身份的领导者

如上文所述,根据草根组织定义,大部分的草根组织的领导都是志愿者,其下属员工大部分也为志愿者。哈里斯(Harris,1998a)最近指出志愿者身份限制了草根组织领导者的管理影响力(也可参见Pearce,1993)。在授薪制志愿组织内,雇员一般只能听从管理层的指令,没有太多其他选择。当然,这些雇员可以选择逃避、抱怨或者辞职,因此管理层的影响力还是受到了一定限制。

哈里斯(Harris,1998a,p.152)指出带薪员工的存在也许会为草根组织带来混乱。草根组织领导一般懂得如何对待志愿成员,而带薪员工作为草根组织(除草根基督教会与犹太教会外)中的少数派,身份比较特殊(Hodgkinson,Weitzman,and Kirsch,1989)。哈里斯(Harris,1998a)表明草根组织中带薪员工的角色也许会"模糊不明、引起争议"(p.152)。

我认为草根组织中的带薪员工如果增多,会倾向带动组织转化为授薪制志愿组织(据其定义),志愿非营利主义会随之式微,志愿者也会将越来越多的工作交给带薪员工完成。志愿者也许会对某些组织成员得到酬劳、而大多数成员得不到酬劳的情况心生怨尤(基于我对坦帕湾交响乐团[Tampa Bay Symphony]的案例研究)。艾奇厄尼(Etzinoni,1961)表明上述冲突情况不会持续很久,通常会以某种结果的出现告终。

专业度较低的组织领导者

草根组织并无附属的志愿者项目(不像某些医院、学校有附属志愿者项目),草根组织志愿团体本身就相当于志愿者项目。研究者很少关注草根组织的志愿者管理:如人员招募、入职、培训、激励、监督与人员保留。我在上文提到过,这些志愿者管理的种种方面仅有人员招募一项得到了研究的充分关注。授薪制志愿组织的志愿项目得到的关注度也不高,但总体依然高于草根组织得到的关注度(Fisher and Cole,1993)。工作机构中的志愿者负责人比草根组织的领导者更有可能成为志愿者管理协会(Association for Volunteer Administration)的会员,据我所知,并没有草根组织领导加入类似的专业志愿协会。这一事实表明草根组织及其领导者的专业度较低,较为业余。

在二十余年间(1962—1982),草根组织曾试图将其管理专业化(Perlmutter,1982)。然而事实上,管理草根组织更像是一种职业上或角色上的专长,而并非一种专业。拥有高校文凭的草根组织领导者很少,拥有高级专业学位的更是凤毛麟角(Brudney and Brown, 1990;Stubblefield and Miles,1986)。尽管高校偶尔开设志愿者管理课程,草根组织管理并未与学术界建立过深刻持久的联系(Smith and Walker,1977),而真正意义上的专业(如法律、医学、社会工作、神学、教育、工程、管理、行政管理)都拥有这样的联系。"专业的"指接受过高等教育、拥有高知识层次或高级技术,这个词常常被错误地用来区分带薪志愿工作与志愿者/业余志愿工作。在美国,那些数目众多的带薪志愿者负责人被称为"带薪员工"更为准确。虽然这些负责人很多都接受过相关志愿培训,但并不能被称作"专业人士"。

同样,由于员工专业度不高,草根组织不大可能采用目前流行的管理策略:如战略策划、领导力发展、战略筹资、执行领导力发展、精细化财务管理与会计以及专家所推崇的、授薪制非营利组织所采用的其他形形色色的管理策略(Connors,1988;Herman and Associates, 1994;Herman and Heimovics,1991;Knauft et al.,1991;Rubin et al.,1989)。克里斯蒂安(Christian,1980-81)认为如有需要,草根组织可以通过外部咨询人员引入上述管理策略。

草根组织领导者一般不大可能将非营利事业作为其终身职业,除非组织转变为授薪制志愿组织。如有需要,草根组织领导者可以参阅管理实际运营手册,如弗拉纳根(Flanagan,1984)所著的手册,并利用手册内第 24 章提到的资源。克利德曼(Kleidman,1994)认为就草根型社会运动组织而言,专业化对志愿积极性来说是双刃剑,可能促进、也可能阻碍积极性。

总而言之,草根组织多通过不断的尝试与犯错谋求发展,而并不依靠培训、专家或专业著作来指导管理实践(Chan and Rammohan, 1999)。草根组织领导者在运营组织时,往往对自己业余管理人的身份感到自豪。与其相反,由于希望尽可能地提高专业水准,授薪制非

草根组织

营利组织的领导者往往会寻求专家建议、参考专业著作,参与相关培训。目前已有多个高校的非营利组织研究中心为结业者颁布证书,但研究者尚不明确组织领导者的"专业度"是否对组织管理产生了明显的积极效用。

简单地说,草根组织的管理通常较为非正式,而授薪制志愿组织的管理要正式严谨许多。如果草根组织的领导犯了严重失误,也通常会继续担任领导者,直到下一届选举,虽然其他人也许会承担部分管理职责。然而,当授薪制志愿组织的领导者、尤其是执行理事犯了严重失误时,这位领导将会退出领导层。

草根组织领导层准入与领导者特质

草根组织领导者通常仅占其会员总数的极小比例——草根组织的主管与理事通常只占全部成员的 5%(Austin and Woolever,1992;Chan and Rammohan,1999;Scott,1957)。某种意义上讲,担任草根组织的领导并非难事。草根组织的主管与理事通常是由组织成员推选出的(通过邮件或全体大会)。草根组织委员会主委及委员一般由组织委任,委员会领导一般由会长或理事会委任。当一个组织拥有多位委员会主委与委员时,这些领导中的大部分都是通过组织委任而进入领导层的。

要想在选举或委任中脱颖而出,成为组织领导,草根组织成员需要获取其他成员,尤其是现任领导的了解与尊敬。自告奋勇完成各种组织所需工作似乎是进入管理层的通行证之一。曾于本地或外地的其他草根组织中担任领导的工作背景也对晋升为某一草根组织的领导大有帮助。与其他成员尤其是现任或往届领导建立多种社会联系也相当重要(Fernandez,1991)。

通过对 45 个自助型草根组织领导者的研究,瑞文森(Revenson)

和卡索(Cassel)(1991)发现有利于跻身草根组织领导层的因素包括:拥有组织目标相关的专业素养;曾接受过草根组织帮助,并因此感到有义务回报草根组织;曾协助创立所在的草根组织或其他草根组织(并不仅限于所在的组织);曾在所在组织或其他草根组织担任领导或积极参与管理。

我几乎找不到草根组织领导者与组织内一般成员的对比研究,更找不到草根组织领导与社区内其他成员的对比研究。关于草根组织领导者的研究大多仅关注领导者本身,并没有采用对照组,因此对这些研究结果进行解释很困难。以下给出这些研究的一部分:瑞奇(Rich,1980)表明能够激励草根组织领导者的因素包括公民义务、对所在社区的奉献精神、友谊、角色满足等因素。艾尔肯(Elkind,1992)发现反核武器草根型社会运动组织的领导者大材小用、被社会边缘化、不断寻找人生意义。弗洛里克(Frohlich,1978)发现德国的草根组织的领导者在工作时参与的各式活动较多,与同事的关系也较好。奥斯汀(Austin)和伍立弗(Woolever)(1978)发现人类家园草根组织(Habitat for Human GA)[①]的理事会架构与所在社区的领导架构相类似。然而,由于目前并没有理论框架规范这些零散研究,要将研究结果大范围推而广之并不可行。

弗里德曼(Friedman,1988)等学者对比了位于以色列和美国的邻里型/社区型草根组织的领导者与一般成员。他们发现社会背景这一变量对组织参与度的影响较弱,而领导者态度变量对组织参与度的影响较强。领导者态度主要指是否能用积极的心态来应对当地

[①] "人类家园"国际组织是一家非营利的国际性组织,由美国卡特总统发起创建,在美国具有相当高的知名度。该组织致力于在全球范围内消除贫民窟和无家可归的现象。人类家园与合作伙伴和社区携手,为低收入家庭提供简洁、体面和经济的住房,营造和谐社区。

社区的问题、是否能承担参与草根组织的机会成本——草根组织领导要付出大量时间精力,通常还要对组织给予直接或间接的财政支持。研究中以色列草根组织的领导者通常由男子担任,而美国草根组织的领导者一般都是接受过高等教育、比一般成员更具职业声誉的人。

上述研究表明在对草根组织领导者做社会学研究时,社会经济地位(SES)与性别这两大特征最受研究关注。研究发现,草根组织领导的社会地位(受教育程度和/或收入水平)通常较高,至少高于组织成员的平均社会地位(Elkind,1992;Friedman et al.,1988;Gros,1986;Hollingshead,1975;Trow and Smith,1983;Wade,1975)。出现此现象的原因在于受教育程度高的成员的技能相对较强,而收入高的成员更有实力承担机会成本、投入财政支持。

与上述发现不同,奥利弗(Oliver,1983)发现在草根型社会运动组织领导层中,志愿积极分子与一般志愿者的区别不在于社会经济地位,而在于积极分子拥有更多的可支配时间。这些草根组织中的带薪积极分子一般都在20世纪60年代进入成年期,曾经作为青少年经历并感受过那个充斥着社会运动的60年代。马鲁洛(Marullo,1988)也发现社会阶层并不是社会运动领导者与一般成员的区别之处。与普通成员相比,这些领导最大的不同是他们一般在早年曾参与社会运动并坚信社会运动。

以往数十年的研究表明:对于美国的草根组织,性别对成为组织领导有一定影响。巴布切克(Babchuk)、马尔塞(Marsey)和戈登(Gordon)(1960)通过对一大城市的研究,发现男性在该城市草根组织的理事会中占多数席位。在那些以外部利益为主导、预算很多、在社区中深受重视的草根组织(也就是占主导地位的草根组织)的理事会中,男性比例尤其高。布斯(Booth,1972)发现在外部利益型、服务型与兄弟会草根组织中,多由男性成员担任领导;而在自助型(成员受益型)草根组织中,女性更有可能担任领导。迈克菲尔森(McPherson)和史密斯-拉文(Smith-Lovin)(1982,1986)发现大型核心(占主导地位的)草根组织的男性成员更为活跃,领导职位也多由男性担任;而在小型家庭型和社区型草根组织中,女性成员更为活跃。总的来说,那些在社区中占主导地位的草根组织类型的领导通常由男性担任;而那些与女性紧密相关的草根组织的领导者通常由女性担任,由于这些组织与职业关系不大,与通常受社会重视的活动关系也不大,往往被认为是不大重要的组织。在兼有男女成员的草根组织中,男性更可能成为领导者(Thompson,1995)。地方草根组织的理事会成员也往往是男性居多(Austin and Wooler,1992;Trow and Smith,1983)。

不久的将来,很可能会有研究证明大型草根组织中也有女性占主导地位,但目前我们缺乏相关研究。草根型社会运动组织也有女性占主导地位的特殊情况,那就是女性特别关注的领域,如草根型女权运动组织(Ferree and Hess,1955;Gittell and Shtob,1980;Scott,1991)。

心理特质

现有研究很少涉及草根组织领导者的心理特质。对工作机构领导者心理特质的现有研究表明,领导者通常更具智慧、更具男子气概、也更为强势(Bryman,1996,p. 277)。我尚未发表的对马萨诸塞州八个镇的研究表明草根组织领导者比一般成员更具积极-有效(active-effective)的品质,他们更具智慧、更外向、更有魄力(更为强势)、情感归属感更强,更具自信感与自我效能感(自控力),除此之外,他们还具有其他心理特质(D. Smith,1975,1994a;Smith,Macaulay, and Associates, 1980, Chap. 19)。研究者需要充分进行领导者与一般成员间的对比研究。

现有研究同样很少关注草根组织领导者的个人魅力,仅传记研究对此方面有所关注(Burwell, 1995; Finks, 1984)。对群体的实验研究发现危机往往能够推动富有魅力的领导者出现(Pillai, 1993)。凯(Kay, 1994)认为研究应更多关注志愿组织领导人所拥有的智慧、洞察力和创造力,因为富有魅力的领导者多具备这些特质。帕库尔斯基(Pakulski, 1986)对波兰团结公会运动(Polish solidarity movement)的33位领导者做了研究,发现这些领导者都具备某些明显的个人魅力特质,他们同20世纪80年代较为科层主义的政府领导区别很大。研究者可以从卷帙浩繁的社会运动文献中找出许多关于领导个人魅力的研究(参见McAdam and Snow, 1997)。

现有部分研究涉及集团企业家的号召力。企业家可被看作被贴上"企业家"标签的富有魅力的领导者。例如,劳纳斯(Nownes)和尼里(Neeley)(1996)对公共利益组织的创始者进行了调查,发现组织赞助人对组织设立并不起主要作用。是那些充满进取心、富有独立精神的企业家为应对特定事件或系列事件(如骚乱)创建了这些公共利益组织。企业家会首先从朋友那里寻求投资,"无本获利"的状况并不常见。

在家中的排行也与领导力及企业家精神相关。苏罗威(Sulloway, 1996, p. 361)在他的长篇著作中提到,与家庭中的老二或老三相比,长子一般会较为认真、外向(p. 73),也就可能更具备领导才能。他还发现,家庭中的次子所接触的社会圈使其更倾向于支持社会自由化改革、宗教改革与激进的政治变革,而长子则更倾向于维持现状。在伯恩(Burn, 1978)看来,家庭中的次子更有可能成为魅力型领导,而不大会成为科层作风的领导。

领导权变理论[①]认为领导者是人与外部环境的互动所造就的（Bryman,1996,p.279）。据我所知,草根组织领导者的研究尚未应用这一理论。通过对工作机构的现有研究,我们可以推断草根组织领导者需要处理好与他人的关系,因为草根组织遇到的大部分情况都比较复杂。根据标准权变模式[②],半正式的草根组织也许更需要任务导向型的领导来运营组织（p.279）。然而,我对标准权变模型是否能够有效应用于草根组织相关研究仍存有疑虑。

对草根组织领导者的教育培训

我在第六章曾提到,针对草根组织一般成员及领导的正式培训相当少,一般只有消防团体与护理组织这样的高度专业化的草根组织才会提供类似培训（Gora and Nemerowicz,1985;Perkins,1989）。除此之外,还存在其他提供类似培训的草根组织。对草根组织来说,罕见的领导力培训起到了积极作用但也有其局限性。库克（Cook）、豪威尔（Howell）和威尔（Weir）（1985）对农村的外部利益型草根组织做了研究。通过培训前后的对比,他们发现在历时两年或更久的领导力培训课程结束后,这些组织的活动多了起来。研究者（Howell,Weir,and Cook,1987）对上述研究做的另一个研究报告表明,曾接受过培训的领导者在解决问题时更有技巧,对新角色的驾驭能力、对公共事务的理解能力都有所提高,并且能够更好地与其他领导者共事。

[①] "权变"一词有"随具体情境而变"或"依具体情况而定的意思"。领导权变理论主要研究与领导行为有关的情境因素对领导效力的潜在影响。该理论认为,在不同的情境中,不同的领导行为有不同的效果,所以又被称为领导情境理论。

[②] 即费德勒模式,是心理学家费德勒（F. Fiedler）于1962年提出的"有效领导的权变模式"（Contingency model of leadership effeveness）。这个模式把领导人的特质研究与领导行为的研究有机地结合起来,并将其与情境分类联系起来研究领导的效果。

博尔顿（Bolton,1991）也对上述研究做了研究报告,提到虽然受培训者掌握了领导力的相关知识,但并不能够更好地将这些草根组织管理知识技巧应用到实际的社区中,因此领导能力并没有得到真正提高。这一报告表明除了提供知识信息,领导力培训也应该包含与情绪和实践相关的因素。

某些高校也尝试开展针对草根组织领导者与社区积极分子的培训项目,并取得了一定成果(Longdon,Gallacher,and Dickson,1986; Miller,1986)。虽然高校也开设针对志愿管理者的课程(Smith and Walker,1977),但志愿管理者却并不认为自己需要修此类课程(Stubblefield and Miles,1986)。针对授薪制志愿团体管理者所开设的高校课程（尤其是研究生课程）要普遍得多（Crowder and Hodgkinson,n.d.;Wish,1993）。

领导者活动

除了研究领导者的特质——这一领域也仅仅得到了初步研究,我们还可以研究领导者的行为——领导者的领导方式。少数对领导者行为的研究并没有与对组织领导者行为和行为模式的标准研究理论接轨（Bryman,1996）。瑞文森（Revenson）和卡塞尔（Cassel）(1991)发现脊柱侧弯草根组织的领导者只将不到20%的志愿时间用于倡导活动与帮助成员,但他们很享受参与组织活动的过程。他们付出的其他时间的回报不是很明显。瑞奇（Rich,1980）发现草根邻里组织的领导者将一半时间用于维持组织的运营,另一半时间用于组织的生产活动。维持草根组织运营的最常见的活动是为社区提供信息并筹集资金。而在生产型的草根组织里,领导者的常规职责是安排组织项目与活动。克兰德曼斯（Klandermans,1989）认为草根型社会运动组织的领导者需要积累、分配组织资源与活动,这也许需要特殊的技能才能做到。塞林(Thielen)与普尔(Poole)(1986)列出了草根组织领导者的六大职能(活动类型),这些职能可以被用于领导者评估,或用于领导者培训课程的内容评估。

草根组织领导者在常规工作中会遇到各种特殊问题,这些问题中最重要的很可能是组织成员的尽责度。由于志愿者工作是草根组织的中心,领导者必须持续激发志愿者对工作的奉献精神。诺克(Knoke)与伍德(Wood)(1981)对地方性授薪制非营利组织与草根社会影响组织做了研究,研究的问题是这些组织激发员工奉献精神的方式。他们发现草根组织成员对组织活动的参与与成员间的相互沟通有助于激发组织成员的奉献精神。

高度关怀

对工作机构领导者的研究表明,领导者行为有两方面最为关键:"关怀"(consideration)与"倡导"(initiating structure)(Bryman,1996,p.278)。关怀是领导对待追随者(属下)的表现;倡导则是领导工作监管的方式。"关怀"对于授薪制志愿组织领导者很重要,但对草根组织领导来说很可能更为重要,虽然我们缺乏定量研究来加以证实。在草根组织中,社交激励具有特殊的重要性,再者,草根组织活动属于休闲活动,倘若领导者不能很好地对待其下属及其他成员,就会被他们所忽视,也会造成成员流失,因而领导者的"关怀"较为重要。草根组织领导者对成员的适当关怀可以激发成员对组织的奉献精神。梅森(Mason,1996)详细论述了情感领导/管理的重要性,虽然他的论述并不是针对草根组织的,但对草根组织领导也是适用的。

监管宽松

一旦草根组织成员参与了特定任务、项目与会议，领导者就要负责成员监管与违规处罚，两职责之间是相互联系的。在如授薪制志愿组织这样的工作机构中，对雇员的监管是基本的领导职责，但草根组织对人员的监管较为宽松。对志愿者来说，志愿工作毕竟属于休闲时间所做的工作，顶多属于严肃的休闲工作而非正式工作，因此志愿者一般不乐意受到严格监管。所以当志愿者违规犯错时，组织领导只能运用"管理艺术"帮助纠正错误、同时鼓励志愿者。这也是哈里斯（Harris,1998a）之前指出的对志愿者的管理困难。开除志愿者只能作为解决问题的最后手段，草根组织志愿者很少因能力不足或表现不佳被组织开除。

由于草根组织的大部分员工都属于志愿员工，当这些志愿员工执行特定组织任务时，领导者的监管一般较为宽松。大部分草根组织成员并不从事特定任务，而仅仅参与组织会议，因此并不需要或很少需要被监管。草根组织对于组织内部从事管理工作的成员（如执行管理者，理事会常委等人）的监管也并非十分严格，因为对这些人来说，草根组织毕竟仅是他们在休闲时间参与的组织，组织活动至多算是"严肃的休闲工作"而并非有偿劳动。因此，草根组织的某些任务也许并不能最终完成。对志愿者采取严格监管的领导者也是有的，但这大多是由于领导者的个性使然，并非由组织规范规定。草根组织会严格监督财务人员处理组织资金，但即使在这种情况下，监督也可能较为随意，对账目的审核也不一定会面面俱到。上述种种监管宽松的情况都可视为草根组织非专业性（在第五、六章与此章开头曾讨论过此点）的表现。

优先目标的确定

与授薪制志愿组织相比,在许多情况下,草根组织的优先目标通常较为模糊。哈里斯(Harris,1998a)认为造成这一问题的原因在于"优先目标的界定受到内部利益冲突与派别之争的限制"(p.149)。这也是草根组织内部民主体制的弊端之一——在确定优先目标时,组织内部不同派别或小集团支持的优先目标彼此冲突的情况时有发生。

造成草根组织优先目标不明确的又一原因在于:草根组织需要平衡短期成员目标与较长期的组织目标(Harris,1998a,p.147)。在工作机构中,机构的长期目标可以被明确确定为优先目标。雇员的需要与目标,即使也被认为很重要(Bruyn,1977),一般也只能作为机构的次要目标。

草根组织没有确定优先目标也是因为并不需要这样做。如上文所述,草根组织通常专业化水平较低,确定优先目标对大多草根组织来说没有很大的意义。草根组织作为"严肃的休闲组织"(与工作机构不同,草根组织没有资产或仅有很少资产,没有明确的岗位或只有很少岗位),其自身的非正式性影响了草根组织对优先目标的确定。

常规资源获取

在草根组织中,像收取会费、筹集捐资这样的资源获取工作属于组织领导的常规职能范围。领导者通过大会来收取会费、筹集捐资。如有需要,组织领导也会监督特别筹款活动和对外筹资项目的准备工作。领导者的其他资源获取职责包括安排会场、带动组织成员的积极性(虽然很难成功带动)。草根组织的新成员招募一般通过口头宣传，还会借助组织现有人员的社交纽带的帮助（McPherson，Popielarz，and Drobnic，1992）。草根组织领导者也可以通过运营成功的组织项目来吸引潜在成员加入组织。在授薪制志愿组织里，领导者的营销职能则更为突出（Bruce，1994）。

领导人换届

由于草根组织的领导人十分重要，领导人换届通常会成为主要的实际问题，但现有研究对领导换届关注甚少。在继任者的选择上，草根组织现任领导通常会起到关键的作用。在找到合适的继任者前，草根组织领导多会继续任职。巴伯（Barber，1987）认为这种情况会引发寡头领导者的出现。现任领导者在自己的社交圈里寻找到的继任者也往往与自己相似。在其他因素相同的情况下，草根组织的声望越高，领导者实际岗位职责越轻，就越容易寻找到领导者。草根组织领导者通常是从一个较为有限的范围内选出（大多是理事会理事或其他管理者参与竞选）。

与工作机构不同的是，草根组织很少选择非组织成员作为其领导者。除非在极端情况下（在组织内找不到可以担任领导的成员），从组织外引入领导者通常会被组织成员看作是对组织成员的一种侮辱，破坏了组织的凝聚力。一般来说，草根组织领导者都会在成为领导之前，曾作为一般志愿者或基层领导工作过数年之久。

门特泽（Mentzer，1993）研究了75个教会组织（很可能属于授薪制非营利组织），这些组织的牧师是轮换担任的。他还同时研究了另外75个没有发生过牧师换届的教会组织作为对照组。他发现换了牧师后，教会活动参与者增多，但教会捐助并没有增多。我对这一研究是否适用草根组织表示怀疑，但我找不出其他对草根组织新任领导影响的相关研究。若草根组织不存在领导换届，问题则更为严重，因为这表明组织现任领导者地位过于稳固(寡头领导者)。草根组织有时会通过幕后领导竞选(利用政治手腕),成功使寡头领导者让贤,但如果现任领导者比较强势有能力,一般就会发现幕后竞选的存在。草根组织领导者即使表现欠佳,也很少会被取代。一般来说,组织其他人员会等领导者的任期结束,才会试图取代。这些问题也与草根组织内部监督不充分、专业度较低的情况息息相关。

选拔草根组织领导者

由于领导者候选人一般都是组织成员,成员是否愿意担任领导职位就成为领导选择的重要考虑之一。通过正式或非正式的方式自荐担任领导者的成员一般会被选举提名。未被提名或未选为领导的成员一般会被组织委任,担任委员会职位。大多数草根组织一般只要求财务主管有特殊资质——必须具备一定财务管理经验。但是,要成为理事会成员并不一定需要有筹资的经验;要成为组织管理者也不一定需要有管理经验。草根组织成员一般认为有志者事竟成。长此以往,这一观念造成草根组织领导层素质参差不齐,在某些情况下还会造成领导层素质低下。最大的问题在于,由于对组织事务不是全力以赴,或者由于时间不充足(或者两者兼有),有些领导者做不到尽职尽责。

领导者素质问题

由于身处西方现代社会,我们一般对发展中国家草根组织可能存在的种种问题并不了解(Esman and Uphoff, 1984; Fisher, 1993)。兰兹伯格(Landsberger, 1972b)曾对许多此类问题进行了分析。安德森(Anderson, 1964)通过对印度大城市海德拉巴(Hyderabad)草根组织问题的研究,给出了其中一些实际问题的例子(如公款挪用问题、盗窃问题)。这些草根组织的许多成员都对组织问题无动于衷,不知情的成员也很多。但对于组织问题,草根组织领导者也难辞其咎。

许多草根组织领导者因受教育程度不高难以成为优秀领导。较发达国家中社会经济地位较低的草根组织领导者与发展中国家中的许多草根组织领导者都属于这种情况。安德森(Anderson,1964)发现许多草根组织领导者由于自身贫穷或道德沦丧都涉嫌私吞公款或伪造账目等腐败行为。毫无疑问,领导层的腐败行为会打击组织成员的积极性,大大挫伤成员对组织的忠实度。草根组织领导职能的模糊也是一个问题,因为领导者一般并不了解自己的职能,又没有行为榜样作指导。坚守志愿非营利主义的领导一般都能成为优秀领导,比起现代西方民主国家,在发展中国家中,坚守此理想的草根组织领导要少很多。

就领导方式而言,现代西方发达国家的授薪制志愿组织、现代西方草根组织、发展中国家的草根组织三者之间有显著差异(Chrislip and Larson,1994;Esman and Uphoff,1984;Fisher,1993;Herman and Associates,1994;也可参阅本书第二部分其他章节)。志愿组织管理这一新兴研究领域的研究文献往往将这三者混为一谈。这种看法与现实情况相距甚远,也是志愿非营利部门"地平"范式之一。

我们可以看到,"发达国家""地平"范式影响广泛。这一范式认为不同国家的草根组织与其他志愿组织大致相同,无论这些国家的社会经济发展水平差距有多大(Horowitz,1972)。在许多方面,这一范式与"国家主义""地平"范式(认为一个特定国志愿活动是独特的,与其他国家的志愿活动截然不同)恰恰相反。总体而言,这两种范式都是错误的。

第七章 领导与环境

草根组织环境及环境与组织的关系

在过去三十年间,研究主要关注的是工作机构的环境及环境与工作机构的相互作用。对这一问题的研究也许始于尤特曼和斯绍（Yuchtman and Seashore,1967,也可参见 Aldrich,1979;Pfeffer and Salancik,1978）。研究表明工作机构对其环境会施加影响,反之亦然（Hall,1996,Chap.11）。哈尔（Hall,1996,Chap.12）通过对机构间关系的文献综述,发现机构间的某些关系十分复杂,需要更多相关研究。要将这一研究结论放大数倍（将数据平方或者四次方）才能反映出对草根组织机构间关系研究的匮乏程度。现有对组织间关系的研究大多关注授薪制非营利组织,但研究很少涉及非营利组织与环境的相互作用。

我在本书其他许多地方也探讨过草根组织环境问题：

第一章：草根组织的总环境

第二章：草根组织与授薪制志愿组织地图

第三章：志愿非营利部门的选择；成员受益与非成员受益目标；自治度；成员准入标准、常规组织与异端组织

第五章：组织地域范围；组织自治；税收减免；成员受益与非成员受益目标；多形态联系；成员资格重叠

第六章：外部资金；政治活动；权力；威望；异端行为；成员招募；组织横向合作

第七章：领导者准入；资源获取

第八章：草根组织年龄与外部联系；草根组织年龄与资源获取模式

第九章：外部影响力组织效力的外部影响因素

因此，我在本章这一简短章节中关注的主要问题是美国草根组织与政府之间的关系。美国的草根组织极少与政府发生联系。大部分草根组织都没有在税务机构正式注册，也没有直接获得正式的免税文件。大部分草根组织也没有获得地区政府给予的任何资助。美国的政府部门一般不干涉草根组织的自治，除非草根组织是纯异端组织或（涉嫌）犯罪组织。许多草根组织试图就其关心的问题在某时对当地政府施以影响，有时也成功影响了政府机关（参见第九章）。现有研究并没有表明草根组织对政府施加影响的成功几率有多大。据我所知，大部分研究关注的是单一草根组织对政府施加的影响，并不关注特定区域内所有草根组织对政府施加的全部影响。有时，就特定项目或事宜，草根组织会与当地政府机构结成同盟。

与政府联系紧密的草根组织也有一些。例如：志愿救火队与医疗分队通常部分由当地政府财政支持（提供设备楼宇等）（Gora and Nemerowicz, 1985; Perkins, 1989）。当地政府会通过学校作为赞助者对附属于公立学校的学生草根组织提供非正式支持（至少会提供会议场地）。地方草根组织也许会就利益问题与当地政府委员会交涉。

在欧洲及其他地域，草根组织与政府之间的关系更为密切。在欧洲各国，政府与全国性组织之间的社团主义关系在地方层面也得到体现（Boli, 1992; Gjems-Onstad, 1990）。这部分是由于欧洲各国的草根组织都更依赖当地政府（Boli, 1992; Van Harberden and Raymakers, 1986）。在如中国这样的国家，政府的职责之一就是促进草根组织或公众利益社团（通常不是自治机构）与当地政府之间的紧密联系（Mok, 1988; Zhou, 1993）。

授薪制志愿组织与政府的关系对其则更为重要（Gidron, Kramer, and Salamon, 1992; Hall, 1987a; Johnson, Ourvan, and

Young,1995;Smith and Lipsky,1993)。授薪制志愿组织须在税务机关正式注册,免税也要通过正式手续。与草根组织相比,授薪制志愿组织通过合同或捐款接受政府资助的情况要普遍得多,这样的资助也是授薪制志愿组织的部分资金来源(Rekart,1993;Smith and Lipsky,1993)。与政府的紧密联系减弱了授薪制志愿组织的自治度。再者,志愿组织的免税地位对其参与政治活动有各种法律限制,授薪制志愿组织一般不直接参与活动制造政治影响。但是,诸如国家性组织或游说团体这样特定类型的授薪制志愿组织也会直接谋求政治利益。就特定项目或事宜,授薪制志愿组织经常会与当地政府机构结成同盟。

总　　结

由表7.1可见(组织环境方面的差异大多在其他章节给出),就组织管理与组织环境而言,草根组织与授薪制志愿组织差异甚多。首先,与授薪制志愿组织相比,草根组织的领导者更占主导地位。在授薪制志愿组织中,领导的作用很重要,但由于草根组织缺乏其他的管理架构,领导者在草根组织中的角色则更为关键。其次,草根组织领导者主要由组织成员选举得出,而授薪制志愿组织的领导者则往往由理事会委任或选举得出。再者,草根组织领导者及其下属大部分或全部都为志愿者,而据定义,授薪制志愿组织的领导者及大部分下属都为带薪员工。本书第四、第六章曾论述过草根组织比授薪制志愿组织的专业度要低,我在此重申此点。最后,就领导者特质而言,草根组织领导者与授薪制志愿组织的领导者通常由社会地位较高的男性担任(在由女性主导的草根组织中,领导者由社会地位较高的女性担任),具有积极—高效的性格特征。然而,由女性主导的授薪制志愿组织要比由女性主导的草根组织少。与授薪制志愿组织领导者(更可能为独裁领导)相比,草根组织领导者更可能展现出个人魅力。

表7.1 草根组织与授薪制志愿组织领导者与环境的比较

草 根 组 织	授薪制志愿组织
领导者的角色至为关键	领导者的角色重要
领导主要由成员选出	领导由理事会指定
领导者专业程度低	领导者专业程度中等/高
领导者由社会地位高的男性担任	领导者由社会地位高的男性担任
领导者具有积极—高效的性格特征	领导者具有积极—高效的性格特征
领导者更具个人魅力	领导者较少个人魅力
领导者关怀度高	领导者关怀度中等
监管力度弱	监管力度较强
优先目标模糊	优先目标较为明确
常规资源获取职责	营销职能
领导职能由成员担任	部分领导由非成员担任
领导选拔不严格	领导选拔较为严格
与政府联系少	与政府联系较多

比起授薪制志愿组织的领导活动,草根组织的领导活动更重视对组织成员的关怀。草根组织领导对组织活动的监管力度较弱,而授薪制志愿组织对组织活动的监管力度中等或强,这基本是由休闲组织与工作机构间的区别造成的。志愿者服务项目性质上属于混合体——将休闲组织因素融入工作机构的身份中,因此我们可以推测,志愿者服务项目的活动监管力度介于草根组织与授薪制志愿组织之间。相对于授薪制志愿组织,草根组织的优先目标比较模糊。资源获取对于草根组织领导来说属于常规职责,包括收取会费和筹集捐资,有时也包括对特别筹款活动和对外筹资的监管工作。在授薪制志愿组织中,营销职能则更突出。草根组织的领导都是由成员担任,

而授薪制志愿组织的领导有时由组织外部的非成员担任。草根组织对领导者的选拔不是很严格,因此,比起授薪制志愿组织(对带薪领导者有资质和表现方面的要求,选拔较严格),领导素质的问题也较多。比起授薪制志愿组织,美国的草根组织与政府的联系不大紧密,资金上不大依赖政府,自治程度较高。

第八章　草根组织生命周期中的演变

本章探究的是与草根组织复杂性相关的种种发展倾向、草根组织生命周期中的其他演变、演变的根源，以及草根组织抵制组织复杂化压力与生命周期中其他演变的策略。本书第四章至第七章探讨的是草根组织激励、架构、流程、领导管理各要素。本章则着重从时间跨度的角度来看待这些要素。

定　　义

我用**复杂化**（complexity）这一术语来概括草根组织（或任何机构）架构与流程方面林林总总的特征。我在本书的观点是：复杂化反映了组织愈来愈深入地思索自己如何构建、如何利用资源和机遇。我的观点可以用韦伯组织"理性化"理论来说明：领导者与成员（不同程度上）都在不断思索如何最合理地利用组织资源来达成组织目标。"组织理性化"领域的理论和研究始于韦伯（Weber，1947，1952，其最早著作出版于20世纪初）。韦伯认为现代组织的一大特征就是架构与流程的逐步理性化。相对于较为传统的组织，韦伯尤其对现代组织逐渐加深的科层化表示惊讶。但他的研究主要关注工作机构而非草根组织（参见 Weber，1972）。

我将工作机构定义为大部分或全部工作都由带薪雇员完成的机

构(Smith, Reddy, and Baldwin, 1972a)。工作机构包括企业、政府部门与授薪制非营利机构,并不包括家庭,但公社中的家庭除外,因为在公社中,一个家庭中的成员往往作为一个工作单元,其劳动以实物支付。工作机构往往会与不同地域级别的志愿者机构(如草根组织)相较而论。如果工作团体为正式机构(通常情况下是)(Smith, 1972a),那么就会被称为"工作机构"。非正式的工作团体也同样存在。由于架构不正式,传统的农户可以被称为作"非正式的工作团体",却并不能被称作"工作机构"。上文曾提到:授薪制志愿组织比草根组织复杂,通常拥有多得多的雇员,内部部门分化程度高,拥有较多寡头领导、较多收入与资产,正式程度也较高。

组织研究领域的另一位先驱密契尔斯(Michels, 1911, 1968)通过政党研究发现了他所谓的"寡头铁律"。相对于组织决策由各级成员作出的组织民主,寡头统治指影响力集中在少数领导手中的管理体制。密契尔斯研究的政党中一部分属于草根组织,但大部分政党属于授薪制非营利组织。他的深刻洞见启发了草根组织与超社区组织领域的许多研究。韦伯提出的科层组织(组织特点:角色分化或劳动分工;多级层级分化;管理者权责明确;员工技术过硬;成员间的关系只有对事的关系而无对人的关系;正式的工作规章流程;雇员酬劳差异制)与密契尔斯提出的寡头统治(影响力集中在少数高层决策者手中)是我所谓"组织复杂性"或者"团体复杂性"的两方面体现。

在草根组织的科层化程度可以通过组织现存层级的数量来衡量(若要测量全国性组织的科层化程度,请参看 Gamson, 1990, and Knoke, 1989, 1990b)。与拥有两个层级(成员与非正式领导者)的草根组织相比,拥有多个层级(例如:在册成员、委员会成员、委员会主委、副会长、会长)的草根组织的科层化程度更高。而权力集中度(与内部民主相对)可由"组织内各层级对战略性决策的参与度和参与多样化程度"(Hage,1980,p.65)来衡量。若一个草根组织的所有决策均由会长一人作出,这一组织的权力集中度就高,而若一个草根组织从下往上的所有主要层级都会参与制定重要决策,这一组织的权力集中度就低(Tannembaum,1961)。费里斯比(Frisby,1985)确定了组织复杂性的其他多个因素,这些因素在草根组织和工作机构中都有所体现。这些因素包括正规化(采用正式文书)、专门化(权责分工明确)、专业化(强调受教育资质)与非人格化(工作关系对事不对人)。

工作机构(包括全国性组织)的复杂度随存续时间增加

工作机构从一开始就比草根组织更为复杂,而且随时间推移会倾向于变得更加复杂。霍尔(Hall,1996)通过研究工作机构,发现较大规模的(雇员/会员多)、历史发展中科层化程度曾经较高的、仅仅依靠单一资金或资源(这样会由于要达到强大的外部组织的期望,机构内部往往会向理性化变革)的机构科层化的程度较高。

许多研究者都发现,随着组织发展,授薪制非营利组织(也包括由草根组织变革成的授薪制非营利组织)有复杂化的趋势,尤其体现为影响力集中度提高,职务专门化/内部分化程度增加(Clark,1937,p.19;Ferree and Hess,1995;Johnstone,1992,Chap.3,Chap.5;Kikulis,Slack,and Hinings,1992;King,1956;Kleidman,1994;Lipset,Trow,and Coleman,1956;McNamee and Swisher,1985;Michels,1911,1968;Nall,1967;Piven and Cloward,1979;Scott,1991;Trojan et al.,1990;Zald,1970)。形形色色的地区性和全国性机构以及所有的社会运动都呈现逐渐复杂化的趋势,我可以举出几百个例子。

对于授薪制组织随发展逐渐复杂化，研究者关注的可能原因主要为组织规模的扩大（Alers and Campbell，1970；Caplow，1957；Ferree and Johnstone，1992，Chap.3）；研究者关注的组织复杂化的可能原因还包括组织存续时间的增加（Ferree and Hess，1995；Scott，1991）；为响应组织内部对效率和民主的要求而改变组织架构（Zald，1970）；因组织成员对组织漠不关心，领导职责更为艰巨；只有组织变得更为复杂，获取外部资金（包括保险、医疗保险、基金与资助合同）的机会才会增加（Abel，1986；Frisby，1985；Milofsky and Romo，1988；Panet-Raymond，1987；Piven and Cloward，1979）；组织为提高信誉、被公众接受、希望看似运营良好、为承担财政责任、为保持权力和追求政治影响力而变得复杂（Frisby，1985；Gamson，1990；Knoke，1990b；Manes，1990；Milofsky，1987）；魅力型领导逐渐被功能自主型领导取代（functional autonomy of leadership bodies）（Johnstone，1992，p.47）；组织周围大部分工作机构都逐渐变得更加复杂、更为科层化（DiMaggio and Powell，1983；Scott，1991，p.181）。司各特（Scott，1991）著作中有一章的标题精妙地宏观概括了上述各原因："组织因追求复杂而复杂"（As Organizations They Could Ask and Gain）。复杂性使一个群体更加成为一个组织，也因此更为非成员所关注。

除了上述促进组织复杂化的因素，也有一些因素会阻碍组织随存续时间复杂化或正规化/科层主义化，这些因素包括：组织希望将面对面的交流作为活动的主要形式，以维持其小规模、非正式、人际关系密切的特征（Freeman，1975；Kanter and Zurcher，1973；Katz，1993；Wertheim，1976），从而增强组织内部凝聚力、更好地执行组织任务（Gerlach and Hine，1970）；组织在接受非成员或非成员组织的捐资的情况下希望保持其自治性（Freeman，1975；Riger，1983）；组织认为标准工作机构管理的理论与技巧与其毫不相关(Knoke and Prensky,1984;Walker,1983);组织对当地社区成员高度开放(Boyte, 1980,1984;Milofsky,1988a);组织成员信仰民主化、简单化(Clark, 1937);组织重视保持组织自治和内部凝聚力(Steinman and Traunstein,1976);组织(尤其是异端非营利组织)担心被有关当局发现并起诉(Lambert,1992;Luza,1989;Manes,1990;Smith,forthcoming a)。

除对效率和效能的追求外,人类还有许多其他的重要价值追求。为实现邪恶的目的,人类历史上一些最残忍的独裁政权(如希特勒、斯大林)曾经屠杀了数以百万计的无辜民众,这样的屠杀效率很高、效果也十分显著(Rummel,1994)。除了追求效率与效能,大多数人类都渴望置身于一个充满关爱、友善的组织人际关系网中。这样的组织规模必须足够小,才能拥有真正的内部民主,也必须拥有一定的资金,以避免因依赖外部组织的资助而受其干涉。

哈里森(Harrison,1960)通过对韦伯的研究总结得出:志愿组织(他在这里特指草根组织)基本上是反权威的。他认为这些组织的出现体现了人们对科层组织方式的需要与对中央当局不信任这两者之间的某种平衡。现在,我们了解了学者对非营利组织复杂化持有不同的观点,也就能清楚地看到草根组织领导者和成员确实可以选择是否要让组织趋于复杂化。上文已指出:组织复杂化与非复杂化各有其利弊,这点我们需要考虑到。克利德曼(Kleidman,1994)通过对美国三个和平运动的研究,发现组织复杂度增加并不意味着草根参与者的减少。然而,克雷比尔(Kraybill)和佩尔曼-古德(Pellman-Good)(1992)指出了社区团体专业化背后的弊端。

全国性组织一般比草根组织规模大,因为全国性组织通常拥有较大的地域人口基数,因此在其地域范围内可以获取到较多的成员与经济资源(关于全国性组织参见 Knoke,1990b,Nall,1967,and

Smith，1992a，与之对比，关于草根组织，参看 Wuthnow，1994 以及第二章）。由于成员较多、经济资源较为充足，全国性组织各层面的复杂度通常也较高。

扎尔德（Zald）和阿什（Ash）（1966）提出了有影响力的社会运动组织消长理论，用来阐释组织变革。他们认为韦伯和密契尔斯理论中"组织变革中的制度化与目标错置"可以被视为"随着（运动型）组织获得经济基础与社会基础，个人魅力型领袖就会被取代，科层化结构会随之出现，机构总体开始对社会作出适应性调整"（p.327）。他们还表明这样的组织变革并不仅仅是时间作用的结果，还与社会对该组织支持（情感与物质双方面的支持）的变动情况相关。这样的社会支持需要组织作适应性调整，需要组织变得更为极端或更具包容性，更关注外部（社会）变化与组织内对外部支持的竞争，或者放缓对组织目标的追求。

草根组织的复杂性与生命周期

我在第五章已经指出：草根组织的复杂度不及全国性组织高，更不及商业机构政府机关和授薪制志愿组织（如医院与大学）的复杂度高。在其他因素不变的情况下，草根组织的复杂度与存续时间（草根组织年龄）成正相关。通过对社会运动与社会运动组织的研究，金（King，1956）在早年的论述中将草根型社会运动组织复杂化的演变分为数个阶段。其他学者发现其他类型的草根组织也具有相似的演变阶段（Allen et al.，1995；Blair，1994；Blum and Ragab，1985；Clark，1937；Katz，1961；Katz and Bender，1976，p.122；Richan，1992；Scott，1991，p.179；Steinman and Traunstein，1976；Traunstein，1984；Trojan et al.，1990；Wertheim，1976；Wilson，1970）。这些著作都表明不同类型的草根组织的复杂度随组织年龄增长而加深。

就组织随其存续时间复杂度加深这一问题，楚德罗斯（Tsouderos，1995，也可参看 Chapin and Tsouderos，1956）对全国性与位于大都市的 10 个组织（一些为草根组织）做过一个经典研究。有趣的是，他发现随组织存续时间的增加，组织成员数会增长并首先达到顶峰，接下来组织收入达到最大值，再接下来组织的复杂度（组织管理开支与管理层人员数量）达到顶峰，组织的经济规模（组织财产）在组织人员缩减的时期也保持增长势头。

这些研究表明在一个组织中，科层化和专业化的力量强大，这一过程可以自行启动并不断持续，而不管组织是否对科层化和专业化有明显的"客观"需要。这样，组织的这一变革过程就与组织需要与组织所面对的环境相互脱节。这一发现表明组织会出现目标错置的情况——维系组织本身变得比组织初始目标更为重要。

我建议非营利组织可以对组织复杂度做定期测评或年度审查，以确定组织在人力与财力资源都匮乏的情况下，其复杂度并不会自行增加。为审查组织复杂度的各层面，应由审查分委会审视某一特定的组织结构是否过于复杂、对资源的消耗是否过多，也要审视组织结构是否因过于简单而效能不足。之后，审查总委会可以就分委会的审查结果进行讨论，作出组织所需的调整。每个草根组织和大部分其他非营利组织都会从以下的定律中获益："若复杂性并不能改善包括领导人与成员在内的组织整体情况，那就不要实施任何需要组织复杂化的计划"。一旦组织的复杂度达到一个新的高度，就很难重新变得简单了。

通过对波士顿郊区 59 个草根组织的分层研究，史密斯（Smith，1992b, p.261）发现草根组织的年龄与正式程度明显相关。历史悠久的草根组织往往更为正式：拥有正式的会员名单和正式文书（例如：章程与法规）；通常将参与者和不活跃的在册会员都视为组织成员（非正式草根组织仅将活跃会员视为组织成员）。

米洛夫斯基（Milofsky,1987）的一项相关发现表明，为应对筹资需要，社区草根组织变得更为科层化，以便让外部捐资机构看到组织很负责任并运营良好，因此应该得到支持。布瑞曼（Bryman）、基林沃特（Gillingswater）和麦克吉内斯（McGuiness）（1992）在报告中指出：三个英国志愿组织由于需要外部资金，专业化程度提高，并采用某些商业运营模式，却忽略了组织原先对残疾人出行的关注。在20世纪初，某些草根组织对外部资源的依赖曾导致其专业化程度提高。为使志愿者被组织排除在外，带薪社工对他们施加政治压力（Romanofsky,1973）。

草根组织专业化的极端情况是组织转变为授薪制非营利组织。蒂姆伯利（Timperly）和奥斯巴德斯顿（Osbaldston）（1975）描述了英国的管理型草根组织的一个地方分支的专业化变革过程。莱文（Levine,1970）指出在服务型草根组织在其历史中，也曾反复出现这样的转变。瑞产（Richan,1992）描述了一个转变为知名社会服务机构的小型志愿者草根机构。司各特（Scott,1991）发现美国历史上曾出现过很多转变为授薪制非营利组织的女性草根机构。体育机构一般都是从草根组织开始，逐渐转变为半专业机构，最后转变为专业机构，垒球协会（McCuire,1996）与其他奥运会运动项目协会（Whitson and Macintosh,1989）都是如此。在这里我还可以就从古至今的草根组织类型转变举出许多相关例子。

草根组织复杂化的原因

韦伯（Weber,1947）认为科层化是组织理性化重塑（具有竞争力的公司的所有者/管理者采取理性化重塑以使公司效率、效能和利润最大化)的结果(DiMaggio and Powell,1983)。由于草根组织会相互竞争,争夺成员、捐助和其他资源,随着组织规模的扩大,一些草根组织意识到使组织复杂化很可能会提高组织的效率与效能,就推进了组织的复杂化演进。

迪马乔(DiMaggio)和鲍威尔(Powell)(1983)认为组织复杂化的背后还有其他动因。他们主要针对工作机构所提出的组织同质化现象(各组织形式不断趋近)也可推广至草根组织。具体而言,他们发现了造成组织复杂化的三种同质化。

强制同质化

强制同质化指的是法律大环境要求各组织采用相似的年预算、年报、审计和会计报告、采用相似的标准运营流程,甚至为满足潜在的外部助资人而谋求相似的科层化发展。米洛夫斯基(Milofsky,1987)在他对社区组织的研究中提到过强制同质化。很明显,外部(非成员)助资会给草根组织以压力,促使组织个层面的复杂化(Milofsky and Romo,1988;Saltman,1973)。然而,由于草根组织的"法律环境"非常宽松模糊,与迪马乔(DiMaggio)和鲍威尔(Powell)(1983)研究中的工作机构不同,草根组织面临的强制同质化压力很小。

模仿的过程

在某些情况下,由于对前景的不确定,组织间存在互相模仿的现象。新组织往往会模仿其认为成功组织的知名组织。处于设立或新设阶段的多形态草根组织尤为如此,会在组织形式上模仿知名的多形态草根组织。多形态草根组织的州级或全国性协调机构通常会指导新设的多形态草根组织,让它们的这些新分会/分支采纳"可靠有效"的运营方法。单形态草根组织也可能会模仿被认为与它们相似的成功的地方性草根组织(多形态组织或单形态组织)。

规范压力

规范压力主要来自组织专业化("professionlization",用我之前给出的术语"professionalism"来表示则更为确切)。专业化对一个行业的准入加以控制,通过相似的教育机构或职业网络/机构来培训新员工。曾有学者提到"组织的声誉与资源是吸引专业人士的关键因素"(DiMaggio and Powell,1983,p. 154)。但我不认为这两个因素能够解释草根组织的复杂化,因为草根组织一般并没有带薪专业管理者。若拥有这样的管理者,草根组织往往会向授薪制志愿组织转变。

迪马乔(DiMaggio)和鲍威尔(Powell)(1983)提出促进组织同质化的多个假定因素。这些因素包括:某领域的专业化程度强;可以学习的典范较少;与政府的联系较紧密;较多依赖单一(或数个相似的)支持源;组织管理者较多参与行业(专业)协会;在选拔管理者时较多考虑其学术资历;组织目标较为模糊;从总体上较多依赖于其他组织。这些因素很多都不是草根组织复杂化的缘由,因为与授薪制志愿组织不同,草根组织往往并不会面临这些情况。在上述的多个因素中,只有组织目标较为模糊与较多依赖其他组织两个因素会促使草根组织复杂化。研究者需要对这些假定因素作进一步研究。

草根组织通常为低复杂度或中度复杂的组织。多形态草根组织一般比单形态草根组织的复杂度高。然而,多形态草根组织更为常见,占草根组织总量大约一半。附属于超区域母组织或超区域协调机构的草根组织的复杂度随组织规模和年龄增加得最快,复杂度往往最高。若草根组织主要依赖于同一社区中的其他志愿组织,就不会出现上述情况。与教会和教育机构相关联的草根组织往往较为非正式、复杂度也较低。与学校相关联的草根组织的平均复杂度至少中等,但比附属于超区域母组织的草根组织的复杂度要低。

其他因素

一些其他因素也可以促进草根组织随着存续时间而更为复杂。因素之一就是草根组织的成员、收入和活动总量的急剧增长。并不是所有草根组织的规模都会随时间扩大,但那些成员规模显著扩大的草根组织通常会提高组织各方面的复杂度,以便更好地掌控组织活动(Burt,1990;Traunstein and Steinman,1973;Wertheim,1976)。再者,若组织拥有较多的成员与其他资源,就可以有更多人力来应对复杂度的提高。

对草根组织的研究表明,虽然组织存续时间的长短与组织规模大小相关,但草根组织随存续时间复杂度增加的主要原因在于组织规模的扩大,而并不在于组织存续时间的增加(很可能对所有组织都是如此)(Caplow,1957)。随着草根组织成员数和活动总量增加、资金增长,组织的领导/管理责任就会变得更为复杂多变,一位或少数管理者就不能满足组织的管理需要。草根组织复杂度加深后,也需要更多的领导者(如:多个副会长、多个委员会)分担管理责任。

虽然许多草根组织在作决策时都相当民主,但草根组织的民主进程依然进展缓慢艰难(虽然在所有决策者都在线的情况下,使用电子邮件可以加快决策速度)。随着组织发展,草根组织往往会因压力而从直接民主制转变为由选举产生的管理者和理事会理事作决策的代议式民主制。决策权的集中通常会提高决策的速度,但也往往会引发寡头统治(Lipset et al.,1956;Michels,1911,1968)。在草根组织的许多成员和领导看来,决策权集中是一种进步,因为他们一般意识不到伴随决策权集中而产生的寡头统治问题。这样的忽视往往会使组织最终走向专业化(拥有带薪员工,特别是拥有带薪领导者)。

研究者往往认为当草根组织发展到一定阶段,带薪雇员会帮助组织(正在逐步转变为授薪制非营利组织)摆脱其"间断性存在"的状态(草根组织只在其成员领导聚在一起的时候是真正存在的)。持这种观点的研究者一般认为一个"真正的"志愿组织必须拥有永久性的办公场所与带薪雇员。这种看法是不正确的,因其将草根组织和与草根组织区别很大的授薪制志愿组织混为一谈(参见本书第二部分其他章节)。能够负担永久办公场所和带薪全职管理者的草根组织相当之少。绝大多数草根组织都不愿意向员工带薪制度发展(Chan and Rammohan,1999,p. 19)。

拥有外部利益目标、为非会员提供利益或大众利益的草根组织(如环境卫生草根组织)的复杂度通常较高。外部利益型的草根组织往往更关注对组织资源和活动的控制,以便实现外部影响。在通常情况下,草根组织成员都希望组织能够扩大并更具对外影响力,将组织复杂度的增加视为实现这些目标的手段。组织复杂度增加通常会吸引更多外部资金与助资合同。与外部利益型草根组织相反,成员受益型草根组织(如自助型草根组织与教会草根组织)往往更关注成员间的凝聚力、成员满意度、成员的进步与其他成员收益。总体而言,以非成员或社会成员受益为目标的外部利益型草根组织会更容易变得复杂化(Abel,1986;Panet-Raymond,1987),而关注成员需要和满足的内部利益性草根组织则不大会变得复杂化(Gordon and Babchuk,1959)。对外部利益型草根组织来说,复杂化会有助于组织目标的实现,但内部利益型草根组织却没有复杂化的需要(Schmidt and Babchuk, 1972; Steinman and Traunstein, 1976; Wertheim, 1976;

Wuthnow,1994)。

草根组织专业度和专业化的理念往往是由曾在政府部门、商业部门或授薪制志愿组织工作过的领导或组织成员引入的(Hall, 1990)。由于没有真正明白草根组织与这些授薪制组织的内在不同,这些"引入者"以为他们对组织复杂化的推进(包括使草根组织更依赖于带薪雇员)对草根组织而言大有裨益(Drucker,1990)。蓬勃发展的非营利管理领域深深吸引了某些草根组织领导和成员(Herman and Associates, 1994; O'Neill and Young, 1988; Rubin, Adamski, and Block,1989;Wish,1993)。这些"非营利组织专家"往往生搬硬套全国性组织甚至是工作机构的运营流程来试图推进草根组织的发展,而不管这些运营流程是否适合草根组织(Klausen,1995;Knoke abnd Prensky,1984;Walker,1983)。

这些领导者也许觉得这样做可以让草根组织跻身于"主流"志愿组织。这种做法虽然用心良苦却误入歧途。草根组织虽然规模小资金少,但却拥有显著的"志愿精神"或志愿性利他主义态度(参见第一章)。多数情况下,负担永久办公场所和带薪雇员的草根组织会迅速破产瓦解。美国数以百万计的草根组织虽没有这些使组织复杂化的场所和雇员,但却运营良好。在此我并不是说草根组织复杂化的所有层面都是没有潜在价值的,但我对某些不必要的代价不菲的价值深表怀疑。

草根组织复杂化进程存在某种类型的"滚雪球效应"(Saltman, 1973)。若组织的一个层面被复杂化,为保持组织各层面的一致性,组织就会面临内部压力,必须全面推进组织的复杂化。组织每一次朝着复杂化的变化都会被某些领导用以证明组织继续复杂化的合理性。草根组织(或其他组织)的领导者很难明确何时应该停下复杂化的脚步、终止复杂化进程。每次组织复杂化都可能造成组织成员忠实度与参与度的降低,这样就可能会使组织更需要提高专业度并加深组织其他方面的复杂度。

因此,对草根组织来说,情况就如同零和博弈,鱼和熊掌不可兼得。对组织付出甚多的志愿者对组织往往相当忠诚。但如果组织向寡头统治和专业化(复杂化随之而来)方向有显著发展的话,组织志愿者对组织投入的时间与忠诚度都会降低。研究者认为组织复杂度的提高可以使组织提高效率,并可能使组织扩大其影响力。但即使效率会提高、影响力会扩大,这些进步也是以组织成员忠实度、参与度、凝聚力甚至满意度的降低为代价的(Steinman and Traustein,1976;Werthem,1976)。

不幸的是,草根组织的领导及成员往往意识不到草根组织转变为授薪制非营利组织所意味的大转变。对他们而言,增加一两个带薪员工,租赁一间办公室等改变都是小菜一碟。但正是这样的严重错误认识将许多试图向授薪制非营利组织转变的、本来前途光明的草根组织引向灭亡(这是我通过文献与个人经验得出的定性判断)。草根组织一夜之间转变为授薪制非营利组织,需要比从前多20倍的资金和筹资活动来支持其运营,于是突然而来的财政负担将草根组织推向了灭亡。即使有外部资金支持草根组织安然度过这一重大财政转变,(现在成为授薪制非营利组织的)草根组织也许会在以后的数年都得不到这样的资金支持,也不知道如何使变化逆转,重新成为草根组织。授薪制志愿组织这一形式会显著减弱成员忠实度与志愿者参与度,这样一来,组织就很难变回单纯依靠志愿者的草根组织了。在下一节我会谈到,某些草根组织虽然因为活动与成员的增加需要增加复杂度,却并不愿意这样做。

复杂度本身不应该被视为一个独立的值,这与各领域的许多组织领导者的观点相反。复杂度是组织实现其实体目标的工具与手段。这一工具若被误用或滥用,高复杂度就会抑制组织内的人本精神与情感(Mason,1996),组织原有的人际关系会被非人际关系所替代(Schmidt and Badchuk,1972;Steinman and Transtein,1996;Wertheim,1976),组织原有的成员共同决策也会被寡头统治所取代(Scott,1991,p.179;Tannenbaum,1961;Wertheim,1976),原有的创造与变革会被服从规则取而代之。组织高复杂度还会带来其他种种弊端,这些弊端给草根组织或其他组织带来了损害。

规模的扩大需要草根组织复杂化,但除此之外,草根组织还有其他选择。草根组织可以被划分为数个独立运营的新组织,每个分组织都在一个较小区域单元内运营,或者每个分组织都有不同的组织分目标(Wertheim,1976)。如果组织内多数成员都希望保持先前组织的特性,这些新的分组织可以采用松散的联盟形式。小型阿米什社区对组织的划分与此类似,这一美国草根组织在300年间都是这么做的。

草根组织除复杂化外的其他选择

我(Smith,1992b)为研究半正式的草根组织,曾研究过位于美国东部中产阶级社区的59个草根组织(见附录三)。我的研究样本中有36%的组织在架构和运营模式方面是半正式的,而在其他方面是比较正式的(在 Smith,1972c 中可以找到定义)。我为探究这一安排的逻辑所在,进行了额外的访谈研究。访谈中,领导者给的主要理由是非正式的架构与运营模式虽然有某些缺陷,但却能够使组织高效良好地运营,因此为他们所青睐。在这些半正式组织中,参与会议的人被称为成员,没有参与会议的人不属于会议成员,但组织的老成员仍将经常不参加组织会议的人视为成员,因为这些人可以通过参加以后的会议来重新获得成员身份。这些半正式草根组织的组织气氛自由融洽。

这些半正式草根组织的各个层面都并不复杂,除某些组织的架构受科层化影响,拥有至少一个选拔出的领导者。有的组织拥有多个领导者,有的甚至拥有理事会(但理事会会认真听取成员意见)。在半正式组织里不存在专业化、专业性,也不存在正式化、标准化或稳定的带薪雇员,但这些组织常常拥有稳定的领导——寡头领导。运营组织的志愿者并不假装自己很专业,他们只是尽力做好自己的工作,并不担心组织没有专业的管理标准、没有应用营利组织的标准管理模式,也不会想要将组织运营的各个细微方面逐一由理事会决策并落实在规章上。研究工作机构或全国性组织的学者想当然地认为只要是组织就应该拥有理事会,但实际上,对于我研究过的草根组织而言,拥有理事会意味着组织的复杂化。

现在让我们回到我对美国美国东部郊区的研究(附录三)。研究表明:半正式草根组织与常规(较正式的)草根组织的区别在于:半正式草根组织都只将活跃参与者视为组织成员(100%)、一些组织没有正式的员工名单(43%)、一般会(在我的访谈中)告知他人组织是非正式的、一般将非正式性视为草根组织的特质(67%)、大多没有诸如规章或章程这样的正式化文书(76%)(参见 Smith,1992b,p.258)。上述第一个差异可以用于区别两类组织,其他差异的置信水平约为 0.5 或者超过 0.5,可以在一定程度上用于区分这两类组织。

半正式草根组织除了上述特征,还拥有其他特征,例如:这些组织通常没有招聘专员、没有会员卡、年度活动的形式比较特别、对志愿者的支持人员(如管理者、理事或委员会常委)较少、只拥有四位常规领导者(会长、副会长、秘书长与财务总监)中的一个或多个而非全部、没有额外官员、通过会费获得的资金较少(也就对捐资依赖较多)、与其他组织联系较少、组织自治度较低(Smith,1992b,p.261)。

我的另一个重要发现表明:半正式草根组织的年龄通常比正式草根组织要小得多(Smith,1992b,p.261)。这表明非正式性或简单性存在于许多草根组织的初级发展阶段,随着组织年龄增长、复杂度加深,就往往不再如此。有趣的是,与其他对组织复杂性的研究相反,我的研究发现:半正式草根组织的规模并不比正式草根组织要小很多。

很明显,草根组织中很大一部分的组织虽然符合正式组织的标准(Smith,1972c),但在架构和运营方面都是非正式或半正式的。伍斯诺(Wuthnow,1994)将这一存在于数以百万计的小型支持型草根组织的现象称作"小型组织矛盾",并巧妙地将其描述为"小型组织的非正式性建立在正式架构的基础上,而其正式架构正是由于促进了非正式性才被成员所接受"(p.158)。从集体到非正式/半正式组织,再到正式组织,我们可以看到组织从不正式到正式的连续变化(Smith and Dover,forthcoming)。

其他研究者也有类似的研究发现。通过对53个地区级或全国性社会运动组织(这些组织一般都有地方分支)的研究,盖姆森(Gamson,1990,p.91)发现55%的组织在寻求社会变革的过程中都一直保持着非正式的架构。格拉克(Gerlach)和海因(Hine)(1970)明确认为对于社会变革组织来说,某些非正式的网状架构会更为有效。

许多历史可以追溯到19世纪的女性或女权主义草根组织的架构都很简单。这些组织所拥有的资源不足、规章也不完备,无法成为复杂的草根组织或授薪制志愿组织,组织本身也不愿意复杂化(Blair,1994;Scott,1991)。弗里曼(Freeman,1975)曾描述过现代女性运动草根组织是如何顶着某些成员希望组织复杂化的压力,依然坚持自身的非正式与低复杂度。通过对女权主义草根组织的研究,瑞格(Riger,1983)发现组织的价值体系会影响组织的复杂度。重视组织凝聚力和财政独立的组织一般都是小型非正式的组织,成员间的关系亲近。重视效率和金钱的组织的正式化程度高、拥有等级架构(科层化、复杂化)。草根组织内部的主要价值观的冲突总有一天会将组织引向灭亡(参看 Wertheim,1976)。

总而言之,草根组织要想保持小规模和简单架构,就要坚守某种价值理念。司坦根伯格(Staggenborg,1989)研究了两个芝加哥女权主义组织。这两个组织在复杂化问题上有很大分歧。其中一个组织较为非正式、影响力较为分散,这个组织曾试图创新,但却以解散告终。另一个组织更加正式、影响力较为集中,这个组织成功地生存下来,但却以组织战略目光变得狭窄为代价。这一发现与盖姆森(Gamson,1990)的发现相一致。盖姆森发现对社会运动组织而言,中央集权化与科层化有助于组织取得新进展。

其他类型的草根型社会运动组织采用简单架构,并不随着存续年限复杂化,以便抵御社会和社会管制机构的控制。二战时期,纳粹占领国的地下防御草根组织就是如此(Ehrlich,1965;Foot,1976;Luza,1989)。上世纪美国的激进草根型社会运动组织也是如此。诸如"地球第一"(Earth First!)这样的激进环保草根组织的架构都较为简单(Manes,1990;Wolke,1991)。各种地方性激进贫民运动草根组织的架构通常也较为简单(Piven and Cloward,1979)。上世纪六七十年代在美国成立的各种草根型社会运动组织(至少是一开始)都更偏爱简单的架构,如黑人影响力运动组织(black power)(McAdam,1982)、和平运动组织(Chatfield,1992)、公民权利运动组织(Blumberg,1991)以及其他草根型社会运动组织。此类草根组织对社会监管机构的抵御是有其道理的。布莱克斯托克（Blackstock，1976）曾描述过美国联邦调查局（FBI）在上世纪六七十年代对社会运动组织发动的非法"战争"。马内斯（Manes，1990）也提到过近年来 FBI 对地球第一组织的种种攻击。

自助型草根组织更重视保持其成员亲密度与凝聚力，一般都会拒绝复杂化。加特纳（Gartner）和瑞斯曼（Riessman）（1984，p. 18）认为自助型草根组织是由于自身形式和自身选择而缺乏正式性（参看 Dividson，1979；Katz and Blender，1976，p. 122）。斯汀曼（Steinman）和劳恩施泰因（Traustein）（1976）研究了 76 个自助型草根组织，发现自助型草根组织为保持其自治性与凝聚力，并不愿引入民众服务授薪制志愿组织内部存在的科层化与专业化。这些自助型草根组织在对复杂化（包括专业化、正式化和集权化等层面）的抵制上立场坚定。

特诺伊（Trojan）等研究者给出了自助型草根组织的五阶段发展模型：在发展的最后阶段，组织复杂度（职责分化度与制度化程度）达到最高点。他们的发现表明并不是所有的自助型草根组织的发展都遵循这五阶段的顺序，有些草根组织在稳定化阶段（团队凝聚力与向心力形成之后的一个阶段）依然保持着小规模。卡兹（Katz）和本德尔（Bender）（1976，p. 122）认为密契尔斯（Michel，1911，1968）的"寡头铁律"并不适用于全部的自助型草根组织，因为这类组织能够有意识地将抵制寡头趋势作为组织目标。

与草根组织年龄相关的其他因素

除复杂度外，与草根组织年龄及生命周期相关的其他因素有些会随组织存续时间的增加呈规则增长，但另外一些因素随组织存续时间的变化是不规则的,呈周期性变化。下文我从此类因素中选取了一小部分进行了简单探讨,并非全面的研究。在我对组织年龄相关的其他因素的研究中,很难找到草根组织年龄的全国统计数据。我还遇到一个特殊问题:草根组织的寿命通常都较短(Kellerhals,1974,p. 235;Presby and Wandersman,1985;Selle and Øymyr,1992;Smith,1992b,p. 263;Wertheim,1976)。

规模

草根组织的规模可以通过许多方式来衡量(Smith,1972c)。最常用的方式就是对官方数据(草根组织认为其拥有的官方成员数)进行统计。但有些草根组织希望让自己看上去比实际规模更大更重要,就会对官方成员数加以夸大。衡量草根组织规模次常用的方式也许是对一特定年份中,组织的预算额、收入或支出额(有时是资产净值)进行估算。经济学家通常青睐第二种估算方式。在我看来,这些经济学指标并不能够很好地反映出草根组织的规模大小,因为草根组织的主要"资产"或"收入"是志愿者的无偿劳动,如果研究者愿意,可以将无偿劳动换算成货币价值(参见第二章)。

对草根组织规模最为精确的测量方式是对组织中活跃成员(即分析成员:为组织付出时间和服务的成员)的数目进行统计(Smith,1972c;Verba and Nie,1972)。用这种测量方式,研究者可以剔除那些组织官方或在册数据所夸大的部分,将注意力放在那些在一特定年份中为组织提供服务、而不仅仅是捐资的成员。由于单单统计分析成员的数目依然是较为粗略的测量方式,研究者最好能够统计组织成员全部的FTE值,或者统计一个特定年份中草根组织志愿者的志愿工作时间总量。研究者在界定草根组织、对比带薪工作时数与志愿工作时数的时候都要用到这种测量方式。

有研究数据表明草根组织的年龄长短与组织规模(这里指官方成员总数与组织预算)相关(Trajan et al.,1990;Trouderos,1955;Wertheim,1976)。韦特海姆(Weitheim,1976)研究了35个食品合作草根组织,发现在三年的时间内,组织的平均成员总量由64位增长至105位,每个草根组织每周的平均支出也有12%的涨幅(三年内有一些草根组织成立,也有一些组织解散了,p.6)。然而,由于草根组织的自身形式决定了其平均规模较小(参见第二章),组织的规模增长总量的绝对值并不大。

草根组织的官方成员总数与组织预算/收入额往往呈正相关并相互影响(Newton,1975)。草根组织很少依靠外部收入来源,因此成员数多就意味着会费和捐款总量大。收入额大意味着草根组织有能力开展更多有意义、有价值的项目与活动,在社区里的声誉会更高,影响力更大,从而能够吸引到更多成员加入。官方成员总数和组织预算/收入额似乎与组织复杂度相关:草根组织的规模与其年龄和复杂度(尤其是专业度)呈正相关(Newton,1975)。

组织活动总量也可以用来衡量草根组织规模。但相对其他衡量方式,这种方式得到的关注微乎其微。草根组织的成员活动参与量可以采用标准的成员(官方成员或分析成员)人均活动总量来计算。由于草根组织的成员量有随组织年龄增长的趋势,组织成员活动参与量也很可能随组织年龄增长(虽然我缺乏定量数据来证明这一点)。然而,与小型组织相比,规模较大的草根组织的组织凝聚力和沟通度往往会比较弱,相应地,组织人均活动总量也较少,因此人均活动参与量有时会随着草根组织的年龄增长而减少。而且,随着草根组织成员数目增长、复杂度加深,组织会议及各种活动(除一般的成员大会外,还包括委员大会、理事会、筹资活动等)往往会增多。因此,虽然组织活动依然断续进行,也没有多少全日制带薪员工,但草根组织总体上的持续性增加了。

地域范围

根据定义,草根组织是地方性组织,但随着时间的流逝,有时草根组织会试图扩大其地域范围。为寻求更多资源(如人力资源与资金)或为发挥更大影响力,草根组织可能会在保持其在特定社区的原始基地的同时,将活动扩大至更大的地域范围内的受众/目标群。资源基地的扩大能够让草根组织更好地生存下去。已往研究很少涉及草根组织生命周期中的这一发展趋势,也很少涉及其他与地域空间相关的发展趋势。超区域组织可能也会尝试将其活动范围扩大至更大的地域范围。成功的教派,例如印度克利须那派(Hare Krishna)[①]与历史更为悠久的基督教与伊斯兰教,都曾将活动范围由地方扩展至全国,最后拥有了国际范围的影响力(Finke and Stark,1994)。上述所有组织地域扩张的保障是组织目标的连续性。

草根组织扩大地域范围还有一种模式:非常成功的草根组织可能会在其他社区中建立分支。许多全国性组织都是主要以这种模式发展起来的,但这种发展模式很少被仔细研究过。黄(Huang)和古尔德(Gould)(1974)分析了扶轮社是如何从最初的草根组织在美国发展壮大的过程。联合之路也是以建立分支的模式发展起来的(Seeley, Junker, and Jones, 1957)。匿名酗酒者互助会(Alcoholics Anonymous)也是由一个草根组织开始,逐步在全美范围内建立相似的草根组织分支,最终分支遍布全世界(Rudy,1986)。

许多(也许是大多数)多形态草根组织及其超区域母组织(通常

---

① 印度教克利须那派(即国际克利须那意识协会)是印度教的一个教派,拜克利须那为最高的神灵。

为全国性组织)(Knoke,1990b;Nall,1967;Smith,1992a)都是从草根组织开始,然后一步步扩张到其他地域而形成的。据我所知,地理学者与其他社会科学家对这一扩张过程的研究相当匮乏(参见Brown and Philliber,1977,and Huang and Gould,1974)。然而,某些多形态草根组织网络是由全国性组织从上而下扩展建立的(Sills,1957)。草根组织这两种扩大地域范围的模式的差异在于:将草根组织的活动从小范围扩展至大的范围意味着这一草根组织扩大了对成员的定义;而草根组织在其他地域建立相似分支则意味着草根组织理念和形式也扩散到了其他地域。这两种扩张模式都与草根组织的年龄与规模增长相关。

研究者并没有从本质上弄清楚草根组织或超区域组织地域范围的扩张过程。应用地理模型可能有帮助,但却并不能够解释草根组织扩张过程中组织内部的种种动态变化(Huang and Gould,1974)。研究者只对一种动态变化较为确定,那就是组织的扩张让组织领导层/领导人感到组织正在迈向更大的成功。然而,我们并不清楚领导者在规划决定扩张组织地域范围时所渴望的成功具体包含哪些因素,也不清楚领导者的对成功的预测是否实际。

同样,我们也不清楚此类的地域扩张尝试的成功率(如在五年后)。地域扩张的过程中资源调度与其他因素的角色也不为研究者所知,但也许有其潜在的重要性。组织最高领导的性格也许在这个过程中起了非常重要的影响。在极具使命感与个人魅力的领导带领下,组织很可能范围扩张得更迅速更广阔。也有一些研究证明组织领导试图通过组织地址(组织总部地点)的变动来追求组织更大的成功,并不是通过组织地域范围的扩张(Rochford,1985;Weightman,1983)。这是"隔岸芳草绿"这一现象在组织领域内的体现。

外部关系

部分研究表明随着组织年龄的增加,草根组织与其他外部组织的合作也会增多(虽然这一判断基本是通过推理得出的)。在对挪威草根组织的研究中,赛尔(Selle)和奥米尔(Øymyr)(1992)发现与外部组织的合作和联系越多,组织生存下来的几率就越大(组织的年龄也就越大)。这里的逻辑是清晰的:外部联系可以被视为资源(Yuchtman and Seashore,1967),在其他条件不变的情况下,草根组织拥有的资源越多,生存下来的几率也会越大,组织就会延续下来成为老牌组织。马尔福德(Mullford,1980)通过对一个地方性草根组织的研究,发现成员数较多的组织拥有的外部联系、外部活动(如大会和活动人数)通常也较多。由于草根组织的成员数目会随组织年龄的增长而增加,我们可以推断出草根组织的外部联系也会随着组织年龄的增长而扩展。这一点当然还需要更为直接的数据予以证明。

史密斯(Smith,1992b)也通过推断发现低复杂度的草根组织拥有的外部联系通常较少。在本章中我们曾探讨过,历史较悠久的草根组织的复杂度通常较高,因此历史较悠久的草根组织所拥有的外部联系可能会比较多。然而,在我的研究样本(附录三)中,组织年龄与复杂度之间并没有明显的相关性。因此,组织规模是决定组织外部联系多少的关键因素,而并非组织年龄。草根组织的规模越大,在当地的影响力就越大,也就越会受到当地其他组织的重视,其他组织的领导也更会考虑与草根组织建立联系,草根组织领导也更会考虑与其他组织建立联系——在一个地区内,草根组织就是这样建立起非正式或正式的外部联系的。

影响力和声誉是草根组织与非成员建立联系的资本。影响力指的是一个草根组织能够将自己的意愿强加给个人或团体的能力;而声誉指的是草根组织能够使个人或团体尊重自己的特质。影响力和声誉的高低都是由非成员的感知来衡量的,人们也常将这两者与草根组织某种类型的晕轮效应(halo effect)混为一谈。公认影响力较大的草根组织一般都被人们视为更为卓越的组织,反之亦然(Smith,1986a)。杨(Young)和拉森(Larson)(1965)发现声誉较高的草根组织通常历史都较为悠久。韦勒曼(Willerman)和斯旺森(Swanson)(1953)发现大学姊妹会的声誉与其存续时间相关,也与其规模以及组织所拥有的较高社会经济地位的成员的数量相关。然而,史密斯(Smith,1986a)发现杰出的(声誉高、影响力大的)草根组织与声誉和影响力中等的草根组织的年龄相似。因此,关于草根组织声誉与影响力是否与年龄成正相关,现有研究有所分歧,但三个相关研究中的两个都证明这种相关确实存在。

资源吸引模式与激励机制

虽然绝大多数草根组织的资金都来源于内部,历史较为悠久的草根组织偶尔也会对外寻求资金来源(Milofsky and Romo,1988)。外部资金源主要指基金会、政府及商业机构为组织捐资或签订捐资合同。若草根组织依赖于外部资金源,其自治度通常会降低,复杂度通常会加深(Allen et al.,1995;Horch,1994;Jenkins and Eckert,1986;Milofsky and Romo,1988;Saidel,1989)。

在我对美国东部郊区的研究中(附录三),我发现一个镇的公开筹资活动都被当地的草根组织所垄断(Smith,1998a)。我的定量研究数据表明历史较为悠久的(处于生命周期后期的)草根组织普遍会采用垄断的手段。草根组织的历史越悠久,就有更充足的时间去尝试各种筹资方式,往往通过反复尝试发现了"属于自己"的筹资方式。

很明显,这一选择过程会受到同地区其他草根组织"专属"的筹资活动的影响。据我所知,目前并没有对这一过程的认真研究。

吸引资源的另一个手段是采用混合激励机制,混合激励机制的使用也与草根组织的年龄相关(Clark and Wilson,1961)。同超区域组织相似,大部分草根组织主要依靠混合激励机制(社交激励、目标激励、服务激励、信息激励和发展激励的结合)来吸引成员和捐资(Knoke,1990b;Knoke and Adams,1987;Knoke and Prensky,1984;Stephenson,1973)。然而,历史较为悠久的草根组织似乎更为强调物质(经济)激励,虽然这种激励形式在全部激励机制中并不占主要地位。向会员提供物品打折出售、活动入场权限、纪念品(如T恤)、保险、旅游、特殊器材(体育与娱乐型草根组织有时会提供)、食品(消费者合作型草根组织有时提供)及其他好处都属于激励机制(Knobe,1990b,p.115;Wertheim,1976)。举这么多例子是为了表明草根组织对成员的激励机制是多种多样的。

诺克(Knoke)和伍德(Wood)(1981)通过社会影响型草根组织的一项研究,发现经济激励对志愿者的参与度影响不大,而目的型激励的影响却很明显。我对美国东部郊区草根组织的研究(附录三)的样本包含的组织类型更为广泛,我的研究发现历史较悠久的草根组织使用经济激励更为频繁,但我并没有估量这些经济激励对成员忠实度或参与度的影响。麦卡锡(McCarthy)和扎尔德(Zald)(1977)认为,对草根型社会运动组织和授薪制志愿组织而言,诸如提供职场利益这样的物质(经济)激励机制十分重要。

赫斯基(Hirsch,1986)在研究报告中提到对于街道居民组织[①]

[①] 街道居民组织(block club)的设立目的是维护居民的利益和安全、增进邻里联系、改善社区生活。

和租户联盟①的成员来说,物质激励在一开始较为重要,而随着时间流逝,社交/团结激励会渐渐重要起来(p.384)。赫斯基给出了一个社会运动组织的激励模型——会员在不同的入会阶段,组织提供的主要激励机制也有所不同。与诸如公司、政府机构、授薪制志愿组织这样的工作机构类似,公会草根组织、农民草根组织、商业与职业草根组织从成立起就会使用经济激励机制。体育草根组织也许最终会被商业化,到时候也会更依赖对物质激励机制的使用(Mandle and Mandle,1989)。

目标更迭

草根组织年龄越大,就越有可能会面临目标更迭的问题——基本组织目标中的一个或多个会被改变。关于全国性组织(Michels,1911,1968;Schmidt and Babchuk,1972;Scott,1991;Sills,1957,pp.198-200,254-264;Zald and Ash,1966;Zald and Denton,1983)与授薪制志愿组织(Abel,1986;Kramer,1984;Wertheim,1976;Zald,1970)目标更迭的研究数量众多。但关于草根组织年龄与目标更迭关系的研究要少很多,虽然以上引述的最后四项研究中的组织成立开始属于草根组织。

司各特(Scott,1991)对许多妇女协会展开过历史研究,发现明显的证据表明随着草根组织年龄增长,组织出现了目标更迭。她也发现其他证据表明对妇女协会(很多属于草根组织)而言,组织目标的细化是目标更迭的一种特殊形式。韦特海姆(Wertheim,1976)通过对消费者合作草根组织的研究,发现随着组织年龄增长,复杂度随

---

① 租户联盟(tenant union)的设立目的是维护租户利益、提高租户社会地位、并代表租户影响相关法律的制定。

之加深，组织就不大强调成员的参与度。理查德森（Richardson，1979）发现了他所研究的一个教会组织也存在目标更迭与架构流程方面的其他变动情况，这个教会组织最初为草根组织，多年后扩大为全国性的教会。芬克和斯塔克（Finke and Stark，1994）给出了许多发生过目标更迭的美国教会的例子，包括一两百年前往往还是草根组织的地方性教会（参看 Clark，1937）。

目标更迭有时是组织使自己适应不断变化的环境的一种策略，如果不这样做，草根组织或超区域组织往往会一蹶不振。基督教妇女戒酒联盟（The Women's Christian Temperance Union）与汤逊运动①（Townsend Movement）都属于随时间逐渐衰退的全国性组织，造成这两个组织衰退的部分原因是它们没有成功进行目标更迭（Gusfield，1963；Messinger，1955）。根据斯密特（Schmidt）和白德恰克（Badchuk）（1972，pp.150-51；Fiske，1973），某些全国性兄弟会（如美国慈善互助会与 Eagles 互利协会）因随时间更迭组织目标而成功适应了环境变化，而另外一些兄弟会（如美国共济会［Odd Fellows］和皮西厄斯兄弟会［Knights of Pythias］）②则因不能有效更迭组织目标无法适应环境变化而持续衰落。属于同种组织类型的组织在选择是否更迭目标方面如此不同，表明组织领导者的洞察力与价值观对于组织是否更迭目标起关键作用。

组织目标更迭的动力来自组织领导者对组织继续生存的渴望。

---

① 这一运动的发起人是南加州的一个医生，名叫汤逊（Francis E. Townsend）。1933 年，66 岁的汤逊医生失业了，他既无存款，更无养老保障，他提出：政府应向年满 60 岁的老年人提供每月 200 美元的退休金，受益人必须满足三个条件：已退休；过去无犯罪性记录；领取退休金后必须在 30 天内全部在美国国内消费掉。

② 1864 年成立于美国华盛顿以博爱慈善为宗旨的秘密社团，名称来源于公元前 4 世纪在意大利的叙拉古（Syracuse）有一对生死之交的好友名叫达蒙（Damon）和皮西厄斯（Pythias）。

领导者往往将组织复杂化、获取其他组织资助和去激进化（deradicalization）视为有助于草根组织生存下来的灵丹妙药。但这种种灵丹妙药只能一次用一种，而不能同时使用。领导者为尽最大努力让草根组织生存下去，就会更关注组织的维系而不是组织的初始目标，往往会作出一系列决策，最终使组织目标发生更迭甚至发生目标错置。由于领导者总是会说所做的都是为了拯救组织，草根组织成员很难苛责他们的决策，因此领导者的决策无人非议，也无人加以分析。我认为，草根组织应该召开有关组织目标的年度理事讨论会，这样就可以留心组织目标是否在不经意间有改变的趋势。如果草根组织需要在某一特定时间改变组织目标，这样的理事讨论会也是更为恰当的决议方式（Sills,1957）。在此我需要强调：并非所有的组织目标的改变和更迭对草根组织都是有害的。有害于草根组织使命与"健康"（按照组织既定目标有序运营的状态）的应该是那些不经思考就作出的目标更迭。

去激进化

这是草根组织目标更迭的一种特殊形式，草根型社会运动组织和社会群体草根组织随着组织发展，会采用去激进化。去激进化之所以在组织中发生，是由于以下因素的促进，这些因素包括：组织复杂度增加；组织面临外部助资机构的压力，却越来越依赖这些机构（Milofsky,1987）；组织希望与政府建立关系（Sharp,1981）；（有时）组织无力保持其被主流社会斥责的社会边缘身份。霍尔莫斯（Holmes）和葛瑞科（Grieco）（1991）发现激进的社会群体组织越来越倾向于隐藏自己组织的创设目标与价值体系，以便获得当地政府和中央政府的资助。这样做会造成忠于组织原有目标的成员的流失。

从 20 世纪 60 年代起(Rosenbloom,1981),特别是在 80 年代期间及以后(Fisher,1994;Panet-Raymond,1987,1989),美国大部分的社会群体草根组织都开始了去激进化。社区草根组织往往从原来的社会倡导组织转变为社会服务机构,保持现状,不再追求激进变革。通过对美国计划生育联合会(Planned Parenthood Federation of America)的研究,瑞恩(Rein,1966)广泛探讨了草根型社会运动组织是如何逐渐转变为更为主流的志愿组织的。比较温和的草根型社会运动组织,如食品合作组织(Cox,1994)、反醉驾母亲协会(Mothers Against Drunk Driving)下属的草根组织(Katz,1993,pp. 87,111)、声援无家可归者的草根型社会运动组织(Gress,1997)和临终医院(Abel,1986)这样的组织往往都会逐渐丧失其影响社会政治的理念与激进态度,变得复杂化并更加安于现状。

阿贝尔(Abel,1986)将始于 20 世纪 70 年代中期的临终医院的制度化视为社会创新。虽然临终医院一开始是较为激进的组织,迫切寻求社会改变,后来临终医院迅速蜕变为"专业的"、"负责任的"机构,为其病人争取医疗保险,机构的志愿因素也明显式微。克拉默(Kramer,1979)探讨了荷兰的某些保健服务非营利组织,这些组织是由互助倡导组织转变为专业服务组织的。

在 20 世纪六七十年代,美国的黑人极端运动获得了外部资助,并开始专业化进程,麦克亚当(McAdam,1982)认为这一趋势有利于组织去激进化和对草根组织运动的"疏导"(chanell:影响或微妙地塑造)。对于贫民运动草根组织和国家性组织最终获得外部支持,派文和克劳沃(Piven and Cloward,1979)的观点也与麦克亚当一致。在谈到魁北克社会群体草根组织的去激进化进程时,佩内·瑞曼德(Panet-Raymond,1987)将这些组织描述为明显从"激进的行动主义转变为志愿主义"。由于希望获得政府的资金并与政府合作,这些草根组织基本抛弃了原有的激进抗议活动,不再关注意识形态,而是关注组织经济状况,并为成员提供专业化的服务。

美国国内收入署(Internal Revenue Service)、非营利组织监管机构、美国邮政部门与其他组织机构共同推进了大量草根型社会运动组织和所有草根组织类型的去激进化进程,促使其转变组织目标与架构,使之更能为社会所接受(McCarthy, Britt, and Wolfson, 1991;Berry,1997)。詹金斯和埃克特(Jenkins and Eckert,1986)专门探讨了美国的黑人暴动是如何被社会精英与专业社会运动组织(授薪制志愿组织)影响的。艾莫瑞克(Emerick,1989)曾观察某些精神病人自助草根组织(p.291)的去激进化过程——在发展中逐步转变,使组织适应于大的社会与医疗体系。此类去激进化过程使草根组织与同种目的类型的主流组织趋向一致,从而使主流组织的影响力减弱(Haines,1984)。

研究者尚不清楚草根组织的激进化或去激进化何时会发生。但通常来说,草根组织为了获取、维持或增加外部资金(来自某级别政府部门、基金会、公司或如联合之路一类的中介资助机构),往往会试图遵守占主导地位的主流草根组织或授薪制非营利机构的规则,去激进化也因此发生(Allen et al.,1995;Milofsky and Romo,1988)。组织的去激进化进程往往相似,但授薪制志愿组织与国际性组织的去激进化会更为彻底,因为这些组织对外部助资机构的依赖更加严重(对荷兰志愿组织情况的探讨参见 Kramer,1979)。

有时,草根组织随着存续时间的增加愈来愈激进,但这种情况比较罕见。本·扎多克(Ben-Zadok)和库珀曼(Kooperman)(1988)在研究中描述了中国的一个社区发展草根组织的政治化过程。国家性组织也会变得更为激进(Jenkins,1977)。路德维克(Rudwick,1972)探讨了争取种族平等大会(CORE:Congress of Racial Equality)是如何从一个主张取消种族隔离、成员有黑人也有白人的组织蜕变为倡导黑人权力与黑人民族主义、成员皆为黑人的组织,最后又是如何为求生存采取了去激进化措施。海恩斯(Haines,1984)表明美国民权运动的激进化进程大体是在 1957 年到 1970 年之间发生的。这一进程的主要推动力很可能是外部环境——在这一时期,美国政府与公众逐渐接受了社会平等理念。马鲁洛(Marullo)、帕纽科(Pagnucco)和史密斯(Smith)(1996)发现从 1988 年到 1992 年,美国的和平运动在媒体报道中向着极端化方向发展。

目标错置

目标错置(goal displacement)作为组织目标更迭的一种亚类型,指的是组织偏离了其初始目标或随后的重要目标、仅仅关注维系组织的发展。草根组织目标偏离的最典型的例子就是随着发展,组织目标从原本外部利益主导转变为内部利益/凝聚力主导。目标错置会引发授薪制志愿组织、商业机构和政府机构向层级化转变。一些类型的草根组织较容易出现目标错置的情况,这些组织类型包括学校服务草根组织(如家长教师协会、老兵草根组织、青少年性格发展草根组织、附属于教会的草根组织、服务俱乐部、业余爱好/园艺草根组织、文学/讨论草根组织与民族/移民草根组织)。草根组织的原有目标都是倡导非成员利益的,但后来却转变为纯社交组织或团结组织。

举个例子,家长教师协会(PATs)设立的目的是希望通过促进家长与学校、教师之间的联系与了解,更好地教育学生。但随着PATs 的发展,组织目标往往被错置,社交目标逐步代替了原有的教育目标成为组织的主要目标。有如,民族/移民草根组织原有的目标通常为保存并发扬包括服饰、语言、食物、文字、历史与其他风俗在内的民族文化或亚文化(Handlin,1951;Soysal,1994)。但随着组织的发展,组织往往会发生目标错置——单纯的社交目标代替了文化保存发扬成为组织的主要目标。上述其他组织类型往往也会随组织发展发生类似的目标错置,组织主要目标转变为社交目标。

司各特(Scott,1991)发现争取女性参政的组织也有目标错置的情况发生(p.179)。发生目标错置的可能原因在于:随着组织的发展,草根组织的初始目标激励逐渐被成员视为建立社交联系的工具,其本身不再重要。社交联系的增进可以为组织成员带来益处,其本身也会作为团结激励的一种来促进草根组织的参与率。目标错置的发生也可能是因为成员对组织达到原始目标的信心减弱。

对某些草根组织而言,组织复杂化最终也会引起组织目标更迭,成立初始会员参与度非常高的组织尤为如此。与组织复杂化相伴的权力中心化、专业化、职业化和其他复杂化进程会最终降低成员参与度。不管草根组织正式承认与否,这一过程事实上等同于组织目标的更迭。韦尔特海姆(Wertheim,1976)对消费者合作草根组织的历时性研究也表明此点。布莱曼(Bryman)等研究者(1973)通过对英国保障残疾人与贫民权益的社区交通组织进行研究,发现了同样的目标更迭现象。罗曼诺夫斯基(Romanofsky,1973)探讨了20世纪20年代期间,草根收养机构也经历了因组织复杂化引起组织目标更迭的过程。然而,克利德曼(Kleidman,1994)认为对草根型社会运动组织而言,组织专业化会促进成员参与,并不会降低成员参与度。

通过对社会运动团体的探讨,扎尔德(Zald)与艾什(Ash)(1966)表明:"如果组织采用专属会员制,组织目标仅是改变成员的状况,社会运动组织就不会为维系组织的压力或组织目标转变的压力所轻易影响"(p.332)。这样的组织对现有社会体制的威胁较小,也就不大可能会受到社会管制机构与人民大众的抵制和改变。专注于改变成员状况也会让组织专注其内在需要,较少关注社会对应做之事的看法。扎尔德与艾什进一步提到,组织目标的转变与争取外部支持的组织间竞争相关。这也是"适者生存"的表现——组织必须根据外部组织环境的变化做出改变,并且也要根据大众对自己态度的变化做出改变,才能够生存下来。这些研究发现适用于所有草根组织。

组织战略战术

与其他组织相似,草根组织在试图达成目标时,也会采用独特的战略。随着组织的发展,组织采用的战略也会有所改变。我研究了迄今为止多个草根组织的战略改变,这些战略改变包括增加复杂度、扩大地域范围、增进对外联系、开拓新的资源吸引模式、转变激励策略和有意识地改变组织目标(目标更迭)。我在上文已经给出了会随组织生命周期而改变的一些战略要素,但是我想表明的是,虽然缺乏相关研究,会随组织生命周期改变的类似战略要素应该还有很多。然而,根据我对草根组织的研究,我可以凭印象推测,那些未被研究过的战略要素随组织生命周期的改变幅度并不是很大,而是保持在一个标准的水平上。这样草根组织就与授薪制志愿组织形成了对比,因为授薪制志愿组织在追求更大的组织成就的过程中,更倾向于根据环境的变化而变化(Bielefeld, 1992; McMurty, Netting, and Kettner, 1991)。但草根组织总体转变较小的原因也许在于草根组织所面临的总体环境变化不大。当组织面临的环境发生巨大改变时,许多草根组织会转变自己的各个战略要素(Schimidt and Babchuk, 1972)。

蒂利(Tilly, 1978)对社会运动组织与集体行为进行了富有影响力的研究。他在组织研究中引入了"集体行为库"(repertoires of collective action)这一概念。他认为每个组织都拥有自己的集体行为库,用来储存组织偏爱的种种行为模式。一发生特定情况,组织往往会从自己的集体行为库中选择行为模式来应对。这一集体行为库也会随时间发生变动(p.131)。毕尔曼(Bearman)和埃弗瑞特(Everett)(1993)发现在1961年到1983年期间,国家性社会政治运动中主要采用的抗议策略发生了阶段性改变。

很明显,不单单是国家性组织有自己的行为库,任何草根组织都有自己的行为库。组织行为库不仅包含有组织战略,还包含具体战术。据我所知,目前并没有一个研究曾采用大规模的草根组织样本,尝试识别出草根组织行为库中的全部行为并对这些行为库如何随组织发展变动加以研究。

然而,劳森(Lawson,1983)关于纽约草根邻里组织的研究对组织行为库有所涉及。他特别指出了一种组织战略——拒付租金战略,描述了这一战略是如何一开始作为一种战略创新,然后得以传播并随时间演变,最后发生改变的过程。他在著作里也提到拒付租金战略的扩散过程,并提到某一些类型的组织倾向于将这一战略纳入自己的组织行为库中。他还提到草根邻里组织在使用其他"战略手段"上的多样变化。我建议研究者应该对其他类型的草根组织做类似研究,至少是像劳森一样进行小范围研究。

存活率

草根组织存在的时间越久,存活的几率就越大。比起历史较为悠久的组织,较为年轻的草根组织或其他组织往往更容易在某个时间解散(Hannan and Freeman,1977,1989;Selle and Øymyr,1992)。我在与其他学者合著的论著(即将出版)中名为"衰落"(Deline)的一章对这一联系做了文献回顾。通常而言,历史较为悠久的草根组织积累与保存资源的机会更多。这里所说的资源包括人力资源（志愿者付出的时间和其他投入）、收入与资产及其声誉（组织在社区中的声誉与声誉记录）。这些资源都有助于草根组织的生存，并有利于草根组织在未来吸引更多的资源。

总　　结

本章最重要的结论是：草根组织的复杂度通常会随组织规模的扩大而加深，也会随组织年龄增长而加深（关系不那么明显），国家性组织与包括授薪制志愿组织的广义的组织都有这样的倾向。我在本章中通过解释复杂化所包含的多个要素定义了复杂化。这些要素包括：层级化、权力集中化、专门化、正规化与专业化。我尚不清楚如果对大范围的草根组织样本作恰当测量，这些变量之间的相互关系将会是怎样的。

然而，与授薪制志愿组织不同的是，许多草根组织都会有意识地（有时也是无意识地）抵制复杂化压力。草根组织抵制复杂化，通常是由于其领导者与成员对非正式的、简单的组织架构与流程有意识的共同坚持。试图避免复杂化的草根组织通常会认为组织自主性与凝聚力要比获取外部资金、提高效率更重要。自主型草根组织、教会附属组织及某些草根型社会运动组织一般多会采取这种价值立场，抵制组织复杂化的加深。这些抵制复杂化的组织往往会付出一定代价——收入较少、权力/声誉较低、外部影响力也较弱。然而，这些组织的内部影响力可能仍会很大，组织的内部民主程度与成员满意度一般也会很高。

草根组织的一些其他要素也会随着组织年龄增长发生变化。由于草根组织大部分要素的变化趋势都与授薪制志愿组织的要素相似，我在这里不再给出两者的比较表格。随着组织年龄增长，草根组织的规模（成员数与预算额/收入/资产）通常会扩大，组织领导者所占的比例也往往会增大。历史悠久、规模大的草根组织通常会吸引到更多的经济资源，这很可能是因为此类草根组织往往比较出名（声誉与成功履历较佳）而且/或者拥有较高的"市场渗透率"——一个地区草根组织的成员在此地区（正式或非正式）符合草根组织准入资格的全部成员的比例。随着组织年龄增长，组织运营的地域范围也许会随之扩张，因为在非成员看来，组织运营的范围越大就越成功。随着年龄增长与规模扩大，由于组织更有时间与其他组织建立工作联系，也更加意识到建立对外联系的价值，草根组织的对外联系会增加。随着年龄增长与规模扩大，草根组织有可能获得更高的声誉和权力，社区成员也更容易对组织的互动、履历、领导者与其他方面给出积极评价，因为他们对老牌、大型的组织会较为了解。新设组织或小型组织由于在社区内少为人知，并不会得到大多数非成员的注意。随着组织年龄增长，草根组织也更可能获得外部资助，原因与上述一样：外部支持机构与赞助者会更容易注意到老牌组织。

由于希望扩大对成员激励的范围，老牌草根组织对物质激励的依赖要多一些。然而，在大多数草根组织中占主导地位的激励是社交激励、目标激励、服务激励、信息激励和发展激励（Etzioni，1961）。社交激励在所有的草根组织类型中都占重要地位，草根组织往往在目标更迭后更关注社交激励。

存续时间较长的草根组织往往更容易发生目标更迭的情况，这部分是因为这些组织有更为充足的时间偏离其原始目标或改变其目标。外部资助机构也往往会对较大型、历史较优秀的草根组织施加压力，令其改变组织目标。草根组织也许会在很大程度上依赖这些外部资助机构并受其影响。处于（向授薪制志愿组织）过渡期的草根

第八章　草根组织生命周期中的演变

组织更可能会面临这样的压力。此类外部压力会引发部分草根型社会运动组织去激进化。与授薪制志愿组织相比,草根组织更可能发生去激进化,因为草根组织更可能在创立时属于纯异端组织或激进团体,在草根组织与授薪制志愿组织中都可能会有目标错置(单纯维系组织取代了组织的原始目标成为主要目标)的情况发生。若没有根据环境的变化来改变组织目标,草根组织可能会衰落甚至解散,其他组织类型也如此。

草根组织的独特行动战略随组织发展改变不多。老牌草根组织也像年轻组织一样召开大会,虽然大会流程也许会更为正规。老牌草根组织的筹资活动也同年轻草根组织的很相似,虽然可能会运营得更好。总体而言,同年轻草根组织的成员与领导一样,老牌草根组织的成员与领导也往往对组织活动"应付而已"。但由于积累的资源更多,老牌草根组织更可能会存活下去并变得更为老牌。

研究者仍需要探讨下列相互关联的问题。问题一:在组织生命周期的哪个阶段,草根组织会脱离其组织模式,将其架构与运营转变为授薪制志愿组织的模式?问题二:在同一非营利组织的同一时间内,这两种模式的兼容度有多少?也就是说,我在本书第四章至第七章划分的两个理想类型(草根组织与授薪制非营利组织)之间的灰色地带有多大?问题三:随着带薪员工的加入,组织模式的转变是渐进的、还是会在某个时间(转折点)或时期(质变期)迅速发生蜕变?问题四:带薪员工要达到多少绝对值或相对值,草根组织才会转变为授薪制志愿机构的模式?本书三到七章提到的草根组织的其他要素是否会影响这一转变过程?

研究者也应该更细致地探讨草根组织除目标错置以外的目标更迭情况。问题五:在未来的什么时候,目标更迭会真正有助于草根组织的生存与发展?人们是否可以预测出效果最好的目标更迭形式呢？目标更迭时，应该在多大程度上保持组织的原有目标，才能使这一进程得到最佳效果（例如：避免因组织目标更迭而引发的组织成员迅速大量流失）？

  研究者没有涉及的草根组织生命周期的其他特征仍有很多，这些特征也许都值得被探讨。本章提出的种种结论都还属于假说，需要得到研究者进一步的探讨与证实。对于本书第四章至第七章曾探讨过的草根组织架构、流程与领导者的种种方面，研究者都可以做进一步探讨。

第九章 影响力与效力

在本章中,我关注的是草根组织对内部成员的影响,或者是对外部环境的影响。我也会关注与这些影响产生有关的组织要素。支撑本人结论的文献回顾主要发表在我的其他著作中(Smith,1997a,1999a,1999b)。我在1973年自己的论文(1973a)以及同年与瑞迪合著的论文(Smith and Reddy,1973)中对此问题曾做过综述。尽管文献回顾几乎全部是分析具体的草根组织或者草根组织的样本,但是美国国内对草根组织影响的理解普遍比较狭隘,本人对此表示担忧。由于篇幅的限制,我未能在此讨论评估草根组织影响力的方法,只能说我会从广泛的意义上去看待和论证草根组织的影响力,和文献保持一致(Murray and Tasie,1994;Steers 1975),要知道目前就几乎没有对评估草根组织影响力的方法论的相关探讨(但可参见 Torres,Zey,and McIntosh,1991)。

很多学者会把"影响力"(impact)和"效力"(effectiveness)或者"表现"(performance)([Shenhar,Shrum,and Alon,1994])混为一谈,但我不是,我在本文统一使用"影响力"来指代草根组织带来的影响,无论是对内部的影响还是对外部的影响。相反地,"效力"一词在此被用于指代草根组织为实现其影响所需要的架构性和操作性的因素。"效力"的更深涵义是运用组织资源使得组织目标确切实现。这种理解之下,"效力"近似但仍然不同于"效率"(efficiency),因为"效率"假定了产出或者产品的存在,要研究的问题是组织资源如何被合理利用以换取最佳产出。

我怀着开放的心态来回顾草根组织影响力的相关文献,发现很多社会科学家论证草根组织时认为其影响力小,或者影响力不重要。根据我的假说,如果研究者能够正确看待活动目的范畴,并且认真关注地方性的志愿团体,而不是把主要焦点放在全国性组织上,就会看出草根组织的影响力。在地方层面上,草根组织更容易产生影响力,因为组织的规模较小、架构没那么复杂、潜在参与者比较多元化,会容易导致个体、利益相关者或当地社区发生或者不发生改变。

草根组织的影响力

鉴于草根组织有着相似的架构和流程,通常与个体、社区、社会有联系,草根组织活动的结果存在数类预期影响。为大致区别草根组织各类影响类型,我们可以借助社会学家和人类学家所称的"主要社会机构"这一概念(Stark, 1994)。主要社会机构在每个社会都存在,即使是史前时代。对于每一类主要机构来说,通常都有相对应的草根组织影响类型,因为这五种社会机构代表了主要的行为集合和社会规范。

和家庭这一机构的影响相呼应,草根组织的第一种影响是社会支持/帮助/自我表达。这一影响表现在两方面:友谊/交际(对成员的影响);帮助/服务(外部影响)。草根组织和教育机构相呼应的影响是激励/信息获取(对成员的影响);信息提供(外部影响)。和政策/政府呼应的影响是草根组织对成员产生社会政治激活力,对外部产生社会政治性影响。和经济/商业机构呼应的影响是为成员和更大的社区/社会提供经济产出。

五种社会机构中最后一种是宗教机构,与此相对的草根组织的一般性影响的归类比较模糊。大多数教会属于授薪制非营利组织,所以严格来说我不需要在这本谈论草根组织的著作中提及。宗教社会学的文献回顾中对教会影响有所关注(如 Johnstone,1992)。然而,一些小型教会或者其他宗教集会也属于草根组织。一方面,宗教性的产出不是世俗性的,我们找不到证明产出的科学依据;另一方面,世界上很多宗教性产出,像宗教自我认同和共同情感的表达,都适合作为自我表达的要素,放在激励/信息获取这一范畴下。其他宗教性的产出,例如宗教信仰和宗教知识,似乎适于归纳到这一范畴下的另一个方面,属于"信息提供"型的影响。参加礼拜和教会活动(例如唱诗班、主日学校、募款)属于社会政治性激活和影响,原因在于这些活动让人们在所属的教会中开始变得活跃,而且活跃程度有增无减。

在我的分类框架中,第五项影响产生于较为小型的机构之一,也即卫生机构。在我看来,卫生机构的影响与草根组织提高幸福感和健康水平这一影响相呼应。

下文中的各部分对五种草根组织的主要影响进行粗略描述,在我的理论中这五大影响对于草根组织来说是至关重要的(Smith,1997a)。我把一些原本可以单独列出的影响进行了整合,使得整套影响类型更加简洁紧凑并且更具有可读性。

社会支持/帮助/自我表达

草根组织与生俱来就具有社会性和内部互动性,由于它们以本地为据点和目标,所以通常会进行面对面的交流和互动。这些组织侧重于培养人际互助和成员间非正式的互助,这是对成员影响的一种(Auslander and Litwin,1988;Clary,1987;Coombs,1973;Vaux,

1988；Wagner，1991；Wuthnow，1998）。费思彻（Fischer，1982）在一项研究对象为北加利福尼亚州 50 个社区的调查中发现，同一个草根组织中的成员构成了成员整体社会支持网络的 6%；对于参加教会或宗教性组织的人来说这个比例大约是 20%；对那些仅仅参加了非宗教性组织的人来说这个比例是 10%（pp.41，111）。那些同时参加了宗教性组织和非宗教性组织的成员"朋友"里面，约一半已经通过组织的活动见过面（p.356）。再有，费思彻发现同一个组织里面的成员更像是"特别亲密的"同事或者邻居，他们会一起参与到社会交往活动中。

40% 的美国成人（Wuthnow，1994，p.47）是小社会支持互助小组成员，这些小组明显是社会支持非常重要的来源，包括自助小组、圣经研习小组、主日学校、阅读与讨论小组、政治与时事小组、体育与兴趣小组（pp.76，170）。伍斯诺（Wuthnow，1994，p.170）关于"支持型小组"的全美代表性样本研究显示：82% 的小组成员认为小组让自己不再感觉孤单；72% 的成员认为小组能够在他们感到失落的时候给予鼓励；43% 的成员认为小组帮助他们度过情感危机。很多研究者已经注意到社会支持和社会互动至关重要的影响，尤其是在自助型草根组织中（Katz and Bender，1976；Lavoie，Borkman，and Gidron，1994；Powell，1994）。

对于组织主要目标为以下目标的草根组织，人际支持和友谊是其主要的影响类型：实现社交性（Barker and Gump，1964；Clawson，1989；Morgan and Alwyn，1980）、提供社会服务（Charles，1993）、促进青年发展（MacLeod，1983；Reck，1951）、培养兴趣（Bishop and Hoggett，1986）、处理移民关系（Maeyama，1979；Soysal，1994）、提供自助（Droghe，Arnstion and Norton，1986；Wuthnow，1994）。即使是草根组织的政治导向活动也可以促进社会支持网络参与者的增加

(Cable and Degutis,1997)。

在人们聚居的基础上,作为一种外部影响,草根组织在特定区域增进了社会融合和社区稳定,通过成员身份重叠把人们联结在一个区域内(Babchuk and Edwards,1965;Lidwak,1961;Moller,Mthembu,and Richards,1994)。

在某些情况下,草根组织设定服务非成员的目标,能够把内在凝聚力转化为多种类型的服务活动,潜在地或者在事实上以非成员为目标(DeGraziz,1957),这些目标包括:灾后救援(Coston,Cooper,and Dundeen,1993;Drabek,1986;Stallings and Quarantelli,1985;Zakour eit al.,1992),救火(Lozier,1976;Perkins,1989;Thompson,1993),紧急医疗服务(Gora and Nemerowicz,1985;Mausner,Benes,and Gabrielson,1976;Perlstadt and Kozak,1977)、犯罪控制(Curtis,1987;Fagan,1987;Podolofsky and DuBow,1981)以及对发展中国家的本土发展服务(Clark,1991;Esman and Uphoff,1984;Fisher,1993;Freeman,1989),等等。尽管美国的地方教会可能多数是带薪工作人员构成的志愿小组,一些是草根组织,大多数的教会会提供社会性的社区服务(Hodgkinson,Weitzman,and Kirsch,1989;Wineberg,1992)。

社会支持通常鼓励自我表达。因此草根组织多会提供增进成员自我表达/自我成长的推动力与方法(Bender,1986;Daniels,1988;Wuthnow,1998,p.237;Zipps and Levine,1984)。这对于由边缘人士运行的草根组织里的社会边缘群体(例如少数族裔、妇女、残疾人、青少年、贫困人士)来说尤为重要(Blair,1994;Fisher,1993;Freeman,1975;Lipset and Wolin,1965;Matson,1990;McAdam,1982)。就像一些宗派或邪教草根组织允许甚至鼓励成员间深入的情感表达(Adler,1986;Johnstone,1992;Kephart and Zellner,1994;

Lyons,1988;Zellner,1995)。一个非宗教的例子是反醉驾母亲组织,母亲们在交通意外中失去所爱,这些草根组织旨在疏导成员的愤怒和悲伤之情(Marshall and Oleson,1996)。自助小组,尤其是那些为痛失亲人者或孤苦伶仃者而设的小组,同样会帮助成员进行深层的情感表达(Schwab,1995-96)。我(Smith,1972d)曾表明:在社交性草根组织中,例如大学的兄弟会和女学生联谊会,充满强烈情感的仪式在提高和维持成员参与度上扮演着核心的角色(Scott,1965)。

激励/信息获取

在现代社会,特别是在信息性和服务性兼具的后工业社会,所有组织都注重为其成员营造一种社会现实(Thompsom,1980),草根组织尤其如此,倾向于同时为成员和很多非成员的人群提供不同类型的激励性、信息性、教育性的体验(Blair,1994;Fine and Holyfield,1996;Knoke,1988;D. Smith,1990;Whitmore et al.,1988;Wuthnow,1998,p.237)。迪肯(Deacon)和古尔丁(Golding)(1991)曾在英格兰中部进行了一项关于志愿组织的大型邮寄问卷调查,问卷结果显示身处现在这个"信息社会",对于大多数类型的草根组织来说,向成员或其他人提供信息是非常重要的。

其他一些草根组织将信息作为其核心关注点。例如,阅读讨论组织把提供信息和个人成长结合起来(Bauman,1994;Davis,1961)。19世纪晚期至20世纪初期,那些关心使每个人都能获得信息和写作体验的草根组织提倡在美国开展地方性免费公共图书馆服务(Watson,1994)。青年发展团体(MacLeod,1983;Reck,1951),例如童子军、女童子军和四健会(4-H),强调发展实用技能,拓宽知识。举一个更为详细的例子:大学里政治激进团体的成员比起控制变量组中的非政治激进团体成员拥有更多的政治知识(Lacy,1971),尽管这种情况可以某种程度上归因于选择效应。相似地,参与社区中控制犯罪的组织能够使人掌握更多关于街区犯罪的知识(DuBow and Podolofsky,1982)。而参加业余爱好者组成的科学团体会使人积累更多和科学相关的信息(Stebbins,1979)。

劳森(Lawson,1983)对社会运动团体的成员进行了一项研究,这些成员从他们所属的组织中学习新的进行抗议和发起政治活动的技能,例如何时适合以及如何进行对租金的抗议。同样,种族或者民族性移民组织可以帮助已经返乡的二代移民,为他们提供精神上和信息上的支持,使他们更好地融入曾经因父母移居而远离的社区(Mancho,1982)。即使是兄弟会性质的草根组织,如19世纪法国互济会,也会为成员提供信息(Bolle de Bal,1989)。

除了强调经验性知识,将其作为组织提供治愈和支持的基础(Borkman,1976),自助组织还通常向参与者提供一些信息,如组织关注的问题、如何在日常生活中处理这些问题、组织提供的服务、组织中可以求助的帮助者或赞助者以及人们可以怎样从新的角度来审视自身(Ablon,1981;Chesler,1991,p.291;Gonyea and Silverstein,1991)。上文最后提到的"转化世界观"的方法(Kennedy and Humphreys,1994)最为深刻全面:人们吸收的信息得以内化,由此以全新的方式面对日常生活。举个例子,通过酗酒者匿名会得以完成世界观转化的成员不仅仅停止喝酒,而且会避免进入酒吧、接触酒徒,他们拥有了新的生活哲学(Rudy,1986)。宗派和邪教组织也会给成员带来类似的世界观转化(Barker,1984)。

研究自助团体信息提供这一影响的最可信研究之一,是由阿兹林(Azrin)、弗劳瑞斯(Flores)和开普兰(Kapla)(1975)作出的,他们通过对对照组进行预先测试及事后测试来研究一个求职俱乐部,两个月后发现实验组(也是草根组织)的成员所掌握的求职信息(与求职率相关)比对照组的非成员多出35%。所有草根组织的成员在三个月内找到工作,而在同样的时限内,对照组中40%的成员没有找到工作。那些来自俱乐部成员的工作联系信息、其他和应聘有关的信息与学习的技能,都为成员带来了显著的帮助。

社会政治性激活力和影响

草根组织通常使他们的成员政治化,也会以非成员和外部团体为目标对象,组织具有社会政治性影响的活动。成员通过参与草根组织可以直接体会民主是怎么一回事,这在某种程度上是因为公共事务或者公共议题有时候会关系到草根组织的生存、也会关系到草根组织具体目标(例如,倡导健康、促进教育)的实现(Verba, Schlozman, and Brady, 1995, p. 63),这时候各种类型的草根组织都会参与公共事务或公共议题。由于草根组织内部民主进程与政治讨论对于很多成员来说是政治体验(Verba and Nie, 1972, pp. 178-179),草根组织也会使成员政治化。相比起不那么热衷组织活动的组织成员或者非成员,草根组织活跃成员会更深入地参与到广泛多样的政治活动中(Almond and Verba, 1963, p. 256; Baumgartner and Walker, 1988; Hanks, 1981; Hanks and Eckland, 1978; Knoke, 1982, 1990a; Verba et al., 1995, p. 338; Verba and Nie, 1972)。

在文献中我们能够发现与草根组织参与成正相关的政治化的例子。这些例子包括参加投票选举(Thomson and Knoke, 1980)、注册为选举人、成为政治候选人(Hargreaves, 1991)、出席政治会议或签署请愿书(Rosenstone and Hansen, 1993, p. 72)、负责筹备倡议工作或在其中承担一定责任(Bond and Kelly, 1983; Kalifon, 1991)、在社会性议题中制造关注(Wuthow, 1998, p. 237)以及多重政治参与(Verba et al., 1995, p. 338)。

第九章 影响力与效力

研究者进行了一些纵向研究以确认上述草根组织政治性影响。从1955年到1970年,汉克斯(Hanks)和艾克兰德(Eckland)(1978)通过纵向研究调查了约2 000名受访者。他们发现高中时期的课外活动(包括参加草根组)与成年时参加草根组织有密切的因果联系,也会使人更多地参加投票选举,减少社会疏离。汉克斯(Hanks)于1972年、1973至1974年、1974至1975年作了另一个重要的纵向研究,研究样本为全国抽样得出的10 245个青少年(Hanks,1981)。他发现少年时期参加草根组织的人成年后会更多地参与政治,此为直接影响。他的研究数据同时也表明:少年时期参与草根组织的人青年时期也会更多地参与草根组织,更多地参与政治。对于外部利益导向型草根组织的成员,这一联系尤为显著。

雷利(Leighley,1996)的研究显示,参与组织引发的政治动员大多并非组织有意为之,大多的政治动员是非正式的。然而,政治性组织对政治动员的采用更为频繁,而且对于组织成员来说有着显著的动员效果,这些成员有政治游说、组织规定的或者与自身职业相关的目的。罗杰斯(Rogers)、巴布(Barb)和布特纳(Bultena)(1975)发现工具性(外部利益导向)草根组织中政治性动员的影响更加深远。

心理激励属于内部因素的一种,这种内因被认为和政治活动有关,是一种有意行为,尤其会通过团体力量的作用而达到(Zimmerman,1995)。参与草根组织会促进心理激励发挥作用(Ahlbrandt,1984),这一点对于有更高自我效能感的成员来说尤为如此(Zimerman and Rappaport,1988)。在团体中,成员越少感觉到被组织控制,成员间的社交亲密度越强,这种心理激励发生的频率就越高(Speer and Hughey,1996)。自助型草根组织通常会采用心理激励(Chesler,Chesney,and Gidron,1990,p. 257;Kahn and Bender,1985)。在发展中国家,心理激励通常来自基督教社区(穷人组成的天主教草根组织)的福音传道和拯救神学,带来多层面的政治与经济发展(Anderson and Colombo,1988;Mehta,1987)。根据梅屯(Maton)和萨勒姆(Salem)(1995)的研究,心理激励来自于组织性的环境,这个环境拥有激励人们成长的信仰系统、非常容易让人融入的组织架构,也拥有为成员提供社区归属感的支持系统,以及乐于分享、尽责有才的领导者。

对于成员的这种社会政治性激化会从一个团体延伸到成员所属的其他团体的活动中,例如,不仅在同一个草根组织中会出现越来越多的馈赠和志愿行为,而且在其他团体中也会出现更多的草根组织活动(Hanks,1981;Hanks and Eckland,1978;Morgan,Dye,and Hybels,1977;Snyder,1970)。发生这种情况部分原因在于草根参与所带来的本质满足感在个体成员身上得以泛化。草根组织活动也能促进对项目志愿活动的参与(Hodgkinson and Weitzman,1992,p.227)。上述的参与延伸也会影响其他社会文化认可的休闲活动,例如交友、邻里交往、印刷媒体消费行为以及户外娱乐(Smith,1994a;Smith,Macaulay,and Associates,1980,Chap.19)。

如果草根组织拥有和公共议题有关的组织目标,无论是针对内部还是外部的,通常都会对当地产生政治性的影响(Berry,Pourtney,and Thomson,1993,Chap.12;Boyte,1980,1984;Fisher,1994;Larsen,1992)。举个例子,环境健康保护团体成功地阻止在它们所属地区定址和运营危险废品焚化炉或废料堆(Freudenberg,1984;Freudenberg and Steinsapir,1991;Jacobs,1992-93;Kraft and Kraut,1985);而且,草根组织可以成功制止广播许可证的更新,影响电视节目安排(Longly,Terry and Krasnow,1983),除此之外,草根组织还会给当地带来其他种种影响。某个草根组织促使市政府为无家可归者建立了一所短期照顾中心(Wittig and Schmitz,1996),另一个草根组织影响了城市用地规划的政府决策(Hudson,1988),草根组织对当地产生政治性影响还有其他相当多的例子。

无论如何,由于受当地和更高一级的企业或政府部门的精英所限制(Logan and Rabrenovic,1990;Mills,1956;Smiley,1975;Wiewel and Rieser,1989),也由于和其他草根组织之间的竞争或者冲突(Mulford and Mulford,1980;Rose,1955),草根组织尝试在当地制造政治性影响并非总能取得成功。很多国家对草根组织和其他非营利组织的政治倡导运动设定了法律上的限制(Randon and Perri 6,1994)。草根组织内部的劣势、具体政治问题的类型及问题的范围,都会使政治倡导活动以失败告终(Cohen and Ely,1981)。

在19世纪60到70年代,有一个不同于上述情况的失败案例——针对穷人和少数族裔,美国政府资助了一个名为"最大化参与"(maximum feasible participation)的项目,这个项目由授薪制社区志愿团体负责实施。后来因为政府在不同地区层面施行的控制、阻碍分散了自发性的公民行动,此项目以失败告终(Brokensha,1974;Gittell,1980,1983;Landsberger,1973a;Moynihan,1970;Warren,Rose and Bergunder,1974)。屡见不鲜的是,一开始独立的草根组织公民倡导活动常常会演变成授薪制非营利机构的服务,而这些服务是受到监控的(Gittell,1983)。社区组织被赋予的权力往往随后又被收回。社区内,由政府授权的社区组织与拥有政治诉求的自由独立的草根组织大不相同。

研究表明,由索尔·奥林斯基(Saul Alinsky)促成和创立的独立授薪制社区志愿团体或独立志愿者社区志愿团体的成就很大(Alinsky,1969;Lancourt,1979;Marquez,1990;Reitzes and Reitzes,1984;Robinson and Hanna,1994),这些团体明显基于草根群体的实际目标而创立。独立的女权主义志愿团体强调弱化等级制度以及两性共同决策,也取得了很大的成功(Bradshow,Soifer,and Gutierrez,1994;Iannello,1992)。布莱德肖等研究者(Bradshaw,1994)结合了前述两种偶尔成功的模型,提出了一个混合模型。这一模型具有持续的灵活性,可以适应不断变化的组织环境以及种族民族的动态变化。比起奥林斯基(Alinsky)式的志愿团体,女权主义志愿团体更擅长于把功利性目标与广义的价值观结合起来(Iannello. 1992;Stein,1986)。

当草根组织属于多形态草根组织(Delgado,1986;Fisher,1994,pp.223-224),作为当地联合会或联盟的一部分运营时(Danziger,1983;Harris,1984),一般能够产生更大的政治性影响。要想在架构层面上长期、彻底地改变一个地区内弱势群体和边缘群体的生存状况,全国性协会或超区域协会(包括联合会和联盟)对草根组织的支持尤为重要(Fisher,1993;Marquez,1990;Obinne,1994;Reitzes and Reitzes,1984)。州一级的介入也许有助于解决涉及草根组织的地方冲突(Kraft and Kraut,1985)。当草根组织成为区域性或者全国性社会运动的一部分时(Lofland and Jamison,1984),就更可能促成社会变革(Gamson,1990,同见 McAdam and Snow,1997)。盖木森(Gamson,1990,p.37)发现,在超过美国历史一半时间的145年里,这种社会运动出乎意料地为其"利益目标"(目标受益人)争取到了新的有利条件。

经济产出

几乎每个人、每个草根组织都有经济方面的考虑。大多数草根组织倾向于盈利,尽管盈利率小,但是在全国范围运作,草根组织就可以累积大量资金,如第二章所述。组织参与者投入的时间可以被换算为某种经济价值,这适用于所有草根组织(Herzog and Morgan,1992),在全国范围内,草根组织就可以累积大额的资金(见第二章)。

所有草根组织都可以为成员增加商业或者职业上的联系,尤其是为男性成员(Granovetter,1974;McPherson and Smith-Lovin,1982,1986)。对于那些没有工作技能的成员来说,很多草根组织可以为其提供相关经验,让他们找到工作,让家庭主妇回到劳动生产的岗位上(Muller,1975;Zipps and Levine,1984)。通过参加草根组织,人们能够提高生产力,至少能够获取信息。为社区内成员与非成员提供有价值的实践服务,可以减少地方自治的成本和税收,也可以提高市政管理的效率(例如,志愿救火联合会:Perkins,1989;Stinson and Stam,1976;市镇志愿委员会:Luloff et al.,1984)。整体来看,这些经济情况的改善不仅能够帮助草根组织的成员,也对经济发展和整个社会有利。

在发展中国家,草根组织及其网络在经济可持续发展和促进心理激励方面扮演着关键的角色(Anheier,1987;Clark,1991;Esman and Uphoff,1984;Fisher,1993;Freemen,1989)。草根组织在以下领域的项目成绩卓越:农业、生产者合作社、供销合作社、消费合作社、微型企业、轮候信贷、灌溉、钻井、住房、道路桥梁建设、其他建设、健康、计划生育、教育以及其他与经济发展有关的活动。其中,草根轮候信贷合作社尤为重要,此类合作社使得个人发展计划成为可能(Cope and Kurtz,1980;Fisher,1993)。另一种在发展中国家常见的草根组织是在多个拉丁美国家都存在的城市棚户区草根组织。这些组织为街坊提供新的服务以及其他实实在在的好处(Fisher,1984)。在发展中国家,某些草根组织解散了,新的相似组织会更容易被创建,这使得当地的社会资本得以增加(Fisher,1993)。

此外,经济体制支持型草根组织会给包括成员和非成员的当地人带来积极影响,尽管大多数这样的草根组织是多形态组织,如农夫小组、工会、商人小组、行业小组,等等(Abbott,1988;Browne,1988;

Coleman,1988;Krause,1996;Morrison,1970)。例如,工会倾向于使其成员在所属地区和行业的平均工资比非工会成员要高(Estey,1981,p.134;Hirsch and Addison,1986,p.153)。艾思提(Estey,1981,p.136)发现工会的存在加快了科技变革,从整体上提高了企业效率(p.137),但相对也缩小了管理层决策(尤其是个性化决策)的范围(p.135)。

幸福感和健康

作为副产品,草根组织带来的社会支持和其他正面结果(例如娱乐),能够创造更强烈的幸福感和对生活的满足感、减少压抑感(Bradburn,1969;Bradburn and Caplovitz,1965;Cutler,1981-82;Lin,Dean and Ensel,1986;Palisi,1985),同时带来更好的健康水平,减少疾病,降低死亡率,使成员更迅速恢复健康(Adler and Matthews,1994;Moen,Dempster-McClain,and Williams,1992;Rodin and Salovey,1989;Vaux,1988)。社会支持也可以减轻悲痛或者紧张、降低压力和生活危机对个人产生的负面影响,同时减少由压力带来的"危害健康行为"出现的可能性(Adler and Matthews,1994,p.243;Brown et al.,1992;Rietschlin,1996;Vaux,1988)。这里所指的社会支持的涵义超出但是包括前文提及的草根组织第一种影响类型(社会支持)。

一些研究者认为,自助型草根组织尤其对成员的精神健康、身体健康和其他与健康有关的行为有积极的影响(Hymphreys,1997;Kurtz,1990;Lavoie et al.,1994;Maton,1988;Powell,1994)。在对自助型组织的研究中,被研究最多的是匿名酗酒组织在降低成员滥用酒精和增强心理调节能力方面产生的积极影响(Emrick et al.,1993;Makela,1994)。相似地,研究发现,某些时候,其他匿名式的或者"十二步"自助型草根组织会对成员产生重要影响(Grimso, Helgesen, and Borchgrevink, 1981; Kurtz, 1990)。自助型草根组织也能够"增强成员对(慢性)疾病的认识和应对能力,促进自我照料行为"(Humphreys, 1997, p. 13)。与婴儿早产(Minde et al., 1980)、离婚后适应(Kunz and Kunz, 1995)、面对丧偶(Caserta and Lund, 1993; Lieberman and Videka-Sherman, 1986)等生活危机或转变相关的自助型草根组织也能获得类似结果。研究也发现,自助型草根组织的参加者较少利用健康保障资源,例如医院、专业服务(Humphreys, 1997, p. 17);工作压力大的成员请病假的也较少(Cullinan, 1992)。

对团体的参与度是产生以上结果与否的重要因素——"评估表明,对组织参与最积极的成员提到自己对生活的满足感较强烈、住院的时间较少、对专业人士的依赖较少、更加自信、生活态度更加积极。一个成员参与自助型团体越积极,支持其他成员,自己也获得组内支持,以上这些好处就越明显。"(Kurtz, 1990, pp. 110-111)

上述所有类型的影响,除了在招募过程中,一般很少能够波及非成员,对于健康导向的草根组织来说尤为如此。尽管如此,这样的延伸影响还是有可能的,有时确实发生。在巴西和加拿大,草根组织促进了医疗保健的改善(Pedalini, Dallari, and Barber-Madden, 1993; Rousseau, 1993)。在尼加拉瓜,草根组织的志愿者们发放预防疟疾的药品,使得全国范围内的疟疾发生率降低(Garfield and Vermund, 1986)。倡导型草根组织对外部卫生情况产生影响的另一个例子是,通过保障养老院居住者,并通过多种方式帮助他们,尽可能地改善养老院的条件(Finlinson, 1995; Williams, 1986)。澳大利亚一个社区的工会帮助提升了工人的健康保障和生产安全条件(Savery and Soutar, 1990),美国和其他地方的工会也曾如此(Estey, 1981; Hirsch and Addison, 1986)。

其他产出

有时候,草根组织会有其他产出(Smith,1973a),如制造更多的异端行为;增加社会容忍度;为社会提供娱乐和游戏元素;实现社会创新;使社会现实和道德拥有多元定义;对社会提出"负面反馈"(批判);制造神秘感、惊奇感和神圣感;保留传统观念、价值观和目标,以及在一定区域内为各种类型目标的实现提供潜在的资源。

当推广到全国范围的所有草根组织时,草根组织这六种类型的影响往往对社会有至关重要的作用。然而,在独裁时代与专制社会中,草根组织的影响会明显减弱(Allen,1984;Bauer,1990;Belyaeva,1992;Hegyesi,1992)。一些草根组织也会影响自身关注的其他产出的实现,但是这些产出未必被社会大众认可。研究者需要更加关注非营利组织(包括草根组织)的异端产出或者为社会否定的产出(Smith,1973a,forthcoming a)。这些团体受到那些观点狭隘的非营利部门学者的极大忽视,并不在他们的研究范围内。

草根组织的效力

涉及草根组织效力的许多研究一致发现:草根组织存在特定的架构因素和流程因素,无论研究对象是效力的外部影响还是内部影响。在下文中,我将提出关于草根组织效力理论的一个试验性假设,而非纯实证的或者系统理论的概括(参见 Smith,1999a,1999b 的文献综述)。考虑到草根组织成立的首要条件(Smith,1967),如果一个草根组织有如下特征,就会系统地对成员产生内部影响,对利益相关者(例如,有联系的公众)、社区、社会和/或整个世界(人类及其生物物理环境)的外部影响也会更加系统。

更好的资源动员能力

方法/活动、结果/目标

1. 全面地记录过往的成就,能够向潜在的成员传播。这也是组织招募的一部分(新成立的草根组织多不具备这一能力,但是有成就的草根组织可以通过这种方式吸引新成员);

2. 招募足够多的活跃成员(例如协会志愿者),通过经过检验的方法,使有效目标得以实现,获得一定成就。判断草根组织外部影响不是根据其分析成员的数量,更不是根据官方会员数量;

3. 在重要活动中追求并实现高内部参与度,如会议、筹款活动和抗议(如果有的话);

4. 主要招募"同伴"成员——面临同样问题、拥有同样利益诉求、经验和(或者)背景的人,使团体内部具有高度同质性(人以群分)和排他感,即使组织对成员招募采取开放的态度;

5. 主要依靠内部资金支持,例如会费、捐款及其他内部资源,在团体形成的初级阶段和发展阶段尤为如此,可以把这看做是互助/自助,组织一开始或者后来不会主要依靠外部资源;

6. 可以接受适量的外部资源,尤其是技术/经验支持、培训/教育和少量的拨款,这些来自外部机构或者组织的拨款要尽可能少,不以草根组织履行义务为附加条件,不会使草根组织为外部机构控制。

更先进的意识形态和动机/价值观

7. 发展一套包括价值观、世界观在内的有效的意识形态,能够解释成员的境遇并分析改善境遇的方法,使草根组织的手段和目标合理化、合法化,由此给成员带来更多意识形态上的激励;

8. 为成员/领导者参与提供更多、更有力的激励,包括利己主义和利他主义的激励,例如自我实现/个人成长激励、与组织目的相关的激励、凝聚力/社交激励、信息激励、提高素质激励、(偶尔)物质激励以及其他激励;

9. 使成员/领导者更从整体上忠于组织,为组织目标、方法、成员、领导者及其"历史"(过往成就)作出奉献,尽管这也可能导致成员参与期限的缩短(Cress,McPherson,and Rotolo,1997)。

更好的草根组织维护/内部控制

10. 营造并保障组织内部民主,对组织领导进行轮换;在重要议题上,让每个组织层级的成员都有机会参与决策;
11. 拥有经验丰富且能够照顾成员需要的优秀志愿领导人,能够把成员和组织作为一个整体来实现组织目标;
12. 通过会议和其他团体活动来使成员参与到面对面的互动中;
13. 营造成员内部强大的凝聚力和团结力,给每一位成员提供一定程度的社会支持;
14. 避免目标偏离——维系组织的活动成为工作重心,偏离了组织的原定目标和活动,这种偏离也许是永久性的;
15. 坚持起码一年或更久的时间,目标才能逐步实现。

与组织环境更和谐、更富有成效的关系与互动

16. 组织目标、方法和活动需要保持最佳(通常是明显的)的自治度,独立于其他所有外部机构、团体和集体;
17. 作为从属于某些超本土联盟、联合体或者地区性/全国性协会的多形态组织,这种从属关系需要达到更高的纵向整合度,但同时也要做到第16点;

18. 与当地的其他团体、组织进行更多的非正式合作,同时需要保持组织基本的自治性。

整体来说这些因素能够增强草根组织成员间的联系、也能增加成员对组织目标和价值观的认同。如果草根组织以外部为导向,宗旨在于改变组织利益相关者、其他团体、社区或更大范围的架构和流程,那么上述影响组织效力的关键因素能够帮助草根组织利用其志愿资源来达成外部影响。如果草根组织以对成员产生影响为目标,那么这些效力影响因素能够帮助组织产生更显著的内部影响。

这些与草根组织影响力相关的、影响草根组织效力的因素的基础是草根组织的总体架构和运营,尤其是草根组织的核心需求——必须吸引和保留高度认可组织目标的志愿者,然后利用这些人力资源,通过合理方法,理性地实现草根组织的目标。

影响内部影响力的特殊效力因素

另外,谋求内部影响的草根组织有九种共通的要素,使其整体与那些谋求外部影响的草根组织区别开来(很少有草根组织能够兼顾好两者)。

- 主要关注追求内部影响的目标和活动,但是有时候有一些次级关注,关注外部社会变革或者倡导目标,把外部社会视作"问题的一部分";
- 倾向于为组织新成员设立成员激励体系,起码会设立非正式的激励体系;
- 每个成员在组织里拥有至少一段互惠性的社会交换关系——在组织中有一位私人朋友或者其他人作为"重要他人";
- 在加入之前或者加入组织后不久,成员能够明显感到被认可和接纳；
- 成员以不同的方式将同组织的伙伴作为重要的参照群体，以实现个人转变；
- 年长的或者加入较久的成员指导年轻的或者加入时间不长的成员，通过自助和互助熟悉组织的理念和实践，并学习如何在组织内部制造影响；
- 一般来说，此类草根组织拥有非正式的、非科层制的内部架构和流程，拥有非正式的领导换届方式。即使领导是通过正式推选流程任职，也不会拥有高于非领导者的专制权力，而是组织整体参与、平等领导；
- 对成员尤其是新成员进行"密封"——物理隔离、社会隔离和（或者）意识形态上的隔离（意指草根组织有强力的理念，通过内化让成员区别于非成员，即使成员继续与非成员联系、互动）；
- 只需要较少成员就能取得成就（例如小型的支持型和自助型草根组织）。

影响外部影响力的特殊效力因素

下列八种要素，似乎同等重要，对于制造外部影响尤为如此：
- 在当地社区营造并维持更强烈的社区归属感和身份认同感（"我们"的感觉），地方社区是有外部影响目标的草根组织主要关注的社会层面；
- 拥有并坚持一项外部社会政治性的倡导目标和（或）服务目标（草根组织很少能够同时成功实现这两种目标）；
- 在草根组织发展与外部环境相关的任一阶段，发展并维持倡议与服务这两种对外目标的最佳搭配比例；

- 在草根组织发展的任何阶段,创造并维持对内对外目标的平衡(在取得卓越成就前,草根组织通常需要更加关注内部目标);
- 建立更多横向联系,与社区或其他地方近似或相同的外部团体、组织进行合作;
- 拥有更多消息灵通、富有参政经验的领导者,他们能接触决策者并且(或)在有需要时获取外部资源;
- 避免内部分化和党派之争,尤其是要避免(a)可能把团体分裂成两半甚至分裂成更加独立的次小组;(b)导致发生难以实现外部影响目标的内部僵局;
- 比起追求内部影响的草根组织,追求外部影响的草根组织普遍需要更多成员来取得成就。

草根组织总体效力研究

尽管架构特征并不一定影响草根组织的政治影响力(Burt,1990),有一些选取草根组织作样本的一般性研究却发现架构因素影响组织效力。史密斯(Smith,1986a)比较了两份由领导者报告的数据:第一份数据来自八个城镇的45个被评为"优秀"(在同行评级中,属于在草根组织权力、影响和活跃程度上保持高水平)的草根组织,另一份数据来自波士顿大城市圈内进行的普通随机抽样得出的52个草根组织。尽管两份数据中的很多特征并没有将两个群体显著区分开来,但是其他因素,如组织要素,对造成如此差异有显著作用。

高效力的草根组织在团体中的威望较高,成员平均收入和教育水平较高,平均成员社会经济状态地位也较高。这些组织都是州级或者全国性的组织的一部分(多形态联盟),较多召开以任务导向的委员会和小组委员会会议,每年的常规会议较多,以社交、休闲、娱乐和体育活动为目的的会议/活动较多,内部冲突较少。这些组织使用会员卡(草根组织更强烈的身份认同),让一般成员进行决策(去权力中心化的架构和内部民主)。这些组织的首要目标是谋求大众福利(追求外部利益和影响),组织以镇名或市名来命名(反映了较强烈的地方荣誉感),在成员选择方面有更多的要求:例如必须是当地人(Smith,1986a,p.30)。

史密斯(Smith)和沈(Shen)(1996)分析了另外一个包含马萨诸塞州某郊区中所有草根组织类型的抽样,从中选取了39个草根组织。他们测量影响力的方法是:让其他伙伴组织的领导者对草根组织的影响力进行评分,这样就可以去除团体领导自评可能产生的偏袒。他们的研究发现,威望较高的草根组织拥有更优的资源条件;至少部分是以公共性/非成员利益为导向;在很多测量标准尤其是正规程度和管理的各方面(例如官员、理事会、委员会)表现出更为成熟的发展。这些结果肯定了很多研究者的看法和(或)研究发现,这些研究者要以授薪制非营利组织的效力为研究对象(Bradshaw, Murray, and Wolpin, 1992; Connors, 1988; Gamson, 1990; Herman and Heimovics, 1991; Herman, Weaver and Heimovics, 1991; Knauft, Berger, and Gray, 1991; Widmer, 1991)。研究结果同时也确认了我关于草根组织效力的一些假说(Smith, 1981, 1992b, 1993b, 1994b)。

阿贝尔(Abell,1989)发展了一套有趣的关于团体效力的一般性经济学理论,使用了"理性选择"的方法。他论述道:一个团体的表现(影响力)与其内部的整体效力(满足感)成正比,整体效能包括利己满足感和利他满足感。对这个这个模型进行检验,研究者需要对大量草根组织样本进行独立的测试,测试这些组织的内部与外部的影响力。

霍兰德(Holland,1988)的非营利组织效力模型和上述专门针对草根组织效力的建议有所相似。他提出授薪制非营利组织的一般性效力模型,认为一个非营利组织越是有如下特点:能够实现目标、获得资源、防止内部冲突、满足主要支持者的需求、拥有更优秀的领导者、更能应对外部环境的影响,这个组织的影响力就越大。只有"满足主要支持者需求"这一要素不符合这章提出的草根组织效力假说。

霍金斯(Hawkins)、斯泰格(Steger)和崔慕伯(Trimble)(1986)进行了一项以授薪制非营利组织为主的类似研究,调查了 57 个附属于联合之路的社区组织如何适应资助减少的情况。他们发现拥有更多行业专家(例如律师、电脑专家)可以求助、曾经更多地依靠自主募款(而不是完全依赖联邦)、使用更多志愿者的非营利组织能够更好地适应资助的减少。我的研究发现显示,关于授薪制非营利组织效力的研究结果可能与对草根组织的效力研究结果非常相似,尽管并不一定如此,在缺乏相反例子的情况下我们不能轻易断定。针对授薪制非营利组织的类似研究非常多,通常样本量都比较小。鉴于草根组织是我研究的中心,我不会在此讨论这些研究。

通过上述对草根组织的一般性样本研究,我们对草根组织效力的要素有了大概了解,我们还可以回顾其他论著中罗列出来的草根组织效力要素(Smith,1999a,1999b),以便观察不同类型的草根组织是不是具备同样的要素。通过审视这些论述,基于草根组织对外与对内影响力的组织效力要素,我在此提出一种归纳理论。

总　　结

表 9.1 呈现了基于本章所述的主要影响变量,对草根组织和授薪制非营利机构进行比较后的理想化结果。组织效力要素已总结成

表,因此我没有把它们放在这一表格内。比起授薪制非营利机构,草根组织倾向于产生更多感觉上的社会支持,因为它们强调社会性的目标和社交活动。我假定,这两种类型的志愿团体都能使成员得到高度的信息获取,但是草根组织中存在更多的社会政治性激活力,平均来说也带来了更多的政治性影响。因为更强调社交活动,草根组织的参加者倾向于建立更多的经济联系。

表 9.1 草根组织和授薪制志愿团体的影响力比较

草 根 组 织	授薪制志愿团体
高度社会支持感	中度社会支持感
高度信息获取	高度信息获取
高社会政治性激活力	低社会政治性激活力
中度政治性影响	低度政治性影响
进行更多经济联系	进行更少经济联系
支持经济体制	较少支持经济体制
显著幸福感	一般幸福感
更高的健康水平	一般健康水平

平均来说,草根组织更可能支持经济体制,尽管全国性的商业和行业游说在对经济体制的支持中扮演主要角色。但是总体而言,授薪制志愿团体大多是关注健康、教育或者对他类福祉服务的组织,并不热衷于支持经济体制。比起授薪制志愿团体,草根组织更有可能为参加者带来幸福感和健康,尽管这某种程度上是因为志愿性利他主义。

这些发现显示了全国性协会(多形态的草根组织)的地区性志愿部门,如何最好地组织起来,制造与其全国或者全球性宗旨宣言相称的成员影响力。但是这些发现也表明自治组织与单形态的草根组织如何能够发挥更大的效力和影响。我的归纳理论中很多概括性的论述或许对工作机构的志愿项目也适用(把它们视作寻求实现外部服务影响的"伪草根组织"),但是我并不在此详细阐述两者的相似性,其他学者可以一探究竟。

不仅仅是所有非营利组织,所有类型的组织都肯定存在效力因素的重叠。例如,霍兰德(Holland,1988)提出,避免内部冲突、拥有优秀的领导是志愿团体的一般效力因素,而此二者对草根组织同样重要。最普遍的问题是:实际上没有一项研究能够使用比较的抽样方法和调查方法,在草根组织和授薪制志愿团体中选取足够的样本,以确认影响的类型及其相对应的组织效力因素。研究者对这些数据进行内部分析时,自然而然应该判断出哪些组织因素对寻求内部影响力的草根组织最有利,哪些因素对寻求外部影响力的草根组织最有利。在此类研究中,研究者可以选取一些商业机构和政府机构做对比分析,以确定哪些组织效力因素对所有类型的职业组织"起作用",哪些因素对草根组织或超区域志愿协会"起作用",这样研究将会更完善。

第三部分

理论范式与总结

引　言

在本书第三部分的各个章节中,我将介绍志愿非营利部门"地圆"范式理论,这一理论是基于研究而建立的。本章关于此理论的介绍比较简明扼要。这一理论的根基是本书所引用的研究文献与我自己定性研究得出的数据,包含我在此书各章所作出的实证与理论结论。这一理论借鉴了其他草根组织与非营利组织相关文献,由于篇幅所限,我不能将这些文献逐一列出。这几十年来,我曾参与草根组织并对其进行研究,也讲授过有关草根组织的课程,并且一直在试图深入了解这种组织类型。在构建志愿非营利部门"地圆"范式理论时,我这几十年的个人经验也给了我很多启发。

我在本章提出的志愿非营利部门"地圆"范式理论中,大部分的结论仍仅是可以通过实证研究验证的假说,因此,我的理论是基于某些以往研究所作出的尝试性总结。由于篇幅所限,我不能将自己关于草根组织与志愿非营利部门的总体理论的某些方面纳入本书。我在其他著作中对本书遗漏的这些理论点作了阐述,本章给出了这些独立于本书的著作的名称(有些著作尚未发表)。这些著作探讨了世界范围内草根组织与其他非营利组织的历史(Smith,1997c)、草根组织影响力(Smith,1997a)、个体对草根组织的参与(Smith,1994a,forthcoming)、草根组织与其他非营利组织的分布、发展与解散(Smith and Associates,2000)、异端非营利组织的性质与运营(Smith,

1995c, forthcoming a)、草根组织与其他非营利组织的研究状况（Smith, forthcoming b）以及志愿非营利部门相关概念与术语（Smith and Dover, 2000）。

草根组织理论作为我的志愿非营利部门"地圆"理论的一部分，包含三个相互平行的层面——社会层面、群体层面与个体层面。本书的第一部分与第三部分探讨的是整体的志愿非营利部门，重点关注这一部门里的草根组织。本书的第二部分关注的重点是草根组织的组织体系。我的另一部著作（Smith, 1994a, 2000）对个体志愿者的志愿参与作了探讨。其他相关著作对上述三个层面的草根组织理论给出了相关阐述。

本书的中心结论之一是：持志愿非营利部门"地平"范式的研究者忽略了对草根组织的研究，作为志愿组织的草根组织需要得到比以往多很多的研究关注。根据我的理论，研究者对志愿非营利部门的研究应该兼顾全面与平衡，草根组织应该得到与其社会地位与活动规模相应的研究关注（Berger and Luckmann, 1967）。这就是我所谓的志愿非营利部门"地圆"范式。

我在本章将提出崭新的、更加平衡与全面的志愿非营利部门"地圆"范式，而我对草根组织的理论是这一范式的重要组成部分。我希望我所提出的"地圆"范式能够取代种种狭隘、过时、片面的志愿非营利部门"地平"范式，这些范式扭曲了这一部门的真实情况，我们对这些依然强大的范式往往耳熟能详。我将在接下来的第十章对种种"地平"范式作出描述。

现有研究并没有对授薪制志愿组织做出基于"地圆"范式的综合理论。未来授薪制志愿组织的相关理论可以与我本书阐述的草根组织相关理论综合起来，成为较为完备的志愿非营利部门总体理论。

我在第十章对种种狭隘、过时、片面的志愿非营利部门"地平"范式作出了描述,也大致描绘了目前研究亟需的全面"地圆"范式,我认为这两种范式互为对比。我也在本书与相应的"地平"观针锋相对,对志愿非营利部门"地圆"范式中的草根组织部分进行了概述。

第十章 "地平"范式与"地圆"范式概述

本书曾提到过可以促进理解志愿非营利部门研究文献的绘图比喻。本章将首先对此比喻进行回顾,然后探讨志愿非营利研究领域学者经常采用的19种"地平"范式,最后将阐释较为全面的志愿非营利部门"地圆"图。

用以理解志愿非营利部门的比喻与范式

在本书和本书理论中,我采用了地图—绘图这一比喻,因为这一比喻能够形象地表明了对任何学术领域或社会过程、活动采取狭隘、歪曲观点的陷阱。凡·提尔(Van Til, 1988)曾写过一本重要的著作。这本著作有一个恰如其分的标题《为第三部门绘制地图》(*Mapping the Third Sector*),这个标题给了我很多灵感。当无数学者对志愿非营利部门的种种重要现象置若罔闻时,他们不仅仅是在学术上自满、不仅仅是观点狭隘,也主动关上了一扇通往这些组织的大门——将他们自己、他们的同行与那些依靠他们来认识志愿非营利部门重要现象的实践者关在门外,虽然这些重要现象明显存在,而且会在学术与实践的双重层面都有巨大的价值。

我在本书第一章曾简介过绘图比喻,这一比喻有力地帮助我吸引研究者的目光,将其转向志愿非营利部门中那些曾被无视的广泛

第十章 "地平"范式与"地圆"范式概述

多样的现象。这些现象有些曾被某些研究者探讨过,但却被另外一些研究者所忽视,反之亦然。我将草根组织比作志愿非营利部门里的"暗物质",因为除了天文学家与天体物理学家,很少有学者会关注暗物质。因为志愿非营利部门相关学科、相关交叉学科与相关行业的很多学者脑中都存有狭隘歪曲的志愿非营利部门总体认知地图(范式),他们错误地理解了这一部门的组成部分及这一部门与社会其他部门的相互关系。

那些诸如国际"地平"说学会[①](Flat-Earth Research Society International)成员那样的志愿非营利部门"地平说者"们(Jaczczak and Sheet,1997,p.631,Organization 6394)的问题并不仅仅在于他们只关注自己感兴趣的领域,而是在于他们公开或暗自否认了志愿非营利部门某些相互联系的种种不同现象。基本问题在于:志愿非营利部门领域的研究者与理论家是如何建构心理社会现实的。

在本章,我尝试对志愿非营利部门整体相关文献作出简要批判,我的批判特别会涉及草根组织。从某种意义上讲,我将在本章对当前志愿非营利部门的种种范式做非常表面化的"解构"。在这里,我并不是宣称本书中的解构会遵循诸如哲学解构与语言学解构一类的传统解构方式。我只想表明只有采用足够平衡与复杂的志愿非营利部门广泛理论,才能够正确认识草根组织。通过找出当前志愿非营利部门研究与理论的问题,我希望可以开创一个足够平衡与复杂的新理论。

只有通过我所称的"地圆"范式或角度,我们才可能正确理解志

---

① "地平"说学会(Flat Earth Society)又称国际"地平"说学会(International Flat Earth Society)或者国际"地平"说考证学会(International Flat Earth Research Society),是一个支持"地平"说、反对"地圆"说的组织,由英国人塞缪尔·申顿于1956年建立。

愿非营利部门。在本书中，我曾通过对草根组织及其志愿者的相关数据进行重新审视，阐述"地圆"范式的研究方法。某种类型的"地平"范式忽略了草根组织及其志愿者的同时，也忽略了与其相关的种种数据与概念。因此，本书至少含有两层语篇，这两层语篇独立存在但却相互重叠：(a)对草根组织现象实证研究的文献综述(本书第二至九章)；(b)对种种"地平"范式的描述以及对构建草根组织及更大范围的志愿非营利部门"地圆"范式必要性的阐述(本书第二至十章)。在本章下一小节，我将给出种种"地平"范式的理论概述。

我提出的崭新的"地圆"范式，是为了取代那些为当今志愿非营利部门领域的学者与实践者/领导者广泛应用的种种"地平"范式。学者或实践者可以采用一种、也可以同时采用两种以上下文列出的"地平"范式。然而，下文所列出的某些成对的"地平"范式是相互排斥的——一个人只能持有社会运动志愿非营利部门"地平"范式或是维持现状志愿非营利部门"地平"范式，不可能同时持有两种范式，因为两者是相互排斥的。但现实中也很可能会出现某位特定个人持有包含两种"地平"范式的混合范式的情形。我将在下文对我所提到的种种"地平"范式作出描述。

志愿非营利部门"地平"范式概览

正如我在其他著作中提到的(Smith, Macaulay, and Associates, 1980, Parts 1 and 5)，我认为社会科学理论与实证研究中存在许多问题。我觉得一些此类问题可以用社会科学范式中的"地平"范式VS"地圆"范式来看待，在本书我也用这一组范式来特别处理志愿非营利部门研究。然而，为节约篇幅，在这里我仅对志愿非营利部门范式中的问题作专门审视。没有研究者是完美的——没有研究者既能够保证研究的平衡与全面,又能够做跨学科、跨国界的研究。然而,倘若我们要充分了解人类的种种现象,特别是非营利组织现象,我们就得尽最大努力去接近完美(Mudimbe,1996)。

在写作本书的过程中,我已经发现了多种类型的志愿非营利部门"地平"范式。这些范式中的每一个都是我对志愿非营利部门现存理论与研究中种种问题的总结概括。由于持有志愿非营利部门"地平"范式的学者及实践者/领导者往往忽略了这一领域的某些的重要现象,这些现象在理论实证两个层面上都被忽视,各个"地平"范式之间存在共通之处。

本书中志愿非营利部门"地平"范式的内涵广泛——种种倾向于忽略或遗漏志愿非营利部门多种现象的狭隘观点。与"地平"范式相反的正面的、"恰当的"的志愿非营利部门现象社会科学角度即为"地圆"范式。本书中提到的某些论文虽受到"地平"范式影响,但也并非毫无价值,本书没有批判过的论文也不一定就有很高价值。我在本书是有选择性地给出了一些例子。下文我将列出我发现的多个类型的志愿非营利部门"地平"范式(以下简称"地平"范式)。

"非营利部门无足轻重""地平"范式

这种范式无视志愿非营利部门所有的现象,明示或暗示只有公部门(政府部门)和私部门(商业部门)才是重要的、值得被现代社会仔细加以科学研究的部门。这种范式认为现代社会劳动者大多数都是为商业或政府部门工作的,而不是为非营利部门工作。虽然独立部门忽略了草根组织及其志愿者,但却记录了美国社会授薪制非营利组织与志愿项目的发展情况,对志愿非营利部门作出了很大的贡献(Hodgkinson and Weitzman,1992,1996b;Hodgkinson et al.,1992,1995)。

志愿非营利部门以外的学者往往认为这个基于志愿者的部门是弱小、资金匮乏、微不足道、昙花一现的次要部门,不足以在社会中取得任何卓越成就。从很大程度上说,这种观点源于一种社会意识形态,这种意识形态认为万般皆下品,唯有经济活动重要——这种意识形态将经济活动狭隘地理解为仅与金融资产、年受益、市场交换与带薪工作相关的活动。然而近年来,经济学家们对无薪工作、志愿工作和其他"非正式"经济活动进行了探讨,认为这些非市场的活动也有其经济价值(Brown,1999;Hezog and Morgan,1992;Hodgkinson et al.,1992;Wolozin,1975)。这表明最近几十年内,"反志愿非营利部门""地平"范式的影响力正在逐渐式微。

根据我这里的定义,"反志愿非营利部门"学者、经济学家也好,其他社会科学家也罢,都基本没有将任何类型的志愿非营利组织纳入自己的知识地图或认知地图中。要知道这些学者对授薪制志愿组织都很少关注,他们对社会中草根组织的忽视也就不会令我们惊讶。我们只要稍微浏览一下任何一名任职于著名高校的经济学家的著作索引,就能看出这样的情况的确存在(例如:Samuelson and Nordhaus,1995)。

忽视草根组织是目光短浅的——是对社会与人类行为的认识不足。由于社会科学从整体而言深受"非营利部门无足轻重"这一"地平"范式之害,研究者(包括经济学家)有必要拓宽对志愿非营利部门的研究。我建议多数经济学家应该对志愿非营利部门进行整体探讨。某些学者已经从经济学角度对这一部门做过有价值的整体研究(Boulding,1973;Cornes and Sandler,1989;Hansmann,1987;James,1989;Olson,1965;Steinberg,1987,1990;Tuckman and Chang,1991;Weisbrod,1977,1988)。如果我们将政治经济学、劳动经济学、经济压力集团、农业经济学、消费合作社这样的经济学分领

第十章 "地平"范式与"地圆"范式概述

域的研究也计算在内的话,已出版的志愿非营利部门的相关经济学研究名单就会长很多。

除了独立部门的数据统计,现存已出版的理论与实证研究大量涉及美国授薪制非营利组织,这些研究部分抵制了"非营利部门无足轻重"范式(Billis,1993a;DiMaggio and Anheier,1990;Herman and Associates,1994;Hodgkinson et al. ,1992;O'Neill,1989;Powell,1987;Salamon, 1992;Salaman And Anheier, 1994;Salamon, Anheier,and Asoociates,1998)。

哈尔(Hall,1996)在对组织文献的文献回顾几乎没有提到志愿组织——无论授薪制非营利组织还是草根组织。组织社会学家、其他组织学专家与社会科学学者们对志愿非营利部门的整体漠视并不能证明这一部门是不重要的部门(参见 Smith,1973a,1997a,对美国这一部门重要性的探讨;参见 Smith,1997c,国际非营利组织历史概述)。

例如,哈尔(Hall,1987b,1992)、埃利斯与诺耶斯(Ellis and Noyes,1990)及奥尼尔(O'Neill,1989)都对美国四百年年历史中草根组织与授薪制非营利组织的重要性进行了阐述。我在自己最近的一篇论文里(Smith,1997c)指出两万五千年的人类历史进程中草根组织的重要性——特别是在过去的一万年中,草根组织在世界范围内蓬勃发展,地位愈加重要(Anderson,1973;Hartson,1911;Lambert,1891;Ross,1976)。基于"地圆"范式,本书第二章给出了美国志愿非营利部门中的组织与志愿者总量的估计值。许多学者也对其他国家志愿非营利部门的总量给出了部分的估算(Anheier and Seibel,1990;badelt,1989;James,1989;Klausen and Selle,1996;McCarthy et al. ,1992;Pestoff,1977;Robbins,1990;Salamon and Anheier,1994;Salamon et al. ,1998;Smith,1993b,1873c,1974;Smith and

Elkin,1981;Smith and Van Til,1983;Starr,1991)。志愿非营利部门的的确确作为重要部门在全世界范围存在,并且已经存在了数千年。

"社会三部门模型""地平"范式

在考努埃尔(Cornuelle,1965)"发现"或"发明"(Hall,1992)了志愿非营利部门这一概念之前,大部分社会科学家如果对社会主要部门划分有所思考,都认为社会中仅有两大主要部门。在 20 世纪 60 年代中期之前,人们认为社会的两大主要部门分别为政府部门与私部门。他们认为私部门包含企业与非营利组织,虽然受到关注的主要是企业。当学者谈论或论述与企业相对的非营利组织时,他们用的词汇大体都较为模糊。有时,经济学家和社会学家也会关注家庭部门,但通常会将这一部门纳入社会消费的范畴,而并非现代社会生产的范畴中去。

直到最近的三十年间,志愿非营利部门才被认为是社会的"第三部门",其他两个部门分别为商业部门与政府部门。因为无法为志愿非营利部门给出能够被大众接受的分析定义或标签,一些个人和组织往往将这一部门称作"第三部门"(Evers, 1995; Hodgkinson et al., 1992; Levitt, 1973; McCarthy et al., 1992; Nielsen, 1979; Powell, 1987; Salamon, 1992; Schuppert, 1991; Smith, Reddy and Baldwin, 1972a; Van Til, 1987; Wagner, 1991; Weisbrod, 1977, 1988; Wilson, 1992)。

由于意识到自身的局限性,志愿非营利部门的倡导者并没有采取相对的立场,认为商业部门与政府部门不存在或者在美国这样的现代社会中并不重要。从历史角度来看,将志愿非营利部门称为"第三部门"并不准确,因为对社会部门的三分法并无任何可靠的理论依据,而且忽视了家庭部门这一人类种群的基本部门。我们至少可以将人类社会分为四大部门,甚至有理由将其分为五大部门(Smith,1991)。但无论是采用四分法还是五分法,将人类社会仅分为三大部门绝对是错误的(Ahrne,1992;Grindheim and Selle,1990;Leat,1986;Lohmann,1992)。

授薪制志愿组织"地平"范式

这种观点忽视了包括草根组织、超区域志愿者组织在内的几乎全部类型的志愿者非营利组织,明示或暗示只有全日制雇员所完成的带薪工作才是特别重要或值得研究的。因此,持这种观点的志愿非营利部门研究者主要关注或仅仅关注授薪制志愿组织——那些主要依靠带薪雇员完成组织工作的志愿组织。志愿服务项目中可能也有志愿者存在,但研究者会认为组织中的带薪雇员要比志愿者更为重要。这种观点主要关注那些规模较大、资产较多、较为显而易见的授薪制志愿组织及与这些组织相关的成员、场地、物品、架构、流程及事宜。

授薪制志愿组织"地平"范式反映了对人类社会与志愿非营利部门中组织机构的某种精英主义或"正统主义"观(Billis,1993a,1993b;DiMaggio and Anheier,1990;Hodgkinson and Weitzman,1996b;Hodgkinson et al.,1992;Knoke,1990b;Kramer,1984;Kramer et al.,1993;Olsen,1982;Powell,1987;Salamon,1992;Salamon and Anheier,1994;Smith and Lipsky,1993;Weisbrod,1977,1988;Wolch,1990;Yong,1983)。

工作机构是那些大部分工作由受薪雇员完成的机构,这些受薪雇员往往是全日制雇员。工作机构可以分为三大类:企业、政府与授薪制志愿组织。与工作组织相对,志愿者组织/机构是大部分工作由志愿者完成的组织机构。区别两者的一个粗略的经验法则即：组织中的全部人员的年工作时间总和若为一个或两个FTE（每年1 700小时），该组织或属于授薪制志愿组织，或正在向授薪制志愿组织转变。然而，要准确判断一个组织属于授薪制志愿组织还是志愿者组织，研究者必须收集组织中带薪雇员及志愿者各自的工作总时间的实证数据。

有些人可能会将授薪制志愿组织和志愿者组织视为两种理想类型——即全部成员都为带薪雇员的组织和全部成员皆为志愿者的组织。由于没有相关研究，我们并不清楚各有多大比例的非营利组织分属于这两种理想类型。我们同样不清楚在从某一地区随机抽取的样本中，有多大比例的非营利组织可能会属于中间类型——同时含有两类工作人员（如带薪雇员的工作时间占到组织工作总时间的40%到60%）的组织。

研究工作机构的学者对志愿组织进行整体审视的时候，倾向于在没有任何可靠依据的情况下推测：包括草根组织在内的志愿组织的运营方式与工作机构的相同（Klausen,1995；Knoke and Prensky,1984）。与志愿非营利部门其他"地平"范式或人类社会的其他"地平"范式一样，这一观点具有非常强大的蒙蔽作用。举一个能够说明这一错误范式强大影响的例子：哈尔（Hall,1996）在最近的一本著作中对社会科学家对各种类型机构的认识做了概述。在这本301页的著作里，只有寥寥几页提到了草根组织或超地域志愿组织，引了少量关于两者的相关文献——而相关文献卷帙浩繁，它们是本书与本书推论的基础。很明显，对于哈尔（Hall）及为诸如"组织"、"组织行为"或"组织学/组织科学/组织管理"这些学术领域著书立说的数以百计的其他学者来说，草根组织根本不在他们的考虑之内。

授薪制志愿组织"地平"范式认为：在学术领域与社会中，即使志愿非营利部门是重要的,那么也仅仅是这一部门里的授薪制志愿团体重要。这一范式流毒甚广,其影响力并不仅限于主要的非营利组织相关杂志(如《非营利组织与志愿部门季刊》、《非营利组织管理与领导》、《志愿部门》)、著作(如:Herman and Associates,1994; Hidgkinson et al., 1992; Powell, 1987; Rose-Ackerman, 1986; Salamon, 1992; Salamon and Anheier,1994; Weisbrod,1977,1988)、出版社关于非营利组织的丛书(如 Jossey-Bass"Nonprofit Sector Series," John Wiley"Nonprofit Law, Finance, and Management Series")或是关注非营利组织研究的学会(如:非营利组织与志愿行动学会,见附录一)。

主流的志愿非营利学者与实践者,以及相当一部分大众倾向于被许多授薪制非营利组织(大多数以非成员受益为目标)表面的规模与"亮度"所吸引和误导。在缺乏充分实证数据的情况下,这些学者与实践者往往错误地认为对社会而言,授薪制志愿组织的总影响力一定大于那些资金薄弱、规模甚小、寿命短暂的较不正式的草根组织——主要靠志愿者运营的组织。本书第九章和我关于草根组织的最新论文(Smith,1997a)都向这种观点提出了挑战。

这种狭隘的范式也与附属于授薪制非营利组织与其他工作机构的正式志愿项目及其志愿者有关。授薪制志愿组织"地平"范式无视草根组织的志愿者,这些志愿者为各区域级别的高度自治组织(包括草根组织)服务。本书第二章详细阐述了那些受授薪制志愿组织"地平"范式是如何忽略草根组织及其志愿者的。

为了构建囊括草根组织及其志愿者的更为准确的、崭新的"地圆"范式,在我之后的研究者在进行相关研究与分析时,需要采用汉南(Hannan)和弗里曼(Freeman)(1989)提出的"组织人口生态学"(population ecology of organizations)法与米洛夫斯基(Milofsky,

1987)提出的与之相似的"市场法"(market approach),通过适当的方法,将草根组织纳入已研究过的非营利组织的样本中。如果我们不对非营利部门做明白彻底的研究(像许多学者那样),我们就无法了解这一部门的整体情况,即使在取样的层面上也要多加留意(McPherson,1988,p.52)。

在我看来,授薪制志愿组织"地平"范式危害最大,将志愿非营利部门主流研究引入歧途,并影响到这一部门在社会的整体地位。很明显,摒弃这一范式是我们的当务之急。志愿非营利"地平"观的倡导者们深受这一范式的影响,这一范式成为构建包括草根组织在内的志愿非营利部门"地圆"观的主要障碍。在美国与其他国家的高校研究所里,这一范式根深蒂固,在种种"地平"范式中,深受著作出版人和杂志编辑青睐。

为了实现摒弃这一"地平"范式的首要任务,我认为研究者应该从理论与实证研究两方面对授薪制志愿组织与志愿者组织(尤其是草根组织)做明确的划分。这样的划分将对我们理解志愿非营利部门和这一部门与社会其他部门的联系价值重大。通过对相关文献的回顾,我相信志愿非营利部门的某些学者尚未充分意识到做这一划分的价值所在,否则我就不会只找到寥寥几篇将授薪制志愿组织与志愿者组织(尤其是草根组织)做对比的研究。这些研究的存在可以部分解释做这一区分的必要性。

志愿者与成员资格志愿组织"地平"范式

这种观点忽略了授薪制志愿组织,尤其是那些主要关注非成员目标的授薪制志愿组织。这也是一种狭隘的观点,是授薪制志愿组织"地平"范式的对立面。这种观点仅仅关注或主要关注由志愿者运作的组织,例如那些公众福利组织和人类社会中各地域级别的志愿

第十章 "地平"范式与"地圆"范式概述

者组织。在较高的地域层面上,这种"地平"范式也会关注一部分授薪制非营利组织(Knoke,1990b;Nall,1967;Smith and Freedman,1972;Smith,1992a)。无论是授薪制志愿组织的重要性被过分强调,还是志愿者组织的重要性被夸大,结果都是以不完整、扭曲的视角来看待整个志愿非营利部门。

某些关注政治参与、压力集团、政治多元主义与市民社会的政治学家通常会采用这种观点看问题。采用这种观点的还有某些关注志愿组织的社会科学家、某些关注社会(sodalities)与公共利益团体的人类学家、一部分关注社区组织与组织化的社会工作研究者以及某些关注利他主义、志愿行为与社区组织的心理学家。

我们当然可以采用社会部门五分法模型(Smith,1991),将授薪制志愿组织与志愿者组织(包括草根组织与更高地域级别的志愿者组织)这两种关键类型分开。本书第二部分的研究发现能够支持这一建议,因为作为志愿者组织的草根组织与授薪制志愿组织在多个方面明显不同。然而,两类志愿组织的共同点在于它们的分析成员都主要受志愿性利他主义的驱动。这一事实使两类志愿组织明显区别于各种企业、政府部门与家庭。

之前,我建议志愿非营利部门可以被分为两大部门或两大亚部门——成员受益型组织与非成员受益型组织(Smith,1993b)。通过进一步的思索、研究与文献回顾,也由于同事所给出的意见(尤其是麦克·奥尼尔的意见),现在我决定稍微转变一下自己的立场。几乎所有的成员受益型志愿组织都属于草根组织;而几乎所有的授薪制志愿组织都是非成员受益型组织。但同时在美国国家税务总局501(c)(3)表格中,也有相当比例的非成员受益型组织属于草根组织(我在本书第二章估算这一比例为37.5%)。

因此,非营利组织中最常见的组织形式是志愿者组织,1990年左右，美国此类组织的总数量要远远超过授薪制志愿组织的总数量。如果能对两类志愿组织对组织其他要素的影响做比较研究，将会非常有价值。

保持现状/既有秩序"地平"范式

这一观点忽视了草根社会运动组织以及采用抗议、倡导方式的志愿活动。此范式仅仅或几乎仅仅关注那些主流的维持既有秩序的志愿组织及其志愿者（Bowen et al. , 1994；Brudney, 1990；Gidron, Kramer, and Salamon, 1992；Hammack and Young, 1993；Hodgkinson and Weitzman, 1992, 1996a, 1996b；Hodgkinson et al. , 1992；Lohmann, 1992；McCarthy et al. , 1992；Powell, 1987；Salamon, 1992）。这些维持既有秩序的志愿组织的目标是维持"权威人士"与社会精英主导的社会现状（Becker, 1963；Millis, 1956；Smith and Associates,待出版）。这种范式还从很大程度上忽略了较为异端的志愿集体行为——通过诸如暴乱、叛乱、政变与革命这类社会不赞成的方式来谋求社会政治变革的行为。并且，这种范式无视人类历史中的种种大变革都是由社会运动引发的——奴隶制的废除、女性与受歧视种族/少数民族的地位提高、欧洲宗教自由的出现、现代社会保障与福利制度的兴起等都如此（Blumberg, 1991；Ferree and Hess,1995；Lambert,1992；Skocpol,1992）。

在"地圆"范式里，社会政治变革应该被视为一个假定的维度，每一个志愿组织目标都或多或少地包含社会政治变革的因素（Verba, Schlozman,and Brady, 1995, p. 63；Verba and Nie,1972, pp. 178-179）。但是如果研究者不认同对组织这一维度进行探讨的"地圆"范式，就不大可能会去收集必要的实证数据，以便审视志愿组织目标中社会政治变革因素在多大程度上影响到组织（尤其是草根组织）的其他维度。举个例子,在研究中,那些谋求社会变革的志愿组织由于不容易搜索到,往往会被研究者忽视,除非采用一种必须搜寻并包含这些志愿组织的研究范式。同样地,如果没有相应的"地圆"范式,研究者很难对那些草根组织为实现其变革目标而进行的抗议活动进行研究。对于使用抗议活动(例如:象征性抗议、直接行动、暴力抗议等)而言,不同的志愿组织的做法千差万别。研究者需要定期研究志愿组织的大规模样本、探讨样本中关于社会政治变革这一维度的情况,这样才能成功构建志愿非营利部门"地圆"观。

社会运动/抗议"地平"范式

这种观点基本忽视了较为主流的、非抗议主导的非营利组织(包括草根组织与授薪制志愿组织),仅仅关注那些支持或反对社会运动的非营利组织(Gamson,1990;Lofland,1996;也可参见 McAdam and Snow,1997)。因此,这一范式倾向于过度强调社会中的社会政治变革,从而忽略了志愿非营利部门内社会运动组织以外的其他组织——不采用抗议战术的主流利益组织(Smith,1986b)。所有类型的草根组织都可以属于社会运动组织,因为任何草根组织都可以在组织利益受到威胁的时候作为利益团体或压力团体活动(Verba et al.,1995,p.63;Verba and Nie,1972,pp.178-179)。然而,持有此"地平"范式的研究者关注的通常是那些较大规模的社会运动及国家与国际层面的运动组织,倾向忽略社会运动/抗议草根组织以及授薪制志愿组织(Lofland and Jamison,1984)。研究往往更为关注"专业的"(授薪制)社会运动组织,而不是草根组织。

社会运动理论与实证研究者应该将各种类型的主流志愿组织更好地纳入研究之中。研究特别应更多关注非正式与半正式草根组织,因为这些组织是草根基础,也是社会运动力量增长或消亡的基本源泉所在(Lofland and Jamison, 1984；Piven and Cloward, 1979)。研究者应该将那些在某一地区范围短期承担小型社会运动职能的主流草根组织很好地纳入研究之中——这些草根组织中的很多都曾属于社会运动志愿组织，也可能会在将来的某种情况下再次使用抗议手段。对于草根组织在何种情况下会作出此类战略战术变更，研究者所知不多。

对于社会运动及其组成团体与参与个人而言，主流草根组织与主流授薪制志愿组织可能是潜在合作者，也可能是潜在对抗者。除了忽视了这些潜在的微环境关系，社会运动"地平"范式也没有充分考虑如何将社会运动更好地纳入更大范围的志愿非营利部门中去。换句话说，当前的社会运动"地平"观往往因为关于关注某些特定的非营利组织"树木"——那些作为社会运动资源或抵抗源泉的组织，而没有看到作为组织领域的志愿非营利部门"森林"。除了商业部门、政府部门与家庭部门，志愿非营利部门整体而言也能够成为任何非正式的社会抗议集体活动(如暴动与叛乱)的发生环境。

传统的非成员服务"地平"范式

这种范式犯了两个独立存在并相互关联的错误。首先，这一范式始终坚持一个早已过时的观点——那些关注个人的、直接的、面对面的社会服务的非营利组织和志愿者才是值得研究的(Bowen et al., 1994；Bremner, 1960；Brilliant, 1990；Humphreys, 1995)。其次，与第一种观点相呼应，这种范式坚持认为对于一个特定的非营利组织来说，组织社会服务志愿活动的"受益者"或"利益目标"只能是非组织成员(Bowen et al., 1994；Rudney, 1987；Salamon, 1992)。（我得感谢托马斯娜·博克曼，因为是她让我注意到非成员服务"地平"范式。在她探讨自助组织的研究中，她必须要一直抵制这个"地平"

范式。)

除此之外,这一"地平"范式往往会将非成员错误地称为"大众"。但是,这些传统的社会服务志愿组织及其志愿者的真正服务对象并不是任何大规模的地域单元内的全部大众或大众的一个横截面(例如:比一个城市或小镇的一个街区更大的地域)。

这种范式将"服务"这一概念理解得相当狭隘,认为根据"服务"的定义,"服务"并不包含自助与成员受益活动。因此,这一"地平"范式就从定义上将成员受益型志愿组织与自助/互惠志愿者排除在志愿非营利部门之外。更进一步,这种范式认为既然互惠型或自助型组织不属于志愿非营利部门的一部分,它们也就不能算作是志愿组织,更不值得被估算被探讨(这种错误逻辑就是这样认为的)。因此,这一"地平"范式就会使研究者忽略数以百万计的互惠型组织(伍斯诺认为美国现存如此庞大的此类组织)。奥尼尔(O'Neill)认为互惠型组织是志愿非营利部门的重要组成部分,代表美国与其他国家蓬勃发展的一种志愿非营利部门新型运动模式(Katz,1993;Lavoie,Borkman,and Gidron,1994)。

这种"地平"范式不禁使我回想起过去人们曾将非营利组织与志愿行动视为"善意的贵妇人"或贵族的义务的情形(Ellis and Noyes,1990;Jordan,1960;Lubove,1965;Scott,1991)。这种过时的范式将志愿非营利部门仅仅视作由非营利志愿者向组织外成员提供利他社会服务的部门(T. Borkman, personal communication, June, 1997;Rudney,1987;Salamon,1992)。

我曾提到过,志愿行动中,个体的利他主义必然建立在对利他行为能够换取某种"精神收益"的期望上(Smith,1981)。当前的女性运动往往强烈抵制目前人们对女性及其志愿行动的"地平"观刻板印象(Ferree and Hess,1995;Gold,1971,1979;L. Smith,1975)。埃里克森·乔斯林(Eriksson-Joslyn,1973)认为较为传统的项目志愿行动吸引了数以百万计的潜在志愿者——使这些志愿者没有加入社团化志愿活动(大部分是草根组织活动),也使这些志愿者没有加入以社会政治变革为导向的草根组织和超区域组织。

志愿工作潜在人员由于受到疏导、管理与控制,往往会加入志愿服务计划(通常为志愿项目),没有选择加入社团化志愿组织或以社会政治变革为导向的志愿组织。这样的趋势很可能有利于美国的"权力精英"或更广泛而言的"权威人士"(McCarthy, Britt, and Wolfson, 1991; Mills, 1956; Smith and Associates, forthcoming)。佩内-雷蒙德(Ranet-Raymond,1987)通过对加拿大的草根组织的研究,提出了相似的观点。

存在于社会志愿服务与服务组织内的志愿性利他主义可以被称为"志愿精神"(voluntrary spirit)。这是一种较为古旧、过时与狭隘的称谓(O'Connell,1983)。但是如果采用我提出的含义宽泛的社会服务概念(包括自助型和倡导型草根组织),我们可以将"志愿精神"这一概念进行修订,使之近似于本书中提到的志愿性利他主义。

现代的成员受益型/自助型/倡导型组织"地平"范式

这种观点倾向于忽略为非成员提供社会服务的传统型非营利组织及其志愿者,认为他们已经没有任何价值(Katz,1993;Lavoie et al.,1994;Powell,1994)。这种"符合潮流的""地平"范式与上一部分刚刚提到的非成员服务"地平"范式相对,但走向了另一个极端。这一范式非常重视自助型草根组织及其志愿者,但却并不将这些志愿者称为"成员受益服务志愿者",而往往将其称为"成员"或"领导者"。此范式在研究自助型草根组织及其志愿者的概念与理论时,很少将其纳入草根组织及其志愿者的总概念中。然而,只有将其纳入草根组织及其志愿者的总框架中,我们才能成功构建志愿非营利部门"地圆"观。

采用这一狭隘范式的、重点关注社会政治变革与抗议行为的某些研究者倾向于只在著作中探讨"积极分子"、"倡导者"、"抗议者"、"革命分子"等人,往往忽略了志愿者与草根组织(Kimmel,1990;Lofland,1996)。研究者也要留心将忽略的组织纳入概念体系中,并探讨主流草根组织及其志愿者与社会运动草根组织及其志愿者的相似点与不同点(1975,p.156)。研究者应该对两者抽样,进行比较研究。

我认为,进行抗议活动的志愿组织与社会运动组织通常属于草根组织。但是如果做细致的探讨,我们就可以发现,倡导型草根组织或自助型草根组织中也存在一部分提供传统社会服务的志愿者。社会积极分子毕竟也是人,有时也会对个人社会服务有需求,而组织其他成员可以满足这一需求。而且,无论这些提供传统社会服务的志愿者是不是在游行示威,倡导型志愿组织总是需要某些人来完成一些琐碎的办公事务(Schwarts-Shea and Burrington,1990)。在自助型草根组织里,为组织大会准备点心的人往往也参与与草根组织相关的超区域活动(例如:酗酒者匿名会地区一级或国家一级的活动)。

"天使般的"志愿组织"地平"范式

这一范式从不考虑那些负面的、异端的、犯罪的志愿组织及任何国家任何时期里的志愿非营利部门的阴暗面。持这种范式的倾向保持现状的社会权威人士也将社会运动组织及其志愿者视为"天使般的"。然而,这一范式不仅忽略了谋求社会政治变革的抗议组织,也忽略了存在于非营利组织内部的大量异端行为。这一范式盲目乐观,认为异端行为并不存在。

天使般的志愿组织"地平"范式部分源于上文提到的传统的非成员服务"地平"观——认为只有那些更加"利他"的为非成员提供服务的志愿组织才值得被理论和实证研究关注（Bowen et al.，Hodgkinson and Weitzman，1996b；Hodgkinson et al.，1992；Kramer，1984；Lohmann，1992；O'Neill，1989；Rudney，1987；Salamon，1992；Wolch，1990）。

人类行为的各个方面都有其黑暗面或有与背离社会规则的异端之处。人类本身就是不完美的。出于多种原因,人类的社会化进程也很少完全遵循社会价值观及社会规则（Wrong，1961）。在任何类型的社会的任何部门,无论是复杂度较低的农耕社会还是复杂度较高的后工业/服务/信息社会,都存在着某些纯粹异端的组织（Lenski，Nolan，and Lenski，1995；Smith，1998b）。

吉文（Jeavon，1994）对正统道德规范的探讨就受到天使般的志愿非营利组织观的影响。虽然这一观点对大部分授薪制志愿组织与传统草根组织都适用,但这种观点过于理想化、不够现实、不能完整地反映志愿非营利部门的整体情况——这种观点却认为可以反映。研究者必须将传统志愿组织的轻微异端行为（例如：美国联合之路的阿拉玛尼丑闻,Claser，1994）当做志愿非营利部门的一部分来进行探讨。我们也必须研究诸如政治极端团体（George and Wilcox，1992）、异端自助组织（Sagarin，1969）、不法摩托党（Lavigne，1994）、3K党（Sims，1997）、女巫集会（Adler，1986）、民兵组织（Karl，1995）与极端主义教派（Reavis，1995）这类纯异端非营利组织的重要异端行为。在无数国家中,都存在或曾经存在与上述异端组织类似的包括草根组织在内的非营利组织。

异端非营利组织是"极暗大陆",这一大陆需要被新型的"地圆"范式仔细描绘出来,以促使志愿非营利部门主流学者与领导者探讨志愿性利他主义的黑暗面。我将要出版的著作《边缘团体》(*Organizations on the Fringe*, Smith, forthcoming)对异端主义非营利组织(某些属于草根组织)的共性与差异进行了深入分析,"天使般的"志愿组织"地平"范式往往忽视了这些组织的存在。

"邪恶的"志愿组织"地平"范式

这种观点忽略了包括草根组织在内的志愿组织中占多数的主流组织。这种观点着重"揭露黑幕",往往通过过度强调或耸人听闻的手法夸大某些志愿组织的黑暗面。"揭露黑幕"的主要对象是授薪制志愿组织,因为这些组织更为人关注,而且作为企业的竞争对手存在。"邪恶的"志愿组织"地平"范式错误地认为志愿组织(尤其是授薪制志愿组织)大体都是邪恶、离经叛道、腐败、自私、毫无价值的团体。持这种观点的学者包括本奈特和迪劳伦佐(Bennett and DiLorenzo, 1989, 1994)、布罗迪(Brody, 1996)、高尔和波若斯基(Gaul and Borowski, 1993)等人。某些草根组织与其他类型的非营利组织的确属于"邪恶的"异端组织,但总体而言,我们虽不能说所有的非营利组织都是"天使般的",但它们中的多数都对志愿非营利部门价值重大,也对整个社会价值重大。

持这一"地平"范式者通常会强硬坚持志愿非营利部门中绝大多数的组织价值甚少,或者与营利组织别无二致,因而不配获得税收减免。这种范式往往将非营利组织视为秘密谋求利益、常常得到利益的组织,这些所得利益以高工资与福利的形式发放给组织的带薪雇员,但组织却不需要为它们的"超额收益"纳税(Etzioni and Doty, 1976; Starkweather, 1993)。

这种对非营利组织的负面观点表明人们对志愿非营利部门与非

营利活动的总体了解有失偏颇。这种观点否认了我所定义的志愿性利他主义的普遍存在。但这种"地平"范式仍存在一丝合理性，那就是：某些授薪制非营利组织（例如某些医院与高校）不配获得它们所享有的税收减免。站在本书的立场上，我认为这种观点无可厚非，某些授薪制非营利组织中大部分甚至全部的带薪雇员都能获得与当前市场价格一致的全报酬，因而他们不属于类志愿者（参见本书第一章，还可参见 Rose-Ackerman, 1990）。

"金钱决定一切""地平"范式

这一"地平"范式过度强调了金钱与财产对于人类社会及其活动的重要性，错误地忽视了七种人道主义核心价值观的存在（参见本书第一章）。这些核心价值观表明个人与团体具备志愿性利他主义，而志愿性利他主义是志愿行动的源泉。"金钱决定一切""地平"范式也忽视了草根组织大量的志愿工作时间与志愿活动，忽视了存在于美国及其他国家的志愿者项目。金钱与物质固然重要，但却并非人类存在的全部目的。志愿非营利部门和家庭的存在即为铁证。

这一"地平"范式倾向于认为对于志愿组织（无论是授薪制志愿组织还是包括草根组织在内的志愿者组织）来说，资金越多就越有利。而我在本书提倡的"地圆"范式将资金视为草根组织资源的一种类型。从长远来看，资金可能会、也可能不会给组织带来益处。更加准确的"地圆"范式认为草根组织属于志愿者组织的一种分类型，这种类型的组织很容易受到外部资金的影响而改变组织目标与组织活动（Horch, 1994; Saltman, 1973）。而授薪制非营利组织受到外部资金的影响不一定会很深（Smith and Lipsky, 1993），因为这一类型的组织从一开始，就基本都需要很多资金去维持自身运营并发挥影响力。

国家主义观"地平"范式

持这一观点的研究者认为只有自己所在国家或地区的非营利组织是值得研究的重要组织。因而,这一观点无视社会科学中反国家主义的传统。持本观点的研究者一提到志愿性利他主义(志愿精神的修正概念)、志愿活动的范围、志愿组织的总量或非营利组织及其志愿活动的起源,就往往会说美国在这些方面与其他国家都不同,具有特殊性(DeTocqueville,1845,1945;Ellis and Noyes,1990;Hall,1992;Levitt,1973;O'Neill,1989;Schlesinger,1944)。

每个特定的志愿非营利部门都会拥有独特的所在国特色,但研究者通过对不同社会文化制度中许多草根组织的研究,发现不同国家的志愿非营利部门存在一些明显的共性(Davis-Smith,1993;Salamon and Anheier,1994;Salamon et al.,1998)。对于某些研究者认为的美国国民志愿者组织参与率高的所谓特征,哈林斯威迪特(Hallenstvedt,1994,p.217)表明瑞典、挪威、芬兰的国民志愿者组织参与率要高于美国。柯提思(Curtis,1989)等研究者表明加拿大国民的草根组织参与率和美国国民的差相仿佛。

目标型"地平"范式

根据志愿组织的目标作出的分类体系关注的是健康、教育及环境等组织目标范畴。国家免税实体分类就是对志愿组织肤浅的分类体系之一。此类分类的使用者往往暗自认为如果人们要了解志愿组织及其运作,就应该采用这种按照组织目标做出的分类(Hodgkinson and Toppe,1991;Salamon and Anheier,1992b)。这种观点并无充分依据。研究者需要对主要的目的型分类进行一些"地圆"研究,将目标型分类与分析型分类做效用对比,测试这些分类的总效用。研究者需要采用包括草根组织在内的非营利组织的大规模样本来进行这一比较研究（Smith,1996）。据我所知,目前还没有研究能够证明根据志愿组织的目标作出的分类体系是有效的分类体系。

我们一般能找到的关于志愿组织分类的已出版文献的分类方式都是目标型的,做这种分类的研究者并没有对同一批志愿组织的目标型分类与分析型分类效用作比较研究。我提倡的志愿非营利部门"地圆"范式认为,弄清楚志愿组织属于哪一种分析类型（是授薪制志愿组织还是志愿者组织）远比仅仅了解这一组织是为何种目标（健康、教育或其他目标）运营的更为重要。

研究者可以对上一段提到的"地圆"范式的这一假说进行实证检验。检验时,研究者需要一个包括草根组织在内的综合的志愿组织样本,然后按照两种分类方式对志愿组织分类并分别收集数据。接下来,研究者需要分析所收集的数据,计算一下分析型变量（如组织规模、资金、组织内作为分析成员的志愿者比例与内部民主程度）相互之间的平均相关系数,并计算这些分析型变量与目标型虚拟变量（如：健康目标/非健康目的；环保目标/非环保目标）之间的相关度。我推测,平均而言,分析型变量能够更好地解释任何特定的因变量,无论是分析型变量还是目标型变量。

反历史主义"地平"范式

大部分社会科学与行为科学学科都存在一个主要问题——通常会忽略学科领域某些现象的历史渊源,认为了解历史渊源对于了解近期或当前的现象并无帮助。如果过去也存在同样的现象,持这种"地平"范式的研究者会认为这种现象对理解近期或当前发生现象几乎毫无帮助,尤其是在过去发生的现象与最近或当前发生的现象有某些重要差异的时候。

在大多数情况下,这种观点是没有实证依据的,仅仅是带着偏见色彩的反历史主义观点。站在反历史主义的视角来看,近期发生的现象与当前发生的现象距离也是遥远的,也从本质上不同,不应该作为当前研究的首要对象(Bowen et al.,1994;Esman and Uphoff, 1984;Weisbrod,1977,1988;Wuthnow,1994)。实际上,反历史主义"地平"范式长期对某些人类弱势群体的历史(如美国的女性历史与黑人历史,其他现代"由富裕白人主导的国家"的有色人种的历史以及全世界的有色人种历史)进行扭曲,同样,这一范式事实上也对草根组织的历史进行了扭曲。许多授薪制志愿组织的前身其实是草根组织——随着草根组织的正式化、科层化与专业化发展演变而来(参见本书第八章)。

人类社会中的社会文化发展几乎没有完全从零起步的,基本都与特定社会的人类历史或其他社会类似的人类历史进程相关。各个人类社会中的文化都会受到文化前身社会驱动力的影响(Adler, 1981),正如人类个体过去的记忆、性格、自我形象与习惯会持续在个体生命中发挥作用一样。人类社会与文化当然会产生某些全新的理念、架构和流程,科技领域和人类个体生命中更是时时存在着新发展。但是,研究者应该将这些新发展与所在社会或其他社会的历史与人类发展联系起来看待,而不是与历史割裂。

最近,古尔本基安委员会(Gulbenkian Commission)(Mudimbe, 1996)发布了名为《打开社会科学》(*Open the Social Sciences*)的报告。这一报告正确总结道:研究者如果想要充分了任何当前的社会科学现象,都应该对其进行历史研究。这也是对反历史主义"地平"范式最有力的驳斥。

发达国家"地平"范式

大家应该对霍洛维兹(Horowitz,1997)提出的"三个世界"并不陌生。这一理论将欠发达国家视为"第三世界"。虽然存在不少研究欠发达国家或发展中国家(此词更被当前研究者所青睐)的已出版著作(Clark,1991;Esman and Uphoff,1984;Fisher,1993),主流的非营利组织学者在研究论著中通常不关注发展中国家的信息,也没有尝试将对发达国家的研究与对发展中国家的研究整合为一体(Gidron et al.,1992;Hammack and Young,1993;Lohmann,1992;Wolch,1990)。然而,约翰·霍普金斯非营利部门比较项目(Johns Hopkins Comparative Nonprofit Sector Project)是一个例外(Salamon and Anheier,1994;Salamon et al.,1998)。对发展中国家非营利组织的研究往往会被"隔离",与对发达国家的类似研究分离开来,反之亦然。

鉴于地球上的大部分人都生活在发展中国家,研究者应该努力整合对发展中国家志愿组织的研究和对发达国家的类似研究。发达国家对发展中国家提供的贸易支持与志愿组织援助固然很重要(Fisher,1998;Lissner,1972),研究者也应该看到发展中国家的本土草根组织对这些国家的可持续发展带来的巨大影响,这一点也说明我们有必要关注研究整合(Fisher,1993)。我们需要了解世界范围的志愿非营利组织,而不仅仅对发达国家的非营利组织有所了解。

我们需要仔细分析发达国家与发展中国家的志愿非营利部门的共性与差异,并探讨当发展中国家完成工业化以及其他领域的现代化后,这一国家的志愿非营利部门会发生哪些改变。

正式组织"地平"范式

这一"地平"观明示或暗示：研究者应该研究的是那些志愿非营利部门中相对正式的组织（如机构）(Bowen et al., 1994; Hodgkinson and Weitzman, 1996; Hodgkinson et al., 1992; Powell, 1987; Salamon, 1992; Salamon and Anheier, 1992a)。通常而言，这里所说的"正式"指的是一个志愿组织必须拥有成文规章及细则，拥有正式书面会员/雇员名单、监事会以及推选或任命的执行官。这一观点对志愿组织研究采取的立场过于狭隘。

我对美国东部郊区的研究表明，半正式的、架构不固定的志愿组织在现存全部志愿组织里占很大比例(Smith, 1992b)。这些半正式志愿组织不具备上文提到的全部特征，或仅具备上文提到的某些特征。卡兹(Katz, 1992)、拉瓦尔等研究者(Lavoie et al., 1994)与伍斯诺(Wuthnow, 1994)的研究表明：在一些国家中非正式的自助组织是重要组织。他们的研究结论进一步证明了我的观点。古德恰尔兹与哈丁(Goodchilds and Harding, 1960)通过社区研究，发现基本所有类型的草根组织都是非正式的，我最近对美国东部郊区草根组织的研究也做出了相似的结论(Smith, 1992b)。

某些学者将志愿组织定义为正式成立的组织或美国国家税务局的在册组织，将草根组织这样的非正式组织排除在志愿组织之外(Gronbjerg, 1989, p. 65; Gronbjerg, Kimmrick, and Salamon, 1985; Salamon, 1992)。这种观点比本节第一段提到的正式组织"地平"观更加狭隘、问题更多。这种观点严重偏离真实情况，我一再坚持草根组织应该属于志愿非营利部门的一部分。许多草根组织都不是法人组织，虽然在某些情况下，多形态草根组织所附属的超地域组织是草根组织的代理法人组织和代理 IRS 免税单位。绝大多数的草根组织都没有在 IRS 注册(见本书第二章)。草根组织并不总是某一更大地区的组织或国家性组织的附属组织,因为根据我对马萨诸塞州八个社区的研究,美国只有大约一半的草根组织附属于其他组织。

我们可以通过组织名称来判断一个草根组织是否为正式组织,也同样可以通过名称来判断一个组织是否为半正式草根组织(参见附录二)。因此,当研究者成功跨越正式组织"地平"观的理论障碍后,在尝试将半正式草根组织纳入草根组织研究样本时,应该不会遇到方法论上的障碍。研究半正式草根组织也存在这一方法论困难:半正式草根组织的会员资格界限通常不大严格、较为模糊(Smith,1992b)。因此,研究者需要确定所研究的半正式草根组织中的会员资格——弄清楚哪些人在一些时间里真正参与了组织活动,而不是仅仅将组织官方会员名单作为依据。研究者可以对半正式志愿组织进行针对一般志愿组织的各类研究,而不应该将其忽略,以正式组织"地平"范式看待它们。

世俗主义"地平"范式

地区性教会是具有会员基础与志愿因素的志愿组织(Scherer,1972)。某些地区性教会属于本书所论述的草根组织。虽然独立部门对美国地区性教会进行了研究(Hodgkinson, Weitzman, and Kirsch, 1989),但研究既没有表明哪些教会属于草根组织,又没有提到草根教会相对于授薪制教会有哪些不同点。史密斯(Smith,1984)曾写了一篇题目为《教会通常为当代志愿行动研究所忽略》(Churches Are Generally Ignored in Comtemporary Voluntary Action Research)的论文(也可参见 Moberg, 1983)。如今这种研究对教会的忽略有所改变,但世俗主义范式依然主导了当前的志愿研究。例如,鲍威尔(Powell, 1987)著名的手册中没有一个章节是有关教会志

第十章 "地平"范式与"地圆"范式概述

愿组织的。萨拉蒙(Salamon,1992)对美国志愿非营利部门的概述也同样忽略了教会组织,虽然奥尼尔(O'Neill,1989)的著作中有一章对教会组织作了概述。诺克(Knoke,1990b)对国家性组织的研究忽略了教会。完全基于美国国家税务局数据的研究通常忽略了教会组织,因为这些组织并不需要在美国国家税务局注册。

但是,作为社团的教会(有些教会属于草根组织)正逐渐得到越来越多的研究关注——之前提到的独立部门对全美教会的研究(Hodgkinson et al.,1989)、《非营利组织与志愿行为季刊》增刊对教会志愿行动的研究(1997,Volume 26)、格润博戈与尼尔森(Gronbjerg and Nelson,1998)对小型教会非营利组织的论文以及哈里斯(Harris,1998b)对地区性基督教会与犹太教会的研究都说明了这一点。如果关于草根教会影响力的研究能多一些,我就会在本书第九章加上一个小节专门探讨这一问题。不幸的是,现有关于教会影响力的研究并没有将草根教会与授薪制教会区别开来,因为宗教研究者认为做这一区分意义不大(Johnstone,1992)。但愿未来的教会研究能够意识到本书强调的对草根组织与授薪制志愿组织做区分具有理论和实证的重要性,从而辨别教会属于草根教会还是授薪制教会,分析两类教会的数据,对两类教会进行比较研究。

研究者应在组织大规模研究样本中包含作为组织的教会(也可能是草根组织)。规模较小的教会可能符合我所定义的草根组织的特征(如:不存在全职带薪的牧师或其他全职雇员)。根据霍奇金森等研究者(Hodgkinson et al.,1989)对全美教会的研究,全美此类小型教会数量众多。除了教会,世俗草根组织及世俗授薪制志愿组织也是社区道德教化的组成部分(Coakes and Bishop,1996)。自助草根组织与草根社会运动组织就属于世俗草根组织。教会的重要性不仅体现在教会拥有宗教影响力(Johnstone,1992),也体现在教会对当地社区提供社会服务(Wineberg,1992)。在乡村和小镇中,教会尤为重要,因为教会是主要的居民社会支持网络之一(Fisher,1982)。除此之外,教会是美国家庭提供慈善捐助的主要场所,也是种种志愿服务项目的组织者(Hodgkinson and Weitzman,1992,pp.36,42,45)。伍斯诺(Wuthnow,1994)在他的全国调查中进一步表明:附属于教会的小型支持型草根组织的作用非常重要。我对马萨诸塞州八镇的研究也表明附属于教会或以教堂为集会场地的草根组织众多。

社会人口参与指标"地平"范式

持这一"地平"观的研究者在预测个人志愿参与的时候,仅仅或几乎仅仅只采用社会人口参与指标来判断(Curtis,Grabb,and Baer,1992;Palisi and Korn,1989;Valliancourt and Payette,1986)。这一社会学测量标准已经被研究者用了40年之久(Wright and Hyman,1958)。比尔(Beal,1956)是提议在研究个体志愿参与时可以采用其他附加预测指标的学者之一。我采用了他的建议,在我的论文研究中,采用了包括个性、态度、智力在内的其他预测指标(Smith,1964,1956)。

在我(1975,1994a)、我、瑞迪和鲍德温(Smith,Reddy and Baldwin,1972b,Part2)共同完成的研究中,我与这些学者表明许多非社会人口变量是研究个体志愿参与的重要指标。在我与其他学者的共同研究中(Smith et al.,1980,Chap.18),我详细描述了我们提出的关于预测个体休闲活动(如志愿活动)时间分配的跨领域特殊序列模型(ISSTAL)。在我的另外一本著作中(Smith,forthcoming),我提出:平均而言,采用多种变量、不仅仅拘泥于采用社会人口变量的研究通常在预测个体志愿参与上准确性高一倍。

如果研究者试图预测哪些人会或不会参与某一特定草根组织，采用社会人口变量来预测是最合适的。我在我的学位论文（Smith，1964）中指出，预测某一特定草根组织潜在的成员数量很容易——只需要了解这一草根组织现有成员的社会人口指标，然后将这一指标与更大范围的人口的平均社会人口指标做对比。麦克弗森及其同事通过过去十年的广泛研究，从数据上证明我的预测方法是可行的（McPherson and Ranger Moore，1991；McPherson and Potolo，1996）。颇皮耶拉兹和麦克弗森（Popielarz and McPherson，1995）的研究表明，草根组织成员的社会人口特征与该组织的平均社会人口特征越相符，组织成员就越不会退出这一草根组织，反之亦然。这种社会人口分析并不是本节所提到的社会人口参与指标"地平"范式的一部分。我在本节的意思并不是社会人口指标不重要，我想说的是，仅用这些指标无法充分认识个体志愿参与。

孤立的志愿组织"地平"范式

这一广为流传的观点倾向于在研究志愿组织的时候，仅仅关注组织内部，而忽略组织外部环境——组织所在社区和更大范围的社会。举个典型例子：在研究授薪制志愿组织的时候，主要关注组织管理，而不大关注组织的外部环境，除了探讨一下组织如何吸引外部资源（Billis，1993a；Bruce，1994；Carver，1997；Gronbherg，1993；Handy，1988；Herman and Heimovics，1991；Houle，1989；Knauft，Berger，and Gray，1991；Paulton，1988）。鉴于福利国家里提供大众服务的授薪制志愿组织获得政府合同十分重要，这一"地平"范式也比较关注政府与志愿组织的关系（Coston，1998；Gidron et al.，1993；Rekart，1993；Smith and Lipsky，1993）。这一范式也愈来愈关注授薪制志愿组织与外部取得经济联系的方式（Hammack and

Young,1993;Rose-Ackerman,1986;Weisbrod,1988)。

在我看来,这一"地平"范式没有充分关注志愿组织是如何嵌入"组织间领地"(interorganizational fields)或多个组织人群的(Hannan and Freeman,1977,1989;Milofsky,1987;Warren,1967)。米洛夫斯基和亨特(Milofsky and Hunter,1994)对这一"地平"范式提出了质疑,他们提到:"非营利组织是作为背景社区(background communities)的亚单元(subunits)出现并存续下来的。背景社区指的是诸如居民社区、组织间系统与组织网络这样更大的社会体系"(p.1)。孤立的志愿组织"地平"范式没有意识到志愿组织好比树木,这些树木将自己嵌入了包含多种类型组织的森林。被这一"地平"范式忽略的组织间领地既有本地的,也有超本地的。"孤立的志愿组织"观孤立地看待志愿组织,持这种观点的研究者不会去充分研究志愿组织间的合作,也会忽略组织人口对特定组织架构流程的影响。

这种孤立观点的另一弊端在于:持这一观点的研究者很难把自己的研究一般化,因为研究者所取的志愿组织样本往往规模较小,取样时较为随意。持孤立观点的研究者很少对志愿组织进行随机抽样,因为他们不会从组织间人口的角度去考虑问题。即使研究者进行随机抽样,样本也往往来源于不准确的美国国家税务局名单或州组织名单(参见本书第二章)。本书附录二给出了创建包括草根组织在内的抽样框架的方法。

其他非营利组织"地平"范式

我在本章难免忽略了某些"地平"范式,这些范式也与志愿非营利部门研究关系密切。也许本书读者能够对其他的"地平"范式进行探讨。

志愿非营利部门"地圆"范式概要

上文提到的每一个"地平"范式都表明志愿非营利部门研究者与实践者遗漏了与这一领域相关的某些重要现象。因此,志愿非营利部门"地圆"范式也就是不忽略上文所提到的任何志愿非营利部门现象的观点。

首先,构建"地圆"范式需要清晰、稳固的概念基础。本书第一章简要探讨了志愿非营利部门"地圆"范式中草根组织部分的相关概念。这些概念也可以放在这里,作为现在我要提出的"地圆"范式理论的概念简述部分。之前,我曾提到过我撰写了《非营利与志愿部门研究中的概念与术语》(*Concepts and Terminology for Nonprofit and Voluntary Sector Studies*)。这一文件对相关概念按照由易到难的顺序进行了更为详尽的解释,共注释志愿非营利部门相关术语200余条。我将我所著的这一理论材料视为我提出的志愿性利他主义理论的扩充版本。

除此之外,要构建志愿非营利部门"地圆"范式,研究者需要认真关注以下所有方面的准确实证数据,并在研究中注重平衡与全面。

- 研究者需要将志愿非营利部门视为对整个社会或其他社会政治地域单元影响重大的社会研究领域。
- 研究者需要将一个国家的商业部门、政府部门、非营利部门(包括草根组织)视为社会三大部门,将很可能在人类历史中最早作为团体出现的家庭部门视作社会的第四主要部门。
- 研究者需要将包括授薪制志愿组织在内的工作机构视为机构的一种重要类型、社会的一方面、社会科学研究的关注点之一。志愿非营利部门"地圆"范式需要囊括任何地域级别范围的志愿者组织(如草根组织)及其志愿者。

- 研究者需要将草根社会运动组织/抗议组织视为志愿非营利部门的重要组成部分,因为长远来看,这些组织确实能够推进人类社会变革(Camson,1990),研究者需要对它们进行研究。然而,研究也要关注数量更多的主流志愿组织及其志愿者,虽然这些组织并不致力于推进社会变革,但少数此类组织也会采取抗议的手段,用以维持社会现状或抵制社会运动及抗议带来的社会变革。

- 研究者既要将现代的成员受益型、成员互惠型、自助与倡导草根组织纳入到志愿非营利部门范式中去,也要将试图帮助非组织成员的较为传统的社会服务志愿组织纳入其中——此类组织往往错误地自称为"公共利益组织",仿佛只有它们为大众提供福利(其实从某种意义上讲,成员受益组织也服务于大众)。

- 研究者既要关注在志愿组织里占大多数的常规、非离经叛道的"天使般的"志愿组织,也要关注那些较为离经叛道的、"邪恶的"对社会规则有潜在或真实威胁的异端志愿组织(有些异端志愿组织里也许只有少数成员做出了暂时的微小异端行为;有些异端组织则从成立起便属于纯异端组织)。

- 研究者需要懂得金钱并不是理解草根组织的关键。因为草根组织的主要资源是组织成员的奉献精神与基于奉献精神的志愿行动(如果草根组织需要小额资金,可以通过会员年费或会员捐款获得,也可以通过举办一些小型的对非组织成员同样开放的筹资活动获得,活动场地一般都可以无偿或低价租到)。

- 研究者要意识到草根组织在全球很多地方已经存在了数千

年之久(Smith,1997c)。如果采用恰当的研究方法(附录二),就可以发现在一万年或更早以前,所有或几乎所有的国家和有人类居住的区域都有草根组织存在(虽然每个区域范围的草根组织都会受到该区域社会文化的特有影响,这些影响部分决定了该区域包括草根组织在内的志愿非营利部门的形质)。

- 研究者既要采用多种分析类型对志愿组织进行分类(Smith,1995d,1996;Smith et al.,1973),也要采用一种或多种目的类型对志愿组织进行分类——最好不要采用烦琐的全国免税实体分类,而是采用修改过的非营利组织国际分类(Salamon and Anheier,1992b;Smith,1996)。
- 研究者要对所关注的非营利组织现象进行历史研究,以便了解当前研究的现象的历史背景(同样地,历史学家也可以花费更多时间将研究结论与当前社会现象尽可能地联系起来)。
- 研究者应该把对发达国家志愿组织现象的研究与对发展中国家志愿组织的研究综合起来,寻找两者之间的共性与差异。
- 研究者除了探讨正式草根组织与授薪制志愿组织,也应该对半正式草根组织甚至非正式草根组织进行探讨。
- 研究者需要探讨基督教会或其他教派志愿组织及其志愿者,将这项研究与对草根组织及对志愿非营利部门现象的其他研究综合起来。
- 研究者应该不仅仅依靠社会人口指数来预测个体志愿参与的情况,还应该关注其他因素,如个体特质、态度、智力、情境特质和环境。

- 研究者除了要对志愿组织的内部架构、流程与外部联系进行分析,还应该研究特定志愿组织嵌入的组织间领地或组织人群的整体情况。
- 研究者应注意:除了我本章所提到的"地平"范式,还有其他的一些"地平"范式被我忽略了,研究者可以对其他的"地平"范式进行探讨,以便在本章概述的"地平"范式与本节描绘"地圆"范式的基础上,构建更准确的志愿非营利部门"地圆"范式。

对本书是否遵循了"地圆"范式的评估

我相信本书成功避免了许多志愿非营利部门"地平"范式。然而,我在本书的研究由于过多关注志愿者组织,可能会被认为是受到了志愿者志愿组织的"地平"范式的影响。尽管如此,我一直试图解决在这方面研究失衡的问题。除此之外,我在本书没有充分关注社会运动的文献,所以本书也许落入了维持现状"地平"范式的窠臼。出于对篇幅的考虑,本书并未对草根组织的历史进行探讨(Smith, 1997c),也可以说是落入了反历史主义"地平"范式的陷阱,并且也受到了发达国家"地平"范式之害。由于很难判断哪些教会属于草根组织,也由于现存研究往往将草根教会与授薪制教会放在一起研究(Johnstone, 1992),本书不得不采取世俗主义的观点(世俗主义"地平"范式)。本书因篇幅所限,没有对个体志愿参与进行研究(Smith, 1994a, forthcoming),所以也就不得不默认采用了社会人口参与指标"地平"观。由于本书对草根组织以及其他志愿组织的人口环境关注不够,本书的研究也不幸陷入了孤立的志愿组织"地平"范式。

总　　结

本章对19个"地平"范式做了仔细的探讨,我认为这些"地平"范式从各个方面阻碍了对草根组织与更大范围的志愿非营利部门的研究。本章列出的前10个"地平"范式中有8个都是成对的范式,代表志愿非营利部门研究的两个极端。每个列出的"地平"范式都是我对那些往往被研究遗漏的某些现象的总结,我认为这些现象应该被"地圆"范式所关注。

我对我所提倡的"地圆"范式进行了简短概述,描述了草根组织"地圆"范式的特征。我对草根组织"地圆"范式的描述对授薪制志愿组织同样适用。我在本书中并没有对"地圆"范式进行详细的理论与实证描述,本书的描述仅为对这一范式的概述(Smith,1994a,1995c,1996,1997a,1997c,1997d,1998b,1999a,1999b,forthcoming a,forthcoming b,forthcoming;Smith and Associates,forthcoming;Smith and Dover,forthcoming)。

对于任何学术领域来说,平衡的高质量研究都是很难完成的。草根组织与志愿非营利部门研究领域也不例外。如果能有研究者时不时地指出某一研究领域的陷阱所在,以便引起不大谨慎的研究者注意,对于提高这一领域的整体研究水平将大有裨益。

第十一章　总结与预测：
志愿人类时代的到来

本章将对本书关于志愿非营利部门的研究做出总结，并对志愿者在社会中的总体角色进行探讨。本章也会分析志愿组织在过去与未来的发展趋势，并且对世界范围内志愿组织发展变化的决定因素进行分析。本章将重点对未来志愿角色选择的趋势给出一系列预测，人类将发展为一种新型的人类——"志愿人类"。

志愿非营利部门的漫长历史

志愿非营利部门历史悠久，其渊源可以追溯到至少一万年以前的人类新石器革命时期。在这一时期，人类群体从游牧部落逐渐转变为规模更大的定居部落（Anderson，1973；Lenski，Nolan，and Lensli，1995；Smith，1997c）。相信这一事实与某些甚至多数人的看法有较大出入。志愿非营利部门中最早萌芽的是草根组织。直到草根组织出现的数千年后，在主要的古文明中，授薪制志愿组织也兴起了。数个世纪里，志愿非营利部门内部发生了许多变化。志愿非营利部门存在于大多数农耕社会里，也存在于离现在较近的已有数百年历史的工业社会中。虽然英美两国的人均草根组织比率较高，但草根组织并不是美国或英国的"发明"。当今，斯堪的纳维亚国家拥有全世界最高的人均草根组织与超地域组织比率。

非营利部门：存在一个还是两个？

由于组织设立方式、资金支持方式、架构流程、受影响方式、解散与被取缔方式的明显差异，授薪制志愿组织、草根组织和超地域志愿者组织三者在理论与实证上明显不同。借助现有的研究数据与论证，其中包括我自己的定性研究，我在本书第二部分已尝试对这些组织的差异进行了阐释。授薪制志愿组织与志愿者组织的差异如此巨大，过去我曾多次建议最好能够将志愿者组织（主要包括草根组织）视为独立的社会第五部门（Smith，1991，1993）。我对这一问题持开放的态度，但我认为，如果授薪制志愿组织学者与领导人能够摒弃种种"地平"范式、能够意识到志愿非营利部门的研究对"地圆"范式的需要的话，在十年或二十年之内，研究者就会将草根组织，也许还会将成员受益组织视为独立的社会部门。

关于为何需要构建社会五部门体系，我认为主要原因在于志愿者组织（通常是小型成员受益型组织，在这些组织里，带薪雇员的年工作时间要少于志愿成员的年工作时间）及其活动与包括授薪制志愿组织在内的工作机构的共同之处甚少。虽然两者成立的基础都是志愿性利他主义，但诸如哈佛大学和史密森学会（Smithsonian Institution）这样的大型授薪制志愿组织更接近于大型企业甚至政府机构而不是草根组织。当前组织研究领域对非营利组织的研究（但研究甚少）往往仅关注授薪制志愿组织（请参见 Hall，1996 关于组织研究的著作）。主流的组织研究往往仅关注工作机构，从很大程度上忽略了包括草根组织在内的志愿者组织。

当前我建议的社会部门细分也许和第三世界与第四世界的社

经济发展的划分相类似。在某些情况下,"第三世界"这一概念能够有助于凸显发展中国家与发达的工业化国家之间的差异(Horowitz,1972)。但在某些情况下,因为"第三世界"这一概念仍然过于笼统,我们应该对欠发达国家进行细分,将其分为"第三世界"与"第四世界"。例如:第三世界国家哥斯达黎加在很多方面远比第四世界国家布基纳法索发达得多。

有一些志愿组织属于中间类型。例如,若一个组织带薪雇员与纯志愿成员年工作时间都等于一个或几个FTE(一个FTE等于年1 700小时),这个组织便很难被界定类型。许多教会组织就属于中间类型。准确统计某一特定组织中志愿者的工作/活动时间总是相当困难的。因此,对于处于中间状态的志愿组织,研究者可将其称为"志愿者/授薪制志愿组织"或"混合型志愿组织"。

采用平衡的志愿非营利部门"地圆"范式

在哥伦布发现新大陆两百余年后,欧洲人才从心理上接受了美洲的存在,完成了对美洲的"精神发现"(Zerubavel,1992)。对志愿非营利部门的"精神发现"历程已经持续了三十余年之久,志愿非营利部门的学者和领导者仍未真正完成这一"发现",更不用说普通民众了。志愿非营利部门领域的"哥伦布"或"亚美利哥·韦斯普奇"[①]应该是理查德·考纽埃尔(Richard Cornuelle),是他在其1965年的著作《重温美国梦》(*Reclaiming Amercian Dream*)中首先涉及了志愿非营利部门这一概念,将这一部门称为"独立部门"。

---

① 亚美利哥·韦斯普奇(Amerigo Vespucci)意大利航海家,商人,美洲新大陆以其命名为America。

第十一章 总结与预测：志愿人类时代的到来

直到20世纪80年代，凡·提尔（Van Til，1988）才在著作《为第三部门绘制地图》中建议对社会部门进行四分，将志愿非营利部门进一步划分为"与公众相关的/慈善组织（即我所说的非成员受益型组织）"和"成员受益型组织"（p.87）。奥尼尔（O'Neille，1989）在著作《第三个美国》（*The Third America*）里对美国国家税务局名单上的非成员受益型志愿组织与成员互惠型志愿组织的研究进行了概述。我在本书所描绘的"地圆"范式更进一步表明迄今为止往往被忽略的草根组织在美国社会中规模巨大。

对志愿非营利部门的精神发现仍在继续。如果我们考虑到美国与其他国家对这一领域的实证研究仍远远不足，从历史的角度来看，对这一部门的精神发现还处于初级阶段。我在本书第二章对志愿非营利部门规模总量做了估算，我的估算将很会被未来的研究者更准确的估算所取代——这些研究者会拥有更加准确的"地圆"地图与比本书参考的数据更为可靠全面的数据。由于我在本书第十章提出的"地圆"范式严重缺乏可靠数据的支撑（如缺乏对异端草根组织与社会运动志愿组织等组织类型的研究数据），未来的研究者必将以更好的"地圆"范式来取代我所描绘的"地圆"范式。

我希望未来的志愿非营利部门"地圆"地图是根据高质量的定量研究来构建的。研究者必须从美国的志愿非营利部门中，特别是草根组织中随机抽出有代表性的大规模样本进行研究。我在本书第二章已经对这一亟需的研究方法提出了建议。在本书结尾，我要指出对志愿非营利部门领域亟需进行的研究就是对志愿非营利部门"地圆"地图的构建。研究的当务之急是对志愿者组织与授薪制志愿组织的比较研究，我在本书已经强调过这一点。

如果只是为了单纯理解或比较资金充足、历史悠久的大型非成员受益型授薪制非营利组织，研究者采用独立部门的"地平"范式与相应"地平"图就能够做到(Hodgkinson and Weitzman, 1996b; Hodgkinson et al., 1992)。相似地，如果只是为了了解或比较资金匮乏、资历尚浅的小型成员收益型志愿者组织(如草根组织)，也可以参考我与鲍德温合著(Smith and Baldwin, 1974)中关于美国的一章。这一章对25年前美国社会中志愿者组织亚部门的规模大小做了实证描述。25年前我与鲍德温著作中的"地平"观已拓展升级为本书第二章的"地圆"观。我也在本书对授薪制非营利组织、志愿项目、青年志愿项目与非正式志愿活动给出了补充数据。由于缺乏最新的研究数据与文献，我在本书常以"1990年左右"作为一个时间节点。我关于1990年左右美国志愿非营利部门的数据可以表明我的研究发现与持"地平"观的研究者的发现不同，但这些数据并不是绝对准确的。

要想构建一个完整准确的志愿非营利部门实证"地圆"图，研究者需要在此图中包含主要的志愿非营利分部门或亚部门。美国国家税务局的研究数据与基于这一数据构建的独立部门地图由于相当不完整并且从未准确过，无法帮助研究者从整体上理解志愿非营利部门。本书中所援引的我与鲍德温(Smith and Baldwin, 1974b)之前涉及志愿者组织与志愿者的著作章节也并非完整准确。

我当前提倡的志愿非营利部门"地圆"范式表明：若要构建完整全面的美国(或其他地区)志愿非营利部门地图，研究者既要在此图中包含授薪制志愿组织，也要包含由志愿者运营的志愿组织；既要包含社会运动志愿组织，也要包含以维持现状为导向的志愿组织；既要包含传统的非成员服务型志愿组织，也要包含现代的成员互利组织、自主组织与倡导型组织；要一齐包含常规志愿组织与异端志愿组织、非常正式/注册成立/政府在册的组织与半正式/并未注册成立的组织、发达国家志愿组织与发展中国家志愿组织、教会志愿组织与世俗

第十一章 总结与预测：志愿人类时代的到来

志愿组织等等（请参考本书第十章对"地圆"范式的概述）。

因为我最初的研究兴趣是志愿非营利部门里的志愿者组织，对于志愿非营利部门必须包含哪些组织，我已经探索了三十余年之久。那些主要关注授薪制志愿组织的学者与领导者的研究方向很可能与我不同，但只要研究者明确表明自己的研究仅是探讨志愿非营利部门的一部分而不是整个的志愿非营利部门，两种研究方向都没有问题。非营利部门的其他受局限的研究，如果能申明研究的仅为此部门的一部分，也没有问题。

一个相反结论：志愿非营利部门整体并未陷入金融危机

美国的志愿非营利部门并未陷入广泛的金融危机，其他国家很可能也没有。而今的情况其实是：持授薪制非营利组织"地平"观的学者与领导者由于仍在继续使用志愿非营利部门传统非成员服务"地平"范式，忽略了美国及其他国家这一部门里数量庞大的草根组织及其他志愿者组织。当出现了"鞋夹脚"的情况时，持狭隘"地平"范式的上述学者与领导者就代表整个志愿非营利部门大声疾呼危机到来。

如果为数众多的学者与领导者能够采用准确全面的志愿非营利部门"地圆"范式，他们对此部门的种种老生常谈的错误观点就会发生实质性转变，甚至会发生巨变。根据库恩（Kuhn，1962）的观点，任何重要的科学范式转变都会引起人们的认知转变。上述学者是因为看到政府私有化与政府对医疗社会福利支持的缩减，认为志愿非营利部门正在陷入金融危机（Kramer et al.，1993；Leat，1986；LeGrand and Robinson，1986；Rekart，1993；Smith and Lipsky，1993）。

如果学者与领导者能够用本书提倡的志愿非营利部门"地圆"观来看问题,就会看到志愿非营利部门整体并未陷入金融危机或自治危机。然而,对于志愿非营利部门里的重要组成部分授薪制志愿组织来说,危机是真实存在的。

认为志愿非营利部门整体陷入危机的大多是授薪制志愿组织学者与领导者。由于这些人忽略了草根组织与超地域志愿者组织,才会做出这一错误结论。从很多方面而言,草根组织与超地域志愿者组织都是志愿非营利部门最主要的组成部分。对于那些试图维持政治多元化、参与式民主制度与公民社会的国家与地区来说,草根组织与超地域志愿者组织起的作用要比授薪制志愿组织更为深远。草根组织较少依赖资金,主要依赖的是志愿者的时间与奉献精神。草根组织也较少依赖外部资金(更不依赖政府合同),无论是政府资助还是其他助资机构的资助,至少美国的草根组织是如此。

因此,倘若我们将本应属于志愿非营利部门的草根组织及其志愿者纳入这一部门中,我们就会发现,某些人宣称的美国或其他后工业/服务/信息社会的"志愿非营利部门整体金融危机"实际并不存在。那些忽略志愿者组织现象的志愿非营利部门学者与领导者才会将这一部门的金融状况视为整体的金融危机。借用绘制地图的比喻来说:仅仅欧洲金融状况糟糕并不意味着"地圆"地图上亚洲、美国及世界其他区域的金融状况也很糟糕。相似地,仅仅授薪制志愿组织陷入金融危机并不意味着草根组织与超区域志愿者组织也陷入了金融危机。

金融的"鞋"仍然夹疼了授薪制志愿组织的"脚",但我们不应该被错误的观点误导,相信整个志愿非营利部门陷入了金融危机。除了志愿者组织,国家性授薪制组织由于主要依靠年费获得资金,也没有陷入金融危机。然而,那些附属于授薪制志愿组织的志愿服务项目很可能会减少,因为授薪制志愿组织当前正在裁员,缺乏人员来管理监督项目志愿者。

志愿者组织的社会角色

不计报酬的志愿性利他主义是草根组织与超地域志愿者组织的存在基础,志愿性利他主义不仅推动这些组织为其成员谋求福利,也为更大范围的社会谋求福利。根据斯坦宾斯(Stebbins,1996)的理论,这些组织的志愿者参与的志愿活动属于"严肃的休闲活动",但无论这些志愿活动多么严肃,仍属于休闲时间的"业余"活动(Stebbins,1979)。根据我在本书第一章对志愿性利他主义的定义,志愿者参与志愿活动会获得利己与利他的双重收益,草根组织有积极的一面也有消极的一面(负面)(Smith,1995c,forthcoming a;Wuthnow,1998,p.170)。

我希望细心的读者在读完本书后,对草根组织与其他各种类型的超区域志愿者组织的认识会更加全面。我并不认为包括草根组织在内的志愿者组织可以代替工作机构——政府机构、商业机构及授薪制志愿组织。我也不认为工作机构能够代替草根组织或超区域志愿者组织。志愿者组织、工作机构与家庭机构三者对人类社会都作出了重要的贡献,提高了人类的满足感,有时甚至影响了人类的生存。这也说明了为什么我们在几乎所有人口超过100的人类群体中都能够发现这三类组织的存在(Lenski et al.,1995)。

我们需要摒弃种种狭隘、局限、扭曲的"地平"观(参见本书第十章),更加全面平衡地看待志愿非营利部门及其社会的整体图景。如果学者在理论上忽略了对某种现象的探讨(如草根组织现象),实证研究者就不大可能甚至不可能注意到这些在理论上不存在的组织及相关现象,正如科学家不会注意到天使和巨怪[①]一样(我对非营利组织研究的理论批判中并没有包含"巨怪")。这也能说明为什么哈尔(Hall,1996)关于组织的著作忽略了志愿者组织(如草根组织)。理论范式往往可以引导实证研究,研究领域的理论与实证研究往往能够相互促进。

草根组织虽非能够治愈任何人类历史时期中任何社会任何问题的万能良药,但显然,草根组织对整个社会总影响力巨大,对其组织成员、非组织成员和(某些情况下)组织的生物物理环境的影响也很大。因此,无论是地区性草根组织,还是区域性、国家性与跨国草根组织,都是值得我们关注的力量。

草根组织影响力受到组织自身特性的局限——组织非正式或半正式的运营模式影响草根组织影响力的发挥(Smith,1992b)。草根组织在成员大会期间的时间里仅仅在"理论上"存在,这种间断的存在也影响其影响力的发挥。还有一个制约草根组织影响力的因素:草根组织的领导者及成员都仅将志愿者身份视为次要的身份。这意味着,与志愿活动相比,大部分人会将更多的时间与精力投入到主导自己生活的带薪工作与家庭责任中。

草根组织与超区域志愿者组织还有一个局限性,那就是这些组织能够取得成就,大部分是因为组织将对面对面的服务放在中心位置。这种密切的人际互动限制了草根组织的成员规模,使其分析成员(即组织官方成员中的活跃成员)保持在约50人以内。如果草根组织成员很多,就往往会朝着科层化与非正式化的方向发展,就会从多个方面降低分析成员对组织的满意度,从而使组织影响力逐渐减弱,有时还会影响组织的持续运营能力。若草根组织可以从内部分

---

① 巨怪(troll)是斯堪的纳维亚民间传说中居住在地下或洞穴中的巨人。

成小组织,即使组织规模较大,也能保持组织内部的密切人际互动,从而得以避免组织科层化带来的问题。举个例子,通过对美国波士顿郊区(参见附录三)草根组织的研究,我发现有一个体育草根组织仅有少量带薪雇员(担任比赛兼职评委的高年级学生),但拥有大约800名组织成员,包括参赛选手及其家长。这一体育草根组织内部的小组织就是每种体育项目对应的参赛队伍。

许多理论学家认为,草根组织与超区域志愿组织的广泛存在会大力推进一个地区、特别是一个社会的参与式民主、政治多元化与公民社会的发展进程。而这些发展是一个社会中积极社会资本积累的体现(Berry, 1997, Chapter 6; Cohen, 1992; Etzioni, 1993; Gamwell, 1984; Green, 1993; Hirst, 1994; Horowitz, 1979; Olsen, 1982; Putnam, Leonardi, and Nanetti, 1993; Smith, 1998b; M. Smith, 1990; Tester, 1992; Walter, 1983; Wolfe, 1985)。然而,一些学者却认为志愿者组织,尤其是谋求政治目标的国家性志愿组织往往主要为富人带来收益,会阻碍社会的民主进程(Berry, 1997; Chapter 10; Greider, 1992; Kariel, 1981; Millis, 1956; Rauch, 1994; Schlozman, 1984; Schlozman and Tierney, 1986; M. Smith, 1990)。

从草根组织萌芽的两万五千年前开始,这一组织就往往由社会精英人士主导(Anderson, 1973; Smith, 1997c)。这样看来,即使在后工业社会,草根组织能够推进政治多元化更多属于一种理想而非现实(M. Smith, 1990)。然而,过去两百年内各种类型的社会运动已经推进了政治平权与社会经济的平等(Smith and Associates, forthcoming)。

对于社会的非精英分子来说,长远来看,建立草根组织依然是实现参与式民主与公民社会的最佳方式。我们应该对前途持乐观态度,看到杯子半满,而不是半空。对于社会非精英分子的问题,叛乱、革命与政变都仅仅是短期的解决手段。至少在现代西方社会,社会非精英分子建立的草根组织与超区域志愿者组织正在逐步推进政治多元化进程。这一进程在社会主义或共产主义独裁政权中很难实现。近年来第二世界志愿组织的兴起(约 1989—1990 年)也许也抵制了共产主义或社会主义的发展势头。如果真是如此,比起半个世纪或很早以前,第二世界国家的人民现在应该、也似乎确实(Hegyesi,1992)对草根组织更加关注。

50 到 100 年后的志愿行动研究
——社会科学新学科

1971 年,我在其他几位研究者(James Luther Adams,Burt R. Baldwin,John Dixon,Richard D. Reddy,James Shultz,and Cynthia Wedel)的帮助下成立了志愿行动研究协会(the Association of Voluntary Action Scholars)。多年来,这一国际性(但主要活动范围在美国)学会不断发展,1999 年末,成员已达千人。这一组织后来更名为非营利组织与志愿行动学会(ARNOVA),每年召开数百人参与的大会,并出版学会刊物《非营利组织与志愿部门季刊》。我在本书的附录一中对这一组织做了详细介绍。

在这里,我想指出,志愿行动研究作为一个研究领域,与探讨社会其他部门的政治学与经济学研究领域存在相似性。经济学研究的是商业部门,商业部门与经济学这门学科都不会消失。政治学研究的是政府部门,政府部门与政治学这门学科也会继续存在。现在,关注志愿非营利部门的志愿行动研究作为一门学科——至少作为一个跨学科研究领域正在兴起。志愿非营利部门与其研究也必将继续。在半个世纪或一个世纪之后,志愿非营利领域的研究范围与影响力

第十一章　总结与预测：志愿人类时代的到来

也许会超出任何人的想象。如果我在下文作出的预测成为现实,这一研究领域也许会成为一项崭新的社会科学学科(Smith, forthcoming b;参见 Block,1987;Hall,1999;Milofsky,1996)。

政 策 建 议

由于本书篇幅所限,我无法给出详尽的政策建议,所以我在这里仅简述一下我的一些建议(Smith,1887b)。首先,维持、促进全部志愿组织,尤其是草根组织的公民自由是非常关键的。我认为美国国家税务局应该减少对草根组织的监管,将注册的年收入门槛从目前的 5 000 美元提高到 25 000 或 50 000 美元。IRS 也应该将财务年报的收入门槛从目前的 25 000 美元提高至 100 000 美元。外部资助机构应该试着去避免为发达国家草根组织的常规运营提供资金。如果一个草根组织不能通过外部资源及筹资活动支持自身,这个草根组织也许应该"退出"。总是有一些草根组织成立,一些草根组织解散。但这一组织形式会一直延续下去。

外部资助机构为授薪制志愿组织或草根组织提供资金时,应该考虑这一资金是否有助于组织目标的实现。最近我在著作中以夜校、领导人培训班及出版实用手册等为例,探讨了外部机构对草根组织的基础支持(Smith,1997b)。草根组织所在社区也可为草根组织提供更大的会议场地。

研究者应对草根组织作更深入的探讨,尤其应对草根组织与工作机构(如授薪制非营利机构)作比较研究。各个高校的非营利组织研究中心应该更加关注对草根组织的研究,并为当地草根组织的领导者提供短期的非学历课程。可以聘请一些不仅了解授薪制志愿组织、也了解草根组织的兼职教师来授课。

志愿组织过去与未来的发展趋势

大量理论研究与实证数据表明:在过去的一万年里,世界范围的人类社会表现出一个长期趋势——草根组织、超区域志愿者组织与其他非营利组织数量越来越多,重要性越来越显著(Smith,1997c; Smith and Associates,forthcoming)。虽然通常缺乏定量数据,但我们可以找到定性数据证明:在过去的一千年里,草根组织在人类社会愈来愈普遍,在绝对数量上体现为每千人或人均拥有的草根组织数量的增加。在世界范围里,人类社会的这一长期宏观趋势势头未减(Anderson, 1973; Ross, 1976; Smith, 1973c, 1997c; Smith and Associates,forthcoming)。

过去几百年里,草根组织与其他类型的志愿组织在殖民时期和民主时期的美国表现出蓬勃发展的中长期趋势(Ellis and Noyes, 1990;Finke and Stark,1994;Hall,1987b,1992;O'Neill,1989),在其他国家也表现出类似趋势(Boulding,1953;Smith,1997c)。草根组织在过去几百年间取得了广泛而持续的发展。虽然关于几百年内草根组织发展的定量数据相当少,草根组织研究者在所有曾被研究过的国家中,基本都发现了草根组织愈来愈普遍的趋势(Smith and Associates,forthcoming)。

从短期发展趋势来看,过去 25 年来,人类社会中草根组织在全世界范围内愈加普遍。我们并不确定在后工业/服务/信息社会中,草根组织究竟处于何种历史发展时期——是快速成长期、缓慢成长期,还是处于稳定或衰退时期。普特南(Putnam,1995)最近提出美国的草根组织与其他志愿组织有衰落的趋势。但是现有相关数据告诉我:世界范围内的志愿组织发展的总趋势是向上的(Salamon and

Anheier,1994;Smith,1997c;Smith and Associates,forthcoming)。

　　草根组织扩展与参与情况的动态变化表明:在未来的 25 年内,草根组织仍将在世界范围内持续发展,组织成员总量仍将持续增加,在推进工业化与现代化的国家里,这一趋势会很明显(Smith,1973c,1997c)。在未来,人际交流的拓展也将推动超地域志愿者组织持续发展(Rheingold,1993)。我做出的这些推测是基于志愿组织世界范围的发展趋势,并没有美国及其他国家的真实数据作为参考,所以难免会引起争议(Baumgarter and Walker,1988;Lappe and DuBois,1994;Putnam,1995;T. Smith,1990;Wuthnow,1998,pp. 50-54,76-77)。

全球志愿组织发展的决定因素

　　草根组织在人类社会中的普遍发展趋势背后的原因是三个相互关联的进程:(a)人口增长;(b)前工业社会复杂度的增加;(c)社会的工业化与其他方面的现代化发展。根据相关理论与实证研究,这三个进程相互关联。在一个社会工业化的初级阶段,社会人口会显著增长,而随着社会与其成员复杂度与现代化的加深,尤其是当社会进入了后工业/服务/信息阶段,人口增长会放缓,或者出现人口负增长。如果前工业社会的复杂度加深,会进入工业社会。而工业社会复杂度加深后会转变为后工业社会。

人口增长

　　一个区域内人口如果增长明显,草根组织数量也会相应增加。我预计全世界草根组织与超地域志愿者组织的数量会以至少 1% 到 2% 的年增长率继续增加。志愿非营利组织持续增长的驱动力是大部分国家未来的人口增长(Famighetti,1997)。草根组织为社区居民提供服务,每个草根组织可以服务的居民数量相对较小(McPherson,1983b)。因此,在未来的几十年或数百年里,若一个社区或更大区域的居民数量增加,就意味着该区域会成立更多的草根组织和超区域志愿者组织。过去几百年间的草根组织发展也呈现这样的趋势。

在从农耕经济快速过渡到工业经济的欠发达国家里,草根组织的增长率可以达到接近2%。在正在快速推进工业化与现代化的欠发达国家里,草根组织也能达到这一增长率。在国际局势基本稳定,不会发生诸如热核战争、生态系统崩溃或大范围疫病这类重大危机的前提下,我对草根组织增长率的预测才可能准确。如果未来会发生上述危机,那么受灾区域、甚至是全世界范围内的草根组织数量将会减少。

前工业社会复杂度的不断增加

人类历史中草根组织数目不断增加。这一长期宏观趋势的原因是前工业社会的复杂度不断增加。在世界人类史中的大部分时间里,人类都以游牧部落为集体,依靠狩猎和采集为生(Lenski et al.,1995)。一万年前,人类开始在一个个村落定居,以农耕为生,这时草根组织开始兴起(Anderson,1973;Smith,1997c)。后来,当村落农耕经济逐渐发展为像古希腊与古罗马那样的较大规模的农耕经济社会后,社会的复杂度加深了一级,草根组织,尤其是城市里草根组织的数目也随之增加了(Kloppenborg and Wilson,1996;Waltzing,1895)。对于当代许多发展中国家,尤其是那些处于城市化进程中的发展中国家而言,社会复杂度仍然在持续加深中。

第十一章 总结与预测：志愿人类时代的到来

社会工业化与现代化的推进

草根组织在过去两百年来得到了蓬勃发展。引起这一中长期趋势的重要原因是工业化与现代化的推进，鲍尔丁（Boulding，1953）指出，工业革命会引发"组织革命"。我认为他所说的组织革命即草根组织与超地域志愿组织的飞速增长（Smith，1973c）。现有研究能够证明我的观点（Smith，1997c）。

在过去两百年内，工业革命在全世界范围迅猛推进。工业革命以生产对工厂的广泛依赖为特点，属于现代化进程的一部分。除了工业化，现代化还包括民众文化水平的提升、大众教育的推广、大众传媒的发展、城市化的推进以及交通、通信设施的改善等方面。现代化的标识还包括社会民主政体的推广与结社自由的推进。社会现代化进程会带动社会多数个体心理的现代化（Inkeles and Smith，1974）。上述各个方面的现代化都推动了草根组织影响范围的扩大与成员的增加（Smith，1973c；Smith and Associates，forthcoming）。

我对草根组织未来蓬勃发展（每人或每千人拥有草根组织数量将增长）的预测应该有其合理性。我的预测的根据是：在未来几十年和21世纪，社会现代化总体上仍会逐步推进。计算机网络（互联网）也许会对志愿者组织的发展起到难以估量的推动作用，对那些可以负担得起个人电脑与上网费用的群体尤为如此（Rheingold，1993）。互联网推动了一批志愿者组织的兴起，研究者对这一近期现象尚未进行深入探讨。

未来志愿角色选择的扩大：尤其在后工业社会中

现代社会还存在着一个发展大趋势：与家族、工作机构、社会阶层、宗教与公民/居民身份相关的种种社会角色的重要性正在逐步降低,而志愿角色、甚至是短暂志愿角色(包括草根组织与志愿项目参与者身份)的重要性却在逐步增加(Biddle,1979;Linton,1945;Zurcher,1978)。草根组织与志愿项目的蓬勃发展正是此大趋势的一部分。

对于后工业/服务/信息社会中的民众而言,在决定何时与何人参与何种活动时(包括对志愿活动及其他活动的参与),多个社会因素的共同作用已为或将为他们提供更多的自由选择。

在未来,大家庭将会继续缩小,成为(a)核心家庭单元(b)直接(面对面的)人际互动频繁、情感亲密但空间上较为分散的家族网络,进而成为(c)空间上高度分散的家族网络,在这一网络中直接与间接人际互动共存,比起直接的亲属关系,人际互动会更多地受到自由选择、个人偏好与友谊的影响(例如:某人因为不喜欢自己的某位兄弟姐妹而不再与之见面[Degler,1980])。各种交通设施的改善推进了家族网络在空间上的分散化趋势。在上述(c)阶段中,与非家庭成员的联系及与家族成员之间的远距离联系将成为人类总体活动模式的一部分(Smith,1994a;Smith,Macaulay,and Associates,1980),与人类总体活动模式的其他部分相关联,尤其是与非亲属朋友和邻居的交往活动相关联。

如今,人类不大会(a)子承父业或女承母业(b)从事当前可以从事的任何工作,因为人们越来越认可工作和事业是个人审慎的选择,至少男性这样认为。女性也在逐渐意识到这一点。现如今,由于公司的女性雇员可以休产假、儿童保育设置相对完善,加之性别歧视的情况普遍逐渐减少(虽然性别歧视仍然存在,并且在发达国家比较明显),更多的女性会选择成为职业女性。接受高等教育民众(尤其是女性)的百分比在逐步增加,这也促进人们对工作的自由选择。

第十一章 总结与预测：志愿人类时代的到来

在未来，人们会更有能力、也会更愿意从自己的家乡移居到本国的另一个地区，甚至会移民国外。在向现代化逐步发展的社会中，农村人口向城市的迁徙是普遍存在的长距离迁移趋势，迁徙的动机往往与职业前景的改善及对财富/收入的渴望有关。现代社会中人们的长距离迁移与移民使人们拥有更多的居住选择，在生活方式与社会角色上也会拥有更多选择。

在过去，个人的宗教信仰主要受到父母宗教信仰的影响，一个人一生往往仅拥有一种宗教角色。而在未来，只要一个人已成年（一般为十八岁，在美国是二十一岁），他/她的宗教信仰将更多由自己决定。在过去，无神论者与新教徒这些"异端分子"时常会因为"罪孽深重"被施以酷刑或处死（Lambert, 1992）。而在现代国家，一个人可以选择有宗教信仰，也可以选择成为无神论者。个人宗教信仰自由最早在城市区域与农耕社会成为可能，这些区域的居民开始拥有了一定程度的宗教信仰自由（Finke and Stark, 1994; Pennock and Chapman, 1969; Robertson, 1966）

在未来，世界各个国家交通与通信网络将会以不同的速度持续发展，为大众带来不同程度的便利。诸如座机、手机、传真与电子邮件一类的通信方式质优价廉，在现代社会中的地位将会越来越重要。世界范围内的科技创新将会推进通信的发展，将地球变为"地球村"，人们的交流将不会受到国籍、种族、民族与社会阶层角色的限制，而是可以根据个人情况与兴趣自由选择。随着现代社会交通通信网络的逐步改善，基于个人偏好与价值观的自由选择将会导致更多跨国志愿组织的诞生。

而今，随着国民人均收入绝对值的持续增长以及交通、通信相关科技产品成本的持续降低，计算机、电话、传真、光缆、卫星电视等科技手段让各个国家的联系更为密切。人们可以通过电子邮件向世界的另一端发送信息,这种通信的成本就好比邻里之间的通信成本一样低。在工业社会早期阶段,因为大众传媒形式有限(报纸和广播),人们的选择也十分有限。而在现代信息社会,人们拥有了更多的选择,可以根据个人偏好选择通信的方式与内容。

在现代社会,随着人们寿命的延长与退休年龄的降低,退休人员数量增加。退休后,人们可以更加自由地选择自己的社会活动与角色,做选择时不再像工作时那样会受到经济因素的制约。也就是说,在未来,由于退休年龄降低,人们在成年阶段从事带薪工作的时间将会缩短,将会有更多时间参与草根组织志愿活动。

在未来的后工业/服务/信息社会,随着自动化与计算机技术的进步,工业社会所需的大量职业将会逐渐不被需要,带薪工作的重要性也会逐渐降低。瑞福金(Rifkin,1995)写道:"在 21 世纪的世界,商业与政府部门在人们日常生活中的重要性将会不断降低。这一权力真空将很可能会被逐渐壮大的非法亚文化或第三部门所占据"(p.249)。我认为这一权力真空也可能会被两者同时占据。斯赫(Schor,1993)认为在 20 世纪七八十年代的美国,人们的工作时间呈不断增加的趋势。而我认为,在未来,人们的工作时间将会呈不断缩短的相反趋势。

在未来,文化多元化将会继续推进,人们对自己所参与的文化或亚文化相关活动与社会角色的选择将会更加多元化。在后工业社会,随着信息的发展,尤其是互联网的出现,人们只要愿意,就可以隐藏自己的种族、民族、宗教、国籍、所在区域、经济状况、性别、政治派别或其他社会角色。通过网络交流,人们得到了极大的身份解放。同时,人们只要通过网络,就可以关注自己感兴趣的某些网站、BBS 和讨论组,便可以不受地域所限,与具有相同社会角色(如相同民族、种族或亚文化)的人建立联系。但是,美国移民的同化现象表明大部

第十一章 总结与预测：志愿人类时代的到来

分移民都希望通过儿孙的努力，自己的家庭能够真正融入美国主流文化（Alba，1990；Steinberg，1981）。正如施莱辛格（Schlesinger，1993，p.138）所指出的，美国文化大融合的实现在于美国在弘扬文化多元化的同时，不忘对某些西方普遍价值观进行强调——如个人自由、政治民主、公民权利等。在像美国这样的后工业社会中，反歧视法律的颁布也推进了文化多元化的发展。

在未来，随着全世界人口整体文盲比例的不断降低与受教育水平的提升，青少年在选择个人活动或角色时，会参考过去青少年或其他地域青少年的选择，选择面将会扩大。随着受教育水平的提升，人们会更多地阅读平面媒体（如报刊杂志），这些媒体将会使人们接触到更多的新观念、新角色和新活动，从而在总体上扩大了人们的选择范围。我在上文曾经指出，随着受教育水平的提升，人们可以有更多的职业选择。受教育水平的提升也会促进人们更多地参与草根组织志愿活动（Smith，1994a）。

在未来世界，随着越来越多的人接受高等教育、更多地接触大众传媒与现代企业文化（如：高效率的企业价值观），人们的价值观、信仰、态度、愿望与活动将会变得更加现代化。观念现代的人会哺育拥有现代观念的后代。因此，在未来社会，特别是在现代化的社会中，拥有现代观念的人会越来越多，人们在选择社会活动或角色的时候，将会更加受到自己思想、兴趣与偏好的影响，而不像传统社会中的人那样主要受到社会习俗的规约。

在未来，英语这门语言的使用范围将会继续扩大，人们将会更依赖英语来进行国际交流与网络对话。未来的地球村需要共同的语言。英语在如今已是广泛使用的语言，将英语作为第一语言、第二语言或第三语言的人口分布广泛。在未来，通过网络对话，人们将会更加意识到一门共同的语言能够让人们跨越国籍与语言的屏障，对于顺畅交流非常重要。各国人民英语水平的提高会促进不同国家人民之间的交流,也将促进多语言国家(如印度)人民之间的交流。

现如今,人们可以自主选择自己的婚姻大事。而在过去的大部分社会中,婚姻都是凭父母之命,媒妁之言而缔结。嫁妆、聘礼这样的经济限制因素在现代婚姻中已经较为罕见。在大部分后工业社会,离婚手续变得愈来愈简便,虽然夫妻双方与子女也会承受离婚所带来的痛苦。自主选择同居不婚、而非传统婚姻的伴侣越来越多。

在未来,草根组织绝对数量、人均拥有草根组织的数量、草根组织类型总量与超区域志愿者组织的数量都将会持续短期、中长期与长期的增长势头。志愿服务项目也将会增多。在先进的后工业社会,人们将不再受到集体所赋予角色的严重规约,而将会通过自愿选择与奋斗获得个人化的社会角色,志愿组织的蓬勃发展将是这一大趋势的一部分(Biddle,1979;Linton,1945;Nadel,1957,p.36)。

上述社会趋势和社会推进力与大部分前工业社会的状况形成了鲜明对比。大部分前工业社会的人民受到集体所赋予角色的严重规约,活动选择较为有限,家族赋予的角色是一个人最重要的社会角色;大部分人从事的职业与信仰的宗教一般与父母相一致;结婚对象由父母做主;一般不会离开自己的部落、村庄或国家。事实上,在史前社会中,如果一个人被流放,这个人就相当于被处死,因为人是社会动物,要靠生活和劳动中的互相帮扶才能够长期生存下来(Durkheim,1964;Lenski et al.,1995)。

在农耕社会(农业与畜牧业成为社会的主要劳动)中,人们受到集体所赋予角色的规约程度有所减弱,血缘纽带的影响也有所减弱。在城市居住的男性可选择的职业类型显著增多,城市居民的宗教信仰也较少受到父母宗教信仰的影响。地域角色与国籍角色对个人的重要性略有下降。

在主要的农耕社会中(Lenski et al.,1995),如古罗马和古代中国,人们面临的社会角色压力要明显大于工业、后工业社会人们面临的社会角色压力。在古老的农耕社会中,奴隶制、奴役制与农奴制普遍存在。如果一个人是农民,这个人的子女也很可能从事农业,虽然子女所从事的职业也与性别高度相关。对于技术含量较高的手工业来说,手工业师傅的儿子通常会尊重家庭的职业传统,继续父亲所从事的行当。只有那些有财产的富家子弟们(有财产富人的继承人)才可以作为公民参与投票。女性对贵重物品(如房产)没有产权,因此也不能参与投票,直到不久前才可以。

志愿的世纪与志愿的千年:人类志愿时代的到来

如果我的上述分析是正确的话,那么21世纪和新的千年将会与以往任何时期都不同,成为志愿者、自愿选择与志愿角色蓬勃发展的时代。著名的未来主义者约翰·奈斯比特(John Naisbitt)曾预测出20世纪80年代很多与草根组织相关的社会发展趋势——自助的增多、权力去中心化、参与式民主的推进和互联网的发展(Naisbitt,1982)。在西方国家与其他国家(从某种程度而言),特别是在非西方发达国家,上述社会发展趋势依然存在。

奈斯比特与阿伯丹(Naisbitt and Aburdene,1990)曾对20世纪90年代和新千年开头数十年的社会发展趋势作出了共同预测。他们预测道,新千年将会出现宗教复兴(与草根组织与授薪制非营利组织的发展相关)。他们的另一预测是"个人选择将会取得最终胜利"(p.322)。这一社会发展大趋势包含多个发展小趋势,而这些发展小趋势与基于个人志愿偏好的草根组织和超区域志愿者组织的普遍发展明显相关。两位学者提到:"将人还原为个人,这个人就可以建立社区并与其他个人自由结成社团。"(p.324)在这里,两位学者所指的是,随着互联网、传真及无线通信技术的持续发展,人们将会建立全球网络以便彼此交流,人们之间的交流会更多地建立在个人兴趣爱好的基础上,而非传统所规约的社会角色。

当我们预测未来世纪与千年的社会发展趋势时,我们应该可以看到,人们的生活已经发生了巨大的变革。在选择社会角色、社会关系、社会活动时,人们除了受到传统的规约,也可以自由选择。在未来,人们通过自愿选择和社会赋予获得的社会角色将会有新的发展变化,如一个人扮演某种社会角色时间长短也许会发生变化。人们承担的传统赋予的社会角色将会变少,而更多的社会角色将是通过自愿选择或奋斗而获得的。

基于个人兴趣爱好的自愿选择将逐步成为人们社会活动、社会角色与人际互动的基础。人们根据自己的兴趣,会选择加入自己所在社区或临近社区的某一草根组织或志愿项目——这属于个体的选择,是上述自愿选择的表现之一。在未来,人们的交流会更多地借助上述各种通信手段,但依然能够保持高度互动,通信的进步将会推动超地域"虚拟"志愿者组织的蓬勃发展。超地域"虚拟"志愿者组织的成员很少真正碰面或者从不碰面,但他们满足于这种交流方式,因为他们是自愿选择通过这种方式与志同道合者进行交流的。

19世纪可被视为工业社会的世纪;20世纪可被视为大多数发达国家转变为信息/服务社会的世纪。21世纪很可能会是个体自由自愿选择得到进一步发扬的世纪——一个个人不受地域限制,基于共同兴趣自愿成立志愿社区,参与志愿组织及其活动、承担志愿角色的世纪。在这些地域规模各异的志愿社区中(虽然互联网社区并不具备地域规模),人们将会更多地保持并展现自己的个性与个人特质。

第十一章　总结与预测：志愿人类时代的到来

社会将会通过这一过程受益——人们对地区、社会与国际活动的参与度增加，文化多元化与多样性得到发扬。

这一社会趋势的总结果就是我所称的"志愿社会"。"志愿社会"一词由舒尔兹（Shultz,1972）提出，志愿社会研究中心（Center for a Voluntary Society）各位专家（包括该中心的首位主任詹姆斯·舒尔兹[Jamez Shultz]与继任主任约翰·迪克森[Jonh Dixon]）都提倡使用此词。我于1970年至1974年间，曾担任志愿社会中心的研究主任。

我们人类总体仍属于"智人"（Homo Sapiens）。但我们也同样属于"工匠人"（Homo Faber，能够制作物品与工艺品的人）和"游戏人"（Homo Ludens，善于游戏与娱乐的人）。在自愿选择高度发扬的未来，人类可以被称为"志愿人"（Homo Voluntas）。在未来的志愿社会中，人类几乎每一天都可能需要对社会角色与活动作出选择，这些无数的自愿选择是司空见惯、自然而然的行为。而这一情形现在已部分成为现实，青年人与自由自在的退休者都是如此。

在未来，人们会倾向于选择增加"娱乐"（包括严肃的娱乐——志愿活动），以达到工作与娱乐之间的平衡。推动这一趋势发展的原因是人口总体老龄化、人们实际退休年龄门槛降低以及人均寿命的小幅增加。我认为人类"青春期"与"退休期"或"类退休期"的延长，会抵消诸如人均工作时数增加这样的反作用力，使人类拥有更多的娱乐时间。我们应该看到人类发展的全局趋势，而不是仅仅关注与带薪工作者或人均带薪工作时数相关的局部趋势。我认为研究者应该对社会劳动者中的退休人员、半退休/兼职与全职工作者进行单独研究和比较研究，以便对"带薪工作时间"作出更恰当的定义。

"Ecce Homo voluntas"是"看啊，志愿人"或"志愿人"（volunteer person）之意。这些略为拗口的称呼有其存在价值，因为通过这些称呼,我们可以将我在上文所描述的"志愿人"与参与草根组织或志愿服务项目的"志愿者"(volunteer)这一日常概念区分开来。无论对于休闲(包括志愿活动),还是对于带薪工作与自我/家庭生活的维系活动,未来的志愿人必将会对自己的角色与活动做出更多的自愿选择。

附录一　非营利组织与志愿行动学会(泛北美地区)介绍

非营利组织与志愿行为日益成为一块跨学科、跨专业的研究领域。准确来说,对这一领域的研究始于1971年的美国,时值志愿社会研究中心提供启动资金(资金来源于波士顿大学的资助)并雇我担任中心的研究主任,支持我实现在这一领域建立学术机构的构想。中心的首位主任詹姆斯·舒尔兹及其继任者约翰·迪克森曾帮助我获取种种研究资源,相信那些用"资源动员"观看待社会运动产生与发展的人(McCarthy and Zald,1977)将会注意到。

伯特·R. 鲍德温(Burt R. Baldwin)和理查德·D. 瑞迪(Richard D. Reddy)一开始是我在波士顿学院指导的研究生。后来我在他们的大学(分别是美国康涅狄格州州立中央大学和纽约州立大学弗雷多尼亚分校)里与他俩共事。在我创立志愿行动学者协会(The Association of Voluntary Action Scholars, AVAS)这个新机构的时候,他们的大力帮助使这个机构得以茁壮成长。在AVAS创办初期的几个年头里,尤金·D. 怀特(Eugene D. White, Jr)这位首任办公室主任和其后的行政主管是不可或缺的角色。关于这一领域的更多史料,可以参看《志愿团体和其他非营利组织研究:新兴的交叉领域和可能的新学科》("Researching Volunteer Associations and Other Nonprofits: An Emergent Interdisciplinary Field and Potential

New Discipline", Smith, forthcoming b)。

无论是应用性研究还是纯理论研究,关于非营利组织和志愿行动的研究已有二十五年多的历史(Smith,1993a,1995e)。自从 AVAS 改组成 ARNOVA(非营利组织与志愿行动学会)之后,持续超过二十五年发行独立期刊《志愿行动研究》(*Journal of Voluntary Action Research*)(现名《非营利组织与志愿部门季刊》(*Nonprofit and Voluntary Sector Quarterly*),简称 NVSQ),这本期刊是有史以来第一本纯粹关注志愿行为和非营利组织的期刊(Smith,1972a,1972b)。

1977 年,耶鲁大学设立了非营利组织项目(Non-Profit Organization, PONPO),也成为了当时世界上首个立足于大学的研究中心。这两个机构代表了不同的研究方向——志愿行动与非营利组织,这两个研究方向在早年还是界限分明的。后来这两大研究传统开始相互靠拢,期刊和机构分别在 1989 年和 1990 年有了新的名称。1993 年,ARNOVA 和 PONPO 有了新的合作关系,共同出资刊发《非营利组织与志愿部门季刊》,由卡尔·米洛夫斯基(Carl Milofsky)时任主编。1998 年斯蒂文·拉斯盖博·史密斯(Steven Rathgeb Smith)担任主编时,NVSQ 总部迁址至华盛顿大学,自此与 PONPO 停止合作。几乎同时,印第安纳波利斯的印第安纳普渡大学的公益慈善研究中心开始为 ARNOVA 提供办公场所,此前 ARNOVA 的办公室辗转于波士顿州立大学、宾夕法尼亚州立大学,塔夫茨大学和华盛顿州立大学。除了场地支持以外,中心还为 ARNOVA 提供了一项持续的年度扶持资金。

ARNOVA 是一个多学科多专业交叉的独立团体,其宗旨是扶持非营利组织、公益慈善、公民参与和志愿行动的应用性和纯理论性研究。ARNOVA 举办的年度学术会议作为一个社区平台,为来自不同学科的独立学术研究者和善思的实践者提供交流的机会。超过

500人参加了1999年的会议,其中包括100位来自四大陆和澳洲的22个国家的非美籍人士(我的估算基于1999年的参加者名单)。

ARNOVA致力于把非营利研究建立成为公认的研究领域,为学者、实务者、学术中心和基金会组织的有水平的学术和研究活动提供一个中立而开放的论坛,培养新的学者并明确定义此特殊领域的共同研究核心。

二十多年来,ARNOVA年会规模渐增,更加多元,对知识界的贡献愈丰。从1991的125份论文,到1999年,ARNOVA收到来自阿林顿、弗吉尼亚的500余份论文,与会者的数量随之增长。1999年底已有超过1 000位独立学者和实务者成为会员,过去五年内会员增长了超过100%(根据与安妮塔·普罗汀斯基[Anita Plotinsky]私下的交流,1999年11月6日)。ARNOVA在非营利部门和志愿行动学科知识深化方面,继续扮演着奠基者的角色。

正如第二章阐述的一样,《非营利组织与志愿部门季刊》所关注的现象在美国和其他地方是确确实实存在的。单个非营利组织包括哈佛大学、西北纪念医院(芝加哥)、全美红十字、奥杜邦协会、福特基金会、全国社会工作者协会、地方性的女童军队伍、地方性的家长教师协会、地方性的匿名酗酒者小组、地方性青年足球联盟等。这一领域有着与经济部门、政府部门一样的多样性,我们研究的团体和这些部门相比,有着截然不同的结构。非营利组织并不依赖某个区域内人们的投票或者纳税而生存,也不寻求创造利润(据其定义,它们不能为成员、董事或者"所有者"分配任何过多的收益)。更重要的是,在我们的社会,除了志愿服务项目,是非营利组织或志愿团体以一种有组织的形式,主要诠释着志愿性利他主义。

除了美国有这样的研究发展,以往的共产主义阵营与欠发达的国家也发生了这样的变化,越来越多人关注非营利组织、志愿行动和世界范围内的公民社会问题。ARNOVA 的成员中有很多是加拿大人和美国人。有很多会员来自英国，还有一部分来自澳洲、新西兰、以色列、欧洲大陆、拉丁美洲和其他地方。到 1999 年年末，ARNOVA 拥有来自 55 个国家的成员（ARNOVA，1999）。尽管国际学界最近成立了一个"第三部门研究国际学会"（International Society for Third Sector Research），ARNOVA 从一开始就是国际性的协会，而且 NVSQ 一直在出版来自世界各地的文章。

多年来，每一期 NVSQ 都注明，这本期刊关注的是有关"志愿主义、公民参与、慈善学和非营利组织"的文章。对此感兴趣的本书读者，如果不是 ARNOVA 的会员，有意的话，可以咨询印第安纳波利斯总部，索取手册和各种出版物、会议及其他服务的相关信息。会议通常在十月或者十一月召开，地点在美国国内轮换，有时会在别的国家举行（迄今为止曾在加拿大和英国召开）。春季的时候与会者提交一页纸的会议提纲，会议筹备委员会负责进行同行评审。读者可以通过印第安纳波利斯办公室订阅 NVSQ 期刊（读者也可咨询当地图书馆）。

ARNOVA 现址如下：
Dr. Anita Plotinsky
Executive Director, ARNOVA
Indiana University Center on Philanthropy
550 West North Street, Suite 301
Indianapolis, IN 46202-3162
Phone:(317)684-2120
Fax:(317)684-2128
E-mail:exarnova@iupui.edu
Web:www.arnova.org

附录二 创建包含草根组织在内的地方非营利组织抽样框架:以美国为例

标准抽样文本(Henry,1990;Jaeger,1984;Yates,1981)极少甚至不会提及半正式的团体与组织的特殊抽样问题。例如,非营利组织(定义参见第一章)根本没有被完整罗列出来。与很多研究者所相信的相反,美国国家税务局的非营利组织的名单存在偏差,而且非常不完整(Dale,1993;Gronbjerg,1989,1994;Smith,1997d;另见第二章)。IRS上的名单主要倾向于罗列较大型的、非宗教性质的非营利组织。目前,宗教性团体(包括教堂)不论有多少收入盈利,或者非宗教性团体年收益低于5 000美元,都不被要求注册,事实上其中大部分也不会去注册(见第二章)。年收入达25 000美元的非营利组织必须提交990年度报告。在美国,非营利组织未注册的情况是非常普遍的,它们通常都是一些由志愿者运营的小型组织(Smith,1997d;另见第二章)。

鉴于IRS在册的是较大型、通常有带薪雇员的非营利组织,所以抽样的核心问题在于小型的志愿团体。如果忽略这些小型团体,任何范围内的抽样都将会非常不完整。标准抽样程序告诉我们在没有先例的情况下,需要建立一个某个地域内非营利组织的抽样框架(一份完整的名单)(Jaeger,1984;Yates,1981,p.63)。如果希望研究可以推广到所有的非营利组织,研究者可以从IRS里某个地域的注册名单着手,但是必须以此为起点,去建立一个更加完整的抽样框架,而非仅仅包含哪些大型授薪组织。在格润博戈(Gronbjerg,1989)的文章中,她创建了一个某大城市区域内公益性授薪制非营利组织的抽样框架,这是一项宝贵且受欢迎的贡献。她的研究证明:即使针对大型的公益性非营利组织,IRS的名单也只能覆盖一半的组织(另见 Dale,1993;Gronbjerg,1994)。

本附录旨在为如何建立一个更加完整的样本提供建议,即把所有非营利组织都囊括在内,包含志愿性非营利组织(多指草根组织)、授薪制非营利组织(Smith,1981)、成员受益型团体和非成员受益型团体(Smith,1991,193b;另见第一章、第二章)。一旦研究者拥有了这样一个抽样框架,无论是随机抽样还是系统抽样,都能够产生一个非营利组织的样本。通过这个样本,研究者就可以把研究推广至地域内更大总量的非营利组织。目前很少有研究能够做到这一点。

多年以来,志愿团体的研究者始终在调查小型社区中的团体(志愿性非营利组织)数量(Babchuk and Edwards,1965;Laskin and Phillett,1965;Warriner and Prather,1965)。他们甄别此类组织的常用方法是寻找当地的名单,如有地方报纸存在,也对地方报纸进行内容分析,并结合常规性的实地调查进行研究。在美国有个非常著名的例子,是一项在一县范围内对团体特别关注的人类学实地调查(Warner and Lunt,1941),比起其他绝大多数研究,这个研究发现的每千人结社率更高(Smith,1997d;Smith and Baldwin,1974b,p.281页;另见第二章)。这个例子表明,类似的实地调查可能是使抽样框架达致最大完整度的方法,而且不用担忧额外成本。

研究者要面对的问题在于完整性和成本之间的权衡。这项工作将会花费大量的人力,因此即使是手头上已经有一张主要的现存组织名单,如果要去寻找社区里所有的草根组织,都需要付出高昂的成本。如前所述，大多数草根组织并不在 IRS 的免税名单中。在美国，局部性的区域（如某市、某镇、某郡）有可能有，也有可能没有完备的现存名单，所以对大部分的区域而言，我们都无法仅仅依靠一种可靠信息来源就能获得合理完整的非营利组织名单。

一种包括多种方法的综合策略——建立全面的非营利组织抽样框架

现有的多元方法策略旨在通过使用名单以及报纸，而非采用全面的民族志方法（耗资甚巨），去提高非营利组织抽样框架的完整度。下文是多元方法策略的要素，尽管这个策略是针对小型社区的研究提出的，但其中的方法也可以用于城市或者甚至国家。

策略一：关键的非营利组织总名单

寻找、使用社区中现存的任何总名单或者名录。这种名单一般保存在镇书记、市长办公室或者市政管理办公室、商会、公共图书馆或者一些致力于推动社区生计和旅游的组织中。近年来，在一些较大的地域单位，这些名单或许已经输入电脑存档。州和国家（偶尔会是郡和较大型的城市）或许会有包含全部类型或者某种特定类型的非营利组织的指南。例如，在美国有全国性组织百科全书（Jaszczak and Sheets, 1997）。在芝加哥，格润博戈（Gronbjerg, 1989, p. 68）使用一本芝加哥大都市圈社会服务指南作为她搜寻授薪制非营利组织的第三种最有效率的方法。匈牙利法律要求所有草根组织和其他非营利组织都必须在政府注册（Kuti, 1998），大多数草根组织都可能囊括在注册名单中。法国也有类似的法律，其执行的结果应该也有所相似（Lanfant, 1976）。

依靠单一名单来达到深入全面效果的问题在于,这样几乎一定是不够深入全面的。某个镇的镇书记提供的名单,比起我后来用本文提及的全面策略所找出的名单少了10%的组织。在另一个镇,一个当地振兴/旅游组织提供的名单,与使用全面策略得出的名单相比,只有80%的完整度。除非研究者至少部分使用了更全面的策略,否则并不能判断出自以为全面的名单有多全面。尽管如此,研究者可以大致参考这个数据:每1 000个人里面大概有30个非营利组织,小地方的非营利组织数量则更多(Smith,1997d;另见第二章),当中大部分是草根组织。

显而易见,当研究者手头有两份或者更多名单时,就可以创建一份避免重复的总名单。我个人比较赞同使用卡片文件,其他学者可能倾向于电脑存档,甚至将其作为首要选择,尤其是在那些较大的地理区域内。研究者必须小心处理非营利组织的名称及其名称的变化,以避免重复录入。我发现了一个突出的问题,在使用非营利组织名称的时候,有的人习惯带上其所在城市(例如,"波士顿"),有的人则不会。因此应该对名称中包含地域的非营利组织和没有包含地域的组织进行对照、比较,来应对名单可能出现的重复问题

策略二:当地大众媒体

1. 对当地报纸中提及非营利组织的地方进行内容分析。如果社区里没有自己独立的报纸,研究者可以尝试去寻找报纸上关于社区的专题板块,然后尝试分辨哪一份报纸更加关注非营利组织的议题。适合用于信息收集的报纸不一定就是最重要或者发行量最大的。在我的研究里,发现周报上草根组织的版面覆盖率比日报要高。研究者可在报纸的版面中寻找关于志愿团体或者非营利组织活动的专题。有时,报社里负责非营利组织专版的人会保存具体明确地记

录了非营利组织或者团体的卡片目录或者电脑文件,并且允许研究者使用这些数据。通常情况下,如果这份名单存在,每年至少会在当地报纸上公开出版一次。

请不要假设报纸上所有提及非营利组织的地方都出现在关于社团或者组织的特殊页面上。通过对一周报纸版面和日期进行系统抽样和内容分析,我们可以识别出额外的团体。最后要小心处理名单,研究者只需列出确实位于社区的非营利组织。通常报纸报道的地理分界模糊,如果报道上没有明确非营利组织属于哪个区域,可以在此后打电话核实。非营利组织在哪里拥有最多的成员,这个非营利组织的所在地就应该被视为哪里,不用考虑其他因素。对报纸进行内容分析是一项耗时费神的工作,但是根据我自己或者其他人的经验,这种方法比全面的民族志研究更有效率,而且非常有效,尤其是在判断志愿性非营利组织(而不是授薪制组织)的时候。

2. 找到当地或者覆盖当地的电台,并且搜索电台"公共服务公告"记录或者副本。这些公共服务公告指的是由非营利组织将组织举办的活动写成说明或者卡片送到电台,然后由电台主持在广播中读出来的简要活动公告。比起在大城市,这些公告在小镇或者小城更加常见。如果能够在电台找到安放这些公共服务公告的箱子或者篮子,会对研究非常有帮助,尤其是那些卡片上附有联系人或者联系地址时。20世纪80年代早期,美国联邦政府电台放松管制,从此电台上的公共服务公告减少了,但是仍然是关于志愿性或者其他性质非营利组织的有效信息来源。

策略三:电话簿

1. 从电话公司的黄页内有可能包含非营利组织的目录中搜索。举个例子,可以在协会、教会、俱乐部、兄弟会、劳工组织和社会服务、人类服务组织①中搜索。与用其他搜索方法一样，用此法搜索出来的非营利组织，需要进一步逐个筛选，或者在样本的基础上去决定某个组织是否真的是非营利组织，因为商业组织有可能混进了非营利组织或者其他目录里。

2. 在电话本的白页搜索名单上名称全部大写或被加粗的组织，筛选那些位于所研究的社区中的非营利组织（在城市区域，一本电话本就会覆盖很多的聚居区）。在大城市中，研究者可以对页码进行系统抽样，使用评估步骤来决定抽样框架外可能有多少额外的非营利组织。采用这种信息搜集渠方式，将会搜索到很多的商业组织，其中大部分可以仅凭借名称就能辨认出来并且忽略掉（例如，Rudy 的洗衣房）。模棱两可的组织若有可能属于非营利组织，就应该被挑出来，稍后再进行上文提到的筛选。这种方法虽然非常繁琐耗时但是大有必要。

策略四：政府手中的非营利组织总名单

1. 尝试从 IRS501(c)(3)与 501(c)(4)分类目录中获取一份电子名单。这些文件现在一般能够付费获取。如果未能拿到或者未能支付足够的费用，可以使用美国参政司（U. S. Department of the Treasury,1979,是比较早期的一个版本）最新发布的非营利组织累计表。不要认为通过此类信息来源就能得到完整的名单，因为此类

---

① 其他通常包括非营利组织的目录如下：堕胎替代选择中心、堕胎服务组织、收养服务组织、酗酒信息中心/康复中心、艺术指导中心/学校、艺术组织与信息中心、体育组织、计划生育信息中心、商会、儿童照管中心、诊所、消费者联合会、合作社、信用合作社、环境保护和生态学组织、家庭计划信息中心、基金会、救济院、医院、人道协会、图书馆（尽管由本地政府资助，但是仍有可能属于非营利组织）、精神健康服务中心、博物馆、疗养院、行业组织、宗教组织、疗养院、会所、学校（所有类型）、老年人服务组织、老兵和军人组织、青少年组织与青少年中心。——原书注

信息收集者忽略了很多小型的、新设的、收入低的志愿性非营利组织和大多数教派组织(Smith,1997d)。

2. 尝试从美国州政府获取一份电子名单。比较常见的情况是,这类信息会保存在州政府秘书长办公室,而很少出版。我听说,某些州至今还把信息保存在索引卡中。IRS的名单一样,此类非营利组织名单会忽略那些尚未注册的、小型的、成立时间较短的、收支规模较少的、半非正式的或者宗教性质的志愿性非营利组织。

3. 在镇或者市政府,研究者可以要求查阅或索要纳税清册(tax rolls)中的免税非营利组织资产名单。这类名单上的组织通常资金比较雄厚,拥有固定资产和办公楼用于接待来访和设置总部。某些郡也可能有类似的或者更加详尽的名单。

4. 在镇/市政府或者邮局,研究者可以索要所有独立拥有印刷品免费邮寄码的非营利组织的完整名单。

策略五:访谈

深度访谈的成本比较高,尤其是如果考虑对每个新加入名单的非营利组织都进行访谈的话。尽管如此,这种方法有它的特别优势——有利于挑选出一定区域内较小的、较为非正式的志愿性非营利组织。

1. 使用策略三的1、2和策略四的3,找出社区里的非营利组织(尤其是志愿性非营利组织)机会的公共场所。然后,通过电话或者面访去确认哪些团体过去一年内曾在这个公共场所里碰头。完成后一个步骤时,研究者需要打出很多电话,有时候需要亲自走访那些公共场所。在范围更广的地方,可以抽取一个样本来进行这项研究。非营利组织的聚集场所很多,例如教堂和犹太教教堂、图书馆、学校、老兵组织、历史社团还有兄弟会组织。有必要的话,研究者可以随机抽样检查通过策略四确定的每一个非营利组织是否为聚集场所。研究者可以询问学校领导关于学生和家长团体、学校志愿项目的情况。研究教堂集会时，研究者需要区别以教堂为场地的教会相关团体集会和非教会团体聚会，把与教会紧密相关的团体和与教会非紧密相关的团体区分开来(Smith, 1996)。

2. 访谈地区内关键的信息提供者(例如，非营利组织的领导、当地政府的领导)关于他们熟悉或隶属的非营利组织的情况。地区领导往往比社区里一般人要隶属于更多的志愿非营利组织，所以在每一次访谈里有可能提供更丰富的有关非营利组织的信息。无论如何，即使将这些领导者仔细抽样，并访谈了关键的信息提供者，我们仍然难以知道有多少非营利组织没有被涉及。

3. 在社区居民中选取有代表性的样本，访谈他们了解的非营利组织。这些访谈可以作为独立的研究，或者作为研究者为了其他研究目的在社区中进行的初次访谈的一部分。

这个方法的回报不高，但是即使只是为了检验从其他信息渠道获得的信息，在小地方进行 30 至 50 个这样的访谈也是有益的(越大型的城市需要的访谈越多)。与大多数其他方法不同，这种方法对研究资金较薄弱、历史不长的非正式小型草根组织最有效。不仅格润博戈(Gronbjerg, 1989, pp. 77-78)曾经讨论这一点，麦克弗森(McPherson, 1982)也试验过，如果研究者能够仔细选择有代表性的区域性样本，这个方法是特别有效的。仅仅依赖这一方法的缺点是：在收集数据的过程中会无法判断受访者提到的是否为真正的非营利团体，而且，团体里任意一个成员都可能成为信息提供者，而信息的最佳提供者应该是领导者。我相信，首先确认非营利组织，从一个合理完整的名单中抽样，然后访谈领导者(最好每个非营利组织有两人或两人以受访)在方法论上是最可取的。因此我建议，这里说的社区抽样和个人访谈最好作为辅助,而不是核心的研究方法。

策略六:特殊名单

除了一般名单,研究者可以在其他名单中找到特殊类型的非营利组织,例如人力资源目录、大众服务指南、"居民电话黄页"(也是一种以社会变革为导向的目录)、信息参考服务指南或卡片目录/电脑文件、环境保护团体名单、卫生相关机构名单、艺术与文化组织名单、宗教团体/少数族裔组织名单、社区/住房/经济发展团体名单、教育机构/团体名单、教会名单、基金会名单以及工会名单(大多数上述名单来自 Gronbjerg, 1989)。另外,研究者可以向市镇政厅或主办机构(如果主办方不是当地政府的话)索要地方任何重要庆典、游行中参与活动的团体的名单。这种资源或许不一定适用,但如果能找到这些名单的话对研究也有所帮助。

格润博戈(Gronbjerg, 1989)建议,如果有专门的非营利组织名单的话,研究者可以检验官方注册和执照名单;或向公共机构、基金会和市政委员会索要资助机构及其联系方式清单;或采用来自联合会、组织网络和特别小组的组织成员名单。上述名单中或许会包含一些志愿者运营的团体和授薪制非营利组织。通过全部地方银行,或者只是通过抽样选出的地方银行,研究者或许可以获得非营利组织,尤其是协会所持有的账户清单。这些账户的数额通常是保密的,但账户存在与否或者其名称则可以公示。这一渠道的资料非常有用但难以获取,在城市尤为如此。研究者也可以效仿此法,获得地区内邮箱的清单,有些邮箱是非营利组织租用的。可以尝试从邮局获取非营利组织邮寄许可证的完整名单。所有这些特殊名单的覆盖率都不一定高,而且比起运用一般性名单更花费时间。在欧洲国家,邮政账户和银行账户的名单可能更容易获得。最后,社区里非营利组织的名单还可以从中学和大学里获得,因为它们提供社区服务项目并分派学生到相关组织做志愿者(Raskoff and Sundeen,1998)。

数 据 清 理

对于上述全部策略,需要注意的是,由于印刷谬误、误听或者记忆差错、名称不完整,所在地(或者所属的教会、学校等)的名称有或者没有出现在组织名称中(如狮子会和波士顿狮子会),拥有相似名称的组织有可能为同一组织,需要予以剔除。研究者也必须随时留意组织名称的重大变化。例如志愿行动学者协会(Association of Voluntary Action Scholars)的名称几年前更改为非营利组织和志愿行动学会(Association for Research on Nonprofit Organizations and Voluntary Action),不能把它们算作美国的两个全国性非营利组织。研究者也必须努力排除"已死"的非营利组织,通过给组织寄有回邮地址的明信片,来确认一个组织是否还有组织活动。商业和政府机关也要从最终名单中排除,这或许非常困难。在大多数情况下,从组织名称可以判断组织性质,如果不能,研究者可以借助电话。但是营利性的公司通常不愿意承认其逐利性质,因为它们企图冒充非营利组织(Gronbjerg,1989)。和 IRS 或者州的企业记录进行核对有助于辨认。对于更大型的商业组织,有诸如标准普尔(Standard & Poor's)这样的标准商业目录。有时,非营利组织中的受访者确实不确定其组织属于非营利组织还是政府机构,这时可以通过讨论组织的资金来源和税收缴纳情况来辨别。如果一个非营利组织大多数的收入完全依赖与政府的长期契约,可能会使其工作人员分不清组织到底是政府机构还是非营利组织。所有这方面的研究都应该参考格润博戈的意见(Gronbjerg,1989,pp.65-67)。

附录二　创建包含草根组织在内的地方非营利组织抽样框架:以美国为例

其 他 国 家

关于辨认与统计非营利组织的文献,没有别的地方比美国的多。作为和其他学者合作的重大项目的其中一部分,萨拉蒙(Salamon)和安海尔(Anheier)(1994;同见 Salamon, Anheier and Associates, 1998)在这方面已经尽了最大努力进行系统性研究。其他国家有关于小型的镇或市范围的研究,但这些研究在描述建立抽样框架的方法时都很笼统(Drake,1972;Koldewyn,1984,1986)。虽然如此,现存的稀缺文献仍然表明本文中提到的这些方法同样适用于美国以外的地方。

在某些国家,例如法国(Lanfant,1976;Meister,1972a)和马来西亚(Douglas,1972),志愿者协会在某一级政府现存的官方注册表对构建抽样框架非常有用。在这些国家,首要的研究策略是充分利用来自政府的一般名单(其完整度比美国政府提供的名单高出很多)。然而,即使是在这些国家,也有必要使用辅助方法让名单更完整(Lanfant,1976)。如果缺少系统的政府登记名单,或者名单非常不完整(像在美国的情况),就需要用上文所建议的其他系统资源来创造一个合理的抽样框架。例如,迈斯特(Meister,1972a)使用了邮政储蓄银行的年度邮局名单(策略六),来辨认瑞士日内瓦的大多数协会。可是,这样的方法忽略了没有在邮政储蓄银行开设账户的组织,或者账户名称是出纳姓名而非组织名称的团体。在英国伯明翰,纽顿(Newton,1975)利用一般性名单和特殊名单(策略一和策略六)找到了超过 4 000 家组织。赫芝(Hatch,1980)在英国的三个市/镇研究社会服务和环境服务协会,成功应用了与策略一、二相似的方法。

社会变量会影响志愿性非营利组织的普遍程度,建立抽样框架时很可能也要考虑这些变量。结社自由与集会自由对草根组织最为重要,如果一个国家像集权国家那样,剥夺了这两类自由,那么这一国家中草根组织的数量通常很少,而且由政府所控制(社会部门间的差别就会模糊)。在这样的国家里,独立的草根组织通常是地下运营,所以很难被发现。在公民自由享有保障的民主社会,每一千人中出现的草根组织更多,尽管因为其数量庞大研究需要消耗更多的资源,总的来说研究会较为容易。宗教是否自由,是否存在国家教会,对于一般公民自由来说也有相似的影响。一个社会中,社会权力下放程度越高、社会异质性越高、人口规模越庞大,拥有的草根组织就会越多。草根组织数目上十分庞大,一方面使其更容易被研究,另一方面,需要的研究资源也更多(Smith,1973c;Smith and Baldwin,1983)。

总　　结

研究者可以通过不同的策略来完成一个完整的社区非营利组织的抽样框架。记录哪些非营利组织来自哪些独立的研究渠道,并估算完整度是有帮助的。要特别注意研究要包括成员利益导向的非营利组织(与纯非成员利益导向的非营利组织相对)和志愿非营利组织或者草根组织(与授薪制非营利组织相对),尽管这些组织整体来说十分重要,但却常被忽略(Smith,1997a)。研究如果不能包括志愿者运营的非营利组织,会导致低估某地区内非营利组织的真实数量,粗略估计会产生五倍甚至很可能十倍的偏差(见第二章)。研究得到的结果是一个社区内的非营利组织抽样框架,这个抽样框架能够更准确地代表非营利组织真实的数量。基于这样的抽样框架,研究所得的推论才更加有效可信。这些策略可以用在范围更广的地区。在某些情况下，可以在样本的基础上寻找数据，而不必通过全面的数据库。

运用多种策略来建立非营利组织抽样框架，同时特别注意包含志愿非营利组织，在美国以外地区的研究发现这套方法是有用的。无论如何，人们已经投入大量的研究来创建一个满意的抽样框架，即使是在有注册组织的地方。就像授薪制非营利组织的研究者容易忽略志愿性非营利组织一样，志愿性非营利组织的研究者同样容易忽略授薪制非营利组织，在美国如是，在其他地方亦如是。如果研究者期望得到关于非营利组织的一般性推论，就要把非营利部门这两大重要的组成部分放在一起，进行综合性取样。

上述每一个策略都有其优劣。策略一：一般性名单，如果找到一份相对完整的名单，可以简化研究工作。然而，事实上这份名单可能非常不完整，正如IRS提供的某地区的非营利组织名单(Dale,1993；Gronbjerg,1989,1994)。策略二：大众媒体的渠道能够提供很多有用的细节但是很费时间。这种方法忽视了小型的、公众知名度不高的非营利组织。策略三：搜寻电话黄页也是一种费时的方法，但用于确定宗教性组织是最便捷的方法，尤其是确定那些从其他收集渠道，如IRS名单中找不到的宗教性组织。策略四：用政府的名单/数据做研究比较容易，但是要接触这些资料付出代价较高，而且政府的数据更加侧重资金雄厚和运营完善的非营利组织。策略五：面访。有些人非常赞成使用这一方法，因为能够覆盖小型非营利团体，还很可能保证研究的随机性和可推广性。但是，由于研究者难以跟很多的非营利组织领导者进行直接对话，所以用这种方法要研究好一个团体会出现成本高效率低的情况。策略六：用特殊名单做研究结果具有偶然性，且难以很好地估计仍然缺失的非营利组织。不过，如果研究比较系统地进行,也算是一种成本不高而全面的策略。

我建议,只要资源允许的话,美国的研究者可以按照上文策略的顺序来使用这些策略。我也建议把研究资源投入在几种或者全部六种策略中,而不是集中在一两种策略上(像其他研究者做的那样)。这样做就可以通过不同渠道得到的信息来交叉检验数据,更好地估计这些渠道的有效程度。从统计学的角度来说,两种或以上的相对独立的信息来源中非营利组织信息的重叠程度越高,这些信息来源就越可靠,被忽略在"外"的其他非营利组织就可能越少。重叠程度越低,信息来源就越不可靠,合成名单中缺失的非营利组织就可能越多。[①] 比起在小城镇,在大城市进行研究需要更多的资源来创造一个合理的抽样框架,但是有些方法也存在规模效益(例如,获取长名单的成本可能跟获得短名单差不多),而另外一些方法就不存在这样

---

① 在一次私底下的交流中,一位统计学同事(Paul Holland)建议在估计(进行全面普查时)抽样框架或合成名单的完整性时,可以把用于建立该抽样框架的两份来源独立的名单所含名称数总和之乘积,除以两份名单中重叠名称的数量。当这样两份独立名单完全重叠时,基于两种信息来源的合成名单估计就是完整的。如果没有一点重叠,那么元素的总值域的估计量是无限的(除以0)或者起码非常大。通常情况下,同一区域内相似物体的名单都会有重叠,元素总值域的估计量是有限的,不过会比合成名单中的数量要大。通过把合成名单中元素的数量除以通过重叠名单得出的总值域估计量,研究者就可以算出目前合成名单的完整程度。合成两份或以上的独立名单,加上后来得到的独立名单/信息来源,可以不断逼近总值域的近似值。这种方法在建立地方性非营利组织抽样框架的时候非常有用,因为能够对研究进展如何以及停止建立抽样框架的合适时机做出粗略但是合理的估计(例如,估计有80%或者90%完成度的时候就可以停止了)。如果研究者要建立特定类型的非营利组织的抽样框架或者做普查,收集感兴趣的目标类型非营利组织的方法是:通过检查组织名称,得到研究者认为的"纯净的"名单,再把这些名单重叠。如果从某处获得的名单在内容上已经是"纯净的",例如只有保健类的非营利组织或者只有自助性草根组织,那么可能就不需要进一步的净化了。但是如果研究者获得的是研究地域内非营利组织相对广泛的名单,那么非保健相关或者非自助相关的团体就要被剔除,以建立一个纯净的名单,这份名单可以与同类型非营利组织实体的其他独立名单重叠。这样就能够得到只指向目标类型的非营利组织数量总值域的估计值,而不会包括研究区域内所有类型的组织。——原书注

附录二 创建包含草根组织在内的地方非营利组织抽样框架：以美国为例

的规模效益（例如电话黄页的使用，即使从中抽样可有助于降低成本）。

总体而言，只要多种信息来源能够更可靠地估计抽样框架缺失的非营利组织的数量，那么就可以说，多策略的方法似乎比使用单独一种信息来源更好。多种策略一起使用时，如果一个非营利组织在两个或以上的独立渠道中出现，那么研究者就会对出现在最终合成名单中的这个非营利组织的存在更有把握。非营利部门研究的可推广性应该建立在有效和有代表性的样本基础上，而不是建立在 IRS 提供的那种偏差较大的美国非营利组织名单上。我们已经经历了非营利组织研究的初始阶段，在这一阶段里，学者为了方便使用像 IRS 的名单这样不完整的数据，实属情有可原。但时至今日，研究者必须以取样代表性和完整性的更高标准要求自己。

附录三　史密斯研究某一郊区的方法论

此项研究的目标区域范围很小,是波士顿市郊一个中产阶级住宅区,人口在一万到两万之间。之所以选择这个小镇是因为在调查中发现,这个小镇并存着许多非会员利益导向和会员利益导向的非营利组织;而且,小镇的地理位置对于开展实地调查比较方便。

实地调查的第一阶段是创建一个小镇中所有非营利志愿团体的抽样框架(参看附录二)。这里牵涉到的步骤包括:向镇书记索要一份非营利志愿团体的名单;获得镇上免税组织的名单;向镇上的管理者求证哪些组织曾经在特定的公共区域聚集;访谈教堂、学校和图书馆管理员,咨询其所在组织有哪些隶属团体或者有哪些团体在这些地方聚集过;细查当地的电话名录的黄页和白页;与初步受访对象谈论他们所知道的镇上的团体。

随着组织名单的扩充,我开始打电话给那些看似属于商业组织或一定程度上属于政府组织的团体,以确认该团体的性质。有时候我被误导,直到后来才弄清楚。偶尔的情况下,我需要进一步了解不同名单重复出现的一些地方,那是因为即使对同一个组织,不同的信息来源有可能给出相似但是不完全一致的名称(例如,couples club 和 Mr./Mrs. Club)。

这项研究首要的关注点在于公共利益导向组织和成员利益导向组织的区别。因此,在我开始创建抽样框架后不久,就把这些团体按

附录三 史密斯研究某一郊区的方法论

照两种不同的本质进行归类。很快,我发现自己需要一个中间目录来放置那些双重利益导向的组织,无论是已经验证的还是不确定的组织。我致电这些双重利益导向的组织,来确定自己的归类是否准确。我并没有打算致电所有这类组织。这些组织同时也按照有带薪员工(每周工时起码一个小时)和没有带薪员工的区别来进行归类。这种对于带薪员工的低标准设定是根据当地团体的规模小、收入少的一般特点来决定的。这样的设限在数据分析中并没有发挥意义,所以如今我推荐一种区别方法,大致以一个FTE作区别就可以了(见第一章和第二章)。

在访谈正式开始约一周之前,如果有抽样框架的话,就可以加以运用。下文是一份样本分类的范例。如果可以的话,从三种组织类型分类(公共利益导向、混合利益导向、成员利益导向)中的每个分类中各抽取19个团体,然后每类型抽出来的19个团体进一步划分成为12个无带薪员工的团体,7个有部分带薪员工(每周最低工时一个小时)的组织。因为仅凭初步接触就确定准确的分类是非常困难的,而且一旦访谈进行了,我不希望作废,所以最后的样本类似于表1。在全部员工为志愿者的组织只有10个的那一目录中,镇上再没有其他组织能够被取样。

表1 抽样组织分类(N=59)

	公共利益导向	混合利益导向	成员利益导向
全部员工为志愿者	10	13	14
部分员工领取薪水	7	6	9
总计	17	19	23

当一个团体的领导受访时透露出一些事实,说明其组织应该属于另一个非常不同的目录下,那么我就将此团体转移到那个目录中,虽然这样做对于分层随机样本有一定程度的负面影响。此研究的目

的在于获得一个包含各种目标类型的样本，在某种程度上，研究也尽量包含不同类型授薪制志愿组织，与此同时，在研究者有限的时间和精力之下，需要保证样本的随机性。我并未根据总抽样框架中每个目录的规模大小来对抽样目录进行加权。下面我对每种抽样目录举出一些假设的例子：

全部是志愿者的公共利益导向组织：　　协助一个已成立的非营利组织运营的团体
有部分带薪员工的公共利益导向组织：　基金会
全部是志愿者的混合利益导向组织：　　以某种方式（如资金筹募）帮助学生的家长团体
有部分带薪员工的混合利益导向组织：　明显包含个人利益与公共利益的学生团体
全部是志愿者的成员利益导向组织：　　非学校建立的青少年体育团体
有部分带薪员工的成员利益导向组织：　工会

　　数据收集的首要方法是访谈。这种方法综合了定性研究与定量研究方法。在制定访谈计划的时候，定量研究比起开放性问题或者定性问题有轻微的优势，但是研究者有时候会追问不在计划内的定性问题。受访者是59位镇上草根组织的领袖，访谈时间持续一个小时（约60分钟）。这些领导者都是各自组织的最高领导人，除了有两个相对而言无领导的组织是例外。有些时候一个组织存在两个协同领导者，但只有其中一个会受访，绝对不会两个都接受访谈。之所以访谈领导者，是因为他们是那些被选进抽样框架的组织现任的官方领导人。

　　大约在1991年，研究者一共确认了198个非营利组织。根据当时我的定义，非营利组织是指一个没有利益分配约束（Hansmann，1980）、独立于政府（Salamon，1992）、一定程度上独立于其他团体（Smith，1994b）、不主要建立在亲属关系或者婚姻关系（Smith，1991）上的团体。合法注册并不是成为非营利组织的必要条件，更不必一定按照501(C)(3)和501(C)(4)那样在IRS注册，因为注册属于法律/行政上的划分，并不适用于社会科学的定义。注册与否固然是重要的属性，但是在研究志愿者管理的非营利组织时，如果把这点也考虑进去，就会造成非常大的限制。考虑到抽样框架完整性，我将半正式团体(Smith，1992b)与较正式的机构一起纳入抽样框架。我想表明的是，一个组织成员的界限不需要非常清晰，领导结构也可以相对松散，但是必须有一个独一无二的"合适"的机构名称。根据领导者的判断，能够进入抽样框架的机构，其大部分成员也应该长期居住在同一片城郊内。

参 考 文 献

Abbott, Andrew. 1988. *The System of Professions*. Chicago: University of Chicago Press.
Abel, Emily K. 1986. "The Hospice Movement: Institutionalizing Innovation." *International Journal of Health Services* 16:71-85.
Abell, Peter. 1989. "Games in Networks: A Sociological Theory of Voluntary Associations." *Rationality and Society* 1:258-82.
Ablon, J. 1981. "Dwarfism and Social Identity: Self-Help Group Participation." *Social Science and Medicine B* 15:25-30.
Adler, Margot. 1986. *Drawing Down the Moon*. Rev. ed. Boston: Beacon.
Adler, N. and K. Matthews. 1994. "Health Psychology: Why Do Some People Get Sick and Some Stay Well?" *Annual Review of Psychology* 45:229-59.
Adler, Peter. 1981. *Momentum: A Theory of Social Action*. Beverly Hills, CA: Sage.
Ahlbrandt, R. S., Jr. 1984. *Neighborhoods, People, and Community*. New York: Plenum.
Ahrne, Goran. 1992. "Outline of an Organizational Theory of Society." *Protosoziologie* 3:52-60.
Akers, Ronald and Frederick L. Campbell. 1970. "Size and Administrative Component in Occupational Associations." *Pacific Sociological Review* 13:241-51.
Alba, Richard. 1990. *Ethnic Identity: The Transformation of White America*. New Haven, CT: Yale University Press.
Aldrich, Howard. 1979. *Organizations and Environments*. Englewood Cliffs, NJ: Prentice Hall.
Alexander, Jeffrey C. 1987. "The Social Requisites for Altruism and Voluntarism: Some Notes on What Makes a Sector Independent." *Sociological Theory* 5:165-71.
Alinsky, S. D. 1969. *Reveille for Radicals*. New York: Vintage Books.
Allen, Susan M., Vincent Mor, John A. Fleishman, and John D. Piette. 1995. "The Organizational Transformation of Advocacy: Growth and Development of AIDS Community-Based Organizations." *AIDS and Public Policy Journal* 10:48-59.
Allen, William S. 1984. *The Nazi Seizure of Power*. New York: Franklin Watt.
Almond, Gabriel A. and Sidney Verba. 1963. *The Civic Culture: Political Attitudes and Democracy in Five Nations*. Princeton, NJ: Princeton University Press.

参考文献

Amis, William D. and Samuel E. Stern. 1974. "A Critical Examination of Theory and Functions of Voluntary Associations." *Journal of Voluntary Action Research* 3:91-99.

Anderson, Joan B. and J. A. Colombo. 1988. "Christian Base Communities and Grassroots Development." *Journal of Behavioral Economics* 17:97-112.

Anderson, Robert T. 1964. "Voluntary Associations in Hyderabad." *Anthropological Quarterly* 37:175-90.

———. 1973. "Voluntary Associations in History: From Paleolithic to Present Times." Pp. 9-28 in *Voluntary Action Research: 1973,* edited by David H. Smith. Lexington, MA: Lexington Books.

Anheier, Helmut K. 1987. "Indigenous Voluntary Associations, Nonprofits, and Development in Africa." Pp. 416-33 in *The Nonprofit Sector,* edited by Walter W. Powell. New Haven, CT: Yale University Press.

Anheier, Helmut K. and W. Seibel. 1990. *The Third Sector: Comparative Studies of Nonprofit Organizations.* New York: Aldine de Gruyter.

Antze, P. 1976. "The Role of Ideologies in Peer Psychotherapy Organizations: Some Theoretical Considerations and Three Case Studies." *Journal of Applied Behavioral Science* 12:323-46.

Appel, Willa. 1983. *Cults in America.* New York: Holt.

Ardrey, R. 1966. *The Territorial Imperative.* New York: Dell.

Argyris, Chris. 1960. *Understanding Organizational Behavior.* Homewood, IL: Dorsey.

Association for Research on Nonprofit Organizations and Voluntary Action. 1999. *ARNOVA Membership Directory.* Indianapolis, IN: ARNOVA.

Auslander, Gail K. and Howard Litwin. 1988. "Sociability and Patterns of Participation: Implications for Social Service Policy." *Journal of Voluntary Action Research* 17:25-37.

Austin, D. M. 1991. "Community Context and Complexity of Organizational Structure in Neighborhood Organizations." *Administration and Society* 22:516-31.

Austin, D. M. and Cynthia Woolever. 1992. "Voluntary Association Boards: A Reflection of Member and Community Characteristics?" *Nonprofit and Voluntary Sector Quarterly* 21:181-93.

Azrin, N. H., T. Flores, and S. J. Kaplan. 1975. "Job Finding Club: A Group Assisted Program for Obtaining Employment." *Behavior Research and Therapy* 13:17-27.

Babchuk, N. and A. Schmidt. 1976. "Voluntary Associations, Social Change, and Racial Discrimination: An Analysis of Means and Ends." *Journal of Voluntary Action Research* 5:65-74.

Babchuk, Nicholas and John N. Edwards. 1965. "Voluntary Associations and the Integration Hypothesis." *Sociological Inquiry* 35:149-62.

Babchuk, Nicholas, Ruth Marsey, and C. W. Gordon. 1960. "Men and Women in Community Agencies: A Note on Power and Prestige." *American Sociological Review* 25:399-403.

Badelt, Christoph. 1987. "Altruismus, Egoismus, und Rationalitat" (Altruism, Egoism, and Rationality in Economics). *Kölner Zeitschrift für Soziologie und Sozialpsychologie* (Suppl. 28): 54-72.

———. 1989. "Government Versus Private Provision of Social Services: The Case of Austria." Pp. 152-76 in *The Nonprofit Sector in International Perspective,* edited by Estelle James. New York: Oxford University Press.

Bailey, Darlyne and Karren E. Grochau. 1993. "Aligning Leadership Needs to the Organizational Stage of Development: Applying Management Theory to Nonprofit Organizations." *Administration in Social Work* 17:23-45.

Bailey, R., Jr. 1974. *Radicals in Urban Politics.* Chicago: University of Chicago Press.

Baltzell, E. Digby. [1958] 1979. *Philadelphia Gentlemen: The Making of a National Upper Class.* Philadelphia: University of Pennsylvania Press.

Bania, Neil, Elizabeth H. Katona, and Jenny Keiser-Ruemmele. 1995. "The Development of State-Level Nonprofit Databases." *Nonprofit Management and Leadership* 5:317-25.

Barber, Benjamin R. 1984. *Strong Democracy: Participatory Politics for a New Age.* Berkeley: University of California Press.

Barber, Bernard. 1987. "Participation and Mass Apathy in Associations." In *Studies in Leadership*, edited by Alvin W. Gouldner. New York: Garland.
Barker, Eileen. 1984. *The Making of a Moonie*. New York: Blackwell.
Barker, Roger G. and Paul V. Gump. 1964. *Big School, Small School: High School Size and Student Behavior*. Stanford, CA: Stanford University Press.
Barton, Allen H. 1961. *Organizational Measurement*. New York: College Entrance Examination Board.
Batson, C. D. 1991. *The Altruism Question*. Hillsdale, NJ: Lawrence Erlbaum.
Bauer, Rudolph. 1990. "Voluntarism, Nongovernmental Organizations, and Public Policy in the Third Reich." *Nonprofit and Voluntary Sector Quarterly* 19:199-214.
Bauman, Paul. 1994. "Book Groups: Informal and Innovative Adult Learning." *Journal of Adult Education* 22:31-41.
Baumgartner, F. R. and J. R. Walker. 1988. "Survey Research and Membership in Voluntary Associations." *American Journal of Political Science* 32:908-28.
Beal, George M. 1956. "Additional Hypotheses in Participation Research." *Rural Sociology* 21:249-56.
Bearman, Peter and Kevin Everett. 1993. "The Structure of Social Protest, 1961-1983." *Social Networks* 15:171-200.
Beattie, M. 1990. *Codependents' Guide to the Twelve Steps*. New York: Simon & Schuster.
Becker, Howard S. 1963. *Outsiders: Studies in the Sociology of Deviance*. New York: Free Press.
Belyaeva, Nina. 1992. "The Independent Sector in the USSR: Formation, Purposes, and Effects." Pp. 349-71 in *The Nonprofit Sector in the Global Community*, edited by Kathleen D. McCarthy, Virginia A. Hodgkinson, Russy D. Sumariwalla, and Associates. San Francisco: Jossey-Bass.
Ben-Ner, A. and T. Van Hoomissen. 1990. "The Growth of the Nonprofit Sector in the 1980s: Facts and Interpretation." *Nonprofit Management and Leadership* 1:99-116.
———. 1991. "Nonprofit Organizations in the Mixed Economy: A Demand and Supply Analysis." *Annals of Public and Cooperative Economics* 62:519-50.
Ben-Zadok, Efraim and Leonard Kooperman. 1988. "Voluntary Associations in West Africa: A Political Perspective." *Community Development Journal* 23:74-85.
Bender, Eugene I. 1986. "The Self-Help Movement Seen in the Context of Social Development." *Journal of Voluntary Action Research* 15:77-84.
Bennett, James T. and Thomas J. DiLorenzo. 1989. *Unfair Competition: The Profits of Nonprofits*. New York: Hamilton.
———. 1994. *Unhealthy Charities: Hazardous to Your Health and Wealth*. New York: Basic Books.
Berger, P. L. and T. Luckmann. 1967. *The Social Construction of Reality*. Garden City, NY: Anchor Books.
Berry, Jeffrey M. 1997. *The Interest Group Society*. 3rd ed. New York: Addison-Wesley Longman.
Berry, Jeffrey M., Kent E. Pourtney, and Ken Thomson. 1993. *The Rebirth of Urban Democracy*. Washington, DC: Brookings Institution.
Bestor, Theodore C. 1985. "Tradition and Japanese Social Organization: Institutional Development in a Tokyo Neighborhood." *Ethnology* 24:121-35.
Biddle, Bruce J. 1979. *Role Theory*. New York: Academic Press.
Bielefeld, Wolfgang. 1992. "Funding Uncertainty and Nonprofit Strategies in the 1980s." *Nonprofit Management and Leadership* 2:381-401.
Bielefeld, Wolfgang and John J. Corbin. 1996. "The Institutionalization of Nonprofit Human Service Delivery: The Role of Political Culture." *Administration & Society* 28:362-89.
Billis, David. 1993a. *Organising Public and Voluntary Agencies*. London: Routledge and Kegan Paul.
———. 1993b. "Sector Blurring and Nonprofit Centers: The Case of the United Kingdom." *Nonprofit and Voluntary Sector Quarterly* 22:241-57.

参考文献

Billis, David and Howard Glennerster. 1994. "Human Service Nonprofits: Towards a Theory of Comparative Advantage." Paper presented at the annual conference of the Association for Research on Nonprofit Organizations and Voluntary Action, San Francisco, October.

Bishop, Jeff and Paul Hoggett. 1986. *Organising Around Enthusiasms.* London: Comedia.

Blackstock, Nelson. 1976. *COINTELPRO: The FBI's Secret War on Political Freedom.* New York: Vintage Books.

Blair, Karen J. 1994. *The Torchbearers: Women and Their Amateur Arts Associations in America.* Bloomington: Indiana University Press.

Blau, Judith R., Kenneth C. Land, and Kent Redding. 1992. "The Extension of Religious Affiliation: An Explanation of the Growth of Church Participation in the United States." *Social Science Research* 21:329-52.

Blau, Peter M. and W. R. Scott. 1962. *Formal Organizations.* San Francisco: Chandler.

Block, Stephan R. 1987. "The Academic Discipline of Nonprofit Organization Management." Ph.D. dissertation, University of Colorado, Denver.

Blum, A. and I. Ragab. 1985. "Developmental Stages of Neighborhood Organizations." *Social Policy* 15:21-28.

Blumberg, Rhoda L. 1991. *Civil Rights: The 1960s Freedom Struggle.* Rev. ed. New York: Twayne.

Bodanske, E. A. 1972. "Training Design for Volunteers in Juvenile Court Services." *Volunteer Administration* 6:42-48.

Boles, Jacqueline. 1985. "The Administration of Voluntary Associations: A Course for the '80s." *Teaching Sociology* 12:193-207.

Boles, Janet K. 1994. "Local Feminist Policy Networks in the Contemporary American Interest Group System." *Policy Sciences* 27:161-78.

Boli, John. 1992. The Ties That Bind: The Nonprofit Sector and the State in Sweden." Pp. 240-53 in *The Nonprofit Sector in the Global Community,* edited by K. D. McCarthy, V. A. Hodgkinson, R. D. Sumariwalla, and Associates. San Francisco: Jossey-Bass.

Bolle de Bal, M. 1989. "At the Center of the Temple: An Experience of Reliance, or the Tribe Rediscovered." *Societies* 24:11-13.

Bolton, Elizabeth B. 1991. "Developing Local Leaders: Results of the Structured Learning Experience." *Journal of the Community Development Society* 22:119-43.

Bond, Meg A. and James G. Kelly. 1983. "Social Support and Efficacy in Advocacy Roles: A Case Study of Two Women's Organizations." *Issues in Mental Health Nursing* 5:173-92.

Booth, Alan. 1972. "Sex and Social Participation." *American Sociological Review* 37:183-93.

Borkman, Thomasina. 1976. "Experiential Knowledge: A New Concept for the Analysis of Self-Help Groups." *Social Services Review* 50:445-56.

Borst, D. and P. J. Montana. 1977. *Managing Nonprofit Organizations.* New York: AMACOM.

Boulding, Kenneth E. 1953. *The Organizational Revolution.* New York: Harper.

———. 1973. *Economy of Love and Fear: A Preface to Grants Economics.* Belmont, CA: Wadsworth.

Bowen, William G., Thomas I. Nygren, Sarah E. Turner, and Elizabeth A. Duffy. 1994. *The Charitable Nonprofits.* San Francisco: Jossey-Bass.

Boyte, Harry C. 1980. *The Backyard Revolution: Understanding the New Citizen Movement.* Philadelphia: Temple University Press.

———. 1984. *Community Is Possible: Repairing America's Roots.* New York: Harper Colophon.

Bradburn, N. M. 1969. *The Structure of Psychological Well-Being.* Chicago: Aldine.

Bradburn, N. M. and D. Caplovitz. 1965. *Reports on Happiness.* Chicago: Aldine.

Bradshaw, C., S. Soifer, and L. Gutierrez. 1994. "Toward a Hybrid Model for Effective Organizing in Communities of Color." *Journal of Community Practice* 1:25-41.

Bradshaw, Pat, Vic Murray, and Jacob Wolpin. 1992. "Do Nonprofit Boards Make a Difference? An Exploration of the Relationships Among Board Structure, Process, and Effectiveness." *Nonprofit and Voluntary Sector Quarterly* 21:227-49.

Breault, M. and M. King. 1993. *Inside the Cult.* New York: Penguin.

Bremner, Robert H. 1960. *American Philanthropy.* Chicago: University of Chicago Press.

Brill, H. 1971. *Why Organizers Fail: The Story of a Rent Strike.* Berkeley: University of California Press.

Brilliant, Eleanor. 1990. *The United Way.* New York: Columbia University Press.

Broadbridge, Adelina and Suzanne Horne. 1996. "Volunteers in Charity Retailing: Recruitment and Training." *Nonprofit Management and Leadership* 6:255-70.

Brody, E. 1996. "Agents Without Principals: The Economic Convergence of the Nonprofit and For-Profit Organizational Forms." *New York Law School Law Review* 40:457-536.

Brokensha, David. 1974. " 'Maximum Feasible Participation' (U.S.A.)." *Community Development Journal* 9:17-27.

Brown, Diane R., Lawrence E. Gary, Angela D. Greene, and Norweeta G. Milburn. 1992. "Patterns of Social Affiliation as Predictors of Depressive Symptoms Among Urban Blacks." *Journal of Health and Social Behavior* 33:242-53.

Brown, Eleanor. 1999. "Assessing the Value of Volunteers." *Nonprofit and Voluntary Sector Quarterly* 28:3-17.

Brown, Lawrence A. and Susan G. Philliber. 1977. "The Diffusion of a Population-Related Innovation: The Planned Parenthood Affiliate." *Social Science Quarterly* 58:215-28.

Brown, Richard D. 1973. "The Emergence of Voluntary Associations in Massachusetts, 1760-1830." *Journal of Voluntary Action Research* 2:64-73.

Browne, William P. 1988. *Private Interests, Public Policy, and American Agriculture.* Lawrence: University of Kansas Press.

Bruce, Ian. 1994. *Meeting Need: Successful Charity Marketing.* Hempel Hempstead, UK: ICSA Publishing.

Brudney, Jeffrey L. 1990. *Fostering Volunteer Programs in the Public Sector.* San Francisco: Jossey-Bass.

Brudney, J. L. and M. M. Brown. 1990. "Training in Volunteer Administration: Assessing the Needs of the Field." *Journal of Volunteer Administration* 9:21-28.

Bruyn, Severyn T. 1977. *The Social Economy: People Transforming American Business.* New York: John Wiley.

Bryman, Alan. 1996. "Leadership in Organizations." Pp. 276-92 in *Handbook of Organization Studies,* edited by S. R. Clegg, C. Hardy, and W. Nord. London: Sage.

Bryman, Alan, David Gillingswater, and Ian McGuinness. 1992. "Decision-Making Processes in Community Transport Organisations: A Comparative Case Study of Service Providers." *Voluntas* 3:71-87.

Burns, James M. 1978. *Leadership.* New York: Harper & Row.

Burt, Sandra. 1990. "Canadian Women's Groups in the 1980's: Organizational Development and Policy Influence." *Canadian Public Policy* 16:17-28.

Burwell, N. Yolanda. 1995. "Lawrence Oxley and Locality Development: Black Self-Help in North Carolina, 1925-1928." *Journal of Community Practice* 2:49-69.

Bush, Richard. 1992. "Survival of the Nonprofit Spirit in a For-Profit World." *Nonprofit and Voluntary Sector Quarterly* 21:391-410.

Bushee, Frederick A. 1945. "Social Organization in a Small City." *American Journal of Sociology* 51:217-26.

Butler, R. and D. Wilson. 1990. *Managing Voluntary and Nonprofit Organisations.* London: Routledge.

Cable, Sherry and Beth Degutis. 1997. "Measurement Outcomes of Local Mobilizations." *Current Sociology* 45:121-35.

Caplow, Theodore. 1957. "Organizational Size." *Administrative Science Quarterly* 1:484-505.

———. 1964. *Principles of Organizations*. New York: Harcourt Brace Jovanovich.

Carden, Maren L. 1969. *Oneida: Utopian Community to Modern Corporation*. Baltimore, MD: Johns Hopkins University Press.

Carr, Gordon. 1975. *The Angry Brigade*. London: Gollancz.

Carter, April. 1974. *Direct Action and Liberal Democracy*. New York: Harper Torchbooks.

Carver, J. 1997. *Boards That Make a Difference: A New Design for Leadership in Nonprofit and Public Organizations*. 2nd ed. San Francisco: Jossey-Bass.

Caserta, M. S. and D. A. Lund. 1993. "Intrapersonal Resources and the Effectiveness of Self-Help Groups for Bereaved Older Adults." *The Gerontologist* 33:619-29.

Caulkins, D. D. 1976. "A Note on the Prevalence of Voluntary Associations in Two Norwegian Provinces." *Journal of Voluntary Action Research* 5:155-59.

Chan, Cristina and Sonali Rammohan. 1999. *Flying Under the Radar: The Significant Work of All-Volunteer Organizations*. San Francisco: Support Center for Nonprofit Management/NDC.

Chapin, F. S. and John E. Tsouderos. 1956. "The Formalization Process in Voluntary Associations." *Social Forces* 34:342-44.

Charles, Jeffrey A. 1993. *Service Clubs in American Society: Rotary, Kiwanis, and Lions*. Urbana: University of Illinois Press.

Chatfield, C. 1992. *The American Peace Movement*. New York: Twayne.

Chesler, M. A. 1991. "Mobilizing Consumer Activism in Health Care: The Role of Self-Help Groups." *Research in Social Movements Conflicts and Change* 13:275-305.

Chesler, Mark A., Barbara Chesney, and Benjamin Gidron. 1990. "Israeli and U.S. Orientations Toward Self-Help Groups for Families in Crisis." *Nonprofit and Voluntary Sector Quarterly* 19:251-63.

Chinman, Matthew J. and Abraham Wandersman. 1999. "The Benefits and Costs of Volunteering in Community Organizations: Review and Practical Implications." *Nonprofit and Voluntary Sector Quarterly* 28:46-64.

Chrislip, David E. and Carl E. Larson. 1994. *Collaborative Leadership*. San Francisco: Jossey-Bass.

Christian, Jim. 1980-81. "Using 'Outside Resource People' in Community-Based Organizations." *Journal of Alternative Human Services* 6:15-19.

Chutis, Laurie Ann. 1983. "Special Roles of Mental Health Professionals in Self-Help Group Development." *Prevention in Human Services* 2:65-73.

Clark, Elmer T. 1937. *The Small Sects in America*. Rev. ed. New York: Abingdon Press.

Clark, John. 1991. *Democratizing Development: The Role of Voluntary Organizations*. West Hartford, CT: Kumarian Press.

Clark, Peter B. and James Q. Wilson. 1961. "Incentive Systems: A Theory of Organizations." *Administrative Science Quarterly* 6:129-66.

Clary, E. G. 1987. "Social Support as a Unifying Concept in Voluntary Action." *Journal of Voluntary Action Research* 16:58-68.

Clawson, Mary A. 1989. *Constructing Brotherhood: Class, Gender, and Fraternalism*. Princeton, NJ: Princeton University Press.

Cnaan, Ram A. 1991. "Neighborhood-Representing Organizations: How Democratic Are They?" *Social Service Review* 65:614-34.

Cnaan, Ram A., Femida Handy, and Margaret Wadsworth. 1996. "Defining Who Is a Volunteer: Conceptual and Empirical Considerations." *Nonprofit and Voluntary Sector Quarterly* 25:364-83.

Coakes, Sheridan J. and Brian J. Bishop. 1996. "The Experience of Moral Community in a Rural Community Context." *Journal of Community Psychology* 24:108-17.

Cohen, Jean L. 1992. *Civil Society in Political Theory.* Cambridge: MIT Press.

Cohen, Mark W. and Robert O. Ely. 1981. "Voluntary Associations as Resources for Neighborhood Problem-Solving." *Journal of Voluntary Action Research* 10:40-48.

Coleman, W. 1988. *Business and Politics: A Study of Collective Action.* Montreal: McGill-Queen's University Press.

Commission on Private Philanthropy and Public Needs. 1975. *Giving in America: Toward a Stronger Voluntary Sector.* Washington, DC: CPPPN.

Connors, Tracy D. 1988. *The Nonprofit Organization Handbook.* 2nd ed. New York: McGraw-Hill.

Conrad, W. R., Jr. and W. E. Glenn. 1983. *The Effective Voluntary Board of Directors.* Rev. ed. Athens, OH: Swallow Press.

Conway, M. M. 1991. *Political Participation in the United States.* 2nd ed. Washington, DC: Congressional Quarterly Press.

Cook, Annabel K., Robert E. Howell, and Ivan L. Weir. 1985. "Rural Leadership Programs and Changing Participation of Men and Women in Public Affairs." *Journal of the Community Development Society* 16:41-56.

Cook, Constance E. 1984. "Participation in Public Interest Groups: Membership Motivations." *American Politics Quarterly* 12:409-30.

Coombs, Gary. 1973. "Networks and Exchange: The Role of Social Relationships in a Small Voluntary Association." *Journal of Anthropological Research* 29:96-112.

Cope, T. and D. V. Kurtz. 1980. "Default and the Tanda: A Model Regarding Recruitment for Rotating Credit Associations." *Ethnology* 19:213-31.

Cornes, R. and T. Sandler. 1989. *The Theory of Externalities, Public Goods, and Club Goods.* Cambridge, UK: Cambridge University Press.

Cornuelle, Richard. 1965. *Reclaiming the American Dream.* New York: Vintage Books.

Corsino, Louis. 1985-86. "Campaign Organizations, Social Technology, and Apolitical Participation." *New Political Science* 14:141-55.

Coston, Jennifer. 1998. "A Model and Typology of Government-NGO Relationships." *Nonprofit and Voluntary Sector Quarterly* 27:358-82.

Coston, Jennifer M., Terry L. Cooper, and Richard A. Sundeen. 1993. "Response of Community Organizations to the Civil Unrest in Los Angeles." *Nonprofit and Voluntary Sector Quarterly* 22:357-73.

Covey, Herbert C., Scott Menard, and Robert J. Franzese. 1992. *Juvenile Gangs.* Springfield, IL: Charles C Thomas.

Cox, Craig. 1994. *Storefront Revolution: Food Co-ops and the Counterculture.* New Brunswick, NJ: Rutgers University Press.

Cress, Daniel M. 1997. "Nonprofit Incorporation Among Movements of the Poor: Pathways and Consequences for Homeless Social Movement Organizations." *Sociological Quarterly* 38:343-60.

Cress, Daniel M., J. Miller McPherson, and Thomas Rotolo. 1997. "Competition and Commitment in Voluntary Memberships: The Paradox of Persistence and Participation." *Sociological Perspectives* 40:61-79.

Crowder, N. L. and V. A. Hodgkinson. n.d. *Academic Centers and Programs Focusing on the Study of Philanthropy, Voluntarism, and Not-for-Profit Activities.* 3rd ed. Washington, DC: Independent Sector.

Cullinan, A. L. 1992. "The Impact of a Self-Help Group on Nurses and Their Dying Patients." Pp. 97-104 in *Self-Help: Concepts and Applications,* edited by Alfred H. Katz, Hannah L. Hedrick, Daryl H. Isenberg, and Associates. Philadelphia: Charles Press.

Curtis, James E. 1971. "Voluntary Association Joining: A Cross-National Comparative Note." *American Sociological Review* 36:872-80.

参考文献

Curtis, James E., Steven D. Brown, Ronald D. Lambert, and Barry J. Kay. 1989. "On Lipset's Measurement of Voluntary Association Affiliation Differences Between Canada and the United States." *Canadian Journal of Sociology* 14:383-89.

Curtis, James E., Edward Grabb, and Douglas Baer. 1992. "Voluntary Association Membership in Fifteen Countries: A Comparative Analysis." *American Sociological Review* 57:139-52.

Curtis, Lynn A. 1987. "The Retreat of Folly: Some Modest Replications of Inner-City Success." *Annals of the American Academy of Political and Social Science* 494:71-89.

Cutler, Neal E. 1980. "Toward an Appropriate Typology for the Study of the Participation of Older Persons in Voluntary Associations." *Journal of Voluntary Action Research* 9:9-19.

———. 1981-82. "Voluntary Association Participation and Life Satisfaction: Replication, Revision, and Extension." *International Journal of Aging and Human Development* 14:127-37.

Cutler, S. J. 1976. "Membership in Different Types of Voluntary Associations and Psychological Well-Being." *The Gerontologist* 16:335-39.

Dale, H. 1993. "On Estimating the Size of the Non-Profit Sector in the U.S. Economy." *Voluntas* 4:183-89.

Daniels, Arlene K. 1988. *Invisible Careers: Women Civic Leaders From the Volunteer World.* Chicago: University of Chicago Press.

Danziger, J. N. 1983. "Group Influence in American County Politics." *Local Government Studies* 9:67-82.

Daraul, Arkon. 1965. *Secret Societies.* London: Tandem Books.

Davidson, H. 1979. "Development of a Bereaved Parents Group." Pp. 80-94 in *Self-Help Groups for Coping With Crisis,* edited by M. Lieberman, L. Borman, and Associates. San Francisco: Jossey-Bass.

Davies, J. C. I. 1966. *Neighborhood Groups and Urban Renewal.* New York: Columbia University Press.

Davis, J. A. and T. W. Smith. 1989. *The General Social Survey, 1972-1989: Cumulative Codebook.* Chicago: National Opinion Research Center.

Davis, James A. 1961. *Great Books and Small Groups.* New York: Free Press.

Davis-Smith, Justin. 1993. *Volunteering in Europe.* London: Volunteer Centre.

Dawkins, R. 1976. *The Selfish Gene.* New York: Oxford University Press.

Deacon, D. and P. Golding. 1991. "The Voluntary Sector in 'the Information Society': A Study in Division and Uncertainty." *Voluntas* 2:69-88.

Degler, Carl. 1980. *At Odds: Women and the Family in America From the Revolution to the Present.* New York: Oxford University Press.

DeGrazia, Alfred. 1957. *Grassroots Private Welfare.* New York: New York University Press.

Delgado, Gary. 1986. *Organizing the Movement: The Roots and Growth of ACORN.* Philadelphia: Temple University Press.

Delworth, Ursula, Marv Moore, Julie Millick, and Patrick Leone. 1974. "Training Student Volunteers." *Personnel and Guidance Journal* 53:57-61.

DeTocqueville, Alexis. [1845] 1945. *Democracy in America.* 2 vols. New York: Knopf.

DeVall, W. B. and Joseph Harry. 1975. "Associational Politics and Internal Democracy." *Journal of Voluntary Action Research* 4:90-97.

Devereux, Edward C., Jr. 1960. "Springdale and Its People." *Journal of Social Issues* 16 (4): 7-15.

DiMaggio, P. and W. W. Powell. 1983. "The Iron Cage Revisited: Institutional Isomorphism and Collective Rationality in Organizational Fields." *American Sociological Review* 82:147-60.

DiMaggio, Paul J. and Helmut K. Anheier. 1990. "The Sociology of Nonprofit Organizations and Sectors." *Annual Review of Sociology* 16:137-59.

Domhoff, G. W. 1974. *The Bohemian Grove and Other Retreats.* New York: Harper & Row.

———. 1983. *Who Rules America Now?* New York: Simon & Schuster.

Douglas, James. 1987. "Political Theories of Nonprofit Organizations." Pp. 43-54 in *The Nonprofit Sector,* edited by Walter W. Powell. New Haven, CT: Yale University Press.

Douglas, Stephen A. 1972. "Voluntary Associational Structure in Malaysia: Some Implications for Political Participation." *Journal of Voluntary Action Research* 1:24-37.

Dow, Greg K. and F. T. Juster. 1985. "Goods, Time, and Well-Being: The Joint Dependence Problem." Pp. 1-18 in *Time, Goods, and Well-Being,* edited by F. T. Juster and F. P. Stafford. Ann Arbor: University of Michigan Press.

Drabek, T. E. 1986. *Human System Responses to Disaster: An Inventory of Sociological Findings.* New York: Springer.

Drake, George F. 1972. "Social Class and Organizational Dynamics: A Study of Voluntary Associations in a Colombian City." *Journal of Voluntary Action Research* 1 (3): 46-52.

Droghe, D., P. Arnston, and R. Norton. 1986. "The Social Support Function in Epilepsy Self-Help Groups." *Small Group Behavior* 17:139-63.

Drucker, Peter F. 1990. *Managing the Non-Profit Organization.* New York: HarperCollins.

DuBow, Fred and Aaron Podolofsky. 1982. "Citizen Participation in Crime Prevention." *Human Organization* 41:307-14.

Duck, S. W. 1988. *Handbook of Personal Relationships.* Chichester, UK: Wiley.

Durkheim, Emile. 1964. *The Division of Labor in Society.* New York: Free Press.

Ehrlich, Blake. 1965. *Resistance: France, 1940-1945.* Boston: Little, Brown.

Elkin, Frederick. 1978. "Voluntary Associations at Different Territorial Levels." Paper presented at the Ninth World Congress of the International Sociological Association, Uppsala, Sweden, August.

Elkind, Pamela D. 1992. "Active Members in Nuclear Repository Issues Organizations: A Demographic Research Note." *Nonprofit and Voluntary Sector Quarterly* 21:95-104.

Ellis, Susan J. and Katherine H. Noyes. 1990. *By the People: A History of Americans as Volunteers.* Rev. ed. San Francisco: Jossey-Bass.

Emerick, Robert E. 1989. "Group Demographics in the Mental Health Patient Movement: Group Location, Age, and Size as Structural Factors." *Community Mental Health Journal* 25:277-300.

———. 1991. "The Politics of Psychiatric Self-Help: Political Factions, Interactional Support, and Group Longevity in a Social Movement." *Social Science and Medicine* 32:1121-28.

Emrick, C. D., J. S. Tonigan, H. Montgomery, and L. Little. 1993. "Alcoholics Anonymous: What Is Currently Known?" Pp. 41-76 in *Research on Alcoholics Anonymous: Opportunities and Alternatives,* edited by B. S. McCrady and W. R. Miller. New Brunswick, NJ: Center on Alcohol Studies.

Eriksson-Joslyn, K. 1973. "A Nation of Volunteers: Participatory Democracy or Administrative Manipulation?" *Berkeley Journal of Sociology* 74:159-81.

Esman, M. J. and N. T. Uphoff. 1984. *Local Organizations: Intermediaries in Local Development.* Ithaca, NY: Cornell University Press.

Estey, Martin. 1981. *Unions.* 3rd ed. San Diego: Harcourt Brace Jovanovich.

Etzioni, Amitai. 1961. *A Comparative Analysis of Complex Organizations.* New York: Free Press.

———. 1972. "The Untapped Potential of the Third Sector." *Business and Society Review* 1:39-44.

———. 1993. *The Spirit of Community: Rights, Responsibilities, and the Communitarian Agenda.* New York: Crown.

Etzioni, Amitai and Pamela Doty. 1976. "Profit in Not-for-Profit Corporations: The Example of Health Care." *Political Science Quarterly* 91:433-53.

Evers, Adalbert. 1995. "Part of the Welfare Mix: The Third Sector as an Intermediate Area." *Voluntas* 6:159-82.

Executive Office of the President and Office of Management and the Budget. 1987. *Standard Industrial Classification Manual.* Washington, DC: Office of Management and the Budget.

Fagan, Jeffrey. 1987. "Neighborhood Education, Mobilization, and Organization for Juvenile Crime Prevention." *Annals of the American Academy of Political and Social Science* 494:54-70.

Famighetti, Robert, ed. 1997. *World Almanac and Book of Facts, 1997*. Mahwah, NJ: World Almanac Publishers.
Farcau, Bruce W. 1994. *The Coup: Tactics in the Seizure of Power*. Westport, CT: Praeger.
Farrow, D. L., E. R. Valenzi, and B. M. Bass. 1980. "A Comparison of Leadership and Situational Characteristics Within Profit and Nonprofit Organizations." *Proceedings of the Academy of Management* 5:334-38.
Feld, Werner J., Robert S. Jordan, and Leon Hurwitz. 1994. *International Organizations*. 3rd ed. Westport, CT: Praeger.
Ferguson, Charles W. 1937. *Fifty Million Brothers: A Panorama of American Lodges and Clubs*. New York: Farrar, Straus & Giroux.
Fernandez, Roberto M. 1991. "Structural Bases of Leadership in Intraorganizational Networks." *Social Psychology Quarterly* 54:36-53.
Ferree, M. M. and B. B. Hess. 1995. *Controversy and Coalition: The New Feminist Movement*. Rev. ed. New York: Twayne.
Ferris, James M. 1993. "The Double-Edged Sword of Social Service Contracting: Public Accountability Versus Nonprofit Autonomy." *Nonprofit Management and Leadership* 3:363-76.
Fine, Gary A. and Lori Holyfield. 1996. "Secrecy, Trust, and Dangerous Leisure: Generating Group Cohesion in Voluntary Organizations." *Social Psychology Quarterly* 59:22-38.
Finke, R. and R. Stark. 1994. *The Churching of America*. New Brunswick, NJ: Rutgers University Press.
Finks, P. D. 1984. *The Radical Vision of Saul Alinsky*. New York: Paulist Press.
Finlinson, Rachel. 1995. "A Survey of Grassroots Advocacy Organizations for Nursing Home Residents." *Journal of Elder Abuse and Neglect* 7:75-91.
Fischer, C. S. 1982. *To Dwell Among Friends: Personal Networks in Town and City*. Chicago: University of Chicago Press.
Fisher, James C. and Kathleen M. Cole. 1993. *Leadership and Management of Volunteer Programs; A Guide for Volunteer Administrators*. San Francisco: Jossey-Bass.
Fisher, Julie. 1984. "Development From Below: Neighborhood Improvement Associations in the Latin American Squatter Settlements." *Studies in Comparative International Development* 19:61-85.
———. 1993. *The Road From Rio: Sustainable Development and the Nongovernmental Movement in the Third World*. Westport, CT: Praeger.
———. 1998. *Nongovernments: NGOs and the Political Development of the Third World*. West Hartford, CT: Kumarian Press.
Fisher, Robert. 1994. *Let the People Decide: Neighborhood Organizing in America*. Rev. ed. New York: Twayne.
Fiske, F. M. 1973. "The Elks: An American Ideology." *Journal of Voluntary Action Research* 2:135-47.
Flanagan, Joan. 1984. *The Successful Volunteer Organization*. Chicago: Contemporary Books.
Fletcher, Leonard P. 1985. "The Limitations of Management and the Decline of Friendly Societies in Trinidad and Tobago." *Journal of Voluntary Action Research* 14:30-44.
Foot, Michael R. D. 1976. *Resistance*. London: Methuen.
Fortmann, Louise. 1985. "Seasonal Dimensions of Rural Social Organization." *Journal of Development Studies* 21:377-89.
Freeman, David M. 1989. *Local Organizations for Social Development*. Denver, CO: Westview.
Freeman, Jo. 1975. *The Politics of Women's Liberation*. New York: David McKay.
Freudenberg, Nicholas. 1984. "Citizen Action for Environmental Health: Report on a Survey of Community Organizations." *American Journal of Public Health* 74:444-48.
Freudenberg, Nicholas and Carol Steinsapir. 1991. "Not in Our Backyards: The Grassroots Environmental Movement." *Society and Natural Resources* 4:235-45.

Friedman, Robert R., Paul Florin, Abraham Wandersman, and Ron Meier. 1988. "Local Action on Behalf of Local Collectives in the U.S. and Israel: How Different Are Leaders From Members in Voluntary Associations?" *Journal of Voluntary Action Research* 17:36-54.

Frisby, Wendy. 1985. "A Conceptual Framework for Measuring the Organizational Structure and Context of Voluntary Leisure Service Organizations." *Society and Leisure* 8:605-13.

Frizzell, Alan and E. Zureik. 1974. "Voluntary Participation: The Canadian Perspective." Pp. 253-76 in *Voluntary Action Research: 1974*, edited by David H. Smith. Lexington, MA: Lexington Books.

Frohlich, Dieter. 1978. "Innerbetriebliche Arbeitssituation und Teilnahme an Freiwilligen Vereinigungen" (Work Experience and Participation in Voluntary Associations). *Zeitschrift für Soziologie* 7:56-71.

Fuller, Lon L. 1969. "Two Principles of Human Associations." Pp. 45-57 in *Voluntary Associations*, edited by J. R. Pennock and J. W. Chapman. New York: Atherton.

Gamson, William A. 1990. *The Strategy of Social Protest*. 2nd ed. Belmont, CA: Wadsworth.

Gamwell, Franklin I. 1984. *Beyond Preference: Liberal Theories of Independent Association*. Chicago: University of Chicago Press.

Gandhi, Raj S. 1978. "The Social Functions of Caste Associations and the Possibility of Their Transformation Into Voluntary Associations." Paper presented at the Ninth World Congress of the International Sociological Association, Uppsala, Sweden, August.

Garfield, Richard M. and Sten H. Vermund. 1986. "Health Education and Community Participation in Mass Drug Administration for Malaria in Nicaragua." *Social Science and Medicine* 22:869-77.

Gartner, Alan and Frank Riessman. 1984. *The Self-Help Revolution*. New York: Human Sciences Press.

Gaul, G. M. and N. A. Borowski. 1993. *Free Ride: The Tax Exempt Economy*. Kansas City, MO: Andrews and McMeel.

Gaylin, W., I. Glaser, S. Marcus, and D. J. Rothman. 1978. *Doing Good: The Limits of Benevolence*. New York: Pantheon Books.

George, John and Laird Wilcox. 1992. *Nazis, Communists, Klansmen, and Others on the Fringe: Political Extremism in America*. Buffalo, NY: Prometheus Books.

Gerlach, Luther P. and Virginia H. Hine. 1970. *People, Power, Change: Movements of Social Transformation*. Indianapolis, IN: Bobbs-Merrill.

Gidron, Benjamin, Ralph Kramer, and Lester Salamon. 1992. *Government and the Third Sector*. San Francisco: Jossey-Bass.

Gittell, Marilyn. 1980. *The Limits to Citizen Participation: The Decline of Community Organizations*. Beverly Hills, CA: Sage.

———. 1983. "The Consequences of Mandating Citizen Participation." *Policy Studies Review* 3:90-95.

Gittell, Marilyn and Teresa Shtob. 1980. "Changing Women's Roles in Political Volunteerism and Reform of the City." *Signs* 5 (Suppl.): 67-78.

Gjems-Onstad, Ole. 1990. "The Independence of Voluntary Organizations in a Social Democracy: Governmental Influences in Norway." *Nonprofit and Voluntary Sector Quarterly* 19:393-407.

Glaser, John S. 1994. *The United Way Scandal: An Insider's Account of What Went Wrong and Why*. New York: John Wiley.

Gold, D. B. 1971. "Woman and Volunteerism." Pp. 533-54 in *Woman in Sexist Society*, edited by Vivian Gornick and Barbara K. Moran. New York: Basic Books.

———. 1979. *Opposition to Volunteerism: An Annotated Bibliography*. Chicago: Council of Planning Librarians Bibliographies.

参考文献

Gomez, Sergio. 1987. "Organizaciones Empresariales Rurales: Los Casos de Brasíl y de Chile" (Rural Employers' Organizations in Brazil and Chile). *Revista Paraguaya de Sociología* 24:17-32.

Gonyea, J. G. and N. M. Silverstein. 1991. "The Role of Alzheimer's Support Groups in Families' Utilization of Community Services." *Journal of Gerontological Social Work* 16:43-55.

Goodchilds, Jacqueline D. and John Harding. 1960. "Formal Organizations and Informal Activities." *Journal of Social Issues* 16 (4): 16-28.

Gora, JoAnn G. and Gloria M. Nemerowicz. 1985. *Emergency Squad Volunteers: Professionalism in Unpaid Work.* New York: Praeger.

Gordon, C. W. and Nicholas Babchuk. 1959. "Typology of Voluntary Associations." *American Sociological Review* 24:22-29.

Grabb, E. G. and J. E. Curtis. 1992. "Voluntary Associations Activity in English Canada, French Canada, and the United States: A Multivariate Analysis." *Canadian Journal of Sociology* 17:371-88.

Granovetter, M. S. 1974. *Getting a Job: A Study of Contacts and Careers.* Cambridge, MA: Harvard University Press.

Gray, George A. 1975. "Differential Effects of Temporal Constraints on Organizational Participation." *Pacific Sociological Review* 18:327-41.

Green, David G. 1993. *Reinventing Civil Society.* London: Institute of Economic Affairs, Health and Welfare Unit.

Greider, William. 1992. *Who Will Tell the People: The Betrayal of American Democracy.* New York: Simon & Schuster.

Grimso, A., G. Helgesen, and C. Borchgrevink. 1981. "Short-Term and Long-Term Effects of Lay Groups on Weight Reduction." *British Medical Journal* 283:1093-95.

Grindheim, Jan Erik and Per Selle. 1990. "The Role of Voluntary Social Welfare Organizations in Norway: A Democratic Alternative to a Bureaucratic Welfare State?" *Voluntas* 1:62-76.

Gronbjerg, Kirsten A. 1989. "Developing a Universe of Nonprofit Organizations: Methodological Considerations." *Nonprofit and Voluntary Sector Quarterly* 18:63-80.

———. 1993. *Understanding Nonprofit Funding.* San Francisco: Jossey-Bass.

———. 1994. "Using NTEE to Classify Non-Profit Organisations: An Assessment of Human Service and Regional Applications." *Voluntas* 5:301-28.

Gronbjerg, Kirsten A., M. H. Kimmick, and Lester M. Salamon. 1985. *The Chicago Nonprofit Sector in a Time of Government Retrenchment.* Washington, DC: Urban Institute.

Gronbjerg, Kirsten A. and Sheila Nelson. 1998. "Mapping Small Religious Nonprofit Organizations: An Illinois Profile." *Nonprofit and Voluntary Sector Quarterly* 27:13-31.

Gros, Dominique. 1986. "Les Acteurs des Luttes Urbaines" (Actors in Urban Conflicts). *Schweizerische Zeitschrift für Soziologie* 12:485-94.

Gross, A. E., B. S. Wallston, and I. M. Piliavin. 1980. "The Help Recipient's Perspective." Pp. 355-69 in *Participation in Social and Political Activities,* edited by David H. Smith, J. Macaulay, and Associates. San Francisco: Jossey-Bass.

Gummer, Burton. 1988. "The Hospice in Transition: Organizational and Administrative Perspectives." *Administration in Social Work* 12:31-43.

Gusfield, Joseph R. 1963. *Symbolic Crusade.* Urbana: University of Illinois Press.

Hage, Jerald. 1980. *Theories of Organizations.* New York: John Wiley.

Haines, Herbert H. 1984. "Black Radicalization and the Funding of Civil Rights, 1957-1970." *Social Problems* 32:31-43.

Hall, Leda M. and Melvin F. Hall. 1996. "Big Fights: Competition Between Poor People's Social Movement Organizations." *Nonprofit and Voluntary Sector Quarterly* 25:53-72.

Hall, Melvin F. 1995. *Poor People's Social Movement Organizations: The Goal Is to Win.* Westport, CT: Praeger.

Hall, Peter D. 1987a. "Abandoning the Rhetoric of Independence: Reflections on the Nonprofit Sector in the Post-Liberal Era." *Journal of Voluntary Action Research* 16:11-28.

———. 1987b. "A Historical Overview of the Private Nonprofit Sector." Pp. 3-26 in *The Nonprofit Sector*, edited by Walter W. Powell. New Haven, CT: Yale University Press.

———. 1990. "Conflicting Managerial Cultures in Nonprofit Organizations." *Nonprofit Management and Leadership* 1:153-65.

———. 1992. *Inventing the Nonprofit Sector and Other Essays on Philanthropy, Volunteerism, and Nonprofit Organizations.* Baltimore, MD: Johns Hopkins University Press.

———. 1999. "The Work of Many Hands: A Response to Stanley N. Katz on the Origins of the 'Serious Study' of Philanthropy." *Nonprofit and Voluntary Sector Quarterly* 28:522-34.

Hall, Richard H. 1972. *Organizations: Structures and Processes.* Englewood Cliffs, NJ: Prentice Hall.

———. 1996. *Organizations: Structures, Processes, and Outcomes.* 6th ed. Englewood Cliffs, NJ: Prentice Hall.

Hallenstvedt, A. 1974. "Formal Voluntary Associations in Norway." Pp. 213-27 in *Voluntary Action Research: 1974,* edited by David H. Smith. Lexington, MA: Lexington Books.

Halliday, Terence C. and Charles L. Cappell. 1979. "Indicators of Democracy in Professional Associations: Elite Recruitment, Turnover, and Decision Making in a Metropolitan Bar Association." *American Bar Foundation Research Journal* 4:699-767.

Hamilton, A. 1980. *An Exploratory Study of Therapeutic Self-Help Child Abuse Groups.* D.S.W. thesis, University of California, Los Angeles, School of Social Welfare.

Hamm, Mark S. 1993. *American Skinheads.* Westport, CT: Praeger.

Hammack, David C. and Dennis R. Young, eds. 1993. *Nonprofit Organizations in a Market Economy.* San Francisco: Jossey-Bass.

Handlin, Oscar. 1951. *The Uprooted.* New York: Grosset and Dunlop.

Handy, C. 1988. *Understanding Voluntary Organisations.* London: Penguin.

Hanks, M. 1981. "Youth, Voluntary Associations, and Socialization." *Social Forces* 60:211-23.

Hanks, Michael and Bruce K. Eckland. 1978. "Adult Voluntary Associations and Adolescent Socialization." *Sociological Quarterly* 19:481-90.

Hannan, Michael T. and John Freeman. 1977. "The Population Ecology of Organizations." *American Journal of Sociology* 82:929-64.

———. 1989. *Organizational Ecology.* Cambridge, MA: Harvard University Press.

Hansmann, Henry. 1980. "The Role of Nonprofit Enterprise." *Yale Law Journal* 89:835-901.

———. 1987. "Economic Theories of Nonprofit Organization." Pp. 27-42 in *The Nonprofit Sector,* edited by Walter W. Powell. New Haven, CT: Yale University Press.

Hardin, Garrett. 1977. *The Limits of Altruism: An Ecologist's View of Survival.* Bloomington: Indiana University Press.

Hargreaves, Alec G. 1991. "The Political Mobilization of the North African Immigrant Community in France." *Ethnic and Racial Studies* 14:350-67.

Harris, Ian M. 1984. "The Citizens Coalition in Milwaukee." *Social Policy* 15:27-31.

Harris, Margaret. 1998a. "Doing It Their Way: Organizational Challenges for Voluntary Associations." *Nonprofit and Voluntary Sector Quarterly* 27:144-58.

———. 1998b. *Organizing God's Work.* New York: St. Martin's.

Harrison, Paul M. 1960. "Weber's Categories of Authority and Voluntary Associations." *American Sociological Review* 25:231-37.

Hartman, William E., Marilyn Fithian, and Donald Johnson. 1991. *Nudist Society.* Rev. ed. Los Angeles: Elysium Growth Press.

Hartson, Louis D. 1911. "A Study of Voluntary Associations, Educational and Social, in Europe During the Period From 1100 to 1700." *Journal of Genetic Psychology* 18:10-30.

参考文献

Hatch, Stephen. 1980. *Outside the State: Voluntary Organisations in Three English Towns.* London: Croom Helm.

Hatch, S. and I. Mocroft. 1979. "The Relative Costs of Services Provided by Voluntary and Statutory Organisations." *Public Administration* 41:397-405.

Hawkins, B. W., M. A. Steger, and J. Trimble. 1986. "How (Some) Community Organizations Adapt to Fiscal Strain." *Research in Urban Policy* 2:117-25.

Heckethorne, Charles W. 1965. *The Secret Societies of All Ages and Countries.* 2 vols. New Hyde Park, NY: University Books.

Hegyesi, Gabor. 1992. "The Revival of the Nonprofit Sector in Hungary." Pp. 309-22 in *The Nonprofit Sector in the Global Community,* edited by Kathleen D. McCarthy, Virginia A. Hodgkinson, Russy D. Sumariwalla, and Associates. San Francisco: Jossey-Bass.

Henderson, Paul and David N. Thomas. 1981. "Federations of Community Groups: The Benefits and Dangers." *Community Development Journal* 16:98-104.

Henry, Gary T. 1990. *Practical Sampling.* Newbury Park, CA: Sage.

Herman, R. and Associates. 1994. *The Jossey-Bass Handbook of Nonprofit Leadership and Management.* San Francisco: Jossey-Bass.

Herman, Robert D. and Richard D. Heimovics. 1991. *Executive Leadership in Nonprofit Organizations.* San Francisco: Jossey-Bass.

Herman, Robert D. and Jon Van Til, eds. 1989. *Nonprofit Boards of Directors: Analyses and Applications.* New Brunswick, NJ: Transaction Books.

Herman, Robert D., Edward Weaver, and Robert Heimovics. 1991. "Judgments of Nonprofit Organization Effectiveness." Paper presented at the annual conference of the Association for Research on Nonprofit Organizations and Voluntary Action, Chicago, October.

Herzberg, Frederick, Bernard Mausner, and Barbara Synderman. 1959. *The Motivation to Work.* New York: John Wiley.

Herzog, A. R. and J. N. Morgan. 1992. "Age and Gender Differences in the Value of Productive Activities: Four Different Approaches." *Research on Aging* 14:169-98.

Hill, M. S. 1985. "Patterns of Time Use." Pp. 133-76 in *Time, Goods, and Well-Being,* edited by F. T. Juster and F. P. Stafford. Ann Arbor: University of Michigan Press.

Hirsch, Barry T. and John T. Addison. 1986. *The Economic Analysis of Unions.* Boston: Allyn & Unwin.

Hirsch, Eric L. 1986. "The Creation of Political Solidarity in Social Movement Organizations." *Sociological Quarterly* 27:373-87.

Hirst, P. Q. 1994. *Associative Democracy: New Forms of Economic and Social Governance.* Amherst: University of Massachusetts Press.

Hochschild, A. R. 1983. *The Managed Heart: Commercialization of Human Feeling.* Berkeley: University of California Press.

Hodge, R. W. and D. J. Trieman. 1968. "Social Participation and Social Status." *American Sociological Review* 33:722-40.

Hodgkinson, V. A., J. Gorski, S. M. Noga, and E. B. Knauft. 1995. *Giving and Volunteering in the United States,* Vol. 2: *Trends in Giving and Volunteering by Type of Charity.* Washington, DC: Independent Sector.

Hodgkinson, Virginia A. and Christopher Toppe. 1991. "A New Research and Planning Tool for Managers: The National Taxonomy of Exempt Entities." *Nonprofit Management & Leadership* 1:403-14.

Hodgkinson, V. A. and M. S. Weitzman. 1984. *Dimensions of the Independent Sector: A Statistical Profile.* 1st ed. Washington, DC: Independent Sector.

———. 1992. *Giving and Volunteering in the United States: 1992 Edition.* Washington, DC: Independent Sector.

———. 1996a. *Giving and Volunteering in the United States: 1996 Edition.* Washington, DC: Independent Sector.

———. 1996b. *Nonprofit Almanac, 1996-1997.* San Francisco: Jossey-Bass.

Hodgkinson, V. A., M. S. Weitzman, and A. D. Kirsch. 1989. *From Belief to Commitment: The Activities and Finances of Religious Congregations in the United States.* Washington, DC: Independent Sector.

Hodgkinson, Virginia A., Murray S. Weitzman, Christopher M. Toppe, and Stephen M. Noga. 1992. *Nonprofit Almanac, 1992-1993.* San Francisco: Jossey-Bass.

Holland, T. P. 1988. "The Effectiveness of Non-Profit Organizations." *Journal of Applied Behavioral Science* 12:202-21.

Hollingshead, A. B. 1975. *Elmtown's Youth and Elmtown Revisited.* New York: John Wiley.

Holmes, Len and Margaret Grieco. 1991. "Overt Funding, Buried Goals, and Moral Turnover: The Organizational Transformation of Radical Experiments." *Human Relations* 44:643-63.

Horch, Heinz D. 1988. "Ressourcenzusammensetzung und Oligarchisierung freiwilliger Vereinigungungen" (Resource Structure and Oligarchic Tendencies in Voluntary Associations). *Kölner Zeitschrift für Soziologie und Sozialpsychologie* 40:527-50.

———. 1994. "Does Government Financing Have a Detrimental Effect on the Autonomy of Voluntary Associations? Evidence From German Sport Clubs." *International Review for the Sociology of Sport* 29:269-85.

Horowitz, Irving L. 1972. *Three Worlds of Development.* 2nd ed. New York: Oxford University Press.

———. 1979. "Beyond Democracy: Interest Groups and the Patriotic Core." *Humanist* 39:4-10.

Hougland, James G., Jr. 1979. "Toward a Participation-Based Typology of Voluntary Organizations." *Journal of Voluntary Action Research* 8:84-92.

Houle, Cyril O. 1989. *Governing Boards: Their Nature and Nurture.* San Francisco: Jossey-Bass.

Howe, Fisher. 1997. *The Board Member's Guide to Strategic Planning: A Practical Approach to Strengthening Nonprofit Organizations.* San Francisco: Jossey-Bass.

Howell, R. E., I. L. Weir, and A. K. Cook. 1987. *Development of Rural Leadership.* Battle Creek, MI: W. K. Kellogg Foundation.

Hrebenar, R. J. (1997) *Interest Group Politics in America.* 3rd ed. Armonk, NY: M. E. Sharpe.

Huang, Jui-Cheng and Peter Gould. 1974. "Diffusion in an Urban Hierarchy: The Case of Rotary Clubs." *Economic Geography* 50:333-40.

Hudson, James R. 1988. "Organized Groups, Land Use Decisions, and Ecological Theory." *Sociological Perspectives* 31:122-41.

Huizenga, Johan. 1955. *Homo Ludens.* Boston: Beacon.

Humphreys, Keith. 1997. "Individual and Social Benefits of Mutual Aid Self-Help Groups." *Social Policy* 27:12-19.

Humphreys, R. 1995. *Sin, Organized Charity, and the Poor Law in Victorian England.* New York: St. Martin's.

Hunter, Albert. 1993. "National Federations: The Role of Voluntary Organizations in Linking Macro and Micro Orders in Civil Society." *Nonprofit and Voluntary Sector Quarterly* 22:121-36.

Hunter, A. and S. Staggenborg. 1986. "Communities Do Act: Neighborhood Characteristics, Resource Mobilization, and Political Action by Local Community Organizations." *Social Science Journal* 23:169-80.

Hutchins, Francis G. 1973. *India's Revolution.* Cambridge, MA: Harvard University Press.

Hyland, Stanley E., Alicia Russell, and Fontaine Hebb. 1990. "Realigning Corporate Giving: Problems in the Nonprofit Sector for Community Development Corporations." *Nonprofit and Voluntary Sector Quarterly* 19:111-19.

Iannello, Kathleen P. 1992. *Decisions Without Hierarchy: Feminist Interventions in Organization Theory and Practice.* London: Routledge.

Ibsen, Bjarne. 1996. "Changes in Local Voluntary Associations in Denmark." *Voluntas* 7:160-76.
Inkeles, Alex and David H. Smith. 1974. *Becoming Modern*. Cambridge, MA: Harvard University Press.
Institute for Nonprofit Organization Management. 1995. *California Nonprofit Organizations, 1995*. San Francisco: University of San Francisco, Institute for Nonprofit Management.
Jacobs, Jeffrey. 1992-93. "A Community Organizing Case Study: An Analysis of CAP-IT's Strategy to Prevent the Location of a Toxic Waste Incinerator in Their Community." *International Quarterly of Community Health Education* 13:253-63.
Jacoby, Arthur and Nicholas Babchuk. 1963. "Instrumental and Expressive Voluntary Associations." *Sociology and Social Research* 47:461-71.
Jaeger, Richard M. 1984. *Sampling in Education and the Social Sciences*. New York: Longman.
James, Estelle. 1989. *The Nonprofit Sector in International Perspective*. New York: Oxford University Press.
Jaszczak, Sandra and Tara Sheets, eds. 1997. *Encyclopedia of Associations*. 32nd ed. Detroit, MI: Gale Research International.
Jeavons, T. H. 1992. "When the Management Is the Message: Relating Values to Management Practice in Nonprofit Organizations." *Nonprofit Management & Leadership* 2:403-17.
———. 1994. "Ethics in Nonprofit Management: Creating a Culture of Integrity." Pp. 184-207 in *The Jossey-Bass Handbook of Nonprofit Leadership and Management*, edited by Robert Herman and Associates. San Francisco: Jossey-Bass.
Jenkins, J. Craig. 1977. "Radical Transformation of Organizational Goals." *Administrative Science Quarterly* 22:568-85.
Jenkins, J. Craig and Craig M. Eckert. 1986. "Channeling Black Insurgency: Elite Patronage and Professional Social Movement Organizations in the Development of the Black Movement." *American Sociological Review* 51:812-29.
Johnson, Alice K., Linda Ourvan, and Dennis R. Young. 1995. "The Emergence of Nonprofit Organizations in Romania and the Role of International NGOs." *Social Development Issues* 17:38-56.
Johnson, Paul E. 1990. "Unraveling in Democratically Governed Groups." *Rationality and Society* 2:4-34.
Johnstone, Ronald L. 1992. *Religion in Society: A Sociology of Religion*. 4th ed. Englewood Cliffs, NJ: Prentice Hall.
Jolicoeur, Pamela M. and Louis L. Knowles. 1978. "Fraternal Associations and Civil Religion: Scottish Rite Freemasonry." *Review of Religious Research* 20:3-22.
Jordan, W. K. 1960. *The Charities of London, 1480-1660: The Aspirations and Achievements of the Urban Society*. New York: Russell Sage Foundation.
Juster, F. T. 1985. "Conceptual and Methodological Issues Involved in the Measurement of Time Use." Pp. 19-31 in *Time, Goods, and Well-Being*, edited by F. T. Juster and F. P. Stafford. Ann Arbor: University of Michigan Press.
Kahaner, Larry. 1988. *Cults That Kill: Probing the Underworld of Occult Crime*. New York: Warner Books.
Kahn, Arleen and Eugene I. Bender. 1985. "Self-Help Groups as a Crucible for People Empowerment in the Context of Social Development." *Social Development Issues* 9:4-13.
Kalifon, S. Zev. 1991. "Self-Help Groups Providing Services: Conflict and Change." *Nonprofit and Voluntary Sector Quarterly* 20:191-205.
Kanter, Rosabeth M. 1972. *Commitment and Community: Communes and Utopias in Sociological Perspective*. Cambridge, MA: Harvard University Press.
Kanter, Rosabeth and Louis A. Zurcher, Jr. 1973. "Evaluating Alternatives and Alternative Valuing." *Journal of Applied Behavioral Science* 9:381-97.

草根组织

Kaplan, Matthew. 1986. "Cooperation and Coalition Development Among Neighborhood Organizations: A Case Study." *Journal of Voluntary Action Research* 15:23-34.
Kariel, Henry. 1981. *The Decline of American Pluralism.* Stanford, CA: Stanford University Press.
Karl, Jonathan. 1995. *The Right to Bear Arms: The Rise of America's New Militias.* New York: HarperCollins.
Katz, Alfred H. 1961. *Parents of the Handicapped.* Springfield, IL: Charles C Thomas.
———. 1993. *Self-Help in America: A Social Movement Perspective.* New York: Twayne.
Katz, Alfred H. and Eugene I. Bender. 1976. *The Strength in Us: Self-Help Groups in the Modern World.* New York: New Viewpoints/Franklin Watts.
Kay, Richard. 1994. "The Artistry of Leadership: An Exploration of the Leadership Process in Voluntary Not-for-Profit Organizations." *Nonprofit Management and Leadership* 4:285-300.
Kellerhals, J. 1974. "Voluntary Associations in Switzerland." Pp. 231-50 in *Voluntary Action Research: 1974,* edited by David H. Smith. Lexington, MA: Lexington Books.
Kelly, J. R. (1996) *Leisure.* Boston: Allyn & Bacon.
Kendall, Jeremy and Martin Knapp. 1995. "A Loose and Baggy Monster." Pp. 66-95 in *An Introduction to the Voluntary Sector,* edited by J. Davis-Smith, C. Rochester, and R. Hedley. London: Routledge.
Kennedy, M. and K. Humphreys. 1994. "Understanding Worldview Transformation in Mutual Help Groups." *Prevention in Human Services* 11:181-98.
Kephart, William M. and William W. Zellner. 1994. *Extraordinary Groups.* 5th ed. New York: St. Martin's.
Kerri, J. N. 1972. "An Inductive Examination of Voluntary Association Functions in a Single-Enterprise-Based Community." *Journal of Voluntary Action Research* 1 (2): 43-51.
Kikulis, Lisa M., Trevor Slack, and Bob Hinings. 1992. "Institutionally Specific Design Archetypes: A Framework for Understanding Change in National Sport Organizations." *International Review for the Sociology of Sport* 27:343-70.
Kilbane, Sally C. and John H. Beck. 1990. "Professional Associations and the Free Rider Problem: The Case of Optometry." *Public Choice* 65:181-87.
Kimmel, Michael S. 1990. *Revolution: A Sociological Interpretation.* Philadelphia: Temple University Press.
King, C. Wendell. 1956. *Social Movements in the United States.* New York: Random House.
King, David C. and Jack L. Walker. 1992. "The Provision of Benefits by Interest Groups in the United States." *Journal of Politics* 54:394-426.
Klandermans, Bert. 1989. "Introduction: Leadership and Decision-Making." *International Social Movement Research* 2:215-24.
Klausen, Kurt K. 1995. "On the Malfunction of the Generic Approach in Small Voluntary Associations." *Nonprofit Management and Leadership* 5:275-90.
Klausen, Kurt Klaudi and Per Selle. 1996. "The Third Sector in Scandinavia." *Voluntas* 7:99-122.
Kleidman, Robert. 1994. "Volunteer Activism and Professionalism in Social Movement Organizations." *Social Problems* 41:257-76.
Kloppenborg, John and Stephen Wilson. 1996. *Voluntary Associations in the Graeco-Roman World.* New York: Routledge.
Knauft, E. B., R. A. Berger, and S. Gray. 1991. *Profiles of Excellence: Achieving Success in the Nonprofit Sector.* San Francisco: Jossey-Bass.
Knight, Stephen. 1984. *The Brotherhood: The Secret World of the Freemasons.* London: Dorset.
Knoke, David. 1982. "Political Mobilization by Voluntary Associations." *Journal of Political and Military Sociology* 10:171-82.
———. 1986. "Associations and Interest Groups." *Annual Review of Sociology* 12:1-21.
———. 1988. "Incentive in Collective Action Organizations." *American Sociological Review* 53:311-29.

参考文献

―――. 1989. "Resource Acquisition and Allocation in U.S. National Associations." *International Social Movement Research* 2:129-54.

―――. 1990a. "Networks of Political Action: Toward Theory Construction." *Social Forces* 68:1041-63.

―――. 1990b. *Organizing for Collective Action: The Political Economies of Associations.* New York: Aldine de Gruyter.

Knoke, David and Richard E. Adams. 1987. "The Incentive Systems of Associations." *Research in the Sociology of Organizations* 5:285-309.

Knoke, David and D. Prensky. 1984. "What Relevance Do Organization Theories Have for Voluntary Organizations?" *Social Science Quarterly* 65:3-20.

Knoke, David and James R. Wood. 1981. *Organized for Action: Commitment in Voluntary Associations.* New Brunswick, NJ: Rutgers University Press.

Knowles, Malcolm. 1973. "Motivation in Volunteerism: Synopsis of a Theory." *Journal of Voluntary Action Research* 1 (2): 27-29.

Koldewyn, Phillip. 1984. "Voluntary Associations in Neuquen, Argentina." *Journal of Voluntary Action Research* 13:38-54.

―――. 1986. "Mexican Voluntary Associations: A Community Study." *Journal of Voluntary Action Research* 15:46-64.

Kraft, Michael E. and Ruth Kraut. 1985. "The Impact of Citizen Participation on Hazardous Waste Policy Implementation: The Case of Clermont County, Ohio." *Policy Studies Journal* 14:52-61.

Kramer, Ralph M. 1979. "Voluntary Agencies in Four Welfare States." *Administration in Social Work* 3:397-407.

―――. 1984. *Voluntary Agencies in the Welfare State.* Berkeley: University of California Press.

―――. 1987. "Voluntary Agencies and the Personal Social Services." Pp. 240-57 in *The Nonprofit Sector,* edited by Walter W. Powell. New Haven, CT: Yale University Press.

Kramer, Ralph M., Hakon Lorentzen, Willem Melief, and Sergio Pasquinelli. 1993. *Privatization in Four European Countries.* Armonk, NY: M. E. Sharpe.

Krause, Elliott A. 1996. *Death of the Guilds: Professions, States, and the Advance of Capitalism, 1930 to the Present.* New Haven, CT: Yale University Press.

Kraybill, D. and P. Pellman-Good, eds. 1992. *The Perils of Professionalization.* Scottsdale, AZ: Herald Press.

Kronus, Carol L. 1977. "Mobilizing Voluntary Associations Into a Social Movement: The Case of Environmental Quality." *Sociological Quarterly* 18:267-83.

Kuhn, Thomas S. 1962. *The Structure of Scientific Revolutions.* Chicago: University of Chicago Press.

Kunz, Jennifer and Phillip R. Kunz. 1995. "Social Support During the Process of Divorce: It Does Make a Difference." *Journal of Divorce and Remarrriage* 24:111-19.

Kurtz, Linda F. 1990. "The Self-Help Movement: Review of the Past Decade of Research." *Social Work With Groups* 13:101-15.

Kuti, Eva. 1998. "Letter to David Horton Smith." *Nonprofit and Voluntary Sector Quarterly* 27:90-92.

Lacy, Virginia P. 1971. "Political Knowledge of College Activist Groups: SDS, YAF, and YD." *Journal of Politics* 33:840-45.

Lamb, Curt. 1975. *Political Power in Poor Neighborhoods.* New York: John Wiley.

Lambert, Joseph M. 1891. *Two Thousand Years of Gild Life.* Hull, UK: A. Brown.

Lambert, Malcolm. 1992. *Medieval Heresy: Popular Movements From the Gregorian Reform to the Reformation.* 2nd ed. Oxford, UK: Blackwell.

Lancourt, Jane. 1979. *Confront or Concede: The Alinsky Citizen Action Organizations.* Lexington, MA: D. C. Heath.

Landsberger, Henry. 1972a. " 'Maximum Feasible Participation': Working Class and Peasant Movements as a Theoretical Model for the Analysis of Current U.S. Movements of Poor and Minority Groups." *Journal of Voluntary Action Research* 1 (3): 25-41.

———. 1972b. "Trade Unions, Peasant Movements, and Social Movements as Voluntary Action." Pp. 135-58 in *Voluntary Action Research: 1972,* edited by David H. Smith, Richard D. Reddy, and Burt Baldwin. Lexington, MA: Lexington Books.

Lanfant, Marie-Françoise. 1976. "Voluntary Associations in France." *Journal of Voluntary Action Research* 5:192-207.

Lappé, Frances M. and Paul M. DuBois. 1994. *The Quickening of America.* San Francisco: Jossey-Bass.

Larsen, E. Nick. 1992. "The Politics of Prostitution Control: Interest Group Politics in Four Canadian Cities." *International Journal of Urban and Regional Research* 16:169-89.

Laskin, R. and S. Phillett. 1965. "An Integrative Analysis of Voluntary Associational Leadership and Reputational Influences." *Sociological Inquiry* 35:176-85.

Lavigne, Yves. 1994. *Hell's Angels.* New York: Carol.

Lavoie, F., T. Borkman, and B. Gidron. 1994. *Self-Help and Mutual Aid Groups: International and Multicultural Perspectives.* New York: Haworth.

Lawson, R. 1983. "Origins and Evolution of a Social Movement Strategy: The Rent Strike in New York City, 1904-1980." *Urban Affairs Quarterly* 18:371-95.

Leat, Diana. 1986. "Privatization and Voluntarization." *Quarterly Journal of Social Affairs* 2:285-320.

———. 1993. *Managing Across Sectors: Similarities and Differences Between For-Profit and Voluntary Non-Profit Organisations.* London: City University Business School.

LeGorreta, Judith L. and Dennis R. Young. 1986. "Why Organizations Turn Nonprofit: Lessons From Case Studies." Pp. 196-204 in *The Economics of Nonprofit Institutions,* edited by Susan Rose-Ackerman. New York: Oxford University Press.

LeGrand, Julian and Ray Robinson. 1986. *Privatisation and the Welfare State.* London: Allen & Unwin.

Leighley, Jan. 1996. "Group Membership and the Mobilization of Political Participation." *Journal of Politics* 58:447-63.

Lenski, Gerhard, Patrick Nolan, and Jean Lenski. 1995. *Human Societies.* 7th ed. New York: McGraw-Hill.

Levine, M. and A. Levine. 1970. *A Social History of the Helping Services.* New York: Appleton-Century-Crofts.

Levitt, Theodore. 1973. *The Third Sector: New Tactics for a Responsive Society.* New York: AMACOM.

Lieberman, M. A. and L. R. Snowden. 1994. "Problems in Assessing Prevalence and Membership Characteristics of Self-Help Group Participants." Pp. 32-49 in *Understanding the Self-Help Organization,* edited by T. J. Powell. Thousand Oaks, CA: Sage.

Lieberman, M. A. and L. Videka-Sherman. 1986. "The Impact of Self-Help Groups on the Mental Health of Widows and Widowers." *American Journal of Orthopsychiatry* 56:435-49.

Limerick, Brigid and Tracy Burgess-Limerick. 1992. "Volunteering and Empowerment in Secondary Schools." *Nonprofit and Voluntary Sector Quarterly* 21:19-37.

Lin, Nan, Alfred Dean, and Walter M. Ensel. 1986. *Social Support, Life Events, and Depression.* New York: Academic Press.

Lincoln, James R. 1977. "The Urban Distribution of Voluntary Organizations." *Social Science Quarterly* 58:472-80.

Lindgren, H. E. 1987. "The Informal-Intermittent Organization: A Vehicle for Successful Citizen Protest." *Journal of Applied Behavioral Science* 23:397-412.

Linton, Ralph. 1945. *The Cultural Background of Personality.* New York: Appleton-Century-Crofts.

参考文献

Lipset, Seymour M., Martin A. Trow, and James S. Coleman. 1956. *Union Democracy.* Glencoe, IL: Free Press.

Lipset, Seymour M. and Sheldon S. Wolin. 1965. *The Berkeley Student Revolt.* Garden City, NY: Doubleday.

Lissner, Jorgen. 1972. *The Politics of Altruism: A Study of the Political Behavior of Voluntary Development Agencies.* Geneva, Switzerland: Lutheran World Federation.

Little, Kenneth. 1965. *West African Urbanization: A Study of Voluntary Associations in Social Change.* Cambridge, UK: Cambridge University Press.

Litwak, Eugene. 1961. "Voluntary Associations and Neighborhood Cohesion." *American Sociological Review* 26:258-71.

Lofland, John. 1996. *Social Movement Organizations: A Guide to Insurgent Realities.* New York: Aldine de Gruyter.

Lofland, John and Michael Jamison. 1984. "Social Movement Locals: Modal Member Structures." *Sociological Analysis* 45:115-29.

Logan, John R. and Gordana Rabrenovic. 1990. "Neighborhood Associations: Their Issues, Their Allies, and Their Opponents." *Urban Affairs Quarterly* 26:68-94.

Lohmann, Roger A. 1989. "And Lettuce Is Non-Animal: Toward a Positive Economics of Voluntary Action." *Nonprofit and Voluntary Sector Quarterly* 18:367-83.

———. 1992. *The Commons: New Perspectives on Nonprofit Organizations and Voluntary Action.* San Francisco: Jossey-Bass.

Longair, M. S. 1996. *Our Evolving Universe.* Cambridge, UK: Cambridge University Press.

Longdon, Bill, Jim Gallacher, and Tony Dickson. 1986. "The Community Resources Project and the Training of Activists." *Community Development Journal* 21:259-69.

Longley, Lawrence D., Herbert A. Terry, and Erwin G. Krasnow. 1983. "Citizen Groups in Broadcast Regulatory Policy-Making." *Policy Studies Journal* 12:258-70.

Lozier, J. 1976. "Volunteer Fire Departments and Community Mobilization." *Human Organization* 35:345-54.

Lubove, Roy. 1965. *The Professional Altruist: The Emergence of Social Work as a Career.* Cambridge, MA: Harvard University Press.

Luloff, A. E., W. H. Chittenden, E. Kriss, S. Weeks, and L. Brushnett. 1984. "Local Voluntarism in New Hampshire: Who, Why, and at What Benefit?" *Journal of the Community Development Society* 15:17-30.

Lundberg, George, Mirra Komarovsky, and Mary A. McInerny. 1934. *Leisure: A Suburban Study.* New York: Columbia University Press.

Luza, Radomir V. 1989. *The Resistance in Austria, 1938-1945.* Minneapolis: University of Minnesota Press.

Lynd, Robert S. and Helen M. Lynd. 1929. *Middletown.* New York: Harcourt Brace.

Lynn, P. and J. Davis-Smith. 1991. *The 1991 National Survey of Voluntary Activity in the UK.* York, UK: Joseph Rowntree Foundation.

Lyons, Arthur. 1988. *Satan Wants You: The Cult of Devil Worship in America.* New York: Mysterious Press.

MacKeith, J. 1993. *NGO Management: A Guide Through the Literature.* London: Centre for Voluntary Organisation.

MacLeod, David I. 1983. *Building Character in the American Boy: The Boy Scouts, YMCA, and Their Forerunners, 1870-1920.* Madison: University of Wisconsin Press.

Maeyama, Takashi. 1979. "Ethnicity, Secret Societies, and Associations: The Japanese in Brazil." *Comparative Studies in Society and History* 21:589-610.

Magrass, Yale R. 1986. "The Boy Scouts, the Outdoors, and Empire." *Humanity and Society* 10(1): 37-57.

Majone, Giandomenico. 1984. "Professionalism and Nonprofit Organizations." *Journal of Health Politics, Policy, and Law* 8:639-59.

Makela, Klaus. 1994. "Rates of Attrition Among the Membership of Alcoholics Anonymous in Finland." *Journal of Studies on Alcohol* 55:91-95.

Mancho, S. 1982. "Role of Associations as Regards Second-Generation Migrants, Especially From the Point of View of Maintaining Cultural Links With the Country of Origin." *International Migration* 20:85-101.

Mandle, Jay R. and Joan D. Mandle. 1989. "Voluntarism and Commercialization in Basketball: The Case of Trinidad and Tobago." *Sociology of Sport Journal* 6:113-24.

Manes, Christopher. 1990. *Green Rage: Radical Environmentalism and the Unmaking of Civilization.* Boston: Little, Brown.

March, James G. and Herbert A. Simon. 1958. *Organizations.* New York: John Wiley.

Marquez, Benjamin. 1990. "Organizing the Mexican American Community in Texas: The Legacy of Saul Alinsky." *Policy Studies Review* 9:355-73.

Marshall, Mac and Alice Oleson. 1996. "MADDer Than Hell." *Qualitative Health Research* 6:6-22.

Marullo, Sam. 1988. "Leadership and Membership in the Nuclear Freeze Movement: A Specification of Resource Mobilization Theory." *Sociological Quarterly* 29:407-27.

Marullo, Sam, R. Pagnucco, and J. Smith. 1996. "Frame Changes and Social Movement Contraction: U.S. Peace Movement Framing After the Cold War." *Sociological Inquiry* 66:1-28.

Maslow, A. 1954. *Motivation and Personality.* New York: Harper & Row.

Mason, David E. 1984. *Voluntary Nonprofit Enterprise Management.* New York: Plenum.

———. 1996. *Leading and Managing the Expressive Dimension.* San Francisco: Jossey-Bass.

Maton, K. I. 1988. "Social Support, Organizational Characteristics, Psychological Well-Being, and Group Appraisal in Three Self-Help Group Populations." *American Journal of Community Psychology* 16:53-77.

Maton, K. I. and D. A. Salem. 1995. "Organizational Characteristics of Empowering Community Settings: A Multiple Case Study Approach." *American Journal of Community Psychology* 23:631-56.

Matson, Floyd W. 1990. *Walking Alone and Marching Together: A History of the Organized Blind Movement in the United States, 1940-1990.* Baltimore, MD: National Federation of the Blind.

Mausner, J. S., S. C. Benes, and I. W. Gabrielson. 1976. "Study of Volunteer Ambulance Squads." *American Journal of Public Health* 66:1062-68.

Mayhew, B. H., J. M. McPherson, T. Rotolo, and L. Smith-Lovin. 1995. "Sex and Race Homogeneity in Naturally Occurring Groups." *Social Forces* 74:15-52.

McAdam, Doug. 1982. *Political Process and the Development of Black Insurgency, 1930-1970.* Chicago: University of Chicago Press.

———. 1983. "Tactical Innovation and the Pace of Insurgency." *American Sociological Review* 48:735-54.

McAdam, Doug and David A. Snow. 1997. *Social Movements.* Los Angeles: Roxbury.

McCarthy, John D., David W. Britt, and Mark Wolfson. 1991. "The Institutional Channeling of Social Movements by the State in the United States." *Research in Social Movements, Conflicts and Change* 13:45-76.

McCarthy, John D. and Mayer N. Zald. 1977. "Resource Mobilization and Social Movements: A Partial Theory." *American Journal of Sociology* 82:1212-41.

McCarthy, Kathleen D., Virginia A. Hodgkinson, Russy D. Sumariwalla, and Associates, eds. 1992. *The Nonprofit Sector in the Global Community.* San Francisco: Jossey-Bass.

McGuire, Steve. 1996. "Baseball: Political Economy Would Like to Say 'It Ain't So'." *Humanity and Society* 20:87-93.

McKenzie, Evan. 1994. *Privatopia.* New Haven, CT: Yale University Press.

McMurtry, Steven L., F. Ellen Netting, and Peter M. Kettner. 1991. "How Nonprofits Adapt to a Stringent Environment." *Nonprofit Management and Leadership* 1:235-52.
McNamie, Stephan J. and Kimberly Swisher. 1985. "Neighborhood Decentralization and Organized Citizen Participation." *Sociological Focus* 18:301-12.
McPherson, J. M. 1982. "Hypernetwork Sampling: Duality and Differentiation Among Voluntary Organizations." *Social Networks* 3:225-50.
———. 1983a. "An Ecology of Affiliation." *American Sociological Review* 48:519-32.
———. 1983b. "The Size of Voluntary Organizations." *Social Forces* 61:1044-64.
———. 1988. "A Theory of Voluntary Organization." Pp. 42-76 in *Community Organizations*, edited by Carl Milofsky. New York: Oxford University Press.
McPherson, J. M., Pamela Popielarz, and Sonja Drobnic. 1992. "Social Networks and Organizational Dynamics." *American Sociological Review* 57:153-70.
McPherson, J. M. and James Ranger-Moore. 1991. "Evolution on a Dancing Landscape: Organizations and Networks in Dynamic Blau Space." *Social Forces* 70:19-42.
McPherson, J. M. and Thomas Rotolo. 1996. "Testing a Dynamic Model of Social Composition: Diversity and Change in Voluntary Groups." *American Sociological Review* 61:179-202.
McPherson, J. M. and Lynn Smith-Lovin. 1982. "Women and Weak Ties: Differences by Sex in the Size of Voluntary Organizations." *American Journal of Sociology* 87:883-904.
———. 1986. "Sex Segregation in Voluntary Associations." *American Sociological Review* 51:61-79.
Mehta, Prayag. 1987. "Organising for Empowering the Poor." *Man and Development* 9 (3): 49-59.
Meister, Albert. 1972a. "A Comparative Note on the Prevalence of Voluntary Associations in Geneva and Paris." *Journal of Voluntary Action Research* 1 (3): 42-45.
———. 1972b. *Vers un Sociologie des Associations* (Toward a Sociology of Associations). Paris: Les Editions Ouvrieres.
Melton, J. G. 1990. *Cults and New Religions: Sources for the Study of Nonconventional Religious Groups in 19th and 20th Century America.* New York: Garland.
Mentzer, Marc S. 1993. "The Leader Succession-Performance Relationship in a Non-Profit Organization." *Revue Canadienne de Sociologie et d'Anthropologie/Canadian Review of Sociology and Anthropology* 30:191-204.
Messinger, Sheldon. 1955. "Organizational Transformation: A Case Study of a Declining Social Movement." *American Sociological Review* 20:3-10.
Michels, Robert. [1911] 1968. *Political Parties.* New York: Free Press.
Middleton, Melissa. 1987. "Nonprofit Boards of Directors: Beyond the Governance Function." Pp. 141-53 in *The Nonprofit Sector*, edited by Walter W. Powell. New Haven, CT: Yale University Press.
Miller, Henry and Connie Phillip. 1983. "The Alternative Service Agency." Pp. 779-91 in *Handbook of Clinical Social Work*, edited by A. Rosenblatt and D. Waldfogel. San Francisco: Jossey-Bass.
Miller, Robert W. 1986. "Expanding University Resources in Support of Volunteer Development: Evaluation of a Pilot Effort." *Journal of Voluntary Action Research* 15:100-15.
Mills, C. W. 1956. *The Power Elite.* New York: Oxford University Press.
Milofsky, Carl. 1987. "Neighborhood-Based Organizations: A Market Analogy." Pp. 277-95 in *The Nonprofit Sector*, edited by Walter W. Powell. New Haven, CT: Yale University Press.
———, ed. 1988a. *Community Organizations: Studies in Resource Mobilization and Exchange.* New York: Oxford University Press.
———. 1988b. "Structure and Process in Community Self-Help Organizations." Pp. 183-216 in *Community Organizations*, edited by Carl Milofsky. New York: Oxford University Press.
———. 1996. "The End of Nonprofit Management Education." *Nonprofit and Voluntary Sector Quarterly* 25:277-82.

Milofsky, Carl and Stephen D. Blades. 1991. "Issues of Accountability in Health Charities: A Case Study of Accountability Problems Among Nonprofit Organizations." *Nonprofit and Voluntary Sector Quarterly* 20:371-93.

Milofsky, Carl and Albert Hunter. 1994. "Where Nonprofits Come From: A Theory of Organizational Emergence." Paper presented at the annual conference of the Association of Researchers on Nonprofit Organizations and Voluntary Action, Berkeley, CA, October.

Milofsky, Carl and Frank P. Romo. 1988. "The Structure of Funding Arenas for Neighborhood-Based Organizations." Pp. 217-42 in *Community Organizations,* edited by Carl Milofsky. New York: Oxford University Press.

Minde, K., N. Shosenberg, P. Marton, J. Thompson, J. Ripley, and S. Burns. 1980. "Self-Help Groups in a Premature Nursery: A Controlled Evaluation." *Journal of Pediatrics* 96:933-40.

Minnis, Mhyra S. 1952. "Cleavage in Women's Organizations." *American Sociological Review* 18:47-53.

Mirvis, Philip H. 1992. "The Quality of Employment in the Nonprofit Sector: Employee Attitudes in Nonprofits Versus Business and Government." *Nonprofit Management and Leadership* 3:23-41.

Moberg, David O. 1983. "Compartmentalization and Parochialism in Religious and Voluntary Action Research." *Review of Religious Research* 24:318-21.

Moen, Phyllis, Donna Dempster-McClain, and Robin M. Williams, Jr. 1992. "Successful Aging: A Life-Course Perspective on Women's Multiple Roles of Health." *American Journal of Sociology* 97:1612-38.

Mok, Bong Ho. 1988. "Grassroots Organizing in China: The Residents' Committee as a Linking Mechanism Between the Bureaucracy and the Community." *Community Development Journal* 23:164-69.

Moller, Valerie, Theresa Mthembu, and Robin Richards. 1994. "The Role of Informal Clubs in Youth Development: A South African Case Study." *Journal of Social Development in Africa* 9:5-29.

Moore, P. 1978. "People as Lawyers: Lay Advocacy and Self-Help in the Legal System." *British Journal of Law and Society* 1:121-32.

Morgan, David L. and Duane F. Alwin. 1980. "When Less Is More: School Size and Student Social Participation." *Social Psychology Quarterly* 43:241-52.

Morgan, J. N., R. F. Dye, and J. N. Hybels. 1977. "Results From Two National Surveys of Philanthropic Activity." Pp. 157-323 in *Research Papers,* Vol. 1, edited by the Commission on Private Philanthropy and Public Needs. Washington, DC: U.S. Department of the Treasury.

Morrison, D. 1970. *Farmers' Organizations and Movements.* East Lansing: Michigan State University, Agricultural Experiment Station.

Moyer, Mel. 1984. *Managing Voluntary Organizations.* Toronto: York University Press.

Moynihan, D. P. 1970. *Maximum Feasible Misunderstanding: Community Action in the War on Poverty.* New York: Free Press.

Mudimbe, V. Y., ed. 1996. *Open the Social Sciences: Report of the Gulbenkian Commission on the Restructuring of the Social Sciences.* Stanford, CA: Stanford University Press.

Muehlbauer, Gene and Laura Dodder. 1983. *The Losers: Gang Delinquency in an American Suburb.* New York: Praeger.

Mueller, Marnie W. 1975. "Economic Determinants of Volunteer Work by Women." *Signs* 1:325-38.

Mulford, Charles L. and Gerald E. Klonglan. 1972. "Attitude Determinants of Individual Participation in Organized Voluntary Action." Pp. 251-76 in *Voluntary Action Research: 1972,* edited by David H. Smith, Richard D. Reddy, and Burt R. Baldwin. Lexington, MA: Lexington Books.

Mulford, Charles L. and Mary A. Mulford. 1980. "Interdependence and Intraorganizational Structure for Voluntary Organizations." *Journal of Voluntary Action Research* 9:20-34.

Murray, V. and B. Tassie. 1994. "Evaluating the Effectiveness of Nonprofit Organizations." Pp. 303-24 in *The Jossey-Bass Handbook on Nonprofit Leadership and Management*, edited by R. Herman and Associates. San Francisco: Jossey-Bass.

Nadel, S. F. 1957. *The Theory of Social Structure*. London: Cohen & West.

Naisbitt, John. 1982. *MEGATRENDS*. New York: Warner.

Naisbitt, John and Patricia Aburdene. 1990. *MEGATRENDS 2000*. New York: William Morrow.

Nall, Frank C. I. 1967. "National Associations." Pp. 276-313 in *The Emergent American Society*, Vol. 1, edited by W. L. Warner. New Haven, CT: Yale University Press.

Newman, William H. and Harvey Wallender. 1978. "Managing Not-for-Profit Enterprises." *Academy of Management Review* 3:23-31.

Newton, Kenneth. 1975. "Voluntary Organizations in a British City: The Political and Organizational Characteristics of 4,264 Voluntary Associations in Birmingham." *Journal of Voluntary Action Research* 4:43-62.

Nielsen, Waldemar. 1979. *The Endangered Sector*. New York: Columbia University Press.

Nikolov, Stephan E. 1992. "The Emerging Nonprofit Sector in Bulgaria: Its Historical Dimensions." Pp. 333-48 in *The Nonprofit Sector in the Global Community*, edited by Kathleen D. McCarthy, Virginia A. Hodgkinson, Russy D. Sumariwalla, and Associates. San Francisco: Jossey-Bass.

Nolt, Steven M. 1992. *A History of the Amish*. Intercourse, PA: Good Books.

Nownes, A. J. and G. Neeley. 1996. "Public Interest Group Entrepreneurship and Theories of Group Mobilization." *Political Research Quarterly* 49:119-46.

Obinne, Chukwudi P. 1994. "A Strategy for Agricultural Progress and Socio-Economic Upliftment: Federation of Farmers' Associations of Nigeria." *Community Development Journal* 29:40-46.

O'Connell, Brian. 1983. *America's Voluntary Spirit*. New York: Foundation Center.

———. 1984. *The Board Members Book*. New York: Foundation Center.

O'Neill, Michael. 1989. *The Third America: The Emergence of the Nonprofit Sector in the United States*. San Francisco: Jossey-Bass.

———. 1994. "Philanthropic Dimensions of Member Benefit Organizations." *Nonprofit and Voluntary Sector Quarterly* 23:3-20.

O'Neill, Michael and D. R. Young. 1988. *Educating Managers of Nonprofit Organizations*. New York: Praeger.

Oliver, Pamela. 1983. "The Mobilization of Paid and Volunteer Activists in the Neighborhood Movement." *Research in Social Movements, Conflicts and Change* 5:133-70.

Olsen, Marvin E. 1982. *Participatory Pluralism*. Chicago: Nelson-Hall.

Olson, Mancur. 1965. *The Logic of Collective Action: Public Goods and the Theory of Groups*. Cambridge, MA: Harvard University Press.

Onyx, Jenny and Madi Maclean. 1996. "Careers in the Third Sector." *Nonprofit Management and Leadership* 6:331-45.

Orora, John H. O. and Hans B. C. Spiegel. 1981. "Harambee: Self-Help Development Projects in Kenya." Pp. 93-103 in *Volunteers, Voluntary Associations, and Development*, edited by David H. Smith and Frederick Elkin. Leiden, Netherlands: E. J. Brill.

Ortmeyer, D. L. and D. Fortune. 1985. "A Portfolio Model of Korean Household Sector Saving Behavior." *Economic Development and Cultural Change* 33:575-99.

Oster, Sharon M. 1992. "Nonprofit Organizations as Franchise Operations." *Nonprofit and Voluntary Sector Quarterly* 2:223-38.

———. 1995. *Strategic Management for Nonprofit Organizations: Theory and Cases*. New York: Oxford University Press.

Ostrander, Susan A. 1984. *Women of the Upper Class*. Philadelphia: Temple University Press.

———. 1995. *Money for Change*. Philadelphia: Temple University Press.

Ouchi, William G. and Alan L. Wilkins. 1985. "Organizational Culture." *Annual Review of Sociology* 11:457-83.

Pakulski, Jan. 1986. "Leaders of the Solidarity Movement: A Sociological Portrait." *Sociology* 20:64-81.
Palisi, Bartolomeo. 1985. "Voluntary Associations and Well-Being in Three Metropolitan Areas: Cross-Cultural Evidence." *International Journal of Comparative Sociology* 22:265-88.
Palisi, Bartolomeo J. and Bonni Korn. 1989. "National Trends in Voluntary Association Membership: 1974-1984." *Nonprofit and Voluntary Sector Quarterly* 18:179-90.
Panet-Raymond, Jean. 1987. "Community Groups in Quebec: From Radical Action to Voluntarism for the State?" *Community Development Journal* 22:281-86.
———. 1989. "The Future of Community Groups in Quebec: The Difficult Balance Between Autonomy and Partnership With the State." *Canadian Social Work Review/Revue Canadienne de Service Social* 6:126-35.
Paradis, Adrian A. 1994. *Opportunities in Nonprofit Organization Careers*. Lincolnwood, IL: VGM Career Horizons.
Payne, Raymond. 1954. "An Approach to the Study of Relative Prestige of Formal Organizations." *Social Forces* 32:244-47.
Pearce, Jone L. 1982. "Leading and Following Volunteers: Implications for a Changing Society." *Journal of Applied Behavioral Science* 18:385-94.
———. 1993. *Volunteers: The Organizational Behavior of Unpaid Workers, London U*. London: Routledge.
Pedalini, Livia M., Sueli G. Dallari, and Rosemary Barber-Madden. 1993. "Public Health Advocacy on Behalf of Women in Sao Paolo: Learning to Participate in the Planning Process." *Journal of Public Health Policy* 14:183-97.
Pennock, J. R. and John W. Chapman. 1969. *Voluntary Associations, Nomos XI*. New York: Atherton.
Perkins, Kenneth B. 1989. "Volunteer Firefighters in the United States: A Descriptive Study." *Nonprofit and Voluntary Sector Quarterly* 18:269-77.
Perkins, Kenneth B. and Darryl G. Poole. 1996. "Oligarchy and Adaptation to Mass Society in an All-Volunteer Organization: Implications for Understanding Leadership, Participation, and Change." *Nonprofit and Voluntary Sector Quarterly* 25:73-88.
Perlman, Janice E. 1976. "Grassrooting the System." *Social Policy* 7:4-20.
Perlmutter, Felice D. 1982. "The Professionalization of Volunteer Administration." *Journal of Voluntary Action Research* 11:97-107.
Perlstadt, Harry. 1975. "Voluntary Associations and the Community: The Case of Volunteer Ambulance Corps." *Journal of Voluntary Action Research* 4:85-89.
Perlstadt, Harry and Lola J. Kozak. 1977. "Emergency Medical Services in Small Communities: Volunteer Ambulance Corps." *Journal of Community Health* 2:178-88.
Perrow, Charles. 1961. "The Analysis of Goals in Complex Organizations." *American Sociological Review* 26:854-66.
———. 1970. "Members as Resources in Voluntary Organizations." Pp. 93-101 in *Organizations and Clients*, edited by William R. Rosengren and Mark Lefton. Columbus, OH: Merrill.
Perry, Charles R. 1996. "Corporate Campaigns in Context." *Journal of Labor Research* 17:329-43.
Pestoff, V. A. 1977. *Voluntary Associations and Nordic Party Systems*. Stockholm, Sweden: Stockholm University.
Pfeffer, Jeffrey and Gerald Salancik. 1978. *The External Control of Organizations*. New York: Harper & Row.
Picardie, Justine. 1988. "Secrets of the Oddfellows." *New Society* 83:13-15.
Piliavin, J. A. and H-W. Charng. 1990. "Altruism: A Review of Recent Theory and Research." *Annual Review of Sociology* 16:27-65.
Pillai, R. 1993. "Crisis and the Emergence of Charismatic Leadership in Groups: An Experimental Investigation." *Journal of Applied Social Psychology* 26:543-62.

Piven, Frances F. and Richard A. Cloward. 1979. *Poor People's Movements.* New York: Vintage Books.

Podolofsky, Aaron and F. DuBow. 1981. *Strategies for Community Crime Prevention.* Springfield, IL: Charles C. Thomas.

Politser, Peter E. and Mansell Pattison. 1980. "Social Climates in Community Groups: Toward a Taxonomy." *Community Mental Health Journal* 16:187-200.

Popielarz, Pamela A. and J. Miller McPherson. 1995. "On the Edge or In Between: Niche Position, Niche Overlap, and the Duration of Voluntary Association Memberships." *American Journal of Sociology* 101:698-720.

Poulton, Geoff. 1988. *Managing Voluntary Organisations.* Chichester, UK: Wiley.

Powell, Thomas J. 1994. *Understanding the Self-Help Organization.* Thousand Oaks, CA: Sage.

Powell, Walter W. 1987. *The Nonprofit Sector.* New Haven, CT: Yale University Press.

Prestby, John E. and Abraham Wandersman. 1985. "An Empirical Exploration of a Framework of Organizational Viability: Maintaining Block Organizations." *Journal of Applied Behavioral Science* 21:287-305.

Prestby, John E., Abraham Wandersman, Paul Florin, Richard Rich, and David Chavis. 1990. "Benefits, Costs, Incentive Management, and Participation in Voluntary Organizations: A Means to Understanding and Promoting Empowerment." *Journal of Community Psychology* 18:117-49.

Putnam, Robert D. 1995. "Bowling Alone: America's Declining Social Capital." *Journal of Democracy* 6:65-78.

Putnam, Robert D., Robert Leonardi, and Rafaella Y. Nanetti. 1993. *Making Democracy Work: Civic Traditions in Modern Italy.* Princeton, NJ: Princeton University Press.

Quarrick, Gene. 1989. *Our Sweetest Hours: Recreation and the Mental State of Absorption.* Jefferson, NC: McFarland.

Randon, Anita and Perri 6. 1994. "Constraining Campaigning: The Legal Treatment of Non-Profit Policy Advocacy Across 24 Countries." *Voluntas* 5:27-58.

Raskoff, Sally and Richard A. Sundeen. 1998. "Youth Socialization and Civic Participation: The Role of Secondary Schools in Promoting Community Service in Southern California." *Nonprofit and Voluntary Sector Quarterly* 27:66-87.

Rauch, Jonathan. 1994. *Demosclerosis: The Silent Killer of American Government.* New York: Times Books.

Reavis, Dick J. 1995. *The Ashes of Waco.* New York: Simon & Schuster.

Reck, Franklin M. 1951. *The 4-H Story.* Chicago: National 4-H Service Committee.

Rein, Martin. 1966. "The Transition From Social Movement to Organization." Pp. 17-22 in *The Government of Associations,* edited by William A. Glaser and David L. Sills. Totowa, NJ: Bedminster Press.

Reitzes, Donald C. and Dietrich C. Reitzes. 1984. "Alinsky's Legacy: Current Applications and Extensions of His Principles and Strategies." *Research in Social Movements, Conflicts and Change* 6:31-55.

Rekart, Josephine. 1993. *Public Funds, Private Provision: The Role of the Volunteer Sector.* Vancouver: University of British Columbia Press.

Revenson, Tracey A. and Brian J. Cassel. 1991. "An Exploration of Leadership in a Medical Mutual Help Organization." *American Journal of Community Psychology* 19:683-98.

Rheingold, Howard. 1993. *The Virtual Community.* New York: HarperCollins.

Rich, Richard C. 1980. "Dynamics of Leadership in Neighborhood Organizations." *Social Science Quarterly* 60:570-87.

Richan, W. 1992. "The Alternative Agency as an Active Learner: A Case Study." *Social Work* 37:406-10.

Richardson, James T. 1979. "The Evolution of a Jesus Movement Organization." *Journal of Voluntary Action Research* 8:93-111.

Rietschlin, John C. 1996. "On the Contribution of Community to Psychological Well-Being: The Importance of Incorporating Group Membership Into Stress Research." Unpublished master's thesis, University of Western Ontario.

Rifkin, Jeremy. 1995. *The End of Work.* New York: Putnam.

Riger, Stephanie. 1983. "Vehicles for Empowerment: The Case of Feminist Movement Organizations." *Prevention in Human Services* 3:99-117.

Riiskjaer, Søren and Klaus Nielsen, 1987. Financial Dependence and Organizational Autonomy: The Ecology of Voluntary Sport in Denmark. *International Review for the Sociology of Sport* 22:193-208.

Robbins, Diana. 1990. "Voluntary Organizations and the Social State in the European Community." *Voluntas* 1:98-128.

Robertson, D. B. 1966. *Voluntary Associations: A Study of Groups in Free Societies.* Richmond, VA: John Knox Press.

Robinson, B. and M. G. Hanna. 1994. "Lesson for Academics From Grassroots Community Organizing: A Case Study—The Industrial Areas Foundation." *Journal of Community Practice* 1:63-94.

Robinson, J. 1990. "The Changing Focus of the Hub Club." *The Boston Globe,* March 27, pp. 25, 36.

Robinson, John P. 1977. *How Americans Use Their Time.* New York: Praeger.

———. 1985. "The Validity and Reliability of Diaries Versus Alternative Time Use Measures." Pp. 33-62 in *Time, Goods, and Well-Being,* edited by F. T. Juster and F. P. Stafford. Ann Arbor: University of Michigan Press.

Rochford, E. B., Jr. 1985. *Hare Krishna in America.* New Brunswick, NJ: Rutgers University Press.

Rock, Paul. 1988. "On the Birth of Organisations." *L.S.E. Quarterly* 2:123-53.

Rodin, J. and P. Salovey. 1989. "Health Psychology." *Annual Review of Psychology* 40:533-79.

Rogers, David L., Ken H. Barb, and Gordon L. Bultena. 1975. "Voluntary Association Membership and Political Participation: An Exploration of the Mobilization Hypothesis." *Sociological Quarterly* 16:305-18.

Romanofsky, Peter. 1973. "Professionals Versus Volunteers: A Case Study of Adoption Workers in the 1920's." *Journal of Voluntary Action Research* 2:95-101.

Ronan, Colin A. 1991. *The Natural History of the Universe.* New York: Macmillan.

Rose, Arnold M. 1954. *Theory and Method in the Social Sciences.* Minneapolis: University of Minnesota Press.

———. 1955. "Voluntary Associations Under Conditions of Competition and Conflict." *Social Forces* 34:159-63.

———. 1960. "The Impact of Aging on Voluntary Associations." Pp. 666-97 in *Handbook of Social Gerontology,* edited by C. W. Tibbitts. Chicago: University of Chicago Press.

Rose-Ackerman, S. 1980. "United Charities: An Economic Analysis." *Public Policy* 28:323-50.

———, ed. 1986. *The Economics of Nonprofit Institutions.* New York: Oxford University Press.

———. 1990. "Competition Between Non-Profits and For-Profits: Entry and Growth." *Voluntas* 1:13-25.

Rosenbloom, R. A. 1981. "The Neighborhood Movement: Where Has It Come From? Where Is It Going?" *Journal of Voluntary Action Research* 10:4-26.

Rosenstone, Steven J. and John M. Hansen. 1993. *Mobilization, Participation, and Democracy in America.* New York: Macmillan.

Ross, Jack C. 1976. *An Assembly of Good Fellows: Voluntary Associations in History.* Westport, CT: Greenwood.

Ross, Robert J. 1977. "Primary Groups in Social Movements: A Memoir and Interpretation." *Journal of Voluntary Action Research* 6:139-52.

Rothschild-Whitt, J. 1979. "The Collectivist Organization." *American Sociological Review* 44:509-27.

Rousseau, Cecile. 1993. "Community Empowerment: The Alternative Resources Movement in Quebec." *Community Mental Health Journal* 29:535-46.

Rubin, Hank, Laura Adamski, and Stephen R. Block. 1989. "Toward a Discipline of Nonprofit Administration: Report From the Clarion Conference." *Nonprofit and Voluntary Sector Quarterly* 18:279-86.

Rudney, Gabriel. 1987. "The Scope and Dimensions of Nonprofit Activity." Pp. 55-64 in *The Nonprofit Sector*, edited by Walter W. Powell. New Haven, CT: Yale University Press.

Rudwick, Elliott. 1972. "CORE: The Road From Interracialism to Black Power." *Journal of Voluntary Action Research* 1:12-19.

Rudy, D. R. 1986. *Becoming Alcoholic: Alcoholics Anonymous and the Reality of Alcoholism.* Carbondale: Southern Illinois University Press.

Rummel, R. J. 1994. *Death by Government.* New Brunswick, NJ: Transaction Publishers.

Sabatier, Paul A. and Susan M. McLaughlin. 1990. "Belief Congruence Between Interest Group Leaders and Members: An Empirical Analysis of Three Theories and a Suggested Synthesis." *Journal of Politics* 52:914-35.

Sagarin, Edward. 1969. *Odd Man In: Societies of Deviants in America.* Chicago: Quadrangle Books.

Saidel, Judith R. 1989. "Dimensions of Interdependence: The State and Voluntary Sector Relationship." *Nonprofit and Voluntary Sector Quarterly* 18:335-47.

Salamon, Lester M. 1987. "Of Market Failure, Voluntary Failure, and Third-Party Government: Toward a Theory of Government-Nonprofit Relations in the Modern Welfare State." *Journal of Voluntary Action Research* 16:29-49.

———. 1992. *America's Nonprofit Sector.* New York: Foundation Center.

———. 1993. "The Nonprofit Almanac: What Are the Issues?" *Voluntas* 4:163-72.

Salamon, Lester and Alan J. Abramson. 1982. *The Federal Budget and the Nonprofit Sector.* Washington, DC: Urban Institute.

Salamon, Lester M., D. M. Altshuler, and J. Myllyluoma. 1990. *More than Just Charity: The Baltimore Area Nonprofit Sector in a Time of Change.* Baltimore, MD: Johns Hopkins University, Institute for Policy Studies.

Salamon, Lester and Helmut K. Anheier. 1992a. "In Search of the Non-Profit Sector I: The Question of Definitions." *Voluntas* 3:125-51.

———. 1992b. "In Search of the Non-Profit Sector II: The International Classification of Non-Profit Organisations." *Voluntas* 3:125-52.

———. 1994. *The Emerging Sector.* Baltimore, MD: Johns Hopkins University, Institute for Policy Studies.

———. 1997. *Defining the Nonprofit Sector.* Manchester, UK: Manchester University Press.

Salamon, L. M., H. K. Anheier, and Associates. 1998. *The Emerging Sector Revisited: A Summary.* Baltimore, MD: Johns Hopkins University, Center for Civil Society Studies.

Salipante, Paul F. and Karen Golden-Biddle. 1995. "Managing Traditionality and Strategic Change in Nonprofit Organizations." *Nonprofit Management and Leadership* 6:3-20.

Salomon, K. 1986. "The Peace Movement: An Anti-Establishment Movement." *Journal of Peace Research* 23:115-27.

Saltman, Juliet. 1973. "Funding, Conflict, and Change in an Open-Housing Group." *Journal of Voluntary Action Research* 2:216-23.

Samuelson, Paul A. and William D. Nordhaus. 1995. *Economics.* 15th ed. New York: McGraw-Hill.

Savery, Lawson and Geoffrey Soutar. 1990. "Community Attitudes Toward Trade Union Effectiveness." *Australian Bulletin of Labour* 16:77-89.

Schaefer, Richard T. 1980. "The Management of Secrecy: The Ku Klux Klan's Successful Secret." Pp. 161-77 in *Secrecy: A Cross-Cultural Perspective*, edited by Stanton R. Petit. New York: Human Sciences Press.

Schafer, C. L. 1979. "How National Associations Help Local Chapters." *Association Management* 24:67-71.
Scherer, Ross. 1972. "The Church as a Formal Voluntary Organization." Pp. 81-108 in *Voluntary Action Research: 1972*, edited by David H. Smith, Richard D. Reddy, and Burt Baldwin. Lexington, MA: Lexington Books.
Schlesinger, Arthur M., Jr. 1993. *The Disuniting of America: Reflections on a Multicultural Society.* New York: Norton.
Schlesinger, Arthur M., Sr. 1944. "Biography of a Nation of Joiners." *American Historical Review* 50:1-25.
Schlozman, Kay. 1984. "What Accent the Heavenly Chorus? Political Equality in the American Pressure System." *Journal of Politics* 46:1006-32.
Schlozman, Kay and J. Tierney. 1986. *Organized Interests and American Democracy.* New York: Harper & Row.
Schmidt, Alvin J. 1973. *Oligarchy in Fraternal Organizations: A Study in Organizational Leadership.* Detroit, MI: Gale Research International.
Schmidt, Alvin J. and Nicholas Babchuk. 1972. "Formal Voluntary Groups and Change Over Time: A Study of Fraternal Associations." *Journal of Voluntary Action Research* 1:46-55.
Schondel, Connie, Kathryn Boehm, Jared Rose, and Alison Marlowe. 1995. "Adolescent Volunteers: An Untapped Resource in the Delivery of Adolescent Preventive Health Care." *Youth & Society* 27:123-35.
Schor, Juliet B. 1993. *The Overworked American.* New York: Basic Books.
Schuppert, Gunnar F. 1991. "State, Market, Third Sector: Problems of Organizational Choice in the Delivery of Public Services." *Nonprofit and Voluntary Sector Quarterly* 20:123-36.
Schwab, Reiko. 1995-96. "Bereaved Parents and Support Group Participation." *Omega* 32:49-61.
Schwartz-Shea, P. and D. D. Burrington. 1990. "Free Riding, Alternative Organization, and Cultural Feminism: The Case of Seneca Women's Peace Camp." *Women and Politics* 10:1-37.
Scott, Anne F. 1991. *Natural Allies: Women's Associations in American History.* Urbana: University of Illinois Press.
Scott, J. C., Jr. 1957. "Membership and Participation in Voluntary Associations." *American Sociological Review* 22:315-26.
Scott, William A. 1965. *Values and Organizations: A Study of Fraternities and Sororities.* Chicago: Rand McNally.
Seeley, John R., Buford H. Junker, and Wallace R. Jones, Jr. 1957. *Community Chest: A Case Study in Philanthropy.* Toronto: University of Toronto Press.
Selle, P. and B. Øymyr. 1992. "Explaining Changes in the Population of Voluntary Organizations: The Roles of Aggregate and Individual-Level Data." *Nonprofit and Voluntary Sector Quarterly* 21:147-79.
Sharma, Manoj and Gayatri Bhatia. 1996. "The Voluntary Community Health Movement in India: A Strengths, Weaknesses, Opportunities, and Threats (SWOT) Analysis." *Journal of Community Health* 21:453-64.
Sharp, Elaine B. 1981. "Organizations, Their Environments, and Goal Definition: An Approach to the Study of Neighborhood Associations in Urban Politics." *Urban Life* 9:415-39.
Sharp, Gene. 1973. *The Politics of Nonviolent Action.* Boston: Porter Sargent.
Shenhar, Yehouda, Wesley Shrum, and Sigal Alon. 1994. " 'Goodness' Concepts in the Study of Organizations: A Longitudinal Survey of Four Leading Journals." *Organization Studies* 15:753-76.
Shultz, James. 1972. "The Voluntary Society and Its Components." Pp. 25-38 in *Voluntary Action Research: 1972*, edited by David H. Smith, Richard D. Reddy, and Burt R. Baldwin. Lexington, MA: Lexington Books.

Sidjanski, Dusan. 1974. "Interest Groups in Switzerland." *Annals of the American Academy of Political and Social Science* 413:101-23.

Sills, David L. 1957. *The Volunteers: Means and Ends in a National Organization.* Glencoe, IL: Free Press.

———. 1968. "Voluntary Associations: Sociological Aspects." Pp. 363-76 in *The International Encyclopedia of the Social Sciences,* Vol. 16, edited by David Sills. New York: Macmillan.

Simon, John G. 1987. "The Tax Treatment of Nonprofit Organizations: A Review of Federal and State Policies." Pp. 67-98 in *The Nonprofit Sector,* edited by Walter W. Powell. New Haven, CT: Yale University Press.

Simpson, Richard L. and William H. Gulley. 1962. "Goals, Environmental Pressures, and Organizational Characteristics." *American Sociological Review* 27:344-51.

Sims, Patsy. 1997. *The Klan.* 2nd ed. Lexington: University Press of Kentucky.

6, Perri and Diana Leat. 1997. "Inventing the British Voluntary Sector by Committee: From Wolfenden to Deakin." *Non-Profit Studies* 1:33-45.

Skocpol, Theda. 1992. *Protecting Soldiers and Mothers.* Cambridge, MA: Harvard University Press.

Smiley, Charles W. 1975. "Reality, Social Work, and Community Organization." *Community Development Journal* 10:162-65.

Smith, Bradford. 1992. "The Use of Standard Industrial Classification (SIC) Codes to Classify the Activities of Nonprofit, Tax-Exempt Organizations." Working Paper No. 19, University of San Francisco, Institute for Nonprofit Organization Management.

Smith, Bradford, Sylvia Shue, and Joseph Villarreal. 1992. *Asian and Hispanic Philanthropy.* San Francisco: University of San Francisco Press.

Smith, Constance and Anne Freedman. 1972. *Voluntary Associations: Perspectives on the Literature.* Cambridge, MA: Harvard University Press.

Smith, David H. 1964. "Psychological Factors Affecting Participation in Formal Voluntary Organizations in Chile." Ph.D. dissertation, Harvard University.

———. 1966. "A Psychological Model of Individual Participation in Formal Voluntary Organizations: Application to Some Chilean Data." *American Journal of Sociology* 72:249-66.

———. 1967. "A Parsimonious Definition of 'Group': Toward Conceptual Clarity and Scientific Utility." *Sociological Inquiry* 37:141-67.

———. 1972a. "The Journal of Voluntary Action Research: An Introduction." *Journal of Voluntary Action Research* 1:2-5.

———. 1972b. "Major Analytical Topics of Voluntary Action Research: An Introduction." *Journal of Voluntary Action Research* 1:6-19.

———. 1972c. "Organizational Boundaries and Organizational Affiliates." *Sociology and Social Research* 56:494-512.

———. 1972d. "Ritual in Voluntary Associations." *Journal of Voluntary Action Research* 1:39-53.

———. 1973a. "The Impact of the Voluntary Sector on Society." Pp. 387-99 in *Voluntary Action Research: 1973,* edited by David H. Smith. Lexington, MA: Lexington Books.

———. 1973b. *Latin American Student Activism.* Lexington, MA: Lexington Books.

———. 1973c. "Modernization and the Emergence of Voluntary Organizations." Pp. 49-73 in *Voluntary Action Research: 1973,* edited by David H. Smith. Lexington, MA: Lexington Books.

———. 1974. *Voluntary Action Research: 1974.* Lexington, MA: Lexington Books.

———. 1975. "Voluntary Action and Voluntary Groups." *Annual Review of Sociology* 1:247-70.

———. 1977. "The Role of the United Way in Philanthropy." Pp. 1093-1108 in *Research Papers, Sponsored by the Commission on Private Philanthropy and Public Needs,* Vol. 2, Part 2, edited by Commission on Private Philanthropy and Public Needs. Washington, DC: Government Printing Office.

———. 1978. "The Philanthropy Business." *Society* 15:8-15.

———. 1981. "Altruism, Volunteers, and Volunteerism." *Journal of Voluntary Action Research* 10:21-36.

———. 1984. "Churches Are Generally Ignored in Contemporary Voluntary Action Research: Causes and Consequences." *Journal of Voluntary Action Research* 13:11-18.

———. 1986a. "Outstanding Local Voluntary Organizations in the 1960's: Their Distinguishing Characteristics." *Journal of Voluntary Action Research* 15:24-35.

———. 1986b. "Social Movement: A Voluntary Group Definition." Pp. 153-58 in *Proceedings of the 1986 Annual Meeting of the Association of Voluntary Action Scholars*. College Park: Pennsylvania State University.

———. 1990. "Voluntary Inter-Cultural Exchange and Understanding Groups: The Roots of Success in U.S. Sister City Programs." *International Journal of Comparative Sociology* 31:177-92.

———. 1991. "Four Sectors or Five? Retaining the Member Benefit Sector." *Nonprofit and Voluntary Sector Quarterly* 20:137-50.

———. 1992a. "National Nonprofit, Voluntary Associations: Some Parameters." *Nonprofit and Voluntary Sector Quarterly* 21:81-94.

———. 1992b. "A Neglected Type of Voluntary Nonprofit Organization: Exploration of the Semi-Formal, Fluid Membership Organization." *Nonprofit and Voluntary Sector Quarterly* 21:252-70.

———. 1993a. "The Field of Nonprofit and Voluntary Action Research: Then and Now." *Nonprofit and Voluntary Sector Quarterly* 22:197-200.

———. 1993b. "Public Benefit and Member Benefit Nonprofit, Voluntary Groups." *Nonprofit and Voluntary Sector Quarterly* 22:53-68.

———. 1994a. "Determinants of Voluntary Association Participation and Volunteering: A Literature Review." *Nonprofit and Voluntary Sector Quarterly* 23:243-63.

———. 1994b. "The Rest of the Nonprofit Sector: The Nature, Magnitude, and Impact of Grassroots Associations in America." Paper presented at the annual conference of the Association of Researchers on Nonprofit Organizations and Voluntary Action, Berkeley, CA, October.

———. 1995a. "Churches Are Mainly Member Benefit Nonprofits, Not Public Benefit Nonprofits." Paper presented at the annual conference of the Association of Researchers on Nonprofit Organizations and Voluntary Action, Cleveland, OH, November.

———. 1995b. "Democratic Personality." Pp. 941-43 in *The Encyclopedia of Democracy*, Vol. 3, edited by Seymour M. Lipset. Washington, DC: Congressional Quarterly Press.

———. 1995c. "Deviant Voluntary Groups: Ideology, Accountability, and Subcultures of Deviance in Nonprofits." Paper presented at the annual conference of the Association of Researchers on Nonprofit Organizations and Voluntary Action, Cleveland, OH, November.

———. 1995d. "Improving Classification of Nonprofits: Some Comments on the NTEE and ICNPO." Unpublished manuscript, Boston College.

———. 1995e. "Some Challenges in Nonprofit and Voluntary Action Research." *Nonprofit and Voluntary Sector Quarterly* 24:99-101.

———. 1996. "Improving the International Classification of Nonprofit Organizations." *Nonprofit Management and Leadership* 6:317-24.

———. 1997a. "Grassroots Associations Are Important: Some Theory and a Review of the Impact Literature." *Nonprofit and Voluntary Sector Quarterly* 26:269-306.

———. 1997b. "Grassroots Associations: The Lost Non-Profit World." *Chronicle of Philanthropy*, September 18, pp. 44-45.

———. 1997c. "The International History of Grassroots Associations." *International Journal of Comparative Sociology* 38:1-28.

———. 1997d. "The Rest of the Nonprofit Sector: Grassroots Associations as the Dark Matter Ignored in Prevailing 'Flat-Earth' Maps of the Sector." *Nonprofit and Voluntary Sector Quarterly* 26:114-31.

———. 1998a. "Material vs. Personal Resource Attraction Systems for Local All-Volunteer Groups." Paper presented at the annual conference of the Association of Researchers on Nonprofit Organizations and Voluntary Action, Seattle, WA, November.

———. 1998b. "Negative Social Capital and Deviant Voluntary Groups." Paper presented at the Michigan State University International Conference on Social Capital, East Lansing, MI, April.

———. 1999a. "The Effective Grassroots Association, Part 1: Organizational Factors That Produce Internal Impact." *Nonprofit Management and Leadership* 9:443-56.

———. 1999b. "The Effective Grassroots Association: II. Organizational Factors That Produce External Impact." *Nonprofit Management and Leadership* 10:103-16.

———. Forthcoming a. *Organizations on the Fringe: Understanding Deviant Nonprofits as Part of a Round-Earth Paradigm of the Voluntary Nonprofit Sector.*

———. Forthcoming b. "Researching Volunteer Associations and Other Nonprofits: An Emergent Interdisciplinary Field and Potential New Discipline. *American Sociologist* 30.

———. Forthcoming c. *Volunteer Participation: A Round-Earth Paradigm of Individual Involvement in the Voluntary Nonprofit Sector.*

Smith, David H. and Associates. Forthcoming. *The World History and Geography of Associations and Other Nonprofits: A Theoretical Approach.*

Smith, David H. and Burt R. Baldwin. 1974a. "Parental Influence, Socioeconomic Status, and Voluntary Organization Participation." *Journal of Voluntary Action Research* 3:59-66.

———. 1974b. "Voluntary Associations and Volunteering in the United States." Pp. 277-305 in *Voluntary Action Research: 1974*, edited by David H. Smith. Lexington, MA: Lexington Books.

———. 1983. "Voluntary Organization Prevalence in the States of the USA: Presentation and a Test of the Revised Smith Model." Pp. 50-62 in *International Perspectives on Voluntary Action Research,* edited by David H. Smith and Jon Van Til. Washington, DC: University Press of America.

Smith, David H., Burt R. Baldwin, and Eugene D. White. 1988. "The Nonprofit Sector." Pp. 1.3-1.15 in *The Nonprofit Organization Handbook,* edited by Tracy D. Connors. New York: McGraw-Hill.

Smith, David H. and Michael Dover. Forthcoming. *Concepts and Terminology for Nonprofit and Voluntary Sector Studies.*

Smith, David H. and F. Elkin. 1981. *Volunteers, Voluntary Organizations, and Development.* Leiden, Netherlands: E. J. Brill.

Smith, David H., Jacqueline Macaulay, and Associates. 1980. *Participation in Social and Political Activities.* San Francisco: Jossey-Bass.

Smith, David H., R. D. Reddy, and B. R. Baldwin. 1972a. "Types of Voluntary Action: A Definitional Essay." Pp. 159-95 in *Voluntary Action Research: 1972,* edited by David H. Smith, Richard D. Reddy, and Burt R. Baldwin. Lexington, MA: Lexington Books.

———. 1972b. *Voluntary Action Research: 1972.* Lexington, MA: Lexington Books.

Smith, David H. and Richard D. Reddy. 1973. "The Impact of Voluntary Action on the Volunteer/Participant." Pp. 169-237 in *Voluntary Action Research: 1973,* edited by David H. Smith. Lexington, MA: Lexington Books.

Smith, David H., Mary Seguin, and Marjorie Collins. 1973. "Dimensions and Categories of Voluntary Organizations/NGOs." *Journal of Voluntary Action Research* 2:116-20.

Smith, David H. and C. Shen. 1996. "Factors Characterizing the Most Effective Nonprofits Managed by Volunteers." *Nonprofit Management and Leadership* 6:271-89.

Smith, David H. and Jon Van Til, with the collaboration of Dan Bernfeld, Victor Pestoff, and David Zeldin. 1983. *International Perspectives on Voluntary Action Research.* Washington, DC: University Press of America.

Smith, David H. and J. Malcolm Walker. 1977. "Higher Education Programs for Volunteer Administrators." *Volunteer Administration* 10:1-9.

Smith, L. M. 1975. "Women as Volunteers: The Double Subsidy." *Journal of Voluntary Action Research* 4:119-36.

Smith, M. J. 1990. "Pluralism, Reformed Pluralism, and Neopluralism: The Role of Pressure Groups in Policy-Making." *Political Studies* 37:302-22.

Smith, Steven R. and Michael Lipsky. 1993. *Nonprofits for Hire.* Cambridge, MA: Harvard University Press.

Smith, Tom W. 1990. "Trends in Voluntary Group Membership: Comments on Baumgartner and Walker." *American Journal of Political Science* 34:646-61.

Snyder, Eldon E. 1970. "Longitudinal Analysis of Social Participation in High School and Early Adulthood Voluntary Associational Participation." *Adolescence* 5:79-88.

Soen, D. and P. de Comarmond. 1971. "Savings Associations Among the Bamileke: Traditional and Modern Cooperation in South-West Cameroon." *Journal de la Societé des Africanistes* 2:189-201.

Soysal, Yasemin N. 1994. *Limits of Citizenship: Migrants and Postnational Membership in Europe.* Chicago: University of Chicago Press.

Speer, Paul W. and Joseph Hughey. 1996. "Mechanisms of Empowerment: Psychological Processes for Members of Power-Based Community Organizations." *Journal of Community and Applied Social Psychology* 6:177-87.

Spencer, Metta. 1991. "Politics Beyond Turf: Grassroots Democracy in the Helsinki Process." *Bulletin of Peace Proposals* 22:427-35.

Spergel, Irving A. 1995. *The Youth Gang Problem.* New York: Oxford University Press.

Staggenborg, Suzanne. 1989. "Stability and Innovation in the Women's Movement: A Comparison of Two Movement Organizations." *Social Problems* 36:75-92.

Stallings, R. A. and E. Quarantelli. 1985. "Emergent Citizen Groups and Emergency Management." *Public Administration Review* 9:67-82.

Stallings, Robert A. 1973. "Patterns of Belief in Social Movements: Clarifications from an Analysis of Environmental Groups." *Sociological Quarterly* 14:465-80.

Standard & Poor's. 1999. *Standard & Poor's Register of Corporations, Directors, and Executives.* New York: Standard & Poor's Corporation.

Stanton, Esther. (1970) *Clients Come Last: Volunteers and Welfare Organizations.* Beverly Hills, CA: Sage.

Stark, Rodney. 1994. *Sociology.* Belmont, CA: Wadsworth.

Stark, Rodney and Charles Y. Glock. 1968. *American Piety: The Nature of Religious Commitment.* Berkeley: University of California Press.

Starkweather, D. B. 1993. "Profit Making by Nonprofit Hospitals." Pp. 105-37 in *Nonprofit Organizations in a Market Economy,* edited by David C. Hammack and Dennis R. Young. San Francisco: Jossey-Bass.

Starr, Frederick. 1991. "The Third Sector in the Second World." *World Development* 19:65-71.

Stebbins, Robert A. 1979. *Amateurs.* Beverly Hills, CA: Sage.

———. 1996. "Volunteering: A Serious Leisure Perspective." *Nonprofit and Voluntary Sector Quarterly* 25:211-24.

Steers, Richard M. 1975. *Motivation and Work Behavior.* New York: McGraw-Hill.

Stein, Arlene J. 1986. "Between Organization and Movement: ACORN and the Alinsky Model of Community Organizing." *Berkeley Journal of Sociology* 31:93-115.

Steinberg, Richard. 1987. "Nonprofit Organizations and the Market." Pp. 118-38 in *The Nonprofit Sector,* edited by Walter W. Powell. New Haven, CT: Yale University Press.

———. 1990. "Labor Economics and the Nonprofit Sector: A Literature Review." *Nonprofit and Voluntary Sector Quarterly* 19:151-69.

Steinberg, Stephen. 1981. *The Ethnic Myth: Race, Ethnicity, and Class in America.* Boston: Beacon.

Steinman, Richard and Donald M. Traunstein. 1976. "Redefining Deviance: The Self-Help Challenge to the Human Services." *Journal of Applied Behavioral Science* 12:347-61.
Stephenson, Tamara. 1973. "Internal Structure of a Voluntary Political Organization: A Case Study." *Journal of Voluntary Action Research* 2:240-43.
Stewman, Shelby. 1988. "Organizational Demography." *Annual Review of Sociology* 14:173-202.
Stinson, T. F. and J. M. Stam. 1976. "Toward an Economic Model of Vountarism: The Case of Participation in Local Government." *Journal of Voluntary Action Research* 5:52-60.
Stoecker, Randy. 1993. "The Federated Frontstage Structure and Localized Social Movements: A Case Study of the Cedar-Riverside Neighborhood Movement." *Social Science Quarterly* 74:56-68.
Stubblefield, Harold and Leroy Miles. 1986. " Administration of Volunteer Programs as a Career: What Role for Higher Education?" *Journal of Voluntary Action Research* 15:4-12.
Sugden, R. 1984. "Reciprocity: The Supply of Public Goods Through Voluntary Contributions." *The Economic Journal* 94:772-87.
Suler, J. 1984. "The Role of Ideology in Self-Help Groups." *Social Policy* 14:29-36.
Suler, J. and E. Bartholemew. 1986. "The Ideology of Overeaters Anonymous." *Social Policy* 16:48-53.
Sulloway, Frank J. 1996. *Born to Rebel: Birth Order, Family Dynamics, and Creative Lives.* New York: Pantheon.
Swanson, James M. 1974. "Non-Governmental Organizations in the USSR, 1958-1973." Pp. 69-86 in *Voluntary Action Research: 1974,* edited by David H. Smith. Lexington, MA: Lexington Books.
Tannenbaum, Arnold S. 1961. "Control and Effectiveness in a Voluntary Organization." *American Journal of Sociology* 67:57-77.
Tester, Keith. 1992. *Civil Society.* London: Routledge.
Thielen, Gary L. and Dennis L. Poole. 1986. "Educating Leadership for Effecting Community Change Through Voluntary Associations." *Journal of Social Work Education* 22:19-29.
Thompson, A. M., III. 1993. "Volunteers and Their Communities: A Comparative Analysis of Volunteer Fire Fighters." *Nonprofit and Voluntary Sector Quarterly* 22:155-66.
———. 1995. "The Sexual Division of Leadership in Volunteer Emergency Medical Service Squads." *Nonprofit Management and Leadership* 6:55-66.
Thompson, K. 1980. "Organizations as Constructors of Social Reality." In *Control and Ideology in Organizations,* edited by G. Salamon and K. Thompson. Cambridge: MIT Press.
Thomson, Randall J. and David Knoke. 1980. "Voluntary Associations and Voting Turnout of American Ethnoreligious Groups." *Ethnicity* 7:56-69.
Tilgher, Adriano. 1958. *Homo Faber: Work Through the Ages.* Chicago: Regnery.
Tilly, Charles. 1978. *From Mobilization to Revolution.* Reading, MA: Addison-Wesley.
Timperly, Stuart R. and Michael D. Osbaldeston. 1975. "The Professionalization Process: A Study of an Aspiring Occupational Organization." *Sociological Review* 23:607-27.
Tobias, H. J. and C. E. Woodhouse. 1985. "Revolutionary Optimism and the Practice of Revolution: The Jewish Bund in 1905." *Jewish Social Studies* 47:135-50.
Torres, C. C., M. Zey, and W. A. McIntosh. 1991. "Effectiveness in Voluntary Organizations: An Empirical Assessment." *Sociological Focus* 24:157-74.
Traunstein, Donald M. 1984. "From Mutual Aid Self-Help to Professional Service." *Social Casework* 65:622-27.
Traunstein, Donald M. and Richard Steinman. 1973. "Voluntary Self-Help Organizations: An Exploratory Study." *Journal of Voluntary Action Research* 2:230-39.
Trojan, Alf, Edith Halves, Hans-Wilhelm Wetendorf, and Randolph Bauer. 1990. "Activity Areas and Developmental Stages in Self-Help Groups." *Nonprofit and Voluntary Sector Quarterly* 19: 263-78.

Trow, Donald B. and David H. Smith. 1983. "Correlates of Volunteering in Advocacy Planning: Testing a Theory." Pp. 95-104 in *International Perspectives on Voluntary Action Research,* edited by David H. Smith and Jon Van Til. Washington, DC: University Press of America.

Truant, Cynthia M. 1979. "Solidarity and Symbolism Among Journeymen Artisans: The Case of Compagnonnage." *Comparative Studies in Society and History* 21:214-26.

Tsouderos, John E. 1955. "Organizational Change in Terms of a Series of Selected Variables." *American Sociological Review* 20:206-10.

Tuckman, Howard P. and Cyril F. Chang. 1991. "A Methodology for Measuring the Financial Vulnerability of Charitable Nonprofit Organizations." *Nonprofit and Voluntary Sector Quarterly* 20:445-60.

Turner, Sarah E., Thomas I. Nygren, and William G. Bowen. 1993. "The NTEE Classification System: Tests of Reliability/Validity in the Field of Higher Education." *Voluntas* 4:73-94.

Tyrrell, George N. M. [1951] 1969. *Homo Faber: A Study of Man's Mental Evolution.* London: Methuen.

Unger, Aryeh L. 1974. *The Totalitarian Party: Party and People in Nazi Germany and Soviet Russia.* Cambridge, UK: Cambridge University Press.

Unger, Donald G. and Abraham Wandersman. 1983. "Neighboring and Its Role in Block Organizations: An Exploratory Report." *American Journal of Community Psychology* 11:291-300.

Unterman, Israel and Richard H. Davis. 1982. "The Strategy Gap in Not-for-Profits." *Harvard Business Review* 60:30-40.

U.S. Bureau of the Census. 1993. *Statistical Abstract of the United States: 1993, 113th Edition.* Washington, DC: U.S. Department of Commerce.

U.S. Department of the Treasury. 1979. *Cumulative List of Organizations.* Washington, DC: U.S. Department of the Treasury, Internal Revenue Service.

Vaillancourt, François and Micheline Payette. 1986. "The Supply of Volunteer Work: The Case of Canada." *Journal of Voluntary Action Research* 15:45-56.

Van Harberden, P. and T. Raymakers. 1986. "Self-Help and Government Policy in the Netherlands. *Journal of Voluntary Action Research* 15:24-32.

Van Til, Jon. 1987. "The Three Sectors: Voluntarism in the Changing Political Economy." *Journal of Voluntary Action Research* 16:50-63.

———. 1988. *Mapping the Third Sector: Voluntarism in a Changing Social Economy.* New York: Foundation Center.

Van Til, Jon and J. Carr. 1994. "Defining the Nonprofit Sector." Paper presented at the annual conference of the Association for Research on Nonprofit Organizations and Voluntary Action, Berkeley, CA, November.

Vaux, Alan. 1988. *Social Support: Theory, Research, and Intervention.* New York: Praeger.

Verba, S., K. L. Schlozman, and H. E. Brady. 1995. *Voice and Equality: Civic Voluntarism in American Politics.* Cambridge, MA: Harvard University Press.

Verba, Sidney and Norman H. Nie. 1972. *Participation in America.* New York: Harper & Row.

Vidich, Arthur J. and Joseph Bensman. 1968. *Small Town in Mass Society.* Rev. ed. Princeton, NJ: Princeton University Press.

Wade, Robert. 1975. "Ruralism as a Way of Life? Stratification and Voluntary Associations in a Tuscan Village." *Sociologia Ruralis* 15:245-58.

Wagner, A. 1991. "On Sharing: A Preface to an Economic Theory of Voluntary Action." *Nonprofit and Voluntary Sector Quarterly* 20:359-70.

Walker, J. Malcolm. 1975. "Organizational Change, Citizen Participation, and Voluntary Action." *Journal of Voluntary Action Research* 4:4-22.

———. 1983. "Limits of Strategic Management in Voluntary Organizations." *Journal of Voluntary Action Research* 12:39-56.

Waltzing, Jean P. 1895. *Etude Historique sur les Corporations Professionelles Chez les Romains Depuis les Origines Jusqu la Chute de L'Empire D'Occident.* Louvain, Belgium: Paters.

Walzer, M. 1983. *Spheres of Justice: A Defense of Pluralism and Equality.* New York: Basic Books.

Warner, W. K. 1972. "Major Conceptual Elements of Voluntary Associations." Pp. 71-80 in *Voluntary Action Research: 1972,* edited by David H. Smith, Richard D. Reddy, and Burt Baldwin. Lexington, MA: Lexington Books.

Warner, W. K. and William B. Heffernan. 1967. "Benefit-Participation Contingency in Voluntary Farm Organizations." *Rural Sociology* 32:139-53.

Warner, W. L. 1949. *Democracy in Jonesville.* New York: Harper.

Warner, W. L. and P. S. Lunt. 1941. *The Social Life of a Modern Community.* New Haven, CT: Yale University Press.

Warren, Roland. 1967. "The Interorganizational Field as a Focus for Investigation." *Administrative Science Quarterly* 12:396-419.

Warren, Roland L., Stephen M. Rose, and Ann F. Bergunder. 1974. *The Structure of Urban Reform.* Lexington, MA: Lexington Books.

Warriner, Charles K. and Jane E. Prather. 1965. "Four Types of Voluntary Associations." *Sociological Inquiry* 35:138-48.

Watson, Paula D. 1994. "Founding Mothers: The Contributions of Women's Organizations to Public Library Development in the United States." *Library Quarterly* 64:233-69.

Weber, Max. 1947. *The Theory of Social and Economic Organization.* Glencoe, IL: Free Press.

———. 1952. *The Protestant Ethic and the Spirit of Capitalism.* New York: Scribner.

———. 1972. "Max Weber's Proposal for the Sociological Study of Voluntary Associations." *Journal of Voluntary Action Research* 1:20-23.

Weed, Frank J. 1989. "The Impact of Support Resources on Local Chapter Operations in the Anti-Drunk Driving Movement." *Sociological Quarterly* 30:77-91.

Weightman, Judith. 1983. *Making Sense of the Jonestown Suicides.* New York: Edwin Mellen.

Weisbrod, Burton A. 1977. *The Voluntary Nonprofit Sector: An Economic Analysis.* Lexington, MA: Lexington Books.

———. 1988. *The Nonprofit Economy.* Cambridge, MA: Harvard University Press.

———. 1992. "Tax Policy Toward Nonprofit Organizations: A Ten Country Survey." Pp. 29-50 in *The Nonprofit Sector in the Global Community: Voices From Many Nations,* edited by K. D. McCarthy, V. A. Hodgkinson, R. A. Sumariwalla, and Associates. San Francisco: Jossey-Bass.

Weitzman, M. S. 1983. *Measuring the Number of Hours Spent and Dollar Value of Volunteer Activity of Americans.* Washington, DC: Independent Sector.

Wenocur, S., R. V. Cook, and N. L. Steketee. 1984. "Fund-Raising at the Workplace." *Social Policy* 14:55-60.

Wertheim, Edward G. 1976. "Evolution of Structure and Process in Voluntary Organizations: A Study of 35 Consumer Food Cooperatives." *Journal of Voluntary Action Research* 5:4-15.

Whitmore, Elizabeth, Harry W. Snappington, J. Lin Compton, and Jennifer C. Green. 1988. "Adult Learning Through Participation in Rural Community Groups." *Journal of Voluntary Action Research* 17:55-69.

Whitson, David and Donald Macintosh. 1989. "Rational Planning vs. Regional Interests: The Professionalization of Canadian Amateur Sport." *Canadian Public Policy* 15:436-39.

Widmer, Candace. 1985. "Why Board Members Participate." *Journal of Voluntary Action Research* 14:8-23.

———. 1991. "Board Members' Perceptions of Their Roles and Responsibilities." In *Collaboration: The Vital Link Across Practice, Research, and the Disciplines,* edited by Association for Research on Nonprofit Organizations and Voluntary Action. Pullman, WA: ARNOVA.

Wiewel, Wim and Nicholas C. Rieser. 1989. "The Limits of Progressive Municipal Economic Development: Job Creation in Chicago, 1983-1987." *Community Development Journal* 24:111-19.

Wilderom, C. P. M. and J. B. Miner. 1991. "Defining Voluntary Groups and Agencies Within Organization Science." *Organization Science* 2:366-78.

Willerman, Ben and L. Swanson. 1953. "Group Prestige in Voluntary Organizations: A Study of College Sororities." *Human Relations* 6:57-77.

Williams, Constance. 1986. "Improving Care in Nursing Homes Using Community Advocacy." *Social Science and Medicine* 23:1297-1303.

Wilson, Bryan R. 1970. *Religious Sects: A Sociological Study*. London: Weidenfeld & Nicolson.

Wilson, David C. 1992. "The Strategic Challenges of Cooperation in British Voluntary Organizations: Toward the Next Century." *Nonprofit Management and Leadership* 2:239-54.

Wilson, John. 1980. "Voluntary Associations and Civil Religion: The Case of Freemasonry." *Review of Religious Research* 22:125-36.

Wineburg, Robert J. 1992. "Local Human Service Provision by Religious Congregations: A Community Analysis." *Nonprofit and Voluntary Sector Quarterly* 21:107-18.

Wish, N. B. 1993. "Colleges Offering More Nonprofit Graduate Programs." *Non-Profit Times*, June, pp. 22-23.

Wittig, Michele A. and Joseph Schmitz. 1996. "Electronic Grassroots Organizing." *Journal of Social Issues* 52 (1): 53-69.

Wolch, J. 1990. *The Shadow State: Government and Voluntary Sector in Transition*. New York: Foundation Center.

Wolfe, J. D. 1985. "A Defense of Participatory Democracy." *Review of Politics* 47:370-89.

Wolfenden Committee. 1978. *The Future of Voluntary Organisations*. London: Croom Helm.

Wolke, H. 1991. *Wilderness on the Rocks*. Tucson, AZ: Ned Ludd.

Wolozin, H. 1975. "The Economic Role and Value of Volunteer Work in the United States: An Exploratory Study." *Journal of Voluntary Action Research* 4:23-42.

Wood, James R. 1981. *Leadership in Voluntary Organizations*. New Brunswick, NJ: Rutgers University Press.

Wortman, Max S., Jr. 1981. "A Radical Shift From Bureaucracy to Strategic Management in Voluntary Organizations." *Journal of Voluntary Action Research* 10:62-81.

Wright, C. R. and H. H. Hyman. 1958. "Voluntary Association Memberships of American Adults: Evidence From National Sample Surveys." *American Sociological Review* 23:284-94.

Wrong, Dennis H. 1961. "The Oversocialized Concept of Man in Modern Sociology." *American Sociological Review* 26:183-93.

Wuthnow, Robert. 1990. "Religion and the Voluntary Spirit in the United States: Mapping the Terrain." Pp. 3-21 in *Faith and Philanthropy in America*, edited by Robert Wuthrow, Virginia Hodgkinson, and Associates. San Francisco: Jossey-Bass.

———. 1994. *Sharing the Journey: Support Groups and America's New Quest for Community*. New York: Free Press.

———. 1998. *Loose Connections: Joining Together in America's Fragmented Communities*. Cambridge, MA: Harvard University Press.

Yamazaki, H. and M. Miyamoto. 1988. *Trade Associations in Business History*. Tokyo: University of Tokyo Press.

Yanitskiy, Oleg N. 1992. "Razvitie Ekologicheskikh Dvizheniy na Zapade i Vostoke Evropy" (The Development of the Ecological Movement in the West and East of Europe). *Sotsiologicheskie Issledovaniya* 19:32-39.

Yates, Frank. 1981. *Sampling Methods for Censuses and Surveys*. 4th ed. London: Charles Griffin.

York, Alan and Esther Zychlinski. 1996. "Competing Nonprofit Organizations Also Collaborate." *Nonprofit Management and Leadership* 7:15-27.

Young, Dennis R. 1983. *If Not for Profit, for What?* Lexington, MA: D. C. Heath.

———. 1987. "Executive Leadership in Nonprofit Organizations." Pp. 167-79 in *The Nonprofit Sector,* edited by Walter W. Powell. New Haven, CT: Yale University Press.

———. 1989. "Local Autonomy in a Franchise Age: Structural Change in National Voluntary Associations." *Nonprofit and Voluntary Sector Quarterly* 18:101-17.

Young, Dennis R., Neil Bania, and Darlyne Bailey. 1996. "Structure and Accountability: A Study of National Nonprofit Associations." *Nonprofit Management and Leadership* 6:347-66.

Young, Dennis R., Robert M. Hollister, Virginia A. Hodgkinson, and Associates. 1993. *Governing, Leading, and Managing Nonprofit Organizations: New Insights From Research and Practice.* San Francisco: Jossey-Bass.

Young, R. C. and Olaf E. Larson. 1965. "The Contribution of Voluntary Organizations to Community Structure." *American Journal of Sociology* 71:178-86.

Yuchtman, Ephraim and Stanley Seashore. 1967. "A System Resource Approach to Organizational Effectiveness." *American Sociological Review* 32:891-903.

Zablocki, B. 1981. *Alienation and Charisma: A Study of Contemporary Communes.* New York: Free Press.

Zakour, Michael J., D. F. Gillespie, M. W. Sherraden, and C. L. Streeter. 1991. "Volunteer Organizations in Disasters." *Journal of Volunteer Administration* 9:18-28.

Zald, Mayer N. 1970. *Organizational Change; The Political Economy of the YMCA.* Chicago: University of Chicago Press.

Zald, Mayer N. and R. Ash. 1966. "Social Movement Organizations: Growth, Decline, and Change." *Social Forces* 44:327-40.

Zald, Mayer N. and Michael A. Berger. 1978. "Social Movements in Organizations: Coup d'état, Insurgency, and Mass Movements." *American Journal of Sociology* 83:823-61.

Zald, Mayer N. and Patricia Denton. 1983. "From Evangelism to General Service: The Transformation of the YMCA." *Administrative Science Quarterly* 8:214-34.

Zellner, William W. 1995. *Countercultures.* New York: St. Martin's.

Zerubavel, E. T. 1992. *The Mental Discovery of America.* New Brunswick, NJ: Rutgers University Press.

Zhou, Xueguang. 1993. "Unorganized Interests and Collective Action in Communist China." *American Sociological Review* 58:54-73.

Zimmerman, M. A. 1995. "Psychological Empowerment: Issues and Illustrations." *American Journal of Community Psychology* 23:581-99.

Zimmerman, M. A. and J. Rappaport. 1988. "Citizen Participation, Perceived Control, and Psychological Empowerment." *American Journal of Community Psychology* 16:725-50.

Zipf, George K. 1949. *Human Behavior and the Principle of Least Effort.* Reading, MA: Addison-Wesley.

Zipps, M. and H. Z. Levine. 1984. "Roundup: Volunteer Experience a Plus on a 'Résumé'." *Personnel* 61:40-42.

Zurcher, Louis A., Jr. 1978. "Ephemeral Roles, Voluntary Action, and Voluntary Associations." *Journal of Voluntary Action Research* 7:65-74.

关 于 作 者

大卫·霍顿·史密斯(David Horton Smith)于1968年至1976年间担任波士顿大学副教授。1976年至今任波士顿大学教授,目前休假,不在该大学工作。

史密斯出生并成长于洛杉矶地区。1960年,史密斯从南加利福尼亚大学毕业,在哲学、心理学与社会学三个领域取得优异成绩。在南加利福尼亚大学读书时,他通过选拔成为美国大学优秀生全国性荣誉组织(Phi Beta Kappa)与美国荣誉学者协会(Phi Kappa Phi)的成员。从该校毕业时,史密斯荣获国家科学基金研究生奖学金(National Science Foundation Graduate Fellowship)和伍德罗·威尔逊荣誉奖学金(Woodrow Wilson Honorary Fellowship)。随后,史密斯就读于哈佛大学社会关系学院,于1962年取得社会学硕士学位并于1965年取得这一专业的博士学位。

史密斯是非营利组织与志愿行动学会(Association of Research on Nonprofit Organizations and Voluntary Action,简称ARNOVA)的创始人,并担任首位会长。非营利组织与志愿行动学会于1971年成立,是非营利组织与志愿行动研究领域首个跨学科学者间的组织。史密斯也是《非营利组织与志愿部门季刊》(Nonprofit and Voluntary Sector Quarterly)的创刊者,并曾担任此刊首位主编。1971至1974年,史密斯在华盛顿定居,担任志愿主义相关组织志愿社会研究中心(the Center for Voluntary Society)的研究主任。志愿社会研究中心曾通过波士顿大学对史密斯建立非营利组织与志愿行动学会给予支持。在非营利组织与志愿行动研究领域,史密斯已出版的相关论文及著作章节数目过百,并曾撰写、编纂共八部相关著作。他的重要著作包括:三卷本《志愿行动研究》(*Voluntary Action Research*, 1972, 1973, and 1974)、《社会活动与政治活动的参与》(*Participation in Social and Political Activities*, 1980)以及与乔·凡·提尔(Jon Van Til)合作编写的《国际范围内的志愿行动研究》(*International Participation in Voluntary Action Research*, 1983)。

1993年,史密斯荣获ARNOVA非营利组织与志愿行动研究杰出贡献终身成就奖,是该奖的首位获得者。近年来,他一直担任ARNOVA社区/草根组织部(Community/Grassroots Association Section)的创建主席。

图书在版编目(CIP)数据

草根组织/(美)大卫·霍顿·史密斯著;中山大学中国公益慈善研究院翻译组译.—北京:商务印书馆,2019
ISBN 978-7-100-13987-8

Ⅰ.①草… Ⅱ.①大… ②中… Ⅲ.①社会团体—研究 Ⅳ.①C912.2

中国版本图书馆 CIP 数据核字(2017)第 114517 号

权利保留,侵权必究。

草 根 组 织

〔美〕大卫·霍顿·史密斯 著
中山大学中国公益慈善研究院翻译组 译

商 务 印 书 馆 出 版
(北京王府井大街36号 邮政编码100710)
商 务 印 书 馆 发 行
北京新华印刷有限公司印刷
ISBN 978-7-100-13987-8

2019年9月第1版　　开本 880×1230　1/32
2019年9月北京第1次印刷　　印张 13¾

定价:45.00元